Kronik

HAYAT EN ÇOK İYİLERİ KIRAR
Kırıldığımız Yerden Güçlenmenin Yolları

—

ACAR BALTAŞ

KRONİK KİTAP: 478
Kişisel Gelişim Dizisi: 13

YAYIN YÖNETMENİ
Adem Koçal

SÖYLEŞİ
Mert İnan

PROJE EDİTÖRÜ
Yenal Bilgici

EDİTÖR
Tuğçe İnceoğlu

KAPAK TASARIMI
Kutan Ural

KAPAK FOTOĞRAFI
Fethi Karaduman

MİZANPAJ
Kronik Kitap

1. Baskı, Şubat 2024, İstanbul
10. Baskı, Temmuz 2025, İstanbul

ISBN

978-625-6774-32-2

KRONİK KİTAP
Şakayıklı Sk. N°8, Levent
İstanbul - 34330 - Türkiye
Telefon: (0212) 243 13 23
Faks: (0212) 243 13 28
kronik@kronikkitap.com

Kültür Bakanlığı Yayıncılık
Sertifika No: 49639

www.kronikkitap.com
kronikkitap

BASKI VE CİLT
Optimum Basım
Tevfikbey Mah. Dr. Ali Demir Cad. No: 51/1
34295 K. Çekmece / İstanbul
Telefon: (0212) 463 71 25
Matbaa Sertifika No: 41707

ACAR BALTAŞ

Söyleşi: Mert İnan

HAYAT EN ÇOK İYİLERİ KIRAR

Kırıldığımız Yerden Güçlenmenin Yolları

Kronik

Acar Baltaş

Türkiye'de geniş kitlelere, psikolojinin insan ihtiyaçları ve iş hayatının sorunları için bir çözüm ve hayatın her alanını zenginleştiren bir disiplin olduğunu gösteren öncülerden biridir. Stres ve beden dili kavramlarını Prof. Dr. Zuhal Baltaş'la birlikte Türkiye'ye tanıtmıştır. Ortaöğrenimini İstanbul Erkek Lisesi'nde, yüksek öğrenimini İstanbul Üniversitesi Edebiyat Fakültesi Psikoloji Bölümü'nde tamamlayan Baltaş, doktora çalışmasını Cerrahpaşa Tıp Fakültesi Nöroloji Anabilim Dalı'nda, günümüzde sinirbilim olarak adlandırılan "yüksek beyin fonksiyonları" konusunda yapmıştır. 1981'de klinik nörofizyoloji alanında Tıp Bilimleri Doktoru (M. Sc. Dr.), 1986'da Uygulamalı Psikoloji Doçenti, 1996'da da Profesör unvanını almıştır. 1977-1997 arasında Cerrahpaşa Tıp Fakültesi Nöroloji Anabilim Dalı'nda çalışmıştır.

1996-1999 arasında Türk A Milli Futbol Takımı'nın, 2002-2003 sezonunda Galatasaray Futbol Takımı'nın psikolojik danışmanlığını yapmış ve bu görevi 2005 yılında Türk A Milli Futbol Takımı'yla sürdürmüştür. Çocukluk ve gençliğinde yüzme, sutopu ve futbol sporlarıyla ilgilenmiş; on yedi yaşında Veliefendi Hipodromu'nda çalışmaya başlamış; otel resepsiyonistliği, takdimcilik, disk jokeylik, turizm rehberliği ve öğretmenlik yaparak hayatın farklı cephelerini tanımış; sıradan gibi görünen işleri yapanların emeğine saygı göstermeyi öğrenmiştir.

Prof. Dr. Zuhal Baltaş'la evli ve iki çocuk babasıdır.

Mert İnan

Gazeteci. 13 Mart 1979'da İstanbul'da doğdu. İstanbul Üniversitesi'nde gazetecilik eğitimini tamamladı. Mesleğine 1997 yılında İntermedya Dergi Grubu'nda adım attı. 1998-2000 arasında çeşitli dergiler ile *Ortadoğu* gazetesinde çalıştı. 2000-2002 arasında *Sabah*, 2002-2014 arasında *Vatan*, 2014-2023 arasında *Milliyet* gazetelerinde hem özel haber muhabirliği hem de foto muhabirliği yaptı. Türkiye Gazeteciler Cemiyeti'nden iki kez "haber ödülü" almaya hak kazandı. Nisan 2023 itibarıyla Haber Global Web Özel Servisi'nde haber şefliği ve editörlük yapmaya devam ediyor. *Bilgenin Aynası, Beyin Nedir'den Yaşam Nedir'e-Bir Hayat Serüveni Türker Kılıç, İkinci Yüzyılda Yeniden Atatürk-Ahmet Yavuz, Prof. Dr. Burak Doğangün, Geneleksel-Bebeklikten Yetişkinliğe Ruhsallık ve Ruh Sağlığına Geleneksel ve Modern Bir Bakış* isimli kitapların da yazarıdır.

Olabileceğim en iyi insan olmamı sağlayan,
saygı ve hayranlık duyduğum hayat arkadaşıma
şükran duygularımla...

İÇİNDEKİLER

ÖNSÖZ

İbn Haldun'un on dördüncü yüzyılda ifade ettiği, "coğrafyanın kader olduğu" gerçeğini artık herkes öğrendi ancak sadece coğrafyanın değil, ömrümüzü geçirdiğimiz dönemin de kaderin bir parçası olduğunu yaşayarak öğreniyoruz. Günümüzde dünyanın ve ülkenin kötüye gittiği ve her şeyin bozulduğu yönünde genel bir kanı var. Hemen herkes dünyadaki olumsuzluklardan ve hayatımızda eksik olarak gördüklerimizden şikâyet ediyor ve bunu konuşuyor. Özellikle meslek sahibi, iyi eğitimli, yaşıtlarının gıpta edeceği işlerde çalışan genç profesyonellerle olduğum zaman karamsarlıklarının derinliğini ve çaresizliklerini görmek beni hem üzüyor hem de şaşırtıyor. Oysa yaşadığımız tarih dilimini geçen yüzyıllar veya çağlarla karşılaştırdığımızda pek çok alanda gelişme olduğunu görüyoruz. Sadece 1920'de Büyük Savaş ve pandemi sebebiyle yirmi beş olan yaşam süresi ortalamasının, 1950'de kırk altı, bugün ise erkeklerde yetmiş beş, kadınlarda seksen bir olduğunu hatırlamak bile ne kadar şanslı olduğumuzu fark etmek için yeterli...

Kendi bakış açılarından son derece emin olan bu gençlere iki soru yöneltmek isterim. Birinci soru; "1890 yılında Osmanlı toprağında veya Anadolu'da doğsaydınız neler yaşardınız?" İkinci soru; "Aynı yılda bugün yaşamak istediğiniz bir Avrupa ülkesinde doğsaydınız ne yaşardınız?"

Şunu unutmamalıyız; sahip olduğumuz iyi ve güzel şeylerin farkına varır ve bunları konuşursak ancak o zaman eksik ve yanlış olanları düzeltmek için cesaret ve mücadele gücü kazanırız.

Hayat yolculuğu bir gölde yüzmeye benzer. Suya girdiğinizde karşı sahil çok uzak ve erişilmez görünür, arkanızda kalanlar ise çok yakın... İlerledikçe karşı sahil yaklaşır ancak yine de uzaklarda ulaşılmaz gibidir. Bir zaman sonra yüzücü yorulmaya, sahil ise şekillenmeye başlar ve kişi yolculuğun sonuna yaklaştığını hisseder.

Yetmişli yaşlar hayatın sonbaharıdır. Her yılın sonbaharı aynı geçmediği gibi herkesin yetmişli yaşları da birbirine benzemez. Bu kitap; bizzat yaşayan için kısa ancak genç yaştakiler için yeterince uzun sayılabilecek renkli bir hayatı yaşayan yazarın, son durağına ulaşan, dolu dolu yaşanmış hayat süresinde biriktirdiklerinin paylaşılmasından ibarettir.

Hayatın içinde başarı kadar başarısızlık da, sevinç kadar üzüntü de, kolaylıklar kadar zorluklar da, düşmek kadar kalkmak da var. Başarı belki önemlidir ama başarısızlık, ondan alınacak derslere odaklanınca başarıdan daha önemlidir. Tüm bunlar kişiyi derinleştirir, bilgelik yolunda ilerlemesini sağlar, benzer durumda olanlara karşı empati geliştirmesine yardımcı olur. Diğer yandan insanın, neden istenmeyen sonucun ortaya çıktığı konusunda düşünmesine ve kendisini geliştirmesine fırsat verir.

İşte bu satırlarda tüm iniş çıkışlarıyla, bir kişinin hayat yolculuğunda geçeceği duraklardan gençlerin kendilerini nasıl geliştirebileceklerine, iş hayatının gerçeklerinden iyi bir lider ve yöneticinin vasıflarına, mutlu bir iş ortamının nasıl mümkün olabildiğinden iyi bir yönetici olmanın nasıl ancak iyi bir ebeveynlikten geçtiğine, hayat boyu sürdürdüğümüz insan ilişkilerinden mutlu aile ortamı ve iyi bir eş seçiminin ölçütlerine, değişen dünya düzeninden gelecekte bizleri nelerin beklediğine kadar pek çok konuda hayat süzgecinden geçirdiklerimi siz değerli okurlarımla paylaşıyorum.

Anlamlı bir hayat, kişi ve toplum için değer taşıyan bir üretim içinde olmak, uyumlu bir ilişki içinde hayatı paylaşacak bir hayat arkadaşına sahip olmak ve kendini aşan bir amaca hizmet ettiğine inanmakla mümkündür. Çünkü anlam arayışındaki bir hayat son nefesine kadar inşa aşamasındadır.

Hayat yolculuğu bir gölde yüzmeye benzer demiştim. Benim bulunduğum noktada karşı sahil çok yakın, arkamda kalanlar uzak... Geride birçok değerli yaşanmışlıklar bıraktım. Arkadaşlarımın, birkaç istisna dışında tümü, çalışma hayatının dışına çıktı ve emekliliklerinin kendilerince tadını çıkarıyorlar. Ben ise yorulmadan çalışmaya devam ediyorum. Çünkü yaptığım iş bana eğlenceli geliyor, işe yaradığımı hissediyorum ve bu beni mutlu ediyor. Hayat arkadaşım benimle aynı heyecanı paylaşıyor ve ben de geriye bir iz bırakma ihtimalinin mutluluğunu yaşıyorum. Çünkü erken yaştan beri, anlamlı bir hayatın değer taşıyan bir üretim içinde olmak, uyumlu bir ilişki yaşamak ve kendini aşan bir amaca hizmet etmekle mümkün olduğuna kendimi inandırdım. Misyonumu, insanların sahip oldukları potansiyeli görmelerini sağlayarak, onu hayata yansıtmalarına aracılık etmek olarak görüyorum. Bunu, yabancı bir ortamda karanlık odaya giren birinin, hemen yakınında olan ancak göremediği elektrik düğmesini bulmasına yardımcı olmaya benzetiyorum. Bunun kanıtı; bir sosyal ortamda karşılaştığım kişilerin yanıma gelip yıllar önce yaptığımız bir çalışmadan kazanımını ve bunun hayatı üzerindeki etkisini paylaşmaları oluyor. Bu nedenle hayattaki varlık sebebimle yaptığım iş arasında bir köprü kuruyor ve boşuna yaşamadığımı hissediyorum.

Yaşadıklarımdan çıkardığım dersler bazıları için geçmişe dönük ve bugün artık geçerliliği sorgulanan deneyimler gibi görülebilir. IBM'in 2018 yılında başarı için gerekli beceriler konusunda yaptığı araştırmada STEM (*science, tecnology, engineering, mathematic*) ilk sırada geliyordu. 2023 yılında tekrarlanan araştırmada STEM on ikinci sıraya geriledi. Yeni araştırmanın sıralaması ise şöyle başlıyor; zamanı düzenleme ve öncelikleri belirleme, ekip çalışması, fonksiyonel iletişim, çeviklik, değişime uyum, analitik beceriler, etik olarak devam ediyor. Görüleceği gibi üretilmiş yapay zekânın egemen olacağını düşündüğümüz bir dünyada insana ait beceriler öne çıkıyor. Çünkü bugün olduğu kadar en az birkaç on yıl daha şu iki disiplin her işi ve konuyu yatay kesecek: teknoloji ve psikoloji. Bu nedenle insan ilişkilerinin konu olduğu her yerde kırılmadan yaşamak mümkün olmayacak ancak kırıldığımız yerden güçlenerek devam etmekten başka şansımız yok.

Ben insanın bireysel varoluşunu da bir dereye benzetirim. Küçük bir akıntı, dar bir yataktan akarak çay olur, yeni dallar alarak genişler ve nehre dönüşür. Zamanla coşan sular sadece küçük taşları değil, kayaları da önüne katar. Sonunda nehir yatağı fazlasıyla genişler, suyun akışı yavaşlar ve akıntı büyük denize uzanarak bütünün içine kaynar ve ummanın parçası olur. Bu nedenle hayat sofrasında doyan ve tok kalkacağını bilen kişi ölüm korkusu yaşamaz, çünkü değer verdiği şeylerin devam edeceğine inanır.

TEŞEKKÜR

Kitap kapağında yazarın ismi yer alır. Ancak bir kitabın okuyucunun eline ulaşması pek çok kişinin emeği ve uyumlu çalışmasının sonucudur. Bu kitap için en başta benimle uzun saatler geçiren Mert İnan'a, çıktıları okuyucunun ilgisini çekecek şekilde düzenleyen Tuğçe İnceoğlu'ya, yayın yönetmeni Adem Koçal'a, kapak çalışmasında kullanılmak üzere özenli fotoğraf çekimleri yapan Fethi Karaduman'a ve yaratıcı bir yaklaşımla kitabı okuyucuya ulaştıran Kronik Kitap ekibine teşekkür etmek benim için zevkli bir görevdir. Bu uyumlu çalışma olmasa kitap bu şekliyle elinize ulaşmazdı.

Acar BALTAŞ
İstanbul, Şubat 2024

SUNUŞ

Mesleğim gereği Prof. Dr. Acar Baltaş ile birçok kez konuşup haber yapma şansı yakaladım. Şanslıyım diyorum; çünkü kendisiyle her görüşmemiz, her konuşmamız sonrası hayata ve olaylara bakış açımda, zihnimde yeni fikirler canlanıyor ve âdeta bir uyanış yaşanıyordu. Gazetecinin görevi soru sormaktır. Acar Hoca'ya merak ettiklerimi sordukça insana ve yaşama dair öğrenmek istediklerim kafamda berraklaşıyordu. İşte bu görüşmeler sayesinde Acar Hoca'nın toplumsal ruh sağlığı üzerine bilgi ve deneyimlerini öğreniyor, fikirlerini topluma aktarma şansı yakalıyordum.

Sonra zaman geçti, araya pandemi dönemi girdi. İnsanların hastalandığı, hastalanmaktan korktuğu, evinden çıkamadığı, bunaldığı, neredeyse yaşam sevincini kaybettiği o günler başlamıştı. Kâbus gibiydi... *Milliyet* gazetesinde çalıştığım bu dönemde de Acar Hoca ile zaman zaman söyleşiler yaparak gazetede kaleme alıyordum. Özellikle pandemi döneminde yaptığımız söyleşilerde Acar Hoca'nın verdiği mesajlar zorlanan, bunalan, çıkış arayan herkes için yol göstericiydi. Karanlık bir tünele girmiş gibi hissettiğimiz süreçte Prof. Dr. Baltaş'ın anlattıkları birçok insana ışık oluyordu.

Acar Hoca ile gazeteci olarak çeşitli söyleşiler yapıyordum ancak asıl hayalim; Hoca'nın yaşam yolunu, düşüncelerinin gelişimini, tecrübelerini ve dünyaya bakış açısını anlatan bir kitap yazmaktı. Şimdi itiraf edebilirim ki bu hayal ve isteğimin en büyük nedenlerinden biri de oğlum Yiğit Deniz'e bırakacağım en kıymetli mirasın kitaplarım olacağını düşünmemdi.

Pandemi sona erdiğinde Acar Hoca'nın Kavacık'taki ofisinde soluğu aldım. Kendisine, "yaşam ve tecrübelerini" kaleme almak istediğimi aktardığımda, "Olur ama biraz zamanı var," demişti. Sevinçliydim, çünkü bir kere kitap sözünü almıştım... Neyse ki sonunda zaman gelip çattığında elinizde tuttuğunuz *Hayat En Çok İyileri Kırar* kitabı ortaya çıktı.

Prof. Dr. Acar Baltaş, yoğun çalışma ve üretim süreci içinde kitabın hayat bulması için ciddi zaman ayırdı. Çoğu zaman görüntülü konuşarak ilerledik. Kitapta Acar Hoca'ya aklıma gelen, dahası merak ettiğim her şeyi sorduğumu düşünüyorum. Acar Hoca'nın aktardıklarının yediden yetmişe herkesin yaşamına ve zihin dünyasına büyük katkılar sunacağına inanıyorum.

Kendi adıma şunu da özellikle vurgulamak isterim. Bana göre yaşamda en değerli şeylerin ilk sırasında zaman geliyor. Yaşarken aldığımız kararlar, bu kararların sonuçları, çevrenin etkisi ve çevre ile etkileşimimize az veya çok müdahale edebilsek de zamana dokunamıyor, müdahale edemiyor, sözümüzü geçiremiyoruz. Yaşadığımız zaman diliminde, varoluşumuzu sürdürme çabamız, biyolojik olduğu kadar son nefesimize kadar hayatı anlamlandırarak, hayata anlam vererek gerçekleşebiliyor. Anlam arayışı ve anlamın kendisi herkes için farklı olsa da mutlu, huzurlu, "dolu dolu" yaşadığımızı hissetmemiz için farkındalığa ve bu farkındalığı sürekli kılacak disiplinin yanı sıra sağlam iradeye sahip olmamız gerekiyor. Yaşam serüvenimizde bazen zorlanıp yılgınlığa düştüğümüz, hatta yenildiğimiz dönemler de oluyor. İşte böylesi dönemlerde nereden başlayacağımızı, nasıl bir yol izleyeceğimizi bilemiyor veya tıkanıyoruz. Anlamı, farkındalığı, özdisiplin ve sağlam iradeyi bize hatırlatacak "bir bilgine" ihtiyaç duyabiliyoruz. Acar

Hoca, yeniden ayağa kalkmak için enerjimizi doğru yere koymayı, yapabileceklerimizin, gücümüzün ve meziyetlerimizin farkında olmamız gerektiğini bize tekrar tekrar hatırlıyor.

Hayat En Çok İyileri Kırar; iş yaşamı, eğitim, aile, gençlik, evlilik, cinsellik, çocuklar, toplum, ruh dünyamız, mutluluk ve geleceğin dünyasına ilişkin geniş bir yelpazede bizlere yol gösterip yardımcı olacak bilgiler içeriyor. Burada şunu söylemeden geçemeyeceğim: Hepimiz, bir yandan günlük rutinler içinde yaşam mücadelesi verirken bir yandan da kendimizi gerçekleştirmek için anlamlı yaşamak istiyoruz. Bir duayen olarak Acar Hoca'nın hayatın anlamı ve hayatı anlamlı kılacak öğütlerinin özellikle altının çizilerek okunması gerektiğine inanıyorum. *Hayat En Çok İyileri Kırar*, kendimizi aşan amacı bulup çıkarmak için bir başucu eseri olacak. Bu vesileyle yaşam ve mesleki tecrübesinden faydalanmamıza izin verdiği için kendisine bir kez daha teşekkür etmek istiyorum.

Son olarak da *Hayat En Çok İyileri Kırar* kitabının ortaya çıkmasında büyük emeği olan Kronik Kitap'tan Adem Koçal ve Tuğçe İnceoğlu'ya teşekkür etmek istiyorum. En büyük teşekkürüm de yazım sürecinde her daim beni destekleyen eşim, hayat arkadaşım Başak Oğuz İnan'a...

Mert İNAN
İstanbul 2024

BİRİNCİ BÖLÜM

ENERJİYİ DOĞRU YERE KOYMAK

"Hayat adaletsizliklerle dolu ancak bir de zaman gerçeği var. Ne kadar paranız olduğunu bilirsiniz ancak ne kadar zamanınız kaldığını asla bilemezsiniz. Şartlar ne kadar olumsuz olursa olsun; her kişinin biricik görevi ve sorumluluğu yaşamını vicdan, etik ve anlamlar çerçevesinde sürdürmektir. Bu her şeyden önce kendinize olan sorumluluğunuz ve özsaygınızdır. Yenilgiyi en baştan kabul etmek, korkup sinmek olsa olsa ancak korkakların davranışıdır. Sadece vicdanlı kalabilmek bile anlamlı bir yaşam ve yolculuktur."

Öncelikle size bu uzun sohbette yönelteceğim soruların hem kendim hem de okurlar adına olduğunu söyleyerek başlamak isterim. İş yaşamı, eğitim, aile, gençlik, çocuklar, toplum ve ruh dünyamız... Bu konularda bana ve okurlara katkıda bulunacağınızdan emin olduğum her şeyi soracağım. Ama bir öncelik belirledim. Önceliğim de şüphesiz pek çok kişi için en büyük sorulardan biriyle başlamak... Hepimiz bir yandan günlük rutinler arasında yaşam mücadelesi verirken bir yandan da anlamlı bir yaşam arzuluyoruz. Anlamın ne olduğunu anlamlandırmak ise gerçekten de zor... Siz ne dersiniz? Hayatlarımızı anlamlı kılmak nasıl mümkündür? Dilerseniz böylece bu soruların sorusuyla sohbetimize başlayalım.

Ben de son söyleyeceğimi en başa alarak cevap vereceğim; hayat reçete edilemez. Hayatın anlamı dediğimiz şey herkese göre değişir ve herkes hayatı yaşayarak, kendi yanlışlarını yaparak öğrenir. Ancak elbette bütün yanlışları yapacak kadar da uzun yaşamayız. O nedenle başkalarının yanlışlarından da öğrenmekte fayda vardır.

Anlamlı bir hayat, değer taşıyan bir üretim içinde bulunmakla mümkündür. Bu, yaptığınız iş olabilir; büyüttüğünüz çocuğunuz olabilir ya da başını okşadığınız bir sokak hayvanı olabilir. Hayatın anlamı mutlaka anlam yüklediğiniz bir faaliyette, çalışma içinde zaman geçirmektir. Bir diğeri, anlamlı bir ilişki içinde olmaktır. Kendinizi yalnız hissetmediğiniz, ancak bir yandan da ilişki içinde boğulup tükenmediğiniz değerli bir beraberliği yaşamak ve hissetmektir anlam. Varoluşsal kaygımızın temelini oluşturan, kendini aşan bir amaca hizmetle de hayatı anlamlı kılmak mümkün olabilir.

Kendini aşan amaç nedir hocam? Bunu biraz açabilir misiniz?

Kendini aşan amaç herkes için farklıdır. İnsanların geneli, yirmili yaşlarının ortasına kadar olan süreçte kişisel tarihlerini tamamladıklarını kabul ederek, "Artık ben oldum," derler. Hâlbuki yirmili yaşların ortasından sonra, üstlendiğimiz farklı sorumluluklarla ve bu sorumlulukların hakkını verdiğimiz ölçüde hayatımızı inşa etmeye devam ediyoruz. Anlam arayışındaki bir hayat son nefesine kadar inşa aşamasındadır.

Bu söz bazılarına mübalağalı geliyor. "Ne demek yani son nefesine kadar?" diyenlere, *Öğretmenim Mori'yle Salı Buluşmalarım-Hayattaki En Büyük Ders*[1] isimli kitabı okumalarını tavsiye ederim. Her satırı bilgelikle dolu, müthiş bir kitap...

1 Mitch Albom, *Öğretmenim Mori'yle Salı Buluşmaları-Hayattaki En Büyük Ders*, Boyner Yayınları, 2008.

Bir başka önemli örneği Irvin Yalom'dan[2] vermek isterim. Yalom, kendisine zihinsel olarak katkıda bulunmuş bir hocasını arada bir bakımevinde ziyaret eder. Hocasının en önemli özelliği müthiş bir hafızaya sahip olmasıdır. Bu güçlü hafızanın da yardımıyla, Yalom'un söz konusu ziyaretlerinde hep renkli sohbetler yaşanır. Ama Yalom, yine bir gün ziyarete gittiğinde, hocası bu kez öğrencisini tanımakta güçlük çeker. Yalom bu duruma çok üzülür. Kendini hatırlattıktan sonra hocasına, "Sizin gibi kuvvetli bir hafızaya sahip birinin karşısındaki öğrencisini tanımaması zor olmalı," der. Hocası, "O kadar da zor değil," diye cevap verir. "Koğuş arkadaşlarımı her gün yeniden tanıyıp seviyorum. Tekerlekli sandalyemi camın önüne her getirdiklerinde doğayla yeniden tanışıp ona hayran kalıyorum. Sandığınız kadar zor değil."

Bence bu çok etkili ve ders verici bir hikâyedir. Bu hikâyeden bile çıkarılacak büyük anlamlar vardır. Şunu da söylemeliyim: Bizler, yaşadıklarımızı değil, yaşadıklarımıza yüklediğimiz anlam duygusunu hatırlarız. ABD'de yaşanmış gerçek ve ilginç bir örnek üzerinden devam etmek isterim. *New York Times*'da haftada bir gün, ölüm haberleri; yani hayatları ve ölümleri toplumun genelini ilgilendiren insanlara dair makaleler yayımlanır. Bu makalelerin bazıları tam sayfa, bazıları ise nispeten küçüktür. New York'ta yaşayan bir matematikçi bu yayınlara kafa yormaya başlar ve on sekiz ayda iki bin haberi tasnif eder. Amerikalı matematikçi, çıkan haberleri üç başlığa ayırır. Birincisi, herkesin tanıdığı ve makaleleri daha geniş yayımlanan isimlerden oluşan gruptur. İkincisi; gazeteyi alanların makaleyi okudukça anımsadığı bilim insanları, akademisyenler, diplomatlar, kamu görevlilerinin yer aldığı gruptur. Araştırmacı bu grubun ortalama

2 Irvin D. Yalom (d. 13 Haziran 1931, Washington DC - …), Amerikalı psikanalist, psikiyatrist, psikoterapist ve yazar. Varoluşçu psikoterapinin yaşayan en önemli temsilcilerinden…

ömür süresini seksen bir, en önemli katkıyı yaptıkları yaşı ise otuz yedi olarak tespit eder. Üçüncü grupta ise kimsenin tanımadığı insanlara dair altı yedi satırdan ibaret haberler vardır. Matematikçi, "Niye bu insanlar burada?" sorusunu sorduktan sonra kelime analizi yapmaya başlar ve en çok tekrarlanan kelimeyi *helped*, yani "yardım etti" olarak saptar.

Durum işte bu. Öldükten sonra da yaşamak istiyorsak kendimiz dışında ihtiyacı olanlara katkı sunmamız gerekiyor. Hepimiz ölümsüz olmayı çok istiyoruz. Fiziken bu mümkün değil ancak öldükten sonra da hatırlanmak isteyenler, ihtiyacı olanlara zamanlarını, varsa da paralarının bir bölümünü yönlendirmeye gayret etmeli; hatta bunu alışkanlık hâline getirmeliler. Sonuçta biricik bulduğunuz anlam tamamen sizin bilinç dünyanızla ilgili... Biricik olanın ne olduğunu da kendiniz açısından tanımlamanız gerekir. Bu biriciklik sizin için unvan mıdır, yoksa toksik bir işyerinden veya ebeveyninizin yanından ayrılmak mıdır? Ya da sevdiğiniz kişiyi gururlandırmak mıdır? Amacınız sizin kutup yıldızınızdır. Amacınıza duygusal olarak ne kadar bağlıysanız o denli kararlı ilerlersiniz. Bunların dışında sebat etmek ve tutarlı olmak da önemli... Sebat ve kararlılık, yakaladığınız ivmeyi diri tutar. Disiplin ise hayat başarısının temelini oluşturur.

> Amacınız sizin kutup yıldızınızdır. Amacınıza duygusal olarak ne kadar bağlıysanız o denli kararlı ilerlersiniz. Sebat ve kararlılık, yakaladığınız ivmeyi diri tutar. Disiplin ise hayat başarısının temelini oluşturur.

Hocam 3N soruları vardır, malum: "Niye varım? Nereden geldim? Nereye gideceğim?" Bu soruların cevabını her an bilemeyiz. Peki, bizler, böylesi bir bilinmezlik ve beraberinde getirdiği endişelerle mücadele ederken hayatı nasıl daha anlamlı yaşayacağız?

Önemli bir noktayı dile getirdin. Bu sorular ve sorulara somut cevap verilemeyişi her insanda varoluş kaygısına neden olabileceği gibi mutsuzluk ve umutsuzluk da yaratabilir.

Bizler varoluşsal olarak yokluğu kabul etmekte zorluk çekiyoruz. Kaygıya neden olan bilinmezliklere karşı herkesin zihninde farklı düşünceler oluşuyor. Varoluşsal kaygıyı azaltmanın yolu çoğunluk için bir yaratıcıya, dine inanmaktan geçiyor. Bu dünyadaki varlık sebebini Allah'a kulluk etmek, Peygamber Efendimizin şefaatine mazhar olmak şeklinde belirleyenler, "Varlık sebebim iyi bir kul olmak, amacım da sonunda ilahi hayatta sonsuz mutluluğu yaşamak," diyerek kaygılarını azaltmaya çalışıyorlar.

Biliyorsun; insanlık tarihi boyunca, "Neden varım, ne olacağım?" sorusunun cevabını aradık, hâlen de arıyoruz. Dinler iki soruya da insanlık tarihinin en başından beri çeşitli cevaplar verdiklerinden birçok kişi için anlam aracı olmuşlardır. Hâlihazırda teknolojinin geliştiği bir dönemde bile dinlerin bu kadar etkili olmasının sebebi de budur. Nietzsche 1880'lerde, "Teknolojinin bu kadar geliştiği bir dönemde din işlevini tamamlamıştır," demişti. Peki, haklı çıktı mı? Bugün baktığımızda dinler işlevlerini tamamlamadıkları gibi, tam tersine toplum hayatında çok daha güçlü olarak etkisini sürdürüyorlar.

Bir diğer grup ise, bir tür kaçış yöntemi olarak, "Vur patlasın çal oynasın, eller havaya!" diyerek başka tür bir yaşama kendini kaptırmış durumda.

Peki, anlamı nerede aramalı hocam? Siz nerede arıyorsunuz?

Bu dünyadan göçtükten sonra geride nasıl bir iz bırakacağım üzerinde düşünmeye, bu yönde yaşamaya gayret gösteriyorum. Herkes kendi meziyeti, kapasitesi uyarınca yararlı ve önemli işler yapabilir. Geride kalanlara yararlı olmak, ilerisi için iz bırakmak; kimi zaman dağı taşı korumak olduğu gibi, kimi zaman kedileri, köpekleri doyurmak, onları sahiplenmek de olabilir. Önemli olan, inandığımız değerler için mücadele etmektir. Böylelikle kendimizi aşan bir amaca hizmet ederiz. Bu farkındalık veya bilinç hâli de ancak vicdanımızı geliştirerek olur.

Yaşanmamış olanlardan ve yaşam sofrasından aç kalkma ihtimalinden dolayı ölümden korkuyoruz. Yine Nietzsche'den örnek vermek isterim; "Hayatınızı mükemmel hâle getirin ve doğru zamanda ölün," diyor büyük düşünür. *Zorba*[3] filminde ise, "Ölüme giderken yanık kaleden başka bir şey bırakma," repliği vardır. Ben de mümkün olsa hayat suyunu içip ölümsüz olmayı arzulayanlara şöyle diyorum; "Bir yaşamı güzel kılan sonlu olmasıdır. Emin olun, sonlu olmayan her şey gibi yaşam da sonsuz olsa çok sıkıcı olurdu."

> Hayat ince bir su akıntısı olarak başlayıp gitgide genişleyen bir nehir gibidir. Gürül gürül aktıktan sonra yavaşlayıp ummanla bütünleşir ve onun içinde erir.

Şahsen Bertrand Russell'ın yaptığı tanıma inanıyorum. Ona göre hayat zayıf bir su kaynağı olarak başlıyor. Sonra genişliyor, yan dallarla besleniyor. O yan dallar içinde sevinçler, mutluluklar, aşklar, diplomalar, terfiler, başarılar, evler, arabalar, daha büyük evler var.

Ama hayatın içinde aynı zamanda hastalıklar, üzüntüler, ihanetler, kayıplar, haksızlığa uğramalar da var. "İyiler bana gelsin, kötüler kime giderse gitsin," diyemezsiniz. Hayat bir bütündür. Yaşadığımız her şey sonunda bizi biz yapar. Bu büyük genişleyen nehir gürül gürül akıp yavaşlıyor ve en nihayetinde ummanda bütünleşerek kayboluyor.

---

3 Senaryosu Nikos Kazancakis'in aynı adlı romanından uyarlanan *Zorba* (1964), ABD-İngiltere-Yunanistan ortak yapımı film.

Bu yüzden ister olumlu ister olumsuz değişimler karşısında dirençli ve sabırlı olmak, hep "şimdilik" diye düşünmek gerekiyor. Kötü şeyler olduğunda "şimdilik" demek önemlidir. Unutmayın, hayat son nefesimize kadar anlamlı bir inşa sürecidir. Az önce Irvin Yalom'un hikâyesinden bahsetmiştim. Alzheimer olan insan bile, "Her gün şu manzaraya bakıp yeniden âşık oluyorum, koğuş arkadaşlarımla her gün yeniden tanışıp onları seviyorum," diyor.

Hayatın getirdiklerini kabullenmeliyiz. Kendi adıma her gün en az on kez şükrediyorum, çünkü sahip olduklarımın farkındayım. Önceki günlerde bir yazı okudum ve çok hoşuma gitti. Yeri gelmişken sizinle de paylaşmak isterim. İtalya'da doksan üç yaşında bir adam COVID-19 nedeniyle hastaneye kaldırılıyor ve birkaç gün solunum cihazına bağlı kalıyor. Taburcu olurken hastane yöneticileri masraflar gerekçesiyle kendisinden 500 Euro para istiyor. Doksan üç yaşındaki adam bu sırada ağlamaya başlıyor. Hastanedeki doktorlar, görevliler adamcağızın durumuna üzülüyor. Doksan üç yaşındaki adam ise onlara dönüp, "500 Euro istediğiniz için üzülmüyorum. Bu yaşıma kadar her gün Tanrı'nın verdiği nefesi aldım. Nefes almak bedavaydı. Yeterince şükretmediğim için ağlıyorum," diyor.

Değişimler karşısında dirençli ve sabırlı olmak, hep "şimdilik" diye düşünmek gerekir. Kötü şeyler olduğunda "şimdilik" demek önemlidir. Unutmayın, hayat son nefesimize kadar bir inşa sürecidir.

Ders çıkaracağımız başka bir örnek de İspanya'dan... Ülkenin en büyük bankasının sahibi, COVID-19'un başlangıç döneminde ve kimse bu hastalığın ne olduğunu henüz bilmezken İsviçre'ye kayak yapmaya gidiyor. Milyarder adam burada hastalığı kaptıktan sonra yaşamını yitirince kızı şöyle diyor; "Babam İspanya'nın en zengin insanlarından biriydi. Bunca zenginliğin arasında, herkes için bedava olan nefesi alamadığı için hayatını kaybetti. Soluduğumuz havanın kıymetini bilmek önemli..."

Evet, soluduğumuz havanın kıymetini bilmeliyiz. Hayatın hakkını verdiğimiz ölçüde ölümden korkmamız için bir sebep yok. Benim bu açıdan karnım tok... Hayat sofrasından tok kalkacağım için korkmuyorum. Söyleyeceğim budur.

Peki hocam, yine de aklıma takılan bir konu var. Biz kendimizi bu şekilde ne kadar motive edersek edelim; yaşamın içerisinde haksızlığa uğradığımızı düşündüğümüzde moralimiz bozuluyor, motivasyonumuz düşüyor. Böylesi durumlarda yeniden tırmanışa geçmek için ne yapmamız gerekir?

Haksızlığa uğradığınızı düşünüyorsanız ya sahip olduklarınızın yetersiz olduğuna inanıyor ya da hak ettiğiniz hayatı yaşamadığınızı düşünüyorsunuzdur. Şartlar ne olursa olsun, hayata nereden ve nasıl baktığınız önemli... İnsan denen canlının, binlerce yıldır süregelen kaotik bir ortamın içinde soyunu sürdürdüğünü asla unutmayın. Dünya ve hayat bizden önce de vardı, bizden sonra da olacak.

Öncelikle şunu kesinlikle kabullenmemiz gerekiyor; öyle veya böyle, hayat inanılmaz haksızlıklarla, adaletsizliklerle dolu... Bu haksızlık ve adaletsizliklerin büyük kısmı da fırsat eşitsizliklerinden kaynaklanıyor. Fırsat eşitsizliğinin olduğu bir yerde insanlara, "Hayatınız var, yaşayın," demek alay gibi algılanır, dahası söyledikleriniz karın doyurmaz. Şunu da biliyoruz ki bugün insanların önlerine hayat diye konulan; günde sekiz saat çalışmak, iki üç saat yollarda vakit harcamak, yöneticilerini memnun etmek... Üstüne üstlük bunun karşılığında onlara sunulan ancak yaşayabilecekleri, hatta sadece temel ihtiyaçlarını karşılayabilecekleri kadar para... Durum böyleyse orada yaşamın anlamı elbette sorgulanır.

Üstelik bu saydıklarım da şanslı kesimler! Daha yoksul kesimlerde durum ve şartlar daha da olumsuz... Yaşam bu yönüyle fırsat eşitsizliğinden kaynaklanan haksızlıklardan oluşuyor. Bunu bir nebze gidermek için tesis edilmiş hukuk ise zaten egemenlerin hukuku. Hukuku mülkiyet sahipleri ve egemenler inşa ediyor. Bütün bunlara baktığımız zaman hayat, dünya gerçekten adaletsizliklerle dolu...

Şimdi buraya kadar söylediklerimi bir yere koyalım. Çünkü şunu da ifade etmeliyim; insan olarak her birimize yakışan, tüm olumsuz koşullara rağmen kendi adımıza neyi daha farklı yapabileceğimizi düşünmektir. Elbette benim de bunaldığım ve tempomun düştüğü zamanlar oluyor. Ancak hiçbir zaman elimi ayağımı işten çekmeyi düşünmedim. Belirli işleri yapmanın dışına çıktığım dönemler de oldu. Sonrasında enerjimi daha anlamlı yerlerde sarf etmek için tercihlerimi gözden geçirdim. Örneğin biliyorsun, ülke futboluna hizmet için çalıştığım bir dönem var, bu sohbette onun da üzerinde durmak isterim. Ama bu ilişkiyi bitirdiğim bir an da geldi. Enerjimin farklı alanlarda, farklı karşılıklar göreceğini; bu şekilde daha iyi hissedeceğimi düşündüğüm için futbola zaman ayırmaktan vazgeçtim.

Zorlandığım, yenildiğim, başarısız olduğum zamanlar da oldu. Özellikle doktoramı yaptığım sıralarda gözlerimden yaşlar gelmiştir. Öğrenmek zorunda olduğum materyali anlamak için harcadığım çabanın tarifi mümkün değil. Temel tıp derslerini alarak tıp fakültesine devam etmek kolay göze alınacak bir tercih değildi, bunu da söylemeli.

> Ne kadar paranız olduğunu bilirsiniz ancak ne kadar zamanınız kaldığını asla bilemezsiniz. Bu nedenle sevdiklerinizle kurduğunuz ilişkilerde yarattığınız duyguya dikkat edin. Çünkü sizden sonra yaşamaya devam edecek olan sadece yaşattığınız bu duygulardır.

Evet, hayat adaletsizliklerle dolu ancak bir de zaman gerçeği var. Ne kadar paranız olduğunu bilirsiniz ancak ne kadar zamanınız kaldığını asla bilemezsiniz. Şartlar ne kadar olumsuz olursa olsun; her kişinin biricik görevi ve sorumluluğu yaşamını vicdan, etik ve anlamlar çerçevesinde sürdürmektir. Bu her şeyden önce kendinize olan sorumluluğunuz ve özsaygınızdır. Yenilgiyi en baştan kabul etmek, korkup sinmek olsa olsa ancak korkakların davranışıdır. Sadece vicdanlı kalabilmek bile anlamlı bir yaşam ve yolculuktur.

Nasıl vicdanlı kalınabilir peki?

Vicdan çok küçük yaştan başlayarak aile içinde gelişir. Bugün çocuklarımızın vicdanını geliştirmek yerine, onları başarı ile zehirliyoruz. Yaşadığımız birçok sorun da başarıya odaklı çarpık anlayıştan kaynaklanıyor. Dolayısıyla kendini aşan bir amaç, vicdan geliştirmek olabileceği gibi, sokak hayvanlarına, ormanlara ya da mültecilere, ihtiyaç duyan çocuklara, ezilen kadınlara, dağa taşa sahip çıkmak da olabilir.

Anlam arayışında kendi hayatınızda bu saydıklarıma yer vermek, anlamı sürdürülebilir kılmak kolay iş değildir. Bazen toplantılardan birkaç saat önce katılımcıları, "Size bir soru soracağım; birkaç saatiniz var, zihinsel olarak hazırlanın," diye uyarırım. Sonra da, "Hayattaki varlık sebebinizi bir cümle ile yazmanızı istiyorum," derim. Bu öyle bir sorudur ki eğitimli, sorumlulukları olan, toplumun eğitim ve iş açısından elitleri konumundaki kişiler bile cevap vermekte zorlanır. Birçoğu, "Aileme iyi bir hayat, çocuklarıma iyi bir gelecek sağlamak," cevabını verir. O zaman antik düşünürün,

Vicdan çok küçük yaştan başlayarak aile içinde gelişir. Bugün çocuklarımızın vicdanını geliştirmek yerine, onları başarı ile zehirliyoruz. Yaşadığımız birçok sorun da başarıya odaklı çarpık anlayıştan kaynaklanıyor.

"Kendi için yaşayanın ölümünden dünya kârlı çıkar," sözünü hatırlatırım.

Hayatımız sadece kendimizle sınırlı olmamalı. Anlamlı hayat, maddiyatla doğrudan ilişkili değildir. Hepimizin hayatında başkalarına verebileceğimiz manevi meziyetlerimiz, vicdanla yoğrulmuş özelliklerimiz vardır. Şöyle de ilginç bir nokta var: İhtiyacı olanlara daha çok yardım edenler maddi olarak daha sınırlı imkânlara sahip olanlardır. Vicdan, "Kimse görmeyecek ama ben bileceğim," demektir. Vicdan, erdemdir. Bugünün Türkiye'sinde erdem biriktirmekten mal ve para biriktirmeye geçildi. Özür dilemek erdemken, bugün ne pahasına olursa olsun bağırarak haklı çıkmaya çalışmak doğru sayılıyor. Zayıf olanın yanında yer almak, onun için gözyaşı dökmek ve onu korumak eskiden makbul sayılırken bugün güçlüden yana olmak, işine geleni, kendi görüşüne uyanı doğru ve adil kabul etmek doğal sayılıyor. Dünya sorumluluk almadığı hâlde, başarının ödüllerini hak ettiğine inanan insanlarla dolu... Kalabalıklar içinde içsel yalnızlığının üstesinden gelemeyenler, bunalım içinde, çözümü "eller havaya" partilerinde, alışverişte, yemekte, dedikoduda, cinsellikte, madde kullanımında ve nihayetinde psikolog ve psikiyatr ofislerinde arıyor.

Biliyorsun, hep merak edilen bir soru vardır. *Gelecekte ne olacak?* Bu sorunun en basit cevabı, bugünün nasıl değerlendirildiğine bağlı... Sokrates, mutluluğun zenginlikte değil; sevgi ve erdemde olduğunu söylemiştir. Sabah saat sekizde "Akşam olsa...", haftanın ilk iş günü de "Bir an önce cuma gelse..." diye düşünmek, "Bir an önce ölsem," demenin başka bir biçimidir. Dünyadan aldığımız karşılık, dünyaya verdiğimize bağlıdır.

Sabah saat sekizde "Akşam olsa...", haftanın ilk iş günü de "Bir an önce cuma gelse..." diye düşünmek, "Bir an önce ölsem," demenin başka bir biçimidir. Dünyadan aldığımız karşılık, dünyaya verdiğimize bağlıdır.

Bir de olumsuz görünenlere bakalım. Üzüntü veya yas, hayatta en çok kaçınılan duyguların başında gelse de bunlar çok doğal ve yaşanması gereken duygulardır. Bizi kızdıran, objektif olarak yaşadıklarımız değil; yaşadığımız olaylarla ilgili kendi kafamızda hızla yaptığımız yorum ve bunun sonucunda yaşadıklarımıza yüklediğimiz anlamdır. Herkes zirveye çıkmak istiyor. Oysa zirveye çıksanız da sürekli zirvede kalamazsınız. Mecazi olarak düşünürsek, Everest Dağı'nın zirvesine çıkıp resim çektirdikten hemen sonra dönüş yolculuğu başlar. Çünkü zirve dardır, rahatsızdır; orada oksijen azdır ve arkada sizi bekleyenler vardır; bu nedenle de zirve uzun süre yaşamaya elverişli değildir. Bir dağın zirvesine çıkmak fiziksel, ruhsal ve mental bir deneyimdir. Zirveden indikten sonra işin fiziksel kısmı geride bırakılır ancak deneyimin ruhsal ve mental kısmı kalıcıdır. Yaşam başarısını belirleyen, zirveye çıkarken yaptığımız yolculuk ve yolculuk sırasında aldığımız keyiftir. Yolculuk sırasında verilen mücadele, aşılan zorluklar, gelişen beceriler ve sonucunda gelişen yeterlilik duygusu bizi biz kılar ve yaşamımıza anlam katar. Olgunluk ise bir yolculuktur; kişinin hayatı boyunca sorumluluk üstlenmesi ve bunun için hazzını ertelemesiyle gerçekleştirilen bir erdemlilik hâlidir. Hazza dayalı bir hayatın hikâyesi olmaz. Konfor ve varlık içinde yaşanan bir hayat, kişiye potansiyelini tanıma, onu geliştirme ve gerçekleştirme imkânı vermez. Önemli olan neyi istediğimizi bilmektir ve bizlerin neyi istediğimizi bilmemiz için iç sesimizi duymamız önemlidir ancak kalabalık ve tüketime odaklı bir yaşam buna engel olur.

> Yaşam başarısını belirleyen, zirveye çıkarken yaptığımız yolculuk ve bu sırada aldığımız keyiftir. Yolculuk sırasında verilen mücadele, aşılan zorluklar, gelişen beceriler ve sonucunda gelişen yeterlilik duygusu gelecekte karşılaşacaklarımız karşısında bize güven verir.

Şunu merak ediyorum; sözünü ettiğiniz erdemli, vicdanlı ve disiplinli yaşam çizgisine ya da bir başka deyişle "olgunluk mertebesine" gelene kadar, değersizlik hissi yaşarsak ne olacak?

Farklı bir pencereden bakmanız gerektiğini söylüyorum. Başarı insana gurur verir ama başarısızlık da insanı geliştirir. Bu nedenle başarısızlık değerlidir. Başarısızlık, korkuyu yenmenizi sağlar. Başarısızlığın ne olduğunu bilenler, zorluk yaşayanlar, başarısız olmuş kişilere karşı empati geliştirirler.

En önemlisi de başarısızlığın üzerine gitmektir, çünkü bu da insanda özyeterlilik duygusunu geliştirir. Özyeterlilik çok değerlidir. Toplumda hep özgüven öne çıkıyor, çıkarılıyor ancak kendine güven, "Başkaları beni nasıl görüyor?" sorusunun cevabıdır ve başarıya endekslidir. Oysa başarısızlık hayatın doğal parçasıdır. Herkes başarısız olur. "Ben hiç başarısız olmadım," diyen biri şayet yalan söylemiyorsa aklından zoru vardır. Zaten bu karaktere sahip biri narsisttir.

> Toplumda hep özgüven öne çıkarılıyor ancak kendine güven, "Başkaları beni nasıl görüyor?" sorusunun cevabıdır ve başarıya endekslidir. Oysa başarısızlık hayatın doğal parçasıdır. "Ben hiç başarısız olmadım," diyen biri şayet yalan söylemiyorsa narsist bir insandır.

Başarılı olduğunda, "Başkaları beni nasıl görüyor?" diyen kişi; başarısız olduğunda, "Yanlışım, değersizim, kötüyüm, çirkinim," demeye başlar. Bunlar olduğunda yalan söyler, hile yapar veya sebebi kendi dışında aramaya koyulur. Mesele özgüven değil, özsaygıdır. Özsaygı olduğunda başarısız olduğumda da değerli olduğuma inanırım. Dahası, "Bir dahakine tekrar deneyip üstesinden gelir, başarılı olurum," diyebilirim. Özyeterlilik ise düştükten sonra kalkmak, devam etmek, üstesinden gelmektir. Problemin etrafından dolaşmak, başka bir yoldan gitmek, gerekirse yardım istemektir. Zorlukların üstesinden gelmek, özyeterlilik ve yılmazlığın parçasıdır.

Hocam bir söyleşinizde okumuştum; herkes başarılı olmanın yollarını ararken, siz "başarıyla zehirlenmiş çocuklar" tanımını kullanıyordunuz. Şimdi de birçok kişinin en büyük korkusu başarısızlık veya yenilgiyken, tam tersi, başarısızlığın bize kattıklarından söz ediyorsunuz. Peki, günümüzde yaşadığımız kavram kargaşası ve yanlışlara ayna tutması açısından başarıdan ve doğru kararlardan neyi anlamalıyız? "Başardım," diyebilmek için nasıl bir yol izlemeliyiz?

Bizim toplum ve aileler olarak en önce kavramlar ve buna bağlı olarak da davranışlarla eylemlerimizi doğru bir düzleme oturtmamız gerekiyor. Ülkemizde takıntı derecesinde eğitim başarısına odaklı bir düşünce, dahası akım gelişti. Oysa eğitim başarısı odaklanmaya ve bireysel gayrete, hayat başarısı ise başkalarıyla işbirliği yaparak sonuç almaya bağlıdır. İşbirliği yaparak sonuç almak, zorluklarla mücadele etmek erken yaştan başlayarak hayatın içinde öğrenilir. Çocukların bir yaşından itibaren kendi yemeklerini yemesi, beş yaşına geldiklerinde ayakkabılarını bağlamayı veya düğmelerini iliklemeyi öğrenmeleriyle başlayan bir yolculuktur bu süreç.

Bir kişinin, öğretmenleri ve arkadaşlarıyla ilişkisini yönetmesi de hayatın bir parçasıdır. Onun için, "Hayat, hayatın içinde öğrenilir," deriz. Bu nedenledir ki hayat başarısı sadece diplomanın öğrettikleri ve kazandırdıklarıyla gerçekleşmez. Tümüyle diploma odaklı anlayış, sadece özgeçmişin kabul edilebilir tarafını oluşturur. Biraz evvel de söylediğim gibi önce başarıyı doğru tanımlamamız gerekir. Sınıf arkadaşlarınızın en önünde olmanız, okulda veya sınavlarda yüksek derece almanız mı başarıdır sadece? Veya kriteriniz, meslektaşlarınızın arasından sivrilmek, mevki makam sahibi olmak mıdır? Bana göre başarı, insanın potansiyelini hayata yansıtmasıdır. Çünkü sonunda başarıyla mutluluğa ulaşanlar olduğu gibi, başarılı olup mutlu olamayanlar da vardır. Bu farkı belirleyen en önemli ayrıntı, yaptığınız işten zevk alıp almamanızla ilgilidir.

Yaptığı işten zevk alan ve yaptığı işi anlamlı bulan insanlar başarılı olduğunda mutlu da olur. Aksi takdirde, pozisyon sahibi olmak, güç sahibi olmak veya para kazanmak mutluluk gibi algılansa da yaşanan aslında bir illüzyondur.

Bakın, enerjimizi nereye koyarsak hayat orada gelişir. Olaylar var, bizi ilgilendiriyor ama biz onu etkileyemiyoruz. Olaylar var, biz onları etkileyebiliyoruz. Eğer trafik sıkışıyor ve işyerine gitmemiz gittikçe daha uzun zaman alıyorsa şikâyet ederek bu durumu değiştiremeyiz. Peki, ne yapabiliriz? Evden daha erken çıkabilir, işyerine yakın bir yere taşınabilir ya da motosiklet alabiliriz. Şüphesiz kendi etki alanımız içinde bir şey yapmamız gerekir. Trafikten şikâyet ederek trafiği değiştiremeyiz. Şikâyet ettiğimiz konularda STK'lere girip aktif olabiliriz. Veya bizzat kendimiz hiçbir tüzel kişiliği olmayan bir platform yaratabiliriz. Buna ilişkin yıllar önce tanık olduğum ilginç bir örneği paylaşmak istiyorum. Yönettiğim toplantılardan birinde katılımcılardan biri, İzmit Körfezi çevresinde ÇİT diye bir hareket başlattığını anlatmıştı. ÇİT'in açılımının, "Yere çöp atmayacağız, izmarit atmayacağız, tükürmeyeceğiz," olduğunu söyledi. ÇİT hareketini başlatan dinleyici, küçük bir form hazırladığını, bu formları yere çöp veya izmarit atan, tüküren kişiler yerine çevreye hiç zarar vermeyen kişilere dağıtıp, "Başlattığımız hareketin bir parçası olmak istiyor ve söz veriyorsanız forma imza

> Bana göre başarı; insanın, potansiyelini hayata yansıtmasıdır. Çünkü başarıyla mutluluğa ulaşanlar olduğu gibi, başarılı olup mutlu olmayanlar da vardır. Bu farkı belirleyen, yapılan işin verdiği doyumdur.

atın," dediğini söylemişti. Bu girişim, olağanüstü bir kendini yetkilendirme ve şikâyet ettiği konuda sorumluluk alma örneğidir. Şikâyet ettiğimiz konuda elimizden bir şeyler geliyorsa yapalım, yapamıyorsak şikâyet etmeyelim. Şikâyet etmek hem kendimizi hem de bulunduğumuz ortamdaki insanların kendilerini daha kötü hissetmesinden başka bir işe yaramaz. Şikâyet ederek, başkalarını sorumlu tutarak hayatımızı daha iyi kılamayız.

Başarısızlığın yarattığı duyguyla baş etmek için sabretmemiz ve yaşadıklarımızdan ders çıkarmamız gerektiğine dikkat çekiyorsunuz. Yeniden toparlanıp ayağa kalkabilmek için duygularımızı nasıl yönetmemiz, kontrol altına almamız gerekiyor?

Bu sorunların çözümünde özenle vurguladığım bir kavram olan "psikolojik sağlamlık" kavramının anlaşılması ve içselleştirilmesi büyük önem taşıyor.

Şuradan başlayalım: Psikolojik sağlamlığın dört ayağı vardır. Bunlar umut, olumlu tutum, yılmazlık ve özyeterliliktir. Birincisi, umuttur. Umut, gelecekle ilgili olumlu beklentiler içinde olmaktır. Umudun kendi içindeyse üç adımı vardır; bu adımların birincisi hedef, ikincisi strateji ve plan, üçüncüsü ise eylem üstünedir. Şunu da bilmek gerekir; umut, "İyi düşünelim iyi olsun," demek değil; ümidi kesmemektir. Kritik olan, "Hedefimiz, yolumuz nedir ve hangi eylemi içeriyor?" sorusudur.

Psikolojik sağlamlık kavramında ikinci özellik, olumlu tutumdur. Olumlu tutumu iyimserliğin alternatifi olarak görüyorum. Kötümserlik, sorunları içinden çıkılmaz hâle getirir ancak iyimserlik de en az kötümserlik kadar tehlikeli olabilir. Önemli olan, olumlu tutumdur. Olumlu tutum; enerjimizi, değiştiremeyeceklerimize ve olmuş olana odaklamamaktır. "Neden oldu, neden benim başıma geldi, neden hep beni buluyor?" şeklindeki sorular kısır döngü yaratır. Olumlu tutum, enerjimizi olacak olana ve geleceğe odaklamaktır. Yani olan olmuştur. Olanı sonra düşünür, ders çıkarırız. Önemli olan, yaşanan olaylar sonrası atacağımız adım konusundaki tavrımız ve yaşanılan her neyse fırsata çevirebilme becerimizdir.

Burada, "Sadece olumluya odaklanalım ve kötüleri görmezden gelerek, hayal içinde pembe bir dünyada yaşayalım," demek istemiyorum ve amacım kesinlikle kör bir iyimserliği teşvik etmek değil. Ancak sahip olduklarımızı fark etmek, çevremizdeki güzellikleri ve olumlu olanları görmenin ve bunları dile getirmenin, yanlış ve kötü olanları düzeltmek için güç ve cesaret vereceğini hatırlatmak istiyorum. Kapalı bir havada uçağa bindiğimizde kasvetli ortam bizi bunaltır ancak bulutun üstüne yükseldiğimizde güneşin aydınlattığı parlak dünyayı görürüz. Enerjimizi değiştiremeyeceğimiz konulara değil, değiştireceklerimize çevirmek, güneşin altında yaşadığımız dünyanın sunduğu fırsatları görmemize imkân verecek ve hoşnut olmadıklarımızı da değiştirmek için elimizdekilerden yola çıkarak sorumluluk almamız gerektiğini bize hatırlatacaktır.

Bu konuda insanları anlamak ve onlara ayna tutmak için yaptığım bir uygulama vardır. Toplantılarda bir örnek veririm; "Diyelim ki bir bankaya öğlen saatinde gidiyorsunuz. İçeride yirmi müşteri var. O esnada bankaya bir soyguncu giriyor, bir kurşun atıyor ve o kurşun elinize geliyor. Bu hadise sizin için ne ifade ediyor?" Katılımcılardan altılı bir ölçek üzerinden değerlendirme yapmalarını isterim. Ölçek, "çok talihsiz, oldukça talihsiz, talihsiz, talihli, oldukça talihli, çok talihli" şeklinde sıralanmaktadır. Verilen cevaplar farklıdır ve salon âdeta altıya bölünür. Talihsiz taraftakilerin cevabı değişmez. "Bula bula beni mi buldu! Neden ben!" değerlendirmesi ilk sırada yer alır. "Talihli" şeklinde değerlendirme yapanlar ise ağırlıklı olarak, "Yaşıyorum ya gerisi önemli değil, uzun rapor alma imkânım olacak, tazminat alacağım, hastaneye gittiğimde belki önemli bir hastalığımın olduğunu öğrenip tedavisine girişeceğim," cevaplarını verirler. Ben de sonunda katılımcılara, "Hayat daima ileri doğru yaşanır," derim. Çünkü kasedi geri sardığımızda takılıp kalıyoruz. Dahası kendi yarattığımız kozanın içine hapsoluyoruz. Evet, hayat ileri doğru yaşanır ve yaşadığımız her şeyin içinde mutlaka bir olumsuzluk, bir pürüz vardır. Evrendeki tek mükemmellik her şeyin farklı olması ve kusursuz hiçbir şeyin olmamasıdır. Mesele o kusurlarla hayatı daha iyiye götürmektir. Leonard Cohen'in ünlü şarkısında dediği gibidir hayat; *"Her şeyde bir çatlak vardır ve ışık böyle girer içeri..."*[4]

Psikolojik sağlamlığın üçüncü ayağı yılmazlıktır. Yılmazlık başarısızlığı göze almak, gerçeği kabullenmek, yaşanmış olumsuz durumdan ders çıkarmak, sorun için yeni bir çözüm aramak, yeni bir yol denemek, sahip olduğu öz kaynaklara odaklanmak, gerektiğinde yardım istemek ve sonuçta vazgeçmemek, pes etmemektir.

Dördüncü ayak olan özyeterlilik çoğunlukla inanıldığı gibi kendine güvenden çok daha değerlidir. Çünkü kendine güven başarıya endekslidir. Oysa başarısızlık hayatın en doğal parçasıdır. Özyeterlilik geçmişteki mücadele ve çabalardan elde edilen sonuca ve deneyimlere dayanarak "başarabilirim" duygusudur. Bu nedenle belirlediği amaca ulaşmak adına mücadele etmeyi, başladığı işi tamamlamayı ve bunun için sorumluluk almayı içine alır.

Bir anlamda umut ve olumlu tutum, yılmazlık ve özyeterlilik için ön koşuldur.

Başarıya yaklaşımımız hakkında merak ettiğim bir konu daha var. Birçoğumuz başaranların şanslı olduğuna inanıyoruz. Yaşamın kontrolü tümüyle bizim elimizde mi; yoksa şans, kader, olasılık gibi etkenlere siz de inanıyor musun?

---

4 Bu sözler Leonard Cohen'in 1992 yılında çıkardığı *The Future* albümünden *Anthem* isimli efsane şarkısında geçer. "There is a crack in everything/that's how the light gets in."

Her başarı veya başarısızlığı tümüyle şans ya da şanssızlık olarak tanımlamak doğru olmaz. Yaşamın kendine ait bir dengesi, ritmi var. Kader, genetik piyangodan bahtımıza çıkandır. Bir spermle bir yumurtanın buluşma ihtimali dokuz trilyonda bir olasılık içeriyor. Böylesi karmaşık ihtimal ve olasılıklar arasından var olabilmek, arka arkaya defalarca büyük ikramiye kazanmak gibi büyük bir şans... Kaderimiz, bizim yapabileceklerimiz ve yapamayacaklarımız arasında genel bir sınır çiziyor. Dolayısıyla çok istesek de yapamayacağımız veya iyi yapamayacaklarımız var. Örneğin şampiyon bir uzun mesafe koşucusu olmak için belirli gen özelliğine sahip olmamız gerekiyor. Sözünü ettiğim bu gen ancak Orta Afrika'da doğan kişilerde bulunuyor. Bu açıdan bakınca genetik özelliklerimiz, belirli sınırları bize çizerken kaderimiz hâline de gelebiliyor.

İşte bu yüzden, "Herkes yapıyor, sen de yaparsın! Yapanın senden fazla neyi var?" şeklindeki yaklaşımlar hem yanlış hem de bilimsel olmayan sloganlardır. Bu sözleri duymak iyi gelebilir ancak bir süre sonra yapamadığınızı fark edince büyük hüsrana uğrayabilirsiniz. Kendimizle ilgili farkındalık hâlinin oluşma durumunda, kabiliyetlerimizin sınırını, kapasitemizi bilmek bize enerjimizi doğru yere koyma imkânı sağlar. Ne demiştik: Enerjimizi nereye koyarsak hayat orada gelişir. Enerjimizi daha yatkın olduğumuz alanlara koymak doğal olarak daha az gayretle, daha iyi sonuçlar elde etmemize yarar. Hayaller âleminde boşa kürek

> Enerjimizi nereye koyarsak hayat orada gelişir. Enerjimizi daha yatkın olduğumuz alanlara koymak daha az gayretle, daha iyi sonuçlar elde etmemize yarar. Hayal dünyasında zaman kaybedip mutsuz olmamak için, yaparken keyif aldığımız ve yatkın olduğumuz alanı anlamaya gayret etmek daha gerçekçidir.

çekip sonra da karalar bağlayıp mutsuz olmamak için kapasitemizi anlamaya gayret göstermeliyiz.

Unutmamalı ki zenginler, zengin oldukları için değil; iyi imkânlardan yararlandıkları için şanslıdır. Varlıklı ailelerin çocukları, halk çocuklarına göre yarışa daha önde başlar. Hâl böyle olunca varlıklı ailelerin çocukları daha iyi eğitim görür, daha iyi beslenirler. Yapılan bazı fiziksel ve zihinsel ölçümlerden çıkan sonuçlar var. Paranın çok olması insanı daha zeki ve daha sağlıklı yapmıyorsa da paranın azlığı daha sağlıksız şartları oluşturuyor. Varlıklı olmak yaşam süresi üzerinde etkili... Sosyo-ekonomik koşullar iyileştikçe sağlıkla ilgili sorunlar da azalıyor. Varlık, hayatın ilk yıllarından başlayarak sağlıklı bir altyapı ve temel oluşturmak açısından da önemli...

Öte yandan yapılan araştırmalarda zenginler için de bazı negatif sonuçlar söz konusu. Varlıklı olmak en başta insanları daha az empati sahibi ve daha az yardımsever yapıyor. Sınırlı imkânlara sahip insanların yardım çağrılarına varlıklı kişilerden daha çok karşılık verdiğini daha önce belirtmiştim. Varlıklı olmak kendini kuralların üzerinde görmeye neden olurken, bir başka araştırma ise lüks otomobil sahiplerinin mütevazı araba kullananlara göre daha çok trafik ihlali yaptığını ortaya koyuyor.

Siz sormadınız ama ben söylemek isterim; şans veya zekâdan ötesi talihtir. Genelde şans ile talih karıştırılır. Şans, insan iradesinin dışında gerçekleşir ve rastlantısaldır; talihi ise insan kendisi yaratır. Ve bizlerin, talihli olarak nitelediği kişiler başarılı olan insanlardır. Çünkü kendi talihimizi kendimiz yaratırız. Başarıya giden yolda istemek önemlidir. Talihli insanların en önemli özelliği, hayata karşı olumlu bir tutum içerisinde olmalarıdır. Talihliler kuvvetli bir ilişki ağı kurar ve bunu sürdürür. Hayata karşı sakin bir tutum içindedirler. Tepki vermeden önce durup düşünür ve sorarak işe koyulurlar. Bu kişiler yeni yaşantılara açıktır. Talihli kişilerin gelecekle ilgili beklentileri, hayal ve ideallerinin gerçekleşmesine yardımcı olur. Başarı şansı düşük de olsa amaçlarına ulaşmak için gayret eder ve başarısızlık durumunda da mücadeleye devam ederler. Talihliler mutlaka hedeflerine ulaşmak için plan yapar ve eyleme geçerler. Başkalarıyla girdikleri etkileşimin de talihli ve başarılı olacağına inanırlar. Talihli diye tanımladığımız kişiler kötü talihi bir fırsata çevirebilir, çünkü kötü talihin olumlu tarafını görür ve buradan fırsat çıkarmaya çalışırlar. Hayatlarındaki olumsuz bir durumun, uzun dönemde olumluya hizmet edeceğine inanırlar. Kötü duruma takılmaz ve gelecekte daha kötü durumlarla karşılaşmamak için yapıcı adımlar atarlar. Talihli kişiler değiştiremeyecekleri koşulları kabul eder ve çevrelerindeki kişilerin hayat enerjisini de olumsuz etkileyecek davranışlardan kaçınırlar. Enerjilerini, kontrol edecekleri konular ve alanlar üzerine odaklarlar.

> Genelde şans ile talih karıştırılır. Şans, insan iradesinin dışında gerçekleşir ve rastlantısaldır; talihi ise insan kendisi yaratır. Ve bizlerin, talihli olarak nitelediği kişiler başarılı olan insanlardır. Çünkü kendi talihimizi kendimiz yaratırız.

Şöyle düşünün, kararlarımızda hep egonun etkisi vardır. Bu etki bazen bir yanılsamaya neden olabilir. Her insanın kendisini olduğundan daha iyi görme eğilimi vardır ve bu eğilim sebebiyle insanlar genelde kendilerini olduklarından daha iyi değerlendirirler. Bu pozitif bakış, sağlıklı insan davranışıdır. Entelektüel olan, okuyup araştıran insanların benlik algısını korumaları açısından, kendilerini değerli ve önemli hissetmeleri bir noktaya kadar kabul edilebilir. Kendini böyle biraz fazladan değerli hissetmek bizim dışımızdaki insanlara üst perdeden bakmak değil, kendi değerimizi bilmektir.

Yakın çevremde çok başarılı, varlıklı genç iş insanları var. Sözünü ettiğim kişiler, çok az insanın varacağı noktaya kendi gayretleri ile ulaşmış kişilerdir. Zaman zaman sohbetlerimizde, "Biraz da egomuz olmasın mı!" şeklinde sözler sarf ettiklerinde kendilerine Hubble teleskobunun çektiği fotoğraflardan oluşan bir takvim hediye ederek, "Bakın bakalım, dünyayı ve kendinizi bulabilecek misiniz?" derim. Hatta sözünü ettiğim genç iş insanlarının bir kısmına Samanyolu galaksisinin fotoğraflarından oluşan bir takvim hediye ettim. Birçoğunun da kendilerine verdiğim takvimi odalarına astıklarını gördüm. Bazılarıyla zaman zaman bir araya geldiğimde, "Hocam fotoğraflara bakıp söylediklerinizi düşündükçe kızgınlık, aşırı beklenti, hükmetme arzusunun azaldığını hissediyoruz," demişlerdir.

Neticede evrendeki zerre kadar olmayan varlığımızı aşırı önemsemenin bir âlemi yok. Her birimizin görevi, işi, sorumlulukları farklı olabilir. Ancak en önce, "Hepimiz insan olarak eşitiz," diye kabullenmemiz, bunu sindirmemiz gerekiyor. Eşit olduğumuzu kabullendikten sonra diğer insanlarla bağ kurabiliyor ve bunu tutarlı olarak disipline ediyorsak işte o zaman olumsuz düşünce, tavır ve davranışlara geri dönmeyiz. Aksine kendimizi çevredekilere kıyasla, para, unvan ve sorumluluk açısından daha önemli hissediyorsak bu, kibirdir. Dahası önemli hissettiğimiz kadar, yanlış karar alma eğiliminde oluruz. Abartılı hisler zihnimizi ve mantığımızı köreltir. O yüzden kibirden arınmak isteyenler Samanyolu galaksisinin görüntülerine bakarlarsa evrende kapladıkları yerin bir zerre kadar olmadığını anlarlar. İşte bu gerçeğin farkına vardığımızda egolarımızı törpülemiş, daha doğru bir yol çizmiş oluruz.

Neticede evrendeki zerre kadar olmayan varlığımızı aşırı önemsemenin bir âlemi yok. Her birimizin görevi, işi, sorumlulukları farklı olabilir. Ancak en önce, "Hepimiz insan olarak eşitiz," diye kabullenmemiz, bunu sindirmemiz gerekiyor. Kendimizi çevredekilere kıyasla, para, unvan ve sorumluluk açısından daha önemli hissediyorsak bu, kibirdir.

İKİNCİ BÖLÜM

DEĞİŞİM HER YAŞTA MÜMKÜN

"Elbette yolunu erken belirlemek iyidir ancak erken belirlememek de dünyanın sonu değildir. 'Geçmiş olsun, hâline yan,' diyen yanılır. Aynı hayatı, hatasıyla sevabıyla tekrar tekrar yaşamak ister misiniz? Cevabınız 'hayır'sa durun ve değiştirmeye bakın. Değişimin yaşı yoktur."

Bu bölümde bir hayatın ne tür kırılmalar ve dönemeçlerden geçerek bir anlam arayışına dönüşebileceğini konuşmak istiyorum. Sizin kendi hayatınız da bu konuya çok uygun, tabiri caizse örnek bir hayat... Öncelikle başlangıca gidelim. Ben herkesin hayat yolculuğuna nereden başladığını, diğerleriyle eşit koşulda olup olmadığını merak ederim. Sizin Arnavutköy/İstanbul'da doğup büyüdüğünüzü, iyi bir eğitim aldığınızı biliyorum. Yolculuğunuz nasıl başladı? Şayet Anadolu'nun ücra bir köyünde doğup büyüseydiniz anlamlı bir yaşam sürme imkânınız olabilir miydi?

Dediğin gibi, ücra bir köyde doğup büyüseydim bulunduğum noktaya gelme şansım çok azalacaktı. Ama memur bir ailenin çocuğu olduğumu ve ağzımda gümüş kaşıkla doğmadığımı da söylemeliyim. Şu da var ki ellili yıllar bugünler gibi değildi. Memur aileleri ortalama bir refah içinde yaşıyordu.

Annemle babam Işık Lisesi'nden sınıf arkadaşıydı. Arnavutköy'de bir yalı dairesinde doğup büyüdüm. O zamanlar memur maaşı bir yalı dairesi kiralamaya yetiyordu. Şimdi bunun ne kadar imkânsız olduğunu, hayal gibi geldiğini biliyorum ama o zamanlar öyleydi.

Annem çok meraklı, titiz ve koruyucu bir yapıya sahipti. Ama benim esas şansım yatılı okula gitmek oldu. Annem koruyucu bir kişilikti ancak beni elimden tutup okula götürdüğü ilk gün, herkes annesine yapışırken ben ona, "Git," demiştim. Ortaokulda çarşamba günleri veliler hazırlık sınıfındaki çocuklarını ziyaret ederdi. Anneme, "Gelme," derdim. İçimde her zaman bir bağımsızlık duygusu vardı.

Yatılı okul söz konusu bağımsızlık duygusunu daha da körükledi. Devlet okullarında okudum. Arnavutköy İlkokulu'nun ardından, İstanbul Erkek Lisesi'ni, sonra da İstanbul Üniversitesi Edebiyat Fakültesi Psikoloji Bölümü'nü bitirdim. Lise yıllarında zor bir öğrenciydim. Bazı öğretmenlerle ilişkimi yönetmekte zorlanıyordum. Bu dönemde potansiyelimi görüp beni ve dünya görüşümü etkileyen kişi, Alman Edebiyatı hocamız Rudolf Mayer'di. Kendisi okuduğumuz eserlerdeki alt metinleri fark ettiğimi görmüştü. Edebiyat eserlerindeki alt metinleri de hızlıca kavrıyordum. İkinci etken, kendimi ifade etme tarzım ve cesaretimdi. Üçüncüsü de farklı düşünmem ve olaylara sınıf arkadaşlarıma göre farklı bir perspektiften bakmamdı. Tüm bunlar potansiyelim olarak öne çıkıyordu. Ancak Almanca dersinde sürekli kitap okurduk ve bu, zihinsel gelişim açısından önemliydi. Bu benim şansımdı. Psikoloji eğitiminden sonra Cerrahpaşa Tıp Fakültesi'nde Klinik Nörofizyoloji doktorası yaptım. Bu, yürek isteyen bir işti. Bu işe girişmeden de mesleğimi sürdürebilirdim ama zor olan yolu, psikologların tercih etmediği yolu seçmiştim.

Anatomi, fizyoloji, temel tıp derslerini aldım. Üstüne nöroloji, psikiyatri okudum ve pekiyi dereceyle tıp bilimleri doktoru oldum. Ancak bunları yaparken gözlerimden resmen yaş geldi. Bu arada on yaşında başladığım lisanslı yüzücülüğe on yedi yaşında devam ediyordum. Galatasaray Adası'nda yüzmeye gidip su topu oynuyor ve hipodromda bilet satıyordum. On yedi yaşında bu şekilde para kazanmaya başladım. Bilet sattığım günlerde meğerse sigortam yapılmış. Öyle ki farkında olmadan yapılan bu sigorta, evlendiğimde ilk evimi almam için bana kredi sağlayacaktı. Bu da başka bir şanstı.

Üniversitenin birinci yılında, bir otelde gece resepsiyonistliği yaptım. Üniversitenin ikinci yılından itibaren Galata Kulesi'nde takdimcilik ve disk jokeylik yapmaya başladım. Zamanın tüm sanatçıları ile çalışıp birlikte eğlendim. Ardından bir süre turizm rehberliği yaptım. Türk grupları otobüsle yirmi otuz günlük Avrupa seyahatlerine götürüyordum. Bunları yaparken benden yaşça çok büyük insanları gezdiriyor, hem rehber olarak onları yönetiyor hem de onlara hizmet ediyordum. Hizmet ettiğiniz zamanki pozisyonunuz ile yönettiğiniz zamanki pozisyonunuz farklıdır. Kliması olmayan bir otobüsün içinde kırk yetişkin insanı bir ay gezdirmek hiç kolay değildir. Herkesi memnun ediyor; kiminin kardeşi, kiminin evladı oluyordum. İlişki yönetimini bundan daha iyi hiçbir uğraş geliştiremezdi.

Şahsen, hayatta kırılma veya dönüm noktalarının önemli olduğunu düşünürüm. Geri dönüp baktığımda herkes gibi benim de hayat yolculuğumda önemli kırılma anları ve dönemeçler olduğunu anlıyorum.

İlk kırılma, ilkokul dördüncü sınıfta öğretmenimin değişmesiydi. Benim açımdan çok önemliydi; çünkü yeni ilkokul öğretmenim hayatla, adalet duygusuyla tanışmamı sağlayacaktı. İkinci kırılma, ortaokula başlayacağım zaman Robert Koleji'nde İngilizce bölümün kalkması ve benim İstanbul Erkek Lisesi'ne gitmemdi. En önemli kavşak ise psikolojiye yönelmek ve eşimle fakültenin kütüphanesinde tanışmaktı. Eşimle kütüphanede çakışmamız biraz tesadüf, biraz şans ama hayatımın en güzel rastlantısıydı.

Sonrasında eşimin beni nöroloji kliniğinin başındaki Nedim Zenbilci Hoca ile tanıştırması da hayatımın gidişatı açısından önemli kavşaklardan biriydi. Nedim Hoca beni sinirbilim alanına yönlendiren kişidir. Bir de fiziksel sağlığım açısından otuz yaşında sigarayı bırakarak kendi adıma önemli bir karar verdiğimi düşünüyorum.

Sizi psikolojiye teşvik eden, yönlendiren biri oldu mu?

Lisede çok güçlü bir psikoloji hocamız vardı: Nurettin Topçu.[5] Bir de az önce bahsettiğim, olağanüstü Alman edebiyatı öğretmenimiz Rudolf Mayer. Bize alt metinleri okumayı ve bunlar üzerine düşünmeyi öğretmişlerdi. Nurettin Hocamın tarzından, düşünce ve mesleki birikiminden etkilenmiştim. Kaldı ki çocukluğumdan itibaren çok okuyan biriydim. Psikoloji okumaya kararlıydım. Bu kararımı lise ikinci sınıfta vermiştim, lise üçte bu karar iyice belirginleşmişti. Hatta lisede, hepimizin hayatını derinden etkileyen Alman edebiyatı öğretmenimiz Rudolf Mayer, bizlere, "Ne olacaksınız?" diye sorunca ben kendimden emin şekilde psikolog olacağımı söylemiştim bile. Bunun üzerine Bay Rudolf beni tahtaya kaldırıp, "Almanca psikolog ve psikoloji yaz," demişti. Almanca psikoloji, "psych" olarak beş sessiz harfin yan yana gelmesiyle başlar. Ben yazmakta zorlanınca Rudolf Hoca, "Hedefine iyi odaklan," uyarısında bulunmuştu.

Sınıf arkadaşlarımdan biri merhum Mesut Yılmaz'dı. Aynı soruya rahmetli Mesut, "Ben Türkiye'yi yönetenlerin arasında olacağım," diye cevap vermişti. Burada onunla bağlantılı bir anımı da anlatmak isterim. Ben lise üçüncü sınıfta kimya

5 Nurettin Topçu (1909-1975) Türk yazar, akademisyen, fikir insanı. Sorbonne Üniversitesi'nde felsefe alanında doktora derecesi alan ilk Türk öğrencidir.

dersinden kaldım. Dolayısıyla lise üçüncü sınıfı bir sene daha okudum. Şayet lise üçüncü sınıfta kimya dersinden geçseydim muhtemelen arkadaşlarıma uyarak Ankara Üniversitesi Siyasal Bilgiler Fakültesi'ne gidecektim. Birinci kararım psikoloji olduğu hâlde çok sevdiğim bazı arkadaşlarım Mülkiye'ye gidince ben de onlarla hareket edecektim. İşte bu tercihi yapan isimler arasında Mesut da vardı. Benim ise sınıfta kalmak âdeta yolumu değiştirmişti. Dolayısıyla mesleğimi kendim seçtim. Bana telkinde bulunan veya beni yönlendiren kimse olmadı.

Üniversitede eğitim gördüğüm yıllarda psikoloji güçlü bir dal değildi. Bu sebepten gençliğimizde el yordamıyla yolumuzu bulmaya çalıştık. O zamanlar bize rotayı bulduracak referanslarımız da yoktu. Bugün imkânlar çok daha fazla... Danışmanlar, rehberler, yaşam koçları, aklınıza gelen her alanda türlü danışmanlık yapacak kişiler size genç yaştan itibaren yol gösterici olabiliyor.

Üniversitede doktora sonrası yüksek beyin fonksiyonları konusu üzerinde çalışmaya başladım. Bu alandaki çalışmalara yönelmek bana büyük katkı sağladı. Eşimse 1975'ten itibaren stres konusu üzerinde çalışıp araştırmalar yapmaya başlamıştı.

1982 yılında bir süre ABD'de Ağrı Kontrolü ve Biofeedback Kliniği'nde *postdoctoral fellow* (doktora sonrası araştırmacı) olarak bulundum. ABD'de bulunduğum dönemde stres çalışmalarının nasıl işe yaradığını görmüştüm. Buradaki deneyimi 1983'ten itibaren eşimle "stresle başa çıkma seminerleri" düzenleyerek hayata geçirdik. Eşimin bu alandaki kuramsal bilgisi üzerine uygulamaları koyarak Türkiye'ye stres kavramını tanıttık. 1985 yılında da *Stres ve Başaçıkma Yolları* kitabımızı[6] yayımladık.

Yola koyulduğumuzda son derece mütevazı bir hayatımız vardı. Evlendiğimizde, kendi evimiz tamamlanana kadar

6 Zuhal Baltaş-Acar Baltaş, *Stres ve Başaçıkma Yolları*, Remzi Kitabevi, İstanbul.

kayınvalidemin evindeki 15 metrekarelik bir odada iki yıl yaşadık. Ben bu iki yıl boyunca ortaokul ve lisede ahlak ve psikoloji öğretmenliği de yaptım. Ahlak o dönemki felsefe dersiydi. Dolayısıyla daha önce de belirttiğim gibi ağzımda gümüş kaşıkla doğmadım. Toplantılarda ve çeşitli konuşmalarımda anlattıklarımın, önerdiklerimin hepsini bizzat tecrübe eden biriyim. İşte arkamda böylesi uzun bir yolculuk var.

Hayatınızın dönüm noktası olarak hangi ânı, hangi olayı gösterirsiniz?

Eşimle tanışmamı gösteririm. Eşimle üniversite kitaplığında tanışmamız hayatımın dönüm noktasıydı. O dönemde başlayan arkadaşlığımız ve yolculuğumuz devam ediyor. Eşimle dayanışma içinde birbirimizi tamamlayarak, destekleyerek ve birbirimizin önünü açarak ilerledik. Dolayısıyla bu yolculukta yalnız değildim. Bunun avantajı da dezavantajı da vardır. Şayet uyum yakalayamazsanız birçok konuda rekabete girer ve sınırlanırsınız. Neyse ki biz bu uyumu yakalamıştık.

Ben birlikte olduğunuz, sevdiğiniz kişiyle tanıştığınız yerin rolüne inanırım. Bazen toplantılarda espriyle karışık, "Mutlu evliliği barda bulamazsınız," derim. Tanıştığınız kişi ve tanıştığınız ortam, hem hayatınızın gidişini hem de karşınızdaki kişinin özelliklerini belirler.

Artık olgunluk çağındasınız. Geri dönüp baktığınızda gençlik yıllarınıza dair "keşke"ler veya pişmanlıklar görüyor musunuz? Birçoğumuzun başaramadığı o anlamlı yaşama "Ben eriştim," diyor musunuz?

Büyük "keşke"lerim hiç olmadı. Geri dönecek olsam, dalgıçlığı hobi edinmeyi isterdim. Eşimle Maldivler'de mercanlara âşık olmuştuk. Derin dalış yapamamayı bir "keşke" olarak söyleyebilirim. Yine eğer imkânım olsaydı Everest Dağı'na tırmanmayı, Güney Kutup Bölgesi'ne gitmeyi denerdim. Üstelik bu saydıklarımı oralara yapılan sıradan turistik geziler gibi değil, hakkını vererek yapmayı isterdim.

Ne var ki bu arzularımı özel hobime dönüştürmeyi başardım. Güney Kutup yolculuğunu neredeyse o yolculuğa çıkmış biri gibi, hatta kâşiflerin hangi noktalara adım attıklarına kadar bilirim. Ne kadar külliyat varsa okudum, ne kadar belgesel varsa izledim. Nitekim *Bir Yolculuk Olarak Liderlik*[7] kitabımın ilk altmış sayfasında Güney Kutup rotasını anlattım. Everest tutkusu da aynı şekilde hobiye dönüştü. *Hayatın Hakkını Vermek*[8] kitabımın başındaki temel mesajı Everest Dağı'na yolculuk belirliyor. Everest yolculuğunu sanal olarak, hayal ettiklerimi yazıya geçirerek gerçekleştirmiş oldum.

Hayatım boyunca kazandığım paraya göre değil, yaşamak istediğim hayata göre para kazanmanın yollarına baktım. On altı yaşında kız arkadaşlarımla buluştuğumda ailemin bana verdiği harçlık yetmeyince, "Artık çalışacağım," demiştim. Ailem, "Aman evladım neyin eksik?" dese de, "Hayır, ben çalışacağım," diyerek yolumu çizmeye başlamıştım. Sınıf arkadaşlarım yazları evlerinde keyif çatarken ben ter akıtıyor, çalışıyordum. Tüm bu süreçler boyunca hayatımdaki birtakım olumsuzluklar, sonradan olumluya dönüştü. Geri dönüp baktığımda gençlik yıllarında olumsuz gibi görünen, hatta zaman zaman canımı sıkan uğraşların, sonradan bana büyük faydalar sağladığını görüyorum. Benim için önemli olan, değerlerimden ve kişiliğimden ödün vermeden yaşamaktır.

Peki, "keşke"leri olanlar size göre hayatı ıskalamış, anlam arayışında sınıfta mı kalmış oluyor?

7 Acar Baltaş, *Bir Yolculuk Olarak Liderlik*, Remzi Kitabevi, İstanbul.

8 Acar Baltaş, *Hayatın Hakkını Vermek / Sağlıklı, Uzun ve Mutlu Yaşamak*, Doğan Kitap, İstanbul.

Kesinlikle hayır. Hangi yaşta olursak olalım, hayatı ıskalamak söz konusu değildir. Bugünün imkânları, geçmişle kıyaslanmayacak ölçüde rota değiştirmeyi mümkün kılıyor. Artık kırk yaşından sonra başka bir mesleğe yönelebiliyorsunuz. Elli-elli beş yaşında emekli olduktan sonra üniversiteye girip, yeniden okumaya başlayıp yeni meslek edinenler hiç az değil. Mühendis olmuş birçok kişi bir bakıyorsunuz, psikoloji okumak için kolları sıvıyor. Dolayısıyla hayata dair geç olan çok az şey vardır.

Elbette yolunu erken belirlemek iyidir ancak erken belirlememek de dünyanın sonu değildir. "Geçmiş olsun, hâline yan," diyen yanılır. Nietzsche'nin "ebedî döngüsü"nden örnek vermek isterim. Aynı hayatı, hatasıyla sevabıyla tekrar tekrar yaşamak ister misiniz? Cevabınız "hayır" ise durun ve bundan sonrasını değiştirmeye bakın! Değişimin yaşı yoktur.

> Hangi yaşta olursak olalım, hayatı ıskalamak söz konusu değildir. Bugünün imkânları, geçmişle kıyaslanmayacak ölçüde, rota değiştirmeyi mümkün kılıyor. Hayata dair geç olan çok az şey vardır.

Lise üçüncü sınıfta bir yıl sınıf tekrarı yapmak zorunda kaldığımı söylemiştim. Aslına bakarsanız lisede çok parlak bir öğrenci değildim. Bazı derslerde çok ilgili ve başarılı olduğum için öğretmenlerim beni takdir eder, bazı derslerin hocalarıysa sınıfta olmama bile şaşırırlardı. Buna rağmen benim potansiyelimi gören öğretmenlerim beni korumuştur.

Yirmi-otuz yaş arasında bir arayış içindeydim. Gençliğimde imkânlarım sınırlıydı. Hem çalışıp hem okuyordum. Lise son sınıf ile üniversite yıllarımı çalışarak geçirdiğimi söylemiştim. Çalıştığım işler de akıl çeliciydi. Yirmi-otuz yaş arasında disk jokeylik sebebiyle sahne hayatına yakındım. Disk jokeylik, hazza kaymanın kolay olduğu bir hayat sunuyordu. Sonrasında yurt dışında turizm rehberliği yaptım. Türk turistleri yurt dışına götürüyordum. Rehberlik de savrulmaya mümkün bir hayattı. 1978 krizi sırasında ve yurt dışına çıkışların sınırlandığı dönemde bir turizm şirketi kurmuştum ama bu macera kısa sürmüştü. Az önce söylemeyi unuttum ama Alman filmcilere tercümanlık bile yapıyordum. Dolayısıyla hangi kimlikle hayatımı sürdüreceğim netleşmemişti. Ancak otuz yaşına geldiğimde yönümü bulduğumu düşünüyorum. Tekrar belirteyim; en büyük şansım eşimle tanışıp sonrasında hayat arkadaşlığına yelken açmamızdır. Eşim beni doğru rotada tuttu.

Daha önce de aktarmıştım; eşim 1975'te stres konusunu çalışmaya başladığında o dönem Türkiye'de stresi bilen uzman yoktu. Uzmanı bırakın, tıp fakültesinde bile stres konusu ele alınmıyordu. Ben de 1977 yılından itibaren, bugün "sinirbilim" denilen konuya eğilmeye başlamıştım. O dönem sinirbilim, akademide bile çok bilinmeyen konular arasındaydı. Otuz yaşında, doktoramı verdikten sonra bir süre ABD'de kalıp psikoloji laboratuvarlarında çalışarak kendimi bu alanda geliştirdim. ABD'de strese yönelik çalışmaların nasıl uygulandığını, ne kadar işlevsel olduğunu görünce Türkiye'ye döndüğümüzde eşimle beraber ilk stresle başa çıkma seminerlerini yapmaya başladık. Yani otuz yaşından sonra kimliğimi ve yönümü de çizmiştim.

Bazı gençler bana, "Acar Hocam yirmi beş yaşına kadar vaktim var. İşimi, kariyerimi bu yaşa kadar belirleyemezsem geleceğim kararır," diyorlar. Bunun son derece yanlış bir düşünce olduğunun altını çizmeliyim. Hayat durağan olmadığı gibi kırk-elli yaşlarından sonra bile yeni bir hayata yelken açmak mümkün. Bir arkadaşım, "Yaşlılığın en kötü tarafı gençlere kıyasla çok şey bilmemiz," demiş ve "Maalesef bunu gençlere anlatamıyoruz," diyerek serzenişte bulunmuştu. Kısmen haklıydı. Çünkü gençlerin geçtiği veya geçeceği yolları, karşılaşacakları engelleri görüp yaşadık. Ama işin bir başka yönü de var. Herkes hayatı kendi yanlışlarını yaparak öğrenir demiştim. Akıllı insanlarsa bütün yanlışları yapacak kadar uzun yaşayamayacaklarını da bilir, deneyimlerden öğrenirler. Böyle kişiler öğrenmek ister, diğerlerine danışır ama nihayetinde kendi kararlarını uygularlar. Fikirlerinin mutlak doğru olduğunu kabul edenler ise ancak narsistlerdir.

Peki, bir süreliğine hayatın sizin için farklı aktığını varsayalım. Siz de birçok arkadaşınız gibi Mülkiye'ye gitseydiniz hayatınızda neler farklı olurdu?

Ankara'ya gitmemek hayatımda önemli bir makastı, kaderimde kırılma yaratan bir seçimdi. Sözünü ettiğim dönem, öğrenci olaylarının en sert olduğu 1968 yılıydı. Mizacım gereği o hareketlerin içinde olmam muhtemeldi. Ataktım; hem harekete geçme hem de harekete geçirme özelliklerine sahiptim. Söz gelimi az önce bahsettiğim Mesut Yılmaz ise son derece tedbirli, muhafazakâr bir ailenin çocuğuydu. Ailesinde bakanlık yapmış insanlar olduğundan kendisi de aynı gelenekten geliyordu. Mesut her zaman itidalini koruyan biri oldu. Ama ben dediğim gibi lise üçte sınıfta kalmayıp Ankara Siyasal Bilgiler Fakültesi'nde yüksek öğrenime başlasaydım muhtemelen atak bir üniversite öğrencisi olacaktım. Devrimciydim. Lisede Camus, Sartre, Marx, Çetin Altan, Nâzım Hikmet okurduk. En azından özendiğimiz isimlerdi bu saydıklarım. Camus'yü, Sartre'ı, egzistansiyalizmi [varoluşçuluk] anlamaya çalışıyorduk. Ne anlardık o ayrı konu. On sekiz yaşında bir çocuğun bunları anladığını söylemiyorum ama dediğim gibi ateşli tartışmalar yapar, anlamaya çalışırdık.

Gençliğinizde savrulma ihtimalinden bahsetmişken, kendi gençliğiniz ile bugünü kıyaslamanızı istesem...

Bizim gençliğimizde anlam doktrinlerdeydi. Ya sosyalist, ya milliyetçi olurdunuz ya da İslam'ı doktrin olarak seçerdiniz.

Bugün anlam maddi kriterlerin çevresinde şekilleniyor. İnsanların birçoğu anlamı, insanca hayat sürecekleri maddi imkânlara sahip olmak olarak görüyor. Bu düşünce çok sığ kalıyor.

Sokrates, "Hep daha fazlasını isteyen birini asla mutlu edemezsiniz," der. Çocuklar bile artık sahip olduklarına değil, bir sonra neye sahip olacaklarına odaklanmış durumdalar.

Bir de hep daha fazlasını isteyenler var. Yakın zamanda tanık olduğum bir örnek vereceğim; 18 metrelik teknesi olan arkadaşım 30 metre teknesi olan birini görünce kendini çok yetersiz hissettiğini söylüyordu.

Yine, her şeyin çok daha hızlı yaşandığını görüyorum. İnsanlar herhangi bir konuşmayı internetten hızlandırarak izliyorlar. Günümüzde sabır azaldı. Ve dikkat aralığı daraldı. Bu durum hayatın bütününe yansıyor. Başarı süreci artık takvime değil, âdeta saatlere bağlı şekilde değerlendirilmeye başladı. Ancak bu dönüşüm gerçekçi ve insan doğasına uygun değil. Çünkü sürdürülebilir başarı her gün yaptığımız küçük şeyleri özenli ve düzenli yapmaktan geçer. İşte bu, disiplindir ve emek vermeyi, sabretmeyi beraberinde getirir.

> Günümüzde her şeyin çok daha hızlı yaşandığını görüyorum. Ancak bu dönüşüm gerçekçi ve insan doğasına uygun değil. Çünkü sürdürülebilir başarı her gün yaptığımız küçük şeyleri özenli ve düzenli yapmaktan geçer. İşte bu, disiplindir ve emek vermeyi, sabretmeyi beraberinde getirir.

Günümüzde tıp eğitimi altı yıl sürüyor. Tıp eğitiminin hızlandırılması söz konusu olamaz. Hızlandırılmış tıp eğitimiyle hekim değil ancak paramedik olunur. Saatlere indirgenmiş anlam ve başarı yolculuğunu, "Bugünün gerçeği hız, yeni norm böyle," deyip benimseyemeyiz.

Zirveye çıkarken bir yolculuk yapmamız gerekiyor. Zirveye helikopterle vardığımızda yolculuk yapmış olmadığımız gibi, sadece manzarayı görmüş oluyoruz. Dahası yolculuk sırasında kazanacaklarımızı, tecrübe edeceklerimizi yaşayamıyor; görmemiş oluyoruz. Hayatın amacı ve anlamı mutlu ve fark yaratacak şekilde işe yaramak, onurlu ve tutkulu olmaktan geçer. Arzuları gidermeyi mutlu olmak sananlar dipsiz kuyuya düşer.

Gelecekte neye döner, dönüşür bu durum?

Gelecekteki anlamla ilgili öngörüm çok daha karışık... Bugüne kadarki gelişim iç içe geçmiş, organik bir düzlemdeydi. Gelecekteki değişim ve anlam ise inorganik olacak. Yapay genel zekâ bugüne kadar bizim istediklerimizi yaparken artık bize ne yapacağımızı söylemeye başladı. Kontrolümüz dışında öğrenerek, bizi kontrol etme düzeyine gelmiş bir yapay genel zekânın nasıl bir psikoloji ve sosyal yaşam doğuracağını kimsenin tam olarak öngörebileceğini sanmıyorum. Bu önemli bir konu, dilersen ayrı bir başlık altında geleceği de konuşalım.

Tabii hocam. Peki, yine bu savrulma hattından gidersek, bunun önüne geçmek için planlı bir yaşam gerektiğini de düşünebiliriz. Siz ne dersiniz? Sizin bir gününüz nasıl geçer?

Pandemi öncesinde sabahları sekiz buçuk ile dokuz arasında işimin başında olmaya gayret gösteriyordum. Her sabah şirket çalışanlarıyla açılış toplantılarını yaptıktan sonra, eğitim programlarım varsa onları organize edip çalışmalarıma başlıyordum. Pandemi dönemi dışında haftada ortalama iki gün yurt içi seyahatlerim oluyordu. İş amaçlı seyahatler için mutlaka sabah saat beşte kalkıp ilk uçağa binerek Türkiye'nin herhangi bir yerinde saat dokuz buçukta toplantıya başlıyordum. Ancak pandemi sonrası iş ritmi biraz değişti. Artık şirketteki toplantıları çevrimiçi de yapıyorum. Yine haftanın birkaç günü mutlaka İstanbul'da konuşma ya da eğitim çalışmalarım oluyor.

Yakın döneme kadar, mesleki çalışmalar kapsamında yılda bir kez Amerika seyahatim oluyordu. Amerikan Eğitimciler Birliği'nin toplantılarına katılıyordum. Artık bu nedenle ABD'ye gitmiyorum. Az evvel de söz ettiğim gibi pandemi dönemiyle bazı alışkanlıklar ister istemez değişti. Şayet dışarıda yapmam gereken bir işim yoksa genellikle evden çalışmayı tercih ediyorum. İtiraf etmeliyim ki son iki yıldır galiba yorgun hissettiğim anların sayısı arttı. Eşimle meslektaş olduğumuz için ikimizin de temposu çok yoğun ve benzer. Eşimle pandemiden önce her ay veya iki aylık sürelerde altı yedi günlük yurt dışı seyahatlerimiz oluyordu. Yurt dışı seyahatlerine yeniden başlayabildik. Küçük oğlum ve torunlar İngiltere'de yaşadığı için eşim mutlaka her ay beş altı gün onları ziyarete gider. Ailece yazları birlikte geçirdiğimiz tatillerimiz vardır. Çocuklar, torunlar bir araya gelip hep birlikte tatil yapmaya özen gösteriyoruz.

Seyahatlerimde muhakkak okumaya, araştırmaya gayret ederim. Boş kaldığım veya fırsatını bulduğum her an okurum. Mutlaka ama mutlaka her gün yazı yazmaya özen gösteririm. Yazı yazmak benim için önemli bir tutku ve disiplin... Eğitim, toplantı, iş seyahati dışındaki zamanlarda da okuyup yazmaya gayret gösteriyorum.

Birçok kişi hobilerini, genelde boş vakitleri doldurmak olarak algılıyor ancak zevk alarak yaptığımız uğraşlar yaşamımızın bir parçası... Mesela birçok kişi, "Boş zamanlarımda kitap okuyorum," der. Oysa kitap okumak boş zamanımızı doldurma meşgalesi olamaz. Şahsen, boş zamanımda değil, var olan bütün zamanımda kitap okuyorum.

Pandemiden sonra günlük gazete okumayı bıraktığımı da söylemeliyim. Haberleri internet portallarından çok hızlıca bakıp okumaya gayret ediyorum. Ancak Çiğdem Toker ve

Ege Cansen'in yazılarını özellikle takip ediyorum. Bu isimler dışında muhakkak çok değerli yazarlar var ama diğer önemli gördüğüm isimleri vakit buldukça okumaya çalışıyorum. Gazete olarak haftalık yayımlanan *Oksijen Gazetesi* bana yetiyor. *Oksijen Gazetesi* benim için gerçekten de oksijen, nefes gibi...

Eşimle konularımız, yaşama bakışımız, zevklerimiz ortak olduğundan ilişkimiz sağlam bir zeminde ilerliyor. Birlikte güzel vakit geçirmemiz başlı başına dinlendirici... Mutlaka ilgimizi çeken ortak konuları okuyup tartışırız. Bazı akşamlar fırsat olursa film izleriz. Bir de uyanık olduğum sürede mutlaka müzik dinlerim. Bulunduğum ortamda müziğin sesi hiç kısılmaz. Ağırlıklı olarak klasik müzik ve vokal caz dinlerim. Son birkaç yıldır arabaya bindiğim zamanlar radyoda TRT Nağme'yi açıyorum. Çocukluğumda kulağımda kalan alaturka tınıları duymak hoşuma gidiyor. Galata Kulesi'nde çalıştığım yıllarda dönemin sanatçılarıyla çalışma ve onları dinleme fırsatım olduğunu söylemiştim. Türk sanat müziğinden eserler dinlemek bana gençlik yıllarımda en çok dinlediğim, her ikisi de rahmetli olan Orhan Şener ve özellikle çok anım olan iyi arkadaşım Zeki Çetin'i hatırlatıyor. Bir de son beş senedir geçmişte önyargılardan dolayı hiç dinlemediğim sanatçıları da dinlemeye başladım. Ahmet Kaya, Müslüm Gürses bu sanatçıların başında geliyor.

Bunun yanı sıra uzun yıllar sporla uğraştım ve profesyonel olarak yüzücülük yaptım. En büyük hobim yüzmektir. Mayıs başından 31 Ekim'e kadar mutlaka her gün yüzmeye gayret gösteririm. İstanbul'da olduğum zamanlar havuzda, denizi bulduğum yerlerde de denizde yüzerim. Yüzmek benim için meditasyon... Ancak zaman içinde fiziksel tempo doğal olarak gerilemeye başlayınca profesyonel sporcu kimliği de bir uğraş ve hobiye dönüştü. Elbette hobi veya zevkler zaman içinde yaşama bakış açımızla değişebilir. Nitekim Galatasaray'a gönül vermiş biri olarak eskiden Galatasaray maçlarını kaçırmazdım.

Artık takım iyi oynamıyorsa maçı izlemekten vazgeçiyorum. Maçları stadyumda takip etme imkânım olduğu hâlde, bunu zaman kaybı olarak gördüğüm için ekran karşısında izlemeyi tercih ediyorum.

Motivasyonumun temeli her insanda olduğu gibi, severek yapmaktan geçiyor. Yaptığım her şeyi severek yapıyorum. "Lanet olsun!" diyerek yaptığım hiçbir şey olmadı. Bu açıdan kendimi şanslı sayıyorum.

Bahsi geçmişken şimdi sizin yaşamınızdaki çok önemli ve farklı bir sayfayı aralamak, onun üzerine sormak istiyorum. Belki birçok okurun da bilmediği bir yönünüz bu. Yakın geçmişe kadar futbol dünyasına danışmanlık anlamında çok önemli katkılarınız oldu. Hatta ülke futbolu için en anlamlı başarıya imza atan ekipte siz de vardınız. Milli Futbol Takımı dünya üçüncüsü olduğunda takıma mentörlük yapıyordunuz. Bugüne kadar elde edilmiş en büyük başarıya imza atan ekipteydiniz. Bu noktada biraz futbol derslerinden konuşabiliriz. Çünkü siz, "Futbol, hayatın küçük bir modelidir," benzetmesinde bulunurken üzerinde düşünmemiz gereken çok ilginç örnekler veriyorsunuz. Futbol ve spor camiasında şahit olduğunuz birçok hadise olduğuna eminim ve futbolla hayatın kesiştiği noktaları sizden dinlemeyi çok isterim.

Taraftarlar maçlarda genelde topa odaklanır ancak derbiler gibi heyecan ve temposu yüksek maçlar neredeyse bütün hayata yetecek dersler barındırır. Bunların farkına varmak için sahaya çıkan takımlardan biriyle kuvvetli bir duygusal bağ kurmamak ve topu mümkün olduğu kadar az izlemek gerekir. Topu az izlediğinizde saha içinde kaytaranları, arkadaşlarının emeğine ortak olanları, rakip meslektaşlarının emeğini çalanları, hakemi aldatanları net biçimde görürsünüz.

Benzer şekilde, öncesini dikkate almadan sadece sonuçlara bakarak hayatı değerlendirmek de çok kere yanıltıcıdır. Dikkatli bakınca gol her iki takım oyuncularının yaptıklarının ve yapmadıklarının sonucudur. Hayat da böyle... Hayatta aldığınız sonuçlar ve yaşadıklarınız, daha önce yaptıklarınızın ve yapmadıklarınızın sonucudur.

> Başarısızlık hayatın en doğal parçasıdır. Öğrenme ve gelişmenin en etkili yolu deneyimdir. İnsanların çoğu, başarısızlıklarına çeşitli kılıflar bularak kendilerini rahatlatır, dış faktörlerin kurbanı olduklarına inanır, böylece farkında olmadan yeni başarısızlıkların kapısını açarlar.

Başarısızlık hayatın en doğal parçasıdır. Öğrenme ve gelişmenin en etkili yolu deneyimdir. En çok başarısızlık duygusu yaşayan sporcular, rekortmen sporculardır. Olimpik sporcuların üç özelliği vardır: Disiplinli olmak, yenilmeyi veya geçilmeyi göze almak, pes etmemek. Onlar ulaşılması zor bir sonucu elde etmek için birçok başarısız deneme yapmak zorunda kalmıştır. Ama insanların çoğu, başarısızlıklarına çeşitli kılıflar bularak kendilerini rahatlatır, dış faktörlerin kurbanı olduklarına inanır ve böylece farkında olmadan yeni başarısızlıkların kapısını aralarlar.

Futbolun en güzel tarafı her doksan dakikanın sonunda performans değerlendirmesi yapmak için eşsiz bir fırsat sunmasıdır. Ancak Türkiye'de olumsuz sonuçlardan "hakem, federasyon, medya, dış güçler" sorumlu tutulur. Böylece başarısızlıkta sorumluluğu olan herkes rahatlar ve sorunları aşmak için farklı bir yol düşünmeye ve denemeye gerek duyulmaz. Futbol ayrıca Türkiye'de çok sevilen ve profesyonellik seviyesi için ülke imkânlarına göre orantısız kaynak ayrılan bir spordur. Ne var ki istenilen sonuçlar genelde bir türlü alınamıyor ve yakın gelecekte durumun değişeceği yönünde de bir işaret görülmüyor.

Ülke futbolunda başarı için kullanılan yöntem, yüksek prim vadetmek... Ancak gerçekçi olmayan yüksek ödüllerin verilmesi, doğal olarak, uğruna mücadele edilen amacın değersizleşmesine ve bireysel sporlarda doping, takım sporlarında ise şike gibi dürüst olmayan yollara sapılmasına neden olur. Bugüne kadar yaptığım çalışmalar sırasında, gerek üst düzey sporcularda gerekse futbol antrenörleri gelişim ve lisans kurslarına katılan eski futbolcularda gördüğüm, bütün başarısızlıkların kurban yaklaşımıyla değerlendirilmesidir. A Milli Takım düzeyindeki bir futbolcudan, "Hocam sen maçın sahada mı kazanıldığını sanıyorsun!" sözlerini duymuştum. Antrenör gelişim ve pro lisans kurslarında yürüttüğüm Genç Sporcularda Karakter Gelişimi programında katılımcılar, ülkede futbolun istenilen seviyede olmamasını "ortama, yöneticilere, medyaya, seyircilere"; kısaca kendileri dışında her şeye bağlamışlardı. Buna karşın, aradıkları birçok sorunun cevabını bulmaları muhtemel olan oturumlara, not almak için herhangi bir not defteri ve kalem getirme ihtiyacı bile duymadıklarına şahit oldum.

Şimdi başka bir yönden bakalım. Genç sporcular para ve şöhret kazandıklarında bütün sorunlarının çözüleceğine inanır. Oysa aynı yoldan geçmiş ve futbolu bırakmış ağabeyleri esas sorunun bundan sonra başladığını bilir. Ne yazık ki ağabeyleri zamanında kendilerinden öncekileri dinlemediği gibi, bu genç futbolcular da kimseyi dinlemez. Herkes kendi yanlışlarını yaparak hayatı öğrenmeye çalışır.

Karakter gelişimini, genç sporcu gelişiminin bir parçası olarak görmek ve bu konudaki çalışmalara altyapıda başlamak gerekir. Bence Barselona futbol kulübünün altyapı birimi La Masia bu konudaki en iyi örneklerden biri... Antrenörler top kontrolü ve taktik eğitimi verdikten sonra günün geri kalan bölümü genç zihinleri eğitmeye ayrılır. Bu eğitimin içinde saygı, sorumluluk, adanma, disiplin, alçak gönüllülük temellerine dayanan olumlu tutum ilkeleri ve değer gelişimi yer alır. Zihinsel ve duygusal gelişim süreci tamamlandığında gençler sadece iyi birer sporcu olmayacak, aynı zamanda bulundukları topluluk içinde bütün hayatları boyunca "iyi vatandaş" olarak sorumluluk üstlenecek ve kurban rolünden çıkıp kaderlerini ellerine alacak örnek kişiler hâline gelecektir.

La Masia çiftlik evinde genç yetenekler böylelikle hem fiziksel hem de zihinsel olarak geleceğe hazırlanır. Benzer şekilde Ajax, Porto ve İngiltere kulüplerindeki örnekler de önemlidir. Çocuklar henüz on-on bir yaşından itibaren zihinsel, duygusal olarak problemlerle başa çıkmak üzere hazırlanır. Bahsettiğim altyapı gruplarında yıldız adayı çocuklar ihtiyaç hissettikleri zaman psikolojik yardım alır.

Sorunuzda yer alan bir konuda hatırlatma yapmak istiyorum. Milli Takım'ın Dünya Kupası üçüncülüğünde ve Galatasaray'ın UEFA Kupası aldığı süreçte, bugün profesör olan genç Turgay Biçer takıma psikolojik destek veriyordu. Kendisi Spor Akademisi'nde, sporcularda psikolojik sağlamlık ve karakter gelişimi konularını hayata geçirecek çok sayıda öğrenci yetiştirmiştir. Türkiye'de yakın döneme kadar bu konular söz konusu olmadığından, görev yaptığım dönemde benim de futbolcularla bir araya gelmem yadırganmıştı. Bir futbol takımında psikolog bulundurma fikri Mustafa Denizli'den çıkmıştı ve eski dostluğumuz nedeniyle benden kendi ekibine katılmamı istedi. İlk kez 1995'te Milli Takım psikoloğu olarak Belçika'ya gittiğimde futbolcular bana bakıp kendi aralarında "deli doktoru" diyerek şakalaşıyorlardı. O dönem Ayhan Bermek, Milli Takım'dan sorumlu yöneticiydi; Şenes Erzik ise Türkiye Futbol Federasyonu başkanıydı.

Anladığım kadarıyla ilk zamanlarda futbolcular sizden faydalanmak istemiyor veya bunu nasıl yapacaklarını bilmiyorlardı.

Bir örnekle anlatayım. Önemli bir maçtan önce, futbolcuların dinlenme saatinde bizi bir araya topladılar. Toplantı odasında sadece futbolcularla ben vardım. Futbolcular konuşmaya, dinlemeye hazırlıklı olmadıkları gibi, buna alışık da değillerdi. Normalde maç konuşmaları on beş-yirmi dakika sürerken yaptığım konuşma bir saati geçmişti. Hatta Ayhan Bermek ve teknik ekip merak edip kendi aralarında, "Acar Hoca'ya bir şey mi yaptılar?" diye espri bile yapmışlar. Tahminin doğru; bazı futbolcular bu destek hizmetinden faydalanırken bazıları yararlanmak istemiyordu ama psikolojik hazırlık sürecinden geçen tüm futbolcuların performansı ciddi şekilde artmıştı. Oyunculara, yetersiz kaldıklarında, yeterliliklerini artırmalarına yönelik psiko-destek sağlıyordum. Futbolculardan en çok duyduğum cümle, "Hocam inanılmaz baskı altındayım, üzerimde müthiş baskı var," şeklindeydi. Ben de her defasında, "Ne mutlu sana ki baskı altındasın. Çünkü baskı ödüldür, kahvehanede arkadaşlarınla okey oynasaydın daha mı mutlu olacaktın?" diye cevap verirdim. Baskının ödül olduğunu kavrayanlar kırılgan duygusal eşiği de geçiyordu.

Kendini kontrol etme becerisini geliştirmek mizaca bağlı olarak gelişir. Futbolda hırs iyidir. Kaybetmeyi dert etmeyen büyük sporcu olamaz. Ancak kaybettiği zaman çirkinleşen oyuncu da iyi insan ve büyük sporcu olamaz. Dolayısıyla kaybetmeyi dert etmek önemlidir. Kaybetmeye

> Kaybetmeyi dert etmek önemlidir. Kaybetmeye isyan ederken çirkinleşmemek daha önemlidir. İngilizcede böylelerine bad looser denir. Biz "çamur veya çirkef" deriz. Çamur, etrafa sıçrar; çevreyi kirletir.

isyan ederken çirkinleşmemek daha önemlidir. İngilizcede böylelerine *bad looser* denir. Biz "çamur veya çirkef" deriz. Çamur etrafa sıçrar, çevreyi kirletir. Futbolda yakın tarihe bakarsak çamura yatan, çirkefleşen birçok örnek görürüz. Bu yüzden danışmanlık yaptığım takımlardaki futbolculara her zaman, "Bir gün futbolu bırakacaksınız, nasıl anılmak istersiniz, mahallede çocuklarınıza nasıl hitap edilmesini istersiniz?" derdim.

Mesela bazı futbolcuların lakapları vardı. Özellikle de hakemi aldatmaktan ötürü iyi anılmayan oyunculara kötü lakaplar takılır. Konuşma yaptığımda, "Evladınıza yönelecek olumsuz sözleri düşünün; bugün bir maç oynar, kazanır veya kaybedersiniz ama hayat uzun bir süreç," diye uyarılarda bulunurdum. Nitekim bugün her yerde saygı gören, tüm takımların taraftarlarınca sevilen futbol insanları var.

Milli Takım'da ilk olarak 1995'te Mustafa Denizli'nin döneminde görev aldım. Denizli sonrası dönemde de 2002-2005 arasında Milli Takım'da psikolojik danışmanlık görevi yaptım. Kendisiyle Milli Takım'dan önce, Galatasaray'da hocalık yapmaya başladığı dönem arkadaş olmuştuk. Görüşlerime değer verirdi. Galatasaray'ın Monaco'da oynadığı, hafızalara kazınan maçtan sonra benimle bir anısını paylaşmıştı. Monaco'da malum Monte Carlo Gazinosu vardır. Mustafa Denizli de orada rulet çevirirken ortaya 500 frank koyduğunu söyledi. Yanında ise Milli Takım'ı uzun yıllar çalıştırmış ama o sırada orada basın mensubu olarak bulunan biri varmış. Bu hocamız, Denizli'ye, "Niye 500 frank koyuyorsun, beş frank koy," deyince Denizli bunun üzerine, "Beş frank koysaydım senin gibi olurdum," dediğini anlatmıştı. Bu hadiseyi duyunca, "İnsanları kendine düşman etmekte üstüne yok," demiştim; Denizli de, "Sen insanları dost edinmenin bedelinin ne olduğunu biliyor musun?" cevabını vermişti. Mustafa Denizli zaman içinde oyuncularla, insanlarla ilişkisinde gelişmiş; derinlik ve bilgelik kazanmıştır.

Milli Takım'da olduğum süreçte birçok oyuncuyla çok olumlu ilişkiler kurdum. Bugün çoğu kişi yadırgayabilir ancak Alpay Özalan bu konuşmalardan ve benimle ilişkisinden çok yararlandı. Sonrasında öğrendiklerini hayatına ne kadar taşıdı, ne oldu, ayrı konu ancak o dönem kendisinde psikolojik desteğin olumlu etkisini gözlemliyorduk. Bugün kendisinin onaylamadığımız birçok davranışı olsa da Alpay futbol oynadığı dönemde iletişime ve gelişime açık bir oyuncuydu.

Psikolojik danışmanlık veya desteğimize olumsuz bakan futbolcular da vardı. Tugay Kerimoğlu her zaman için bu tür ilişkilerden uzak durmuştur. Antrenörlük, ön lisans kursuna konuşmacı hocalardan biri olarak katıldığımda yanıma gelip gayet açık yüreklilikle, "Hocam ben bu işlere pek önem vermezdim, size de geçmişte saygısızlık etmiş olabilirim, bu yüzden özür dilerim," demiştir. Ben de kendisine bana karşı söylediklerinin hiçbirini üzerime almadığımı, tercihine saygı duyduğumu söylemiştim. Görüldüğü gibi sonradan bu tür yakınlaşmalar da olmuştur. Sonuçta psikolojik hizmet zorla olmaz. Milli Takım'daki gençlerin çoğu aklı başında, son derece saygılı insanlardı. Mesela okumak, araştırmak deyince de Tolunay Kafkas'ı söyleyebilirim. Gerçekten entelektüel bir sporcuydu Tolunay. Birlikte yaptığımız çalışmalardan en çok yararlanan sporcular Hakan Şükür ve Tümer Metin olmuştur. Tümer'le Beckham'ın bir çalışmasını örnek alarak yaptığımız bir uygulama, Dolmabahçe Stadı'nda Danimarka'yla oynanılan bir maçta kullandığı serbest atışın golle sonuçlanmasını sağlamıştı.

Milli Takım'ın 16-18 yaş kamplarına gitseniz buradaki gençlerin büyük çoğunluğunun çok çocuklu, çoğunlukla küçük esnaf, işçi çocukları olduğunu ve gecekonduda büyüdüklerini görürsünüz. Bu gençlerden üç veya dördü yirmi-yirmi bir yaşına geldikleri zaman birdenbire isimlerinin baş harflerini taşıyan son model bir arabaya binip, en popüler saati takıp birtakım mekânlarda görünmeye başlıyorlar; maddiyata değer veren genç kadınlar da onların peşinden koşuyor. Dar gelirli aile ortamından bir anda yıldız gibi parladıkları için çocukların dengeleri bozuluyor. Eğitimli, yüksek tahsil almış ve sorumluluk sahibi insanlar bile üç dört sene içinde ülkenin tanıdığı bir yıldız hâline gelseler ve sınırsız imkânlara sahip olsalar rotalarını şaşırır. Dolayısıyla bu gençlerin rotalarını şaşırmasına şaşmamak lazım. Asıl sorun onların buna hazır olmaması veya buna hazırlanmamaları. Başarılı oldukları takdirde şöhretli olacaklarına, şöhretli oldukları takdirde ise para kazanacaklarına ve hiçbir sorunlarının olmayacağına inanıyorlardı. Oysaki sorunlar ondan sonra başlıyordu. Kaygı, sahip olduklarını korumakta zorluk çekme düşüncesinden ortaya çıkar. Genç futbolcular bu sürece entelektüel, zihinsel ve duygusal olarak hazır olmadıklarından, yaşananlarla nasıl başa çıkacaklarını bilmiyorlardı. Sırf bu yüzden birçok yetenek kendini yeterince ortaya koyamadan kaybolup gidiyor.

Kaygı, sahip olduklarını korumakta zorluk çekme düşüncesinden ortaya çıkar.

Peki, entelektüel, düşünen, üreten bir insanın futbolla ilgilenmesi çelişkili midir? Futbola ilgi duyan genel profil entelektüel donanımınızın altındaysa spor sizi nasıl tatmin edebilir?

Yerinde bir soru ancak itiraf etmeliyim ki sorunuza vereceğim cevap rasyonellikten uzak, hatta rasyonalitenin yüzde onuna bile varmayacak düzeyde. Hayatı anlamlı ve yaşanılır kılan etkenlerin başında duygularımız gelir. Şüphesiz duygudan arınmış bir hayat çok sıradan, tekdüze ve mekanik olurdu.

Duygularımızla hareket etmenin, davranışlarımızın duygularımızdan etkilenmesinin bir zararı yok. Bilakis duygusal yoğunluk bizlere zenginlik katar. Nitekim insanlığa en değerli ürünleri sanatçılar, yani duygu insanları sunmuştur. Hiçbirimiz için duygulardan kaçış söz konusu olamaz. Tehlikeli olan tümüyle duyguların etkisinde kalarak ve duygulara kapılarak karar vermektir. Duyguların yıkıcı kararlara yol açmaması için ölçüt duyguların yoğunluğudur.

Benim de futbola ilgim bir ölçüde duygusal bir bağ olduğu gibi, toplumda büyük ilgi gören bir dünyanın sahne arkasını yaşamanın kazandırdıkları da işin mantık boyutunu temsil eder. Yaşamın her ânında, her konuda bütünüyle mantıklı olmamız, hislerimizi tümden rafa kaldırmamız söz konusu değildir. Duygusal ya da rasyonellikten uzak beğenilerimiz her şey için geçerli olabilir. Partnerinize âşık olduğunuzdaki duygularınızın akıl ve mantıkla bir ilgisi yoktur ancak akıllı ve zeki insanlar da aynı yoldan geçer ve âşık olur. Dolayısıyla futbola karşı ilgimi, benim insan olarak akıl dışı tarafımın akılla uzlaştırılmış hâli olarak görmek mümkündür.

Futbol taraftarlığı gerçekten mantıkla açıklanamaz. Takımın başarısı veya başarısızlığında hiçbir katkı veya sorumluluğunuz olmadığı hâlde, sonuca göre sevinir veya üzülürsünüz. Bu durumun tamamen ait olmak ihtiyacından kaynaklandığını düşünüyorum. Rahmetli babam Beşiktaş taraftarıydı. Genelde çocuklar babalarının etkisinde kalır ancak ben altı yaşındayken bir aile dostumuz sayesinde Galatasaraylı olmayı seçtim. Anne-babamın sınıf arkadaşları olan, dönemin iki ünlü Galatasaraylı futbolcusu Reha ve Bülent Eken kardeşler bir Galatasaray-Fenerbahçe derbisi sonrası bize gelmişlerdi. Hep birlikte akşam yemeği yenmiş, maçtan ve futboldan konuşulmuştu. Eken kardeşler maçta nasıl üstün olduklarını anlattıkça etkilenmiştim. Aslına bakarsanız o akşam biraz da Eken kardeşlerin telkinleriyle Galatasaraylı olmuştum. Babam bunu önemsemediği gibi, tercihime saygıyla yaklaştı. İlerleyen yıllarda, Galatasaray'da on yıl profesyonel yüzme ve su topu sporcusu olarak görev yaptım. İstanbul ve Türkiye şampiyonalarına katılıp dereceler aldım. Bugün Galatasaray Müzesi'nde şampiyon sporcular arasında benim de fotoğrafım vardır.

İşte bilinmeyen bir yönünüz daha... Peki hocam, hayatınızdan ilhamla açtığımız bu bahsi kapatırken bir de hayal kırıklıklarını sormak isterim. Hayal kırıklığı yaşadığınız, yenildiğiniz veya mesleki anlamda "Buraya kadarmış, olmadı, yapamıyorum," dediğiniz zamanlar oldu mu?

Olmaz mı? Bir hayatın içinde acı, ümitsizlik, hayal kırıklığı, üzüntü, zorluk, yenilgiler yoksa o hayat aslında hikâyesi olmayan, boş bir hayattır. Bir hayatı anlamlı ve değerli kılan yaşanılan hayal kırıklıkları ve yenilgilerin üstesinden gelmek için yapılan mücadeledir. İnsanları olgunlaştıran da zaten bu mücadeledir. Söz konusu mücadele olmadığında değer bilmeyen, insanları araç olarak gören, acı çeken insanlara empati duygusu beslemeyen insanlar ortaya çıkar.

Hayat en çok iyileri kırar. Çünkü insanlara güvendiğiniz zaman hayal kırıklığına uğramanız kaçınılmazdır. Bu söylediğimin alternatifi, insanlara güvenmemek değildir. İnsanlara güvenmemek sürekli diken üzerinde yaşamayı gerektirir. Hayal kırıklıkları hayatın bir parçasıdır. "En çok iyiler kırılır," sözüyle kastettiğim gerçeği kabullenmenin gerekliliğidir. Kırıldığımız zaman hayatımızın hangi evresinde olursak olalım önümüzde iki yol bulunur. Bizi kıran neyse, onun kurbanı oluruz. Annemizin, babamızın,

Hayat en çok iyileri kırar. Çünkü insanlara güvendiğiniz zaman hayal kırıklığına uğramanız kaçınılmazdır. Bu söylediğimin alternatifi, insanlara güvenmemek değildir. İnsanlara güvenmemek sürekli diken üzerinde yaşamayı gerektirir. Hayal kırıklıkları hayatın bir parçasıdır.

sevgilimizin, eşimizin, patronumuzun, yöneticimizin kurbanı rolünü seçerek yaşayabiliriz. Ancak bu, verimsiz ve âciz bir yaşamdır. Veya kırıldığımız yerden güçlenir, hayatımızın kontrolünü elimize alır, kalemimizi sıkı sıkı tutar ve kendi hikâyemizi yazmaya başlarız.

Dolayısıyla mesele etki ve ilgi alanıyla yakından ilgilidir. Daha önce de söylediğim üzere, enerjimizi kendi etkileyebileceğimiz yerlere odaklayarak yolumuza bakmamız gerekir. Olumlu tutum tam da budur. Olumsuz bir olay karşısında kendini suçlamak, başkasını suçlamak, koşulları suçlamak bir nevi koza örmektir. Kişi bu sorulara ne denli takılırsa kozasını kalınlaştırır, içine hapsolur ve çıkış yolunu kapatır. Buna karşılık, "Şu anda iyi olan ne?" sorusunu kendisine sorduğunda olumsuz duruma çözüm üretmek için odağını ileri çevirir. Enerjimizi nereye koyarsak hayat orada gelişir. Olumsuz tutum enerjiyi değişmeyecek olana, olmuş ve yaşanmış olana odaklamaya neden olur.

Olumsuz bir olay karşısında kendini suçlamak, başkasını suçlamak, koşulları suçlamak bir nevi koza örmektir. Kişi bu sorulara ne denli takılırsa kozasını kalınlaştırır, içine hapsolur ve çıkış yolunu kapatır.

Her insanın bir potansiyeli vardır ancak kullanılmayan potansiyel yük ve kamburdur. Maalesef bugün gençlerin önemli bir bölümü potansiyellerini fark etmiyor. Birçok genç, potansiyelini kullanmak yerine, "Şu an motivasyonum düşük," diyerek zamanını kendisine bir katkı sağlamayacak sosyal medya ortamlarında veya boş gevezeliklerle geçiriyor. Veya arkadaşına özenerek potansiyelinin olmadığı alanlara yöneliyor. Oysa gençlerin, başarısız olmadan, "Başardım," dememeleri gerekiyor.

Başarı bir ölçüde motivasyonla ilgilidir. Motivasyon, gayretin yönü ve yoğunluğudur. Başarı; yatkınlık, gayret ve motivasyon birleşimiyle ortaya çıkar. Zeki bir öğrenci çalışmasa da okulunda başarılı olur ancak çalışırsa daha başarılı olur. Zeki olmayan bir öğrenci de çok çalışarak başarılı olabilir. Ancak hem zeki hem çalışkan bir öğrenci çok başarılı olur. Yatkın olduğumuz alana yöneldiğimizde sonuç alma şansımız artar, aksi takdirde ancak vasat olabiliriz.

Hayattaki başarının önemli kriterlerinden biri de başkalarının başarısına katkıda bulunmaktır. Bugüne kadar en az on yazarın ilk kitabının çıkmasına katkıda bulunmuşumdur. Yazmayı düşünmeyen insanları yazmaya teşvik etmişimdir.

Gençlere bir dizi öneri vermem gerekirse şunları söyleyebilirim: Kibarlık ve nezaket fark yaratır. Haklı olmaya takılma, haklı kalmaya çalış, alçak gönüllü ol. Emeğe saygı göster. Şikâyet etme, kurban rolü oynama. Zamanını iyi yönet, zamanını yönetemeyen hayatını yönetemez. Sağlıklı alışkanlıklar edin, sosyal becerilerine önem ver, hayatının kalitesini hayatındaki insanların kalitesi belirler. Gelecekte ne olacağın bugün ne yaptığına bağlıdır. Bugün kaçındığın sıkıntı, gelecekte elde edemediklerin için duyacağın pişmanlığın yanında çok küçük kalır. Sahip olmak istediklerini hak etmek için mücadele etmek gerekir.

Bir de unutmadan, yaşadığım bir olaydan yola çıkarak bir tavsiye vermek, eşimle bir anımızı paylaşmak isterim. Lüks bir otelde tatil yapmıştık. Otelden ayrılacağımız zaman resepsiyon görevlisi arkadaş bir taksi çağırdı. Taksiye binerken otel çalışanları arkamızdan su dökünce taksici, "Herhâlde buraya çok sık geliyorsunuz ki arkanızdan su döküyorlar," dedi. Kendisine, "İlk gelişimiz bu," cevabını verdim. Üstelik ardımızdan su dökülmesi lüks otelin pek de tarzı olmayan bir uğurlama şekliydi. Taksici, "O hâlde neden sizi böyle uğurluyorlar?" diye sorunca, "Çünkü herkese insan gibi davrandık, karşılaştıkça hatırlarını sorduk," dedim. Bu yüzden gençlere bir önerim de çevrelerindeki insanlara insan gibi davranmalarıdır.

GELECEĞE HAZIRLANMAK, GEÇMİŞİ ANLAMAK İSTEYENLERİN KÜTÜPHANESİNDE MUHAKKAK OLMASI GEREKEN ON İKİ KİTAP

Gelecekte ne olacağını tahmin etmek zor ancak geçmişi anlamak, gelecekte başarılı olma şansımızı artırabilir. İşte gelecekte başarılı olmak ve geçmişi anlamak isteyenlerin kütüphanesinde muhakkak olması gereken on iki kitap önerisi:

1. *Hayvanlardan Tanrılara Sapiens: İnsan Türünün Kısa Bir Tarihi* - Yuval Noah Harari: Bu kitap, insanlığın ortaya çıkışından günümüze kadar olan yolculuğunu kapsamlı bir şekilde ele alıyor.
2. *21. Yüzyıl İçin 21 Ders* - Yuval Noah Harari: Bu kitap, yirmi birinci yüzyılın getirdiği zorluklar ve fırsatlar hakkında derinlemesine bir bakış sunuyor.
3. *Gürültü/İnsan Yargısında Hata* - Daniel Kahneman, Olivier Sibony, Cass R. Sunstein: Yazarlar tıp, hukuk, halk sağlığı, ekonomik tahmin, adli tıp, performans değerlendirmesi ve işe alım dâhil olmak üzere birçok alanda önyargıların ve dış koşulların nasıl hatalı kararlara yol açtığını anlatıyor.
4. *Hızlı ve Yavaş Düşünme* - Daniel Kahneman: Nobel Ödüllü psikolog Kahneman, insan düşünce süreçlerini ve karar verme mekanizmalarını analiz ediyor.
5. *Alışkanlıkların Gücü* - Charles Duhigg: Duhigg bu kitabında alışkanlıkların nasıl oluştuğunu ve günlük hayatımızı nasıl etkilediğini inceliyor.
6. *Esir Şehrin İnsanları* - Kemal Tahir: Bu kitap, Osmanlı Devleti'nin Birinci Dünya Savaşı'ndan yenik çıkmasından sonraki dönemde İstanbul'da yaşananları, toplumsal çalkantıları ve insan ilişkilerini anlatıyor ve bugünün dünümüzden daha iyi olduğunu bizlere hatırlatarak umudu gerçekçi bir zeminde besliyor.

7. *Zeytindağı* - Falih Rıfkı Atay: Bu kitap Büyük Savaş sonrası Osmanlı İmparatorluğu'nun çözülüşünü Kuzey Afrika Cephesi Komutanı Cemal Paşa'nın yaverinin birinci elden tanıklığıyla anlatıyor.
8. *Nietzsche Ağladığında* - Irvin D. Yalom: Bu kitap usta bir hikâye anlatıcısı ve psikiyatristin kaleminden Freud, Breuer, Nietzsche ve Lou Salome gibi geçen yüzyılın düşünce dünyasının dev isimleri arasında geçen ilişkiyi anlatıyor. Psikolojiye ilgi duyanların kaçırmaması gereken bir çalışma...
9. *Öğretmenim Mori'yle Salı Buluşmaları* - Mitch Albom: Son nefese kadar anlam arayışını anlatan, her satırı bilgelik dolu bir kitap...
10. *Marx ve Oyuncak Bebek* - Maryam Madjidi: İran Devrimi'ne çocuk olarak tanıklık eden yazarın, toplumdaki dönüşümü ve Paris'e göç ettikten sonra yaşadıklarını anlatıyor.
11. *Gülün Adı* - Umberto Eco: Yazarını üne kavuşturan bu dev eser, Orta Çağ atmosferi içinde, bir manastırda işlenen cinayet araştırmasının arka planında bağnaz din ile aydınlanmanın mücadelesini anlatır. Romanı okumak istemeyenler aynı adlı filmi izlemeli.
12. *Hayatın Hakkını Vermek* - Acar Baltaş: Stanford Üniversitesi'nin dünyanın en uzun soluklu araştırmasının özetlendiği, on bir yaşından başlayarak ve seksen yıl süreyle izlenen 1.534 kişinin hayat yolculuğunda öğrenilenleri merak edenler için ayırdıkları zamanın karşılığını verecek bir çalışma...

ÜÇÜNCÜ BÖLÜM

NASIL MUTLU OLUNUR?

"Hayat sadece amaçlarının peşinde olmaktan ya da sadece mutluluktan ibaret değildir. Hayat her yaşta, her zaman fırsatlar sunar. Yaşamımızı her yaşta değiştirmek mümkündür. Her gün anlamlı görünmeyen işleri yaparak da mutlu olmayı başarabiliriz. Sizin var olana kattığınız anlam, kendinize verdiğiniz değer ve misyondur belirleyici olan. Kaldı ki insanı motive eden şey mutlu olmak değil, hayatını çevresi ve başkaları için yararlı kılmak gayreti içinde olmaktır."

Bu bölümde mutluluk üzerine konuşalım isterim. Mutlu olmanın kişisel bir yanı var ama bu bir taraftan çevre ve şartlara da bağlı... İçinde var olmaya çalıştığımız sistemde, "Hep yakışıklı ol, hep güzel ol, hep en iyi ol, hep iyi yerlere git; sürekli daha iyisi, hep daha çok!" mesajlarına maruz kalıyoruz. Bu yüzden size sorum şu: Kendimiz gibi kalarak ve anlamlı yaşamaya ilişkin farkındalığımızı yitirmeden mutluluğa ulaşmanın yolları nelerdir?

Dış koşullar, içinde yaşanılan toplum, iş ortamı, sosyal hayat, imkânlar, ekonomik koşullar, barınma koşulları ve benlik algımızın tümü mutluluğu etkiler. Bu saydıklarımın yanı sıra yaşadığımız şehir de mutluluğumuzda belirleyicidir. Etrafımızdaki insanların niteliği ise hayatımızın kalitesini belirler. Örneğin yaşadığımız ev bize gurur verebilir. Evimiz hem kimliğimizin parçası olur hem de bize konfor sağlar. Hayatını daha iyi kılan insanların özelliklerine bakıldığında komşularını tanıyan ve onlarla iyi geçinen insanlar olduklarını da görürüz.

Günlük yaşamda da mutluluk açısından pek çok kriter vardır. Örneğin iş için yolda daha az zaman harcamak; bir arkadaş topluluğunun, sosyal kulübün üyesi olmak; insanlarla iletişim imkânı sunan bir iş yapmak; doyurucu bir cinsel yaşam; iyi bir beraberlik; gün içinde kendine zaman ayırmak; az televizyon izlemek ve sosyal medyada sınırlı zaman geçirmek mutluluk için kriterlerdir. Bütün bu saydıklarım mutluluğumuzu, yaşamdan aldığımız tadı etkiler.

Son zamanlarda yaptığım konuşmalarda mutluluk kavramı yerine "iyi hayat" demeyi tercih ediyorum. Çünkü beden, ruh ve akıl sağlığı ve uzun hayat için vurgulanan meslek başarısı, bedensel aktivite, sağlıklı beslenme ve son yıllarda popüler olan besin desteklerinden çok daha önemli olan iyi ilişkilerdir. Hayat arkadaşıyla, aileyle, iş ve sosyal çevredeki arkadaşlarla, komşularla ve hatta süpermarketteki kasiyerle iyi ilişkiler... Ancak yaygın kullanıldığı ve daha iyi anlaşılacağını düşündüğüm için burada mutluluk diyerek devam ediyoruz.

Mutsuzluğun ise temelde beş temel sebebi vardır. Birincisi, beklentilerimizin gerçeklerimizden büyük olmasıdır; biz buna "hayal uçurumu" deriz. Bu noktada teknoloji bazı şeyleri gerçekliğin ötesinde bir ambalajda sunarken farkında olmadan bizi mutsuz kılıyor. Beklentilerimizle gerçekler arasındaki çelişki de mutsuzluğa sebep oluyor. Söz gelimi sosyal medyada müthiş bir yerin fotoğrafını gördünüz ve sizi etkileyen bu yere seyahat etmeye karar verdiniz. Ancak fotoğrafına imrenerek, büyülenerek gittiğiniz yerde beklentinizi karşılamayan bir görüntüye şahit olduğunuzda ister istemez hem moraliniz bozuluyor hem de mutsuz oluyorsunuz. İşte sosyal medya sözünü ettiğim bu tür örneklere çokça zemin hazırlıyor.

Mutsuz olmamızın ikinci sebebi kendimizi hep başkalarıyla kıyaslamaktır. Sosyal medyada sürekli insanların mutlu ve kendini iyi hissettikleri ânlar paylaşıldığından, insanlar da ister istemez kendilerini başkalarının en iyi hâlleriyle kıyaslıyorlar.

Dolayısıyla bu kıyaslama önemli bir mutsuzluk nedeni hâline geliyor. Söz konusu kıyaslama çoğu zaman da kazanç üzerinden yapılıyor. Örneğin elli bin lira kazanıyorsanız yetmiş bin lira kazanan insanların arasında mutsuz olursunuz. Şayet elli bin lira kazanırken kırk bin lira kazanan kişiler arasında yaşarsanız da mutlu olursunuz.

Mutsuzluğumuzun üçüncü nedeni geçmişe takılı kalmaktır. "Nerede o eski günler..." dediğimizde o günkü durumla şimdiyi kıyaslıyoruz. Bu kıyaslamayı yapma açısından en şanssız olan insanlar profesyonel sporcular ve sanatçılardır. Çünkü onlar zirvelerini gençliklerinde yaşar ve yıllar içinde zirveden inerler. Sporcular için 30-35 yaş arası genellikle son noktadır. Sonrasında daha mütevazı bir hayat yaşamak zorunda kalırlar. Benzer durum özellikle kadın sanatçılar için geçerlidir. Gençliği ve güzelliğiyle insanları cezbetmiş, herkesi peşinde koşturan sanatçılar, ellili yaşlardan itibaren bu ilgiyi kaybetmeye başlarlar. Bu nedenle zirveye çıkanların, bir süre sonra, o zirveden ineceklerini kabullenerek, sonrasındaki yaşamlarını göğüslemek için hazırlık yapmaları gerekir. Bunu yapmak da olgunluk gerektirir.

Dördüncü söyleyeceğim de şu: Hep olumsuz konuşan insanlarla yaşamak fırsatları görmeyi engeller, insanın ufkunu daraltır ve mutsuzluğa neden olur. Her insan girdiği yere kendi iklimini götürür. İnsanlar bir ortama girdiklerinde ya gelirken ya da giderken mutlu eder. Giderken mutlu edenlere "zehirleyenler", gelirken mutlu edenlere de "besleyenler" deriz. Hepimizin birer arkadaş olarak, çalışan olarak, yöneten olarak, eş olarak, hayat arkadaşı olarak girdiğimiz yerlere

Her insan girdiği yere kendi iklimini götürür. İnsanlar bir ortama girdiklerinde ya gelirken ya da giderken mutlu eder. Giderken mutlu edenlere zehirleyenler, gelirken mutlu edenlere de besleyenler deriz.

götürdüğümüz iklime dikkat etmemiz gerekir. Bunları bilerek, aklımızda tutarak hayatımızın her aşamasında mutlaka öğrenmek ve gelişmek yeni ufukları keşfetmeye ve anlam bulmaya yardım eder.

İnsanları kendi kendine mutsuz eden beşinci etken de kusursuzluğu hedeflemektir. Çünkü evrendeki tek mükemmellik farklılıktır ve farkı yaratan da bize kusur gibi görünenlerdir. O sebeple kusursuzluğu hedeflemek gerçekleşmeyecek bir hayalin peşinde koşmaktır. Kendini fazla önemsemek, insanlardan da bunu beklemek, her şeyin kendi etrafında döndüğüne inanmak hayatı gereğinden fazla karmaşıklaştırır. Mutluluğun yolu sadelikten geçer. Hayatı ne kadar sade yaşarsak o denli mutlu oluruz. Bazen bir haftalık seyahate bile gurbetten kesin dönüş yapar gibi çıkıyoruz. Bu da mutluluk getirmiyor.

Evrendeki tek mükemmellik farklılıktır ve farkı yaratan da bize kusur gibi görünenlerdir. O sebeple kusursuzluğu hedeflemek gerçekleşmeyecek bir hayalin peşinde koşmaktır. Hayatı ne kadar sade yaşarsak o denli mutlu oluruz.

Mutluluğun paraya endeksli olduğuna dair algı da doğruyu yansıtmıyor. Zaman zaman çok varlıklı ve büyük bir holdingin başındaki bir patronla bir araya geliyoruz. Sohbetlerimizde, "Çok para, hayatta değer verilecek şeylere ulaşmamı engelliyor," serzenişinde bulunuyor. Düşünün, çok varlıklısınız ve on beş kişilik uçağınızda tek başınıza uçuyorsunuz. Veya 50 metrelik yatınızda tek başınasınız. Belki bundan ilk başta heyecan duyar ve zevk alırsınız ancak sonrasında içinde olduğunuz derin yalnızlıkla mutsuzluğa kanat açarsınız. Bu örneği yoksulluğa övgü için söylemiyorum. Hayatta denge önemli... Daha büyük veya daha çok olanı istemek yıpratıcı olduğu gibi mutsuz da eder.

Peki, bu kadar zarar verici olduğunu bilsek de kendimizi başkalarıyla kıyaslamaya, başka hayatlara imrenmeye neden devam ediyoruz?

Her insan kendisini ötekiyle kıyaslar. Bu, insanın doğasında var olan gerçekliğidir. İnsan eşitsizlikten zarar gördüğüne inanıyorsa hırçınlaşır, öfkelenir, isyan eder. Bu öylesine temel bir duygudur ki maymunlarla yapılan deneysel araştırmalarda bile benzer tepkiler görülmüştür. Laboratuvar ortamında maymunlardan birine salatalık, diğerine üzüm verilir. Salatalık verilen maymun, kendisine verilen bir görevi yaptığı hâlde benzer şekilde ödüllendirilmeye devam ederken yan kafesteki maymunun üzümle ödüllendirildiğini gördüğünde verilen havucu görevlinin yüzüne atıp kafesini sallamaya başlar.

Sadece insanlar değil, primatlar bile, gördükleri hayat yerine, zorunda oldukları hayatı yaşadıklarında engellenme duygusu ile öfkelenir. Geleceğe dönük umudun olmaması insanları daha kırıcı ve öfkeli yapar. Bugün toplumda görülen öfkenin ve ani parlamaların bir sebebi de budur.

Ne yapmalı o zaman, nasıl davranmalı?

Zor koşullarda yaşayan insanların en büyük özellikleri, gelecekteki amaçlarına sadık kalmalarıdır. Yaptığımız işleri sevmek ve işimize sadık kalmak en önemli belirleyicidir. Unutmamalı ki hangi işi yaparsak yapalım, mutlaka o işin içinde eğlenceli olmayan kısımlar yer alacaktır. Bugün, "eğlenerek öğrenme" denilen söylemler romantik sözlerin ötesine

Sadece insanlar değil, primatlar bile, gördükleri hayat yerine, zorunda oldukları hayatı yaşadıklarında engellenme duygusu ile öfkelenir. Geleceğe dönük umudun olmaması insanları daha kırıcı ve öfkeli yapar. Bugün toplumda görülen öfkenin ve ani parlamaların bir sebebi de budur.

geçemez. Ben gençlere her zaman beyinlerini, duygu ve hazlarını kontrol etmeleri gerektiğini söylüyorum. Gençler hayatlarını, geleceklerini belirleyecek sınavlardan geçiyorlar. Kısa dönemli hazlarını uzun dönemli amaçlarının önüne koyan gençler sonunda mutsuz olup hayal kırıklığı yaşıyor.

Hayat sadece amaçlarının peşinde olmaktan ya da sadece mutluluktan ibaret değildir. Hayat her yaşta, her zaman fırsatlar sunar. Yaşamımızı her yaşta değiştirmek mümkündür. Her gün anlamlı görünmeyen işleri yaparak da mutlu olmayı başarabiliriz. Belirleyici olan kişinin var olana kattığı anlam, kendisine verdiği değer ve misyondur. Kaldı ki insanı motive eden şey mutlu olmak değil, hayatını çevresi ve başkaları için yararlı kılmak gayreti içinde olmaktır.

Örneğin terfi etmek veya başarılı olmak için çalışmak, gayret ve ödül arasında bir ilişki kurduğumuzda bizi mutlu eder. Para, hayatı kolaylaştırmak ve standardı yükseltmek için bir araçtır. Mutluluk ise hayat karşısında olumlu tutuma sahip olmakla şekillenen bir algıdır. Hiç şüphesiz para doğrudan mutluluk getirmez. Ancak yeterli paraya sahip olmak hayatı kolaylaştırır ve bize hoşlanmadığımız işleri başkalarına yaptırma rahatlığını kazandırır.

Yine de sahip olmadıklarına ve değiştiremeyeceği olay ve durumlara odaklanan bir kişiye kıyasla; sahip olduklarına ve gelecekte değiştirebileceklerine odaklanan kişiler mutlu ve kendinden hoşnut bir hayat yaşarlar. Mutlu insanlar, mutluluğun çok arzulanan bir amaca ulaşmak olmayıp bir yolculuk olduğunu bilir ve bunu gerçekleştirmek için hayatlarının farklı alanlarında çaba harcar.

Anlamlı bir yaşam için başkalarına yardım etme alışkanlığı da aslında kendi kendimizi tedavi ettiğimiz bir davranıştır. Gönüllü olarak yardım etkinliklerine katılan insanlar depresyona daha az eğilimlidir. Nitekim birçok araştırmada özellikle ileri yaşlardaki kişilerde gönüllü çalışmalara katılım ile öznel iyilik hâli arasında sıkı bir bağ olduğu ortaya konmuştur.

Mutluluğa erişmek veya memnuniyet hâli için ise akışta kalabilmek çok önemlidir. İnsanın sınırlarını zorladığı bir amaca ulaşma çabası ve bu sürede yaşadığı keyif verici duruma "akış hâli" denir. Akış hâli, kişiyi zamandan ve bir ölçüde mekândan koparan bir duygu durumu oluşturur. Bu gibi anlarda yaptığınız işin maddi boyutuna değil, işin kendisinin yaşattığı haz ve mutluluğa odaklanırsınız.

Meselenin bir de maneviyat boyutuna değinmek isterim. Birçok araştırma, hayatta maneviyata ve dinî ritüellere yer vermenin mutlulukla ilişkisini ortaya koyuyor. Maneviyat, sizin kendinizi aşan bir amaca hizmet etme anlayışıyla hareket etmenizdir. Anlam duygusu barındıran bir hayat, kişiye daha derin bir mutluluk yaşatır. Güçlü bir vicdan eğitimi almışsanız, dinî ritüellere bağlı olmaksızın da maneviyat geliştirip yaşayabilirsiniz. "Kimse bilmese de ben bileceğim," duygusu, vicdanlı insanları değer sistemleriyle uyuşmayacak davranışlardan uzak tutar.

Son olarak, varlıklı insanların tutumlarına ilişkin bazı yanlış algılar olduğunun da altını çizmek istiyorum. Zengin insanlara bakıp imrenen ama bir yandan da onları, "Hep daha fazlasını istiyorlar," şeklinde eleştirenler şunu bilmeli ki aslında iş dünyasında belli bir servet veya birikime ulaşanlar bir süre sonra, "Daha fazlası olsun," demiyor. Milyar dolarlık serveti olan bir iş insanı bir süre sonra hep daha iyiyi yapmak, daha iyisini başarmak için uğraşıyor. Belli bir eşikten sonra maddiyatın ötesinde, gücü elinde bulundurma isteği kökleşiyor. İki tekerlekli bisiklet sürdüğünüzü düşünün. Durduğunuz zaman düşeceğiniz endişesiyle sürekli pedal çevirirsiniz. Türkiye'nin en büyük şirketlerinden birinin sahibi neden ailesinin ismini sonraki kuşaklara negatif taşıyacak şekilde bazı işlere girişsin ki…

Şu cümlenizi not aldım; "Yaptığımız işleri sevmek ve işimize sadık kalmak en önemli belirleyicidir." Bunu biraz açabilir misiniz?

İş hayatı, insanlara anlam bulmaları için önemli fırsatlar sunar; bu nedenle işten elde edilen maddi ve manevi tatmin duygusu çok önemli... İşten alınan doyumu belirleyen üç etken; işten alınan keyif, gelişmek ve işe kendinden bir şey katmak, yaptığımız işte anlam bulmaktır. Sigmund Freud, "Mutlu yaşamın anahtarı sevmek ve çalışmaktır," diyor. Yüksek rekabet ise tam bir odaklanmayı gerekli kılar. Hiçbir işte yüksek başarı sadece mesai saatleri içerisinde yapılan bir çalışma ile gelmez. Bu yüzden bizlerin öncelikle, "Mesaim başladı, mesaim bitti," kavramından kurtulmamız gerekir. Yürekten adanma, başarının temel koşuludur.

Merhum Çetin Altan, "İnsanın, işini yaparken aldığı zevk, işinden kazandığı parayı harcarken aldığı zevkten fazlaysa o kişi işinde mutludur," demişti. Çok doğru ve yerinde bir tanımdır. Bizi motive eden temel etken mutlu olmak değil, hayatımızla ilgili başarılı sonuçlar alacak davranışlar konusunda istekli olmamızdır. Mutlu olmak bir seçimdir, mutluluk bu zihin yapısına sahip olmaktan geçer; mutluluk, mutlu olmaya giden yolu benimsemekten geçer.

İnsan kendisine doyum sağlamayan, anlam bulamadığı, potansiyelini yansıtamadığı işleri yapıyorsa bu, ömür tüketmek demektir. İnsan yapmaktan zevk almadığı bir işten kazandığı parayla, yaşamaktan zevk almadığı bir hayatı sürüklüyorsa bu bir anlamda cehennemi dünyada yaşamaktır.

İşinde anlam duygusu bulan, önem verdiği işte çalışan kişiler; hayatın ve işin kolayına kaçan, baskıdan uzak duranlara kıyasla verimli ve başarılı olur. İnsanın anlam arayışını konuşmuştuk. Sınırları zorlayan, yeteneklerinizi ortaya koymaya fırsat veren, değerlerinizle uyumlu, başarı duygusu yaşatan bir iş uzun vadede sizi mutlu eder. İşiniz ile hayattaki varlık sebebiniz arasında bir bağlantı kurabiliyorsanız anlamlı bir iş yaptığınızı hissedersiniz.

İş motivasyonu, yaptığınız işten zevk almanızdan doğar. Uyumlu iş arkadaşları da işten alınan doyumu artırır. Ayrıca kendini başarılı bulmak ve değer gördüğünü hissetmek de genellikle alınan ücretin önünde gelir.

Mutluluk aynı zamanda hayat kalitesi ve iyilik hâli kavramları ile değerlendirilir. Hayat kalitesinden kastım, insanın kendi yaşamının değerlendirilmesidir. "Ne kadar talihliyim?" sorusuna yedi basamaklı bir ölçekte verilecek cevap bize bu konuda ışık tutabilir. İyilik hâli ise sosyal çevrenin bizlere olan etkisini anlatır. Hayatın bize sunduklarının ne kadar çok farkında olur ve tadını çıkarırsak o kadar doyumlu bir hayat yaşarız. Elbette yaşam standardı gelirle yakından ilişkilidir. Fakirlik düzeyindeki gelir, yaşam kalitesini olumsuz etkiler ancak fakirlik düzeyinin üzerine çıkıldığında yaşam kalitesi ve mutluluk, gelire doğrudan bağlı değildir. Parayla mutlu olmaya çalışmak çoğu zaman insanı beklentilerinden uzaklaştırır. Mutlu olmayı sahip olunacak objelere bağlayan kişiler genellikle amaçlarına ulaşamaz, çünkü yeni objenin verdiği sevinç en fazla sekiz dokuz ay içerisinde ortadan kalkar. Oysa sevdiğimiz kişilerle yapılan tatiller, keyifli sohbetler gibi ânlar geride uzun zaman unutulmayacak sevinçli hatıralar bırakır ve mutluluğa daha çok hizmet eder. Bu nedenle iş yaşamında da zihinsel ve duygusal açıdan tatmin edecek sohbetlere gireceğimiz yakın arkadaşlara sahip olmamız söz konusu iyilik hâli ve mutluluğa

> İnsanın en çok düşündüğü beş kavram para, zaman, başarı, cinsellik, mutluluktur ancak araştırmalar parasının ve zamanının az da olsa bir kısmını bile başkaları için harcayanların daha mutlu olduğunu ortaya koyuyor.

katkı sağlar. Nitekim araştırmalar kalbini açabileceği bir ya da iki arkadaşı olan kişilerin daha mutlu olduğunu gösteriyor.

İnsanın en çok düşündüğü beş kavram para, zaman, başarı, cinsellik, mutluluktur ancak araştırmalar parasının ve zamanının az da olsa bir kısmını bile başkaları için harcayanların daha mutlu olduğunu ortaya koyuyor. Unutulmasın ki mutluluk bir duygu durumu, olumlu tutum ise öğrenilebilir bir beceridir. İnsan her zaman mutlu olmayabilir ancak olumlu bir bakış açısı insanı mutsuz duygu durumundan, uygun zaman ve şekilde, mutlu duygu durumuna döndürmeyi başarır. Ancak olumlu tutum tek başına yeterli değildir, mutlaka yanına ihtiyatlılık duygusu eşlik etmelidir. İyimserlik duygusu ölçüsüz bir fevrilik-ataklıkla birlikte gelirse daha ziyade olumsuzluğa ve başarısızlığa yol açar. Mutluluk bir hedef değil; yolculuktur, süreçtir.

Gazeteci Aslı Şafak ile yaptığınız bir programda bir ifadeniz viral oldu. "Ya kaderin kurbanı rolüne bürünür, kurban rolünü seçersiniz ya da kalemi elinize alır, kırıldığınız yerden kendi hikâyenizi yazarsınız," demiştiniz. Kitapta da bu ifadeyi dile getirdiniz. Peki, sağlam bir irade için nasıl bir zihinsel süzgeçten geçmek gerekiyor?

Mücadele içinde yetişmiş, kendi varlığını ve hayat başarısını inşa etmiş bütün insanlar gerektiğinde kalemi eline alarak hikâyelerini yeniden yazma becerisi gösterebilir. Takım gerideyken oyuncuların devre arasında toparlanıp öne geçmesini düşünün. Geri dönüşlerin Türkiye'de birçok örneği olduğu gibi, mücadelesini bilmediğimiz nice insanlar da var. Sorunuza istinaden sanat dünyasından Erol Evgin'in yaşamından örnek vermek isterim. Evgin bir dönem müziği bırakıp mimarlığa dönmüştü. Ancak büyük tutkuyla bağlı olduğu müzik aşkı ağır basınca kaldığı yerden, bu kez daha etkin, daha çok dinlenen bir sanatçı olarak geri döndü. Erol Evgin eski yaptıklarına yenilerini ekledi. Bu sayede hâlihazırda Türkiye'nin en aranan sanatçılarından biridir. Daha da önemlisi Evgin, kendi hikâyesini yazarken ahlaki ve siyasi çizgisini de hiç kaybetmemiştir. Böylece de genç sanatçılara örnek olmuştur.

Duygusal dayanıklılık ve yeniden ayağa kalkma çabası... Anahtar kelimeler bunlar o hâlde.

Evet, bu konuyu biraz açalım. Duygusal dayanıklılık konusunda yazanların önemli bir kısmı iyimserliği en başa koyar. Oysa bu son derece yanıltıcıdır. Örneğin Vietnam'da esir düşen ve esir kampında sekiz yıl geçiren James Stockdale,[9] "Kamptan kimler kurtulamadı?" sorusuna, "İyimserler," cevabını vermişti. Çünkü onlar Noel'de kurtulacaklarını düşünüyordu. Bu gerçekleşmeyince Paskalya Bayramı'nı, bu olmayınca 4 Temmuz Bağımsızlık Günü'nü, bu da olmayınca Şükran Günü'nü sevdiklerine kavuşma günü olarak öngörmüşlerdi. Stockdale, "Noeller gelip geçtikçe bu arkadaşlarımız umutsuzluk, keder ve hayal kırıklığından öldü," diyecekti.

İyimserlik bazı durumlarda yardımcı olsa da pek çok durumda problemleri görmezden gelmeye, ertelemeye, gerçekleşmesi mümkün olmayan beklentilere ve sorunun ağırlaşmasına neden olur. Olumsuz durumlarda soğukkanlılık ve bazen de ölçülü bir karamsarlıkla, umabileceğimiz en iyi olasılık gerçekleşmezse, muhtemel B ve hatta C planlarını hazırlamak daha akılcı bir yoldur. İyimserlik ve inkârcılık sorunları çözmez. Bu nedenle kendimize sormamız gereken soru, "İçinde bulunduğum durumun gerçeklerini tam anlamıyla kavrıyor ve bunun doğurabileceği sonuçları kabulleniyor

9 James Stockdale (1923-2005); Vietnam Savaşı'nda 1965-1973 arasında yedi yıldan fazla bir süre savaş esiri olup tutsak edilen, nihayetinde Onur Madalyası ile ödüllendirilen ABD Donanması koramirali ve havacısı.

muyum?" ya da "Düşündüğüm çözüm gerçekleşmezse yedek planım ne?" olmalıdır.

Bu konudaki en istisnai örnek, İkinci Dünya Savaşı sırasında Polonya'daki Alman toplama kamplarında mahkûm olarak yaklaşık dört yıl geçiren Viktor E. Frankl'dır.[10] Ona göre çalışma kamplarında hayatta kalanlar kendilerine "plastik kalkan" geliştirenlerdir. Frankl, yaşadığı sıkıntılı günlerde daha sonra "logoterapi" adını vereceği yöntemi tasarladığını ve yaşadıklarını insanlarla paylaşacağı günleri hayal ederek hayatta kaldığını söyleyecekti. Bir bakıma gerçekleri görmek ve ders çıkarmak birbiriyle yakından ilişkilidir. Birçok insan olumsuz bir durumla karşılaştığında kurban rolüne sığınıp, "Bu durum neden benim başıma geldi?" veya "Neden ben?" kısır döngüsüne sıkışır. Oysa duygusal dayanıklılığı yüksek insanlar çektikleri sıkıntıları aşıp karşılaştıkları güçlüklerin üstesinden geldikleri gibi, hayat yolculuğunda yeni beceriler kazanır ve farkında olmadıkları taraflarını keşfeder. Böylece hem şimdiki zamana hem de geleceğe doğru kurdukları sağlam köprü ilerideki engelleri aşarken onlara güç ve yeterlilik duygusu verir.

Biraz da kaygı üzerine konuşalım isterim. Hayatımızdaki sorumluluklar arttıkça kaygılarımız da artıyor. Peki, kaygılardan sıyrılarak mutlu bir yaşama nasıl kavuşabiliriz?

Kaygı, insanın içindeki şeytan gibidir. Sürekli bize eksik ve yanlış olduğumuzu söyler. Türk kültüründe korku, çoğunlukla küçültücü bir duygu olarak kabul edilir. Oysa son derece insani ve herkeste olan bir duygudur bu. Korkusu olmayan bir

---

10 Viktor E. Frankl (1905-1997); Holokost'tan kurtulan nörolog ve psikiyatr. Varoluşçu psikolojinin bir şekli olan logoterapinin kurucusu. *İnsanın Anlam Arayışı* adlı kitabında toplama kampındaki deneyimlerini anlattı. Varoluşsal terapinin en önemli ismi olan Frankl, insancıl psikolojiye önemli bir ilham kaynağı oldu.

insan her türlü tehlikeye açıktır. Buna karşılık kaygı, gerçek tehdidin varlığı ile değil; tehdit beklentisi sonucu ortaya çıkar. Yarışmaya girmek, zaman baskısı altında iş yapmak, sınanmak, denetlenmek kişide kaygı yaratır. Kaygı bir noktada kişinin malını, canını ve itibarını korumasına yardım eder. Kişi, kendisini tehdit eden bir durumda hızla karar vererek bilinen "savaş ya da kaç" tepkisini gösterir.

Her türlü işte başarılı olmak için belirli bir düzeyde kaygı gereklidir. Böylelikle kişi uyanık, enerjik, dikkatli ve disiplinli davranır. Çok küçükken, ilkokula gittiğim dönem, babam beni alıp ilk kez uçağa bindirmişti. İstanbul'dan Bursa'ya gidiyorduk. Babam sırf uçağa binmem için bu kısacık rotayı seçmişti. Uçuş günü hava bulutlu, gri ve kasvetliydi. Havalanıp irtifamız yükseldikçe ortalık pırıl pırıl oldu. Hayat da böyledir; zorluk çektiğimizde biraz kafamızı kaldırmak, ileri bakmak ve ileri hamle yapmak gerekir. Hayatta mükemmel iş, mükemmel tatil, mükemmel ilişki, mükemmel insan yoktur. Bunlar sadece zihnimizde olan tasarılar... Arada gri bulutlar da olacak, maviler de. Mesele gri bulutlar varken de kaygılarınızı, endişelerinizi azaltabilmenizde...

> Hayat böyledir; zorluk çektiğimizde biraz kafamızı kaldırmak, ileri bakmak ve ileri hamle yapmak gerekir. Hayatta mükemmel iş, mükemmel tatil, mükemmel ilişki, mükemmel insan yoktur. Bunlar sadece zihnimizde olan tasarılar...

Bunu yapmamız için mutluluk algımızı ve anlayışımızı düzeltmemiz gerekiyor. Ne demiştik; mutluluk bir durak veya son nokta değil, yolculuktur. Bunu anladığınızda, çıktığınız zirvenin, aldığınız başarıların yaralarınızı sarmadığını göreceksiniz. Elde ettikleriniz yaralarınızı sarmazsa sonunda depresyon, madde kullanımı ve intihara giden bir süreç yaşanır. Üstelik bunun varlık ve yoksullukla bire bir ilişkisi yoktur. Sanatçıların, sporcuların ve çok varlıklı iş insanlarının yaşadığı dram tam da bu sebepten ötürüdür. Hayatı tozpembe görünen insanlar da duygusal ve ruhsal zorluklar, ciddi sıkıntılar yaşar. Nitekim bir bakıyorsunuz varlıklı, yakışıklı, şöhretli kimseler de depresyonda, madde kullanıyor veya intihara yönelebiliyor. Robin Williams'ı[11] düşünün. Herkesi güldüren bir insanken kendi içindeki acıya dayanamadı. Dolayısıyla başarılı olmak, yakışıklı olmak, zeki olmak tek başına mutluluğu garanti etmez.

Her insanın bir gölgesi vardır. Gölge en çok gizlemek, hatta kendimizden bile saklamak istediklerimizdir. Ve bu hayatta onunla yaşamak zorundayız. Ancak onunla barışırsak huzuru bulabiliriz. Bizler çoğu kere gölgemizle karşılaşmamak için gürültü içinde yaşamaya çalışıp kaçmayı seçiyoruz. Bunun bir çare olmadığını anladığımızda da gri bulutlar ve kaygılar ortaya çıkıyor. Bu yüzden her sabah mutlaka sahip olduklarımızı düşünmemiz ve sahip olduklarımız için kendi inanç ve anlayışımıza göre şükretmemiz gerekir. Dahası sahip olduklarımızın bir lütuf olduğunun da farkına varmalıyız. Ne kadar haksızlıklarla dolu bir dünyada yaşarsak yaşayalım, eninde sonunda bu dünyada kontrolümüz altında olan alanlar da mevcut...

> Her insanın bir gölgesi vardır. Gölge en çok gizlemek, hatta kendimizden bile saklamak istediklerimizdir. Ve bu hayatta ancak onunla barışırsak huzuru bulabiliriz. Bizler çoğu kere gölgemizle karşılaşmamak için gürültü içinde yaşamaya çalışıp kaçmayı seçiyoruz.

Bir noktaya daha dikkat çekmek isterim. Bazen sosyal medya paylaşımlarında, "Cehalet mutluluktur," gibi sözler görüyorum. Oysa bildiklerinizden dolayı üzülseniz de gerçeği

11 Robin Williams (1951-2014); kendine has eğlenceli performansı ve başarılı oyunculuğuyla tüm dünyayı kahkahalara boğan Amerikalı komedyen ve oyuncu. Yakalandığı hastalık nedeniyle depresyona girip hayatını sonlandırmıştır.

kabullenmeniz gerekir. Asıl sorumluluğunuz, olup bitenler karşısında gerçeği kabullenerek, yaşamınızı kendi anlam çerçevenizde sürdürmenizdir. Gerçek, somuttur. Cehalet gerçeklerin üzerini örtmeye, onları değiştirmeye yetmez. Gerçekler oradadır. Bilmek kadar önemlisi, hep vurguladığım gibi ilginizi doğru yere odaklamaktır.

Bugüne kadar okuduğum kitaplar, yazdığım yazılar ve farklı gruplarla yaptığım çalışmalar sonucunda iyi yöneticiliğin, liderliğin veya iyi insan olmanın "dışarıdan içeri" değil, "içeriden dışarı" gerçekleştiğine inandım. Bu çalışmalarım sırasında iki konunun önemini fark ettim. Birincisi, katılımcıların büyük çoğunluğunun gerçek anlamda değerlerinin ne olduğunun farkında olmadığı; ikincisi de hemen hiçbir katılımcının hayattaki varlık sebebini bir cümleyle ifade edemediğiydi. Katılımcıların büyük çoğunluğunun dile getirdiği "mutlu ve başarılı olmak" ifadesi hem hiçbir anlam ifade etmeyen genel bir tanımdır hem de sadece kişinin kendisine hizmet etmeye dönük dünya görüşünü yansıtır. Kişisel doyumsuzluğun başta gelen nedeni, bu amaçların hiçbir zaman gerçekleşme imkânının olmayışıdır.

> Eğer hayatta kendimizi aşan bir amaca hizmet etmiyor, sadece sahip olacaklarımıza odaklanıyorsak, neye sahip olursak olalım bir tatminsizlik, bir boşluk hissetmemiz kaçınılmazdır. Çünkü içimizdeki adalet terazisi hep alacaklı olduğumuz duygusuna kapılmamıza neden olur. Alacaklı olma duygusu insanda huzur bırakmaz.

Şunu unutmayınız; değerler kişinin hazzına ve çıkarına, kurumların da kârlılığına engeldir. Sahip olduğunuz değerler ve yetenekler tutkunuzla birleştiğinde, "dünyada bir konuda en iyi olmak için değil, dünya için iyi bir insan olmak adına" çalışmaya ve yaşamaya başlarsınız. Bu da karakterimizin yetkinliklerimiz kadar değerli olması anlamına gelir. Eğer hayatta kendimizi aşan bir amaca hizmet etmiyor, sadece sahip olacaklarımıza odaklanıyorsak, neye sahip olursak olalım bir tatminsizlik, bir boşluk hissetmemiz kaçınılmazdır. Çünkü içimizdeki adalet terazisi kendimize dönük çalışır. Bu nedenle alacaklı olma duygusu huzur bırakmaz. Dünyaya sadece almak için değil, aynı zamanda vermek için de gelen insanlar, kendi iç dünyalarına maneviyat boyutunu katarken huzur ve memnuniyet duyarlar.

İç dünyamıza gelmişken... Anlam arayışında din ve felsefeyi nereye koymalı?

Bir konuşmasında Dücane Cündioğlu, "Din anlam verir açıklamaz, bilim açıklar ama anlam vermez. Din ısıtır, aydınlatmaz; bilim ise aydınlatır ama ısıtmaz," demişti. Somut yaşanmışlık üzerinden gidersek bu felsefi yaklaşımın önemi daha iyi anlaşılır. 6 Şubat 2023'te yaşadığımız büyük deprem felaketinden sonra birçok farklı yorum yapıldı. Siyasal açıdan yorum yapanlar, "devletin yetersizliği, bürokrasinin hantallığı, rant yaratma çabası" dediler. Ekonomik açıdan bakıp yorumlamaya çalışanlar, "müteahhit, rüşvet, kapitalist düzen" şeklinde bir söylem öne sürerken sosyolojik açıdan yorumlayanlar ise "eğitimsizlik, cehalet" diye fikir yürüttüler. Sonuçta bu bakış açılarının her biri farklı pencerelerdi. Ancak dinsel-teolojik açıdan bakanlar çoğunluktaydı; onlar ise "Allah'ın işidir, kaderdir," dediler. Dinî bakış her zaman ibret ve hikmet boyutunu ortaya koyar. İbret, ders almak demektir. Hikmet ise irfan, derin inanç gerektirir. Depremden sonra tanık olduğum hadisede, felakette üç çocuğunu kaybetmiş bir anne, hocaya, "Bari birini bağışlayamaz mıydı?" diye yakarıyordu. Hocanın cevabı, "Allah'ın bir bildiği vardır, hikmetinden sual olmaz," şeklindeydi. Hikmet olgusunu kabullendiğinizde yaşadıklarınıza kader deyip boyun eğiyorsunuz. Şayet dinî inanç baskın değilse bu kez isyan ediyorsunuz. Bana göre felsefe tam da bu noktada önem taşıyor. Çünkü felsefe bütün bilim dallarından elde edilmiş bilgileri içine alıyor. Almakla yetinmiyor; düşündürüyor, kışkırtıyor.

Britanyalı filozof ve sosyolog Herbert Spencer,[12] "Felsefe bir bakıma bilimlerin bilimidir," der. Hatta daha da ileri giderek, "Felsefeye bilimdir de diyebiliriz," görüşünü savunur. İnandığımız zaman, sorgulama evresine geçmeye ihtiyaç hissetmiyoruz. Hissettiğimiz boyut bizi bilimin dışına götürüyor. Dahası bu durum fanatik ideolojiler için de geçerli... Çünkü anlamak zor... Biz zor olanı değil, kolayı istediğimiz gibi, sorumluluk almak da istemiyoruz. Kendimiz için anlamlı bir yaşamı ise ancak çaba harcayarak, düşünerek, sorgulayarak, araştırarak bulabiliriz.

Peki, mutluluğun sağlıkla ilişkisi nedir? Sağlık mutluluk getirir mi ya da sağlıklı olunca mı mutlu olunur?

Önemli bir nokta... Araştırmalara göre mutlu olanlar, daha uzun yaşama; daha uzun yaşayanlar ise daha mutlu olma eğilimindedir. Sağlıkla ilgili en büyük yanlış, aileden gelen kalıtsal özellikleri gereğinden fazla önemsemektir. Genetik miras önemlidir ancak abartılıyor. Esas belirleyici olan hayat tarzıdır. Sağlıklı yaşam yolu ve sosyal destek, bir yandan da sosyal çevrenin zenginliği insanı uzun yaşatan ana faktörlerdir. Risk faktörleri önemlidir ancak her risk faktörünün mutlaka gerçekleşeceği de doğru değildir. Fiziksel olarak aktif olmak; iyi, sağlıklı ve uzun bir hayat için temel belirleyicidir. İnsanlar genellikle aktivite deyince sportif faaliyetleri anlıyor ancak önemli olan sosyal yaşam içindeki aktivitedir. Bir anlamda genetik, şarjörü doldurur; epigenetik ise tetiği çeker. Epigenetik en genel tanımıyla hayat tarzınızı içine alır.

---

12 Herbert Spencer (1820-1903), İngiliz filozof ve sosyolog.

Birey ve toplum için iyilik hâli, yani "esenlik" denilen kavram çok önemlidir. İyilik hâli, hem mutluluğu hem de memnuniyeti içine alır. İyilik hâlinin bedensel, ruhsal, zihinsel, sosyal ve manevi parçaları vardır. Daha önce belirttiğim gibi, olumlu tutum ve iyimserliğin mutluluk üzerinde etkili olduğunu düşünüyorum. Genetik etki veya tümüyle sağlıklı yaşam pratiklerinden çok, geniş bir sosyal ilişki ağına sahip olanlar daha uzun yaşıyor. Mutlu yaşayan kişiler, genellikle aile ve arkadaşlık ilişkilerine yatırım yapan kişiler...

Sosyal ilişkilerin en büyük yararı başka insanlara yardım etmektir demiştim. Çevresindeki kişilere yardım eden kişilerin daha uzun yaşadıkları da birçok araştırmada ortaya konmuş durumda. Sosyal ilişki ağı geniş olanlar, dar olanlara kıyasla aile, arkadaş, toplum ve cemaatle alışverişte de kendilerini daha mutlu hissediyor. Kaldı ki iyi ilişkiler sadece psikolojik değil, fiziki sağlığı da olumlu etkiliyor. Bu kişiler bedensel olarak daha sağlıklı olduğu gibi, daha uzun yaşıyorlar. Yalnızlık ise toksik bir sonuç veriyor. Yakın zamanda yapılan bir araştırma yalnızlığın sağlık üzerinde günde on beş sigara içmeye eşdeğer etkisi olduğunu ortaya koydu. İlişkiler önemli ancak bir yandan bu ilişkilerin kalitesi de çok önemli... İlişkinin kalitesini belirleyen insanların ne kadar çok zaman geçirdikleri değil, bağın derinliği.

Bir diğer önemli sorun da herkesin kendi hayatıyla ilgili kendini tanrı gibi hissetmesi. Hayatlarımızın ne kadar kırılgan, ne kadar kolay yolundan çıkabilir olduğunu hazmetmekte zorlanıyoruz. Oysa anlam arayışı ve anlam arayışındaki yolculuğa odaklanmak atılacak ilk adım olmalı. Burada şunu da hatırlamakta fayda var: Olumsuz duygular öğreticidir, önemli olan bunların dozudur. Uygun dozda ve denetlenen şekilde yaşanan olumsuz duygular insan için geliştiricidir. Olumsuz duygulardan sürekli kaçınmaya çalışmak insanı geriletir.

Benzer şekilde uzun süreli ve yoğun yaşanan olumlu duygular da insana zarar verir. Önemli olan kişinin yaşadığı duyguları tanıması ve bunlara nasıl karşılık verdiğini öğrenmesidir.

İnsana en çok endişe veren, mutsuz eden his ve düşüncelerden biri de "yok olmak" ya da "hiçlik" kavramları... İnsanın ruh dünyasını en iyi bilen uzmanlardan biri olarak, bu konudaki düşüncelerinizi, bir yandan da yaşamdaki en büyük korku ve mutsuzluğunuzu merak ediyorum.

Şimdi bu konuda esasen önce genel bir çerçeve çizip sonra cevap vermek istiyorum. Bir ailenin en büyük trajedisi anne-babanın yaşanmamış hayatları oluyor. Böyle bir yaşamda evdeki yetişkinler mesleki doyumsuzluk, ilişkide doyumsuzluk yaşadığı gibi mutsuz da oluyorlar. Hayatından memnun olmayan insan hayatını ziyan ettiğini düşünür. Böyle ailelerde yetişen çocuklar mutsuz olur. Ancak ailemiz tarafından maruz bırakıldığımız haksızlıkları kabullenerek gelişim sağlayabiliriz. Travmayı aşmak için atılması gereken ilk adım haksızlıkları bağışlamak değil, kabullenmektir. İleri gitmek ancak böyle mümkün olur. İnsanın ölümden korkmasının nedeni yaşanmamış hayatıdır. Yaşanılmamış hayat hissi ölüm korkusunu tetikler.

Madalyonun diğer tarafında ise yaşamdan tümüyle kopuk olmak; tek bir konuya, örneğin işe aşırı odaklanmak var. Terminal dönemdeki hastalara eşlik eden bir hemşire onlarla yaptığı sohbetlerdeki izlenimlerini bir kitapta topladı ve ölüm eşiğinde olan insanların beş büyük pişmanlığını şöyle sıraladı: *Keşke bu kadar çalışmasaydım... Keşke başkalarının dediğine bu kadar önem vermeseydim... Keşke duygularımı dile getirseydim... Keşke arkadaşlarımdan kopmasaydım... Keşke kendi isteklerime daha çok yer verseydim...*

Benim en büyük endişem ise ailemdekilerin sağlığıyla, hayatlarıyla ilgilidir. Ölümden değil ancak eşimi yalnız bırakmaktan korkarım, bu düşünce beni mutsuz eder. Akıl sağlığımı kaybetmek de korkutucu geliyor. Akıl sağlığımın son nefesimi verene kadar yerinde olması en büyük dileğim...

Kendi adıma cenneti de cehennemi de bu dünyada yaşadığımıza inanıyorum. Ölümden korkmuyorum, çünkü hayat sofrasından tok kalkacağım. Doyumlu bir hayat yaşadıysanız ölümden korkmanıza gerek yok. Dolu hissettiği ve hoşnut olduğu bir hayat yaşamayan insan zaten yaşarken ölü demektir. Ben hayatı ileri doğru yaşarım. İnsanlar geçmişle ilgili anılarını tekrar tekrar anlatırken benim çok az anlatacağım olur. Hiçbir zaman geçmişe dönük yaşayan ve konuşan biri olmadım. Kaldı ki mesleğim gereği bazı konuları ve yaşadıklarımı konuşmayı yakışıksız bulurum. Bu nedenle özel sohbetlerimizde bazen keyifli bir sohbet arkadaşı olamam.

Hayat bir gölde yüzmeye benzer. Suya girdiğinizde karşı sahil çok uzak, arkanızda kalanlar çok yakındır. Benim bulunduğum noktada karşı sahil çok yakın, arkam uzak... Geride birçok değerli yaşanmışlıklar bıraktım.

Tok olup da korkanlar, yaşam ırmağına doymayanlar varsa...

Servet biriktirmek ölüme karşı geliştirilen bir mekanizmadır. Biriktirdikçe sanki daha uzun yaşayacağınızı sanırsınız. Oysa her şey bitmek için başlar ve bir şeyi değerli kılan da sonlu olmasıdır. Her güzel şey mutlaka bitecektir. Ölüm yaş ilerledikçe daha çok düşünülür. Geçmişle hesaplaşması bitmeyen ölümden korkar. Şayet ölüm düşüncesi ve korkusu kişinin gündelik hayatta eylemlerini engelliyor, kişi sürekli arka planda ölüm düşüncesiyle boğuşuyorsa bu durum patolojiktir. Ölüm korkusu panik atağı tetikler. Engin Geçtan bunu çok güzel anlatmıştır. Panik atak; yaşama isteği, hayata tutunma çığlığıdır. Depresyon ise öfkedir. Hak ettiklerini elde edememenin öfkesidir depresyon. Ancak en kötüsü yalnızlıktır. Çünkü yalnızlık yabancılaşmadır ve dünyasızlıktır.

Ölüm korkusu panik atağı tetikler. Panik atak; yaşama isteği, hayata tutunma çığlığıdır. Depresyon ise öfkedir. Hak ettiklerini elde edememenin öfkesidir depresyon. Ancak en kötüsü yalnızlıktır. Çünkü yalnızlık yabancılaşmadır ve dünyasızlıktır.

Yaşanmamışlığın önemli bir nedeni de geride bırakmak istediklerini yeterli bulmamaktır. Her insan kendisinden bir iz bırakmak ister. Bu nedenle kendi adıma iz bırakma çabam benim için değerli ve anlamlıdır. Bu hayattaki tüm mesele kendimizi gerçekleştirmek... Bildiklerimi toplumla paylaşmayı önemli görüyorum. İki haftada bir yazı yayımlıyorum. Birçok kişiden olumlu tepkiler alıyorum. Geride kitaplarımın kalacak olması bir ölçüde teselli veriyor. İnsanlar söylediklerimden, yazdıklarımdan faydalandıklarını söylüyorlar. "Ünlü" sözünden de rahatsız olurum. Bilim insanlarına veya topluma katkı sağlayanlara ünlü denmesini doğru bulmam. Katkı sağlayan biri olarak, hangi konuda olursa olsun katkı sunmanın korkulardan arındırdığını söylemeliyim. Gerçekten severek katkı sunduğunuzda, zamanın ve doğanın akışı içinde yer alarak olumsuzlukları düşünecek zamanınız olmuyor.

Ölümsüz olsaydık inanın yaşadığımız hayat çok sıkıcı ve değersiz olurdu. Doğmadan önce neysek öldükten sonra da aynısı olacak. Dolayısıyla mesele aradaki zamanı anlamlı bir şekilde doldurmak... Aradaki zamanın hakkını verdiğinize inanıyorsanız korkmanıza, mutsuz olmanıza gerek yok.

Buraya kadar söylediklerimizi kısaca toparlarsak mutluluk; yaş, cinsiyet, dış görünüş, zekâ ve eğitimle doğrudan ilişkili değil. Mutluluk için kestirme yol yok. Ancak iyi hayat, sağlıklı aile ilişkileri, belirli düzeyde gelir, yaptığı işte anlam bulmak, yakın arkadaşlık ilişkileri, bağımsız bir kişilik yapısına ve sağlıklı bir bedene sahip olmak ve vicdan sahibi olmakla mümkün.

DÖRDÜNCÜ BÖLÜM

GÜVENLİ LİMAN OLARAK LİDER

"Araştırmaya katılan çalışanların yüzde 20'si hayatlarında yöneticilerini ciddi ciddi öldürmeyi düşündüklerini aktarıyor. Dolayısıyla kötü yöneticilik ve kötü liderlik her yerde yaygın bir sorun... Bu kadar çok yayın yapılmasına, milyar dolarlık liderlik ve gelişim programlarına rağmen bu konuda sorun yaşanması ciddi bir paradoks... En önemli nedeni, mahalledeki muslukçu veya elektrik tamircisi için geçerli olan gerçekliğin; mühendislik, doktorluk, hukuk gibi son derece sistematik bilgi içeren disiplinler için de geçerli olmasıdır. İnsan felsefesini bilmediği işin teknisyeni oluyor."

Siz Türkiye'de liderlik, yöneticilik ve iş yaşamına yönelik en önemli mentor, danışman ve uzmansınız. Buraya kadar anlamlı yaşamaktan, arayıştan ve mutluluktan bahsettiniz. Şimdi bu konuları biraz olsun iş yaşamına uyarlamak; liderlikten, yöneticilikten, iş meselelerinden konuşmak isterim. Liderliği sadece iş yaşamındaki idarecilik anlamında değil, kendi yaşantımız ve özdisiplinimizin lideri olmak açısından da ele aldığınızı biliyorum. İş yaşamında ise Türkiye'nin en önemli yönetici ve patronlarıyla görüşmeleriniz oldu, hâlen de oluyor. Şuradan başlayalım mı: En yalın hâliyle bir liderin özellikleri nelerdir? Lider ve lider kişiliği dendiğinde neyi anlamamız gerekir?

Lider kişiliği, zamandan ve kültürel değerlerden oldukça bağımsız ve ayırt edici özellikler barındırır. Lider kişiliğinin bir çekirdeği vardır ve bu çekirdek doğuştan getirilen bazı özelliklerle, hayatın ilk yirmi yılında geliştirilen kişiliğin bir fonksiyonudur. Lider etkiler ve sonucu değiştirir. İş lideri ise ekibi ile rekabette üstün sonuçlar alan ve bunu sürdüren kişidir. Hiçbir olağanüstü başarı, alışılmış yollar denenerek, hiyerarşik düzeni koruyarak ve bütçe içinde kalarak elde edilemez.

Yönetici; eski dilde "idare eden", dolayısıyla yerleşik düzeni koruyan kişiydi. Oysa günümüzde egemen olan ve ifadesini Silikon Vadisi'nin "Hız tanrıdır, zaman ise şeytan," özdeyişinde bulan anlayış, değişimi yönetecek iş liderine olan ihtiyacı en iyi biçimde ortaya koyuyor. Bu nedenle günümüzde her kademedeki yöneticinin bir iş lideri olması gerekiyor.

Şimdi gelelim liderin dört temel özelliğine... Liderin birinci özelliği bütünlüktür. Liderin özü sözü birdir. Dediğini yapar, yaptığını söyler, bir başka ifadeyle tutarlıdır.

İkinci özellik kararlılıktır. Kararlılık az bilgiyle ve baskı altında doğruya en yakın kararı vermektir. Çünkü baskı altında bütün verilerin toplanmasını beklemek sonucu değiştirir. "Bütün koşullar hazır olsun, öyle karar vereyim," dediğiniz zaman genellikle karar almış olmazsınız; reaksiyon göstermiş, duruma tepki vermiş olursunuz.

Üçüncü özellik yeterliliktir. Bu, yaptığı veya yönettiği işle ilgili temel bilgiye sahip olmayı gerektirir. Liderin yaptığı işi, yönettiği konuyu bilmesi gerekir. Bilmek derken vurgulamak istediğim, her şeyi bilmek veya en iyi bilmek değildir. Bu kadar hızlı değişen bir dünyada her şeyi bilmek mümkün mü? Ama lider her konuyu veya sorunun cevabını bilemese de kendisine danışan kişiye, sorduğu sorularla ve gösterdiği kaynakla ufuk açma özelliğine sahiptir. Bu da yönettiği işin özünü bilmekle ilgilidir.

Dördüncü ve çok önemli özellik vizyondur. Gerçek bir lider vizyon sahibidir. Vizyon geleceğe ait bir resimdir. Siyaset, spor, sivil toplum örgütleri ve iş hayatında bol keseden vaatlerde bulunan, hiçbir temele dayanmayan hayallerini vizyon olarak sunan insanlar çıkar. Tüm narsistlerin, tüm psikopatların ve ağzı laf yapan gevezelerin boş laflardan oluşan illüzyonları vardır. Üstelik bu illüzyonu vizyon diye sunarlar. Ayrıca narsistik ve sosyopatik eğilimleri olan bu insanlar karizmalarıyla inandırıcı olabilir ve kaçınılmaz olarak başına geçtikleri topluluğu felakete sürüklerler.

Gerçek liderin vizyonunun ve çizdiği gelecek resminin bir heves veya ütopik bir hayalden farkı sağlam ve özgün bir dünya görüşüne dayanmasıdır. Bu nedenle gelecekle ilgili değer taşıyan vizyonun beş özelliği vardır. Birinci özellik şudur: Vizyonu ortaya koyan liderin bu özgün dünya görüşü, entelektüel ve zihinsel birikiminin sonucudur. İkincisi; liderin, söz konusu birikimi yorumlayacak analitik ve kavramsal düşünce yeteneği ve ortalamanın üzerinde zekâsı vardır. Üçüncüsü, lider birikimini anlamlı bir mesaja dönüştürür. Dördüncü olarak lider, kendini izleyenlere bu mesajın güçlü bir şekilde iletişimini yapar. Beşinci özellik; liderin, insanlarla ilişkide fonksiyonel ilişki kurma becerisine sahip olmasıdır. Fonksiyonel ilişki kurmak insanlarla iyi geçinmekten farklıdır. Çünkü çatışmadan kaçınır ve her söylenene "evet" derseniz insanlarla bir sorununuz olmaz ancak bedeli ödeyen siz olursunuz. Liderin gerektiği yerde karşı çıkması, uygun biçimde olumsuz geribildirim vermesi, çalışanları sonuçlardan sorumlu tutması ve onlara kendilerini değerli hissettirebilmesi gerekir.

Gerçek liderin vizyonunun ve çizdiği gelecek resminin bir heves veya ütopik bir hayalden farkı, sağlam ve özgün bir dünya görüşüne dayanmasıdır.

Ne var ki bu alanda birçok yerde, etkisini yitirmiş ve bugün geçerli olmayan bir zihniyetin hâkim olduğunu da söylemeliyiz. Endüstri Devrimi'nin ihtiyaçlarından doğan ve yirminci yüzyılda yirmi yıl içinde arka arkaya yaşanmış iki dünya savaşıyla pekişen bir anlayış hâlen devam ediyor. Bu anlayışı "komuta ve kontrol" olarak özetleyebiliriz. Böyle bir sistemde çalışanlardan beklenen kendilerine söyleneni yapmalarıdır. Lider ve yöneticiler, yarattıkları korku ve çekinme duygusuyla çalışanların gevşemeyeceğine, gözlerinin önünde olacağına ve bu şekilde performanslarının artacağına inanır.

Ancak günümüz dünyasının imkân ve ihtiyaçları düşünüldüğünde bu anlayışın yetersizliği kendiliğinden ortaya çıkıyor. Bugün yöneticiler çalışanlarına neredeyse yirmi dört saat ulaşabilir durumda. Hatta birçok iş kolunda çalışmak için ofiste olmak gerekmiyor. Daha önemlisi, artık çalışanlardan söyleneni yapmaları değil; alışılmışın ötesine geçmeleri, yenilikçi ve yaratıcı olmak için ekip arkadaşları ve diğer bölümlerle işbirliği yapmaları bekleniyor. O hâlde liderlik anlayışı da buna göre olmalı.

Birlikte çalıştığı kişilerin güvenini kazanan ve onların duygularını hesaba katan liderlik anlayışı güçle değil, anlam duygusuyla yönetmeyi beraberinde getirir. Biraz önce anlattığım üzere, temelini Endüstri Devrimi ve dünya savaşlarından alan ve güç kullanmayı gerektirdiği için doğal olarak erkeklerin egemenlik alanında olan liderlik yaklaşımı bugün artık etkisini ve geçerliliğini yitirmiş durumda. Yeni kuşakların şikâyetlerinin arkasında eski yöntemlerin işe yaramaması yatıyor.

> Çalışanlar üzerinde güç kullanarak sıkılan vida sayısını veya dikilen düğme sayısını artırmak mümkün olsa da yaratıcılığı ortaya çıkarmak mümkün değildir.

Nitekim çalışanlar üzerinde güç kullanarak sıkılan vida sayısını veya dikilen düğme sayısını artırmak mümkün olsa da yaratıcılığı ortaya çıkarmak mümkün değildir. Bununla beraber kabul etmek gerekir ki dogmaları yıkmak da kolay değil. Ne yazık ki birçok yönetici umutsuzca eski yaklaşımlarını sürdürerek sonuç almaya çalışıyor. Geçmişte gerçekleştirilen yönetim seminerlerinde liderlik ile yöneticilik farkının anlatılması bazı toplantılarda yarım gün sürerdi. "Lider şunu yapar, yönetici böyledir, lider şöyledir," şeklinde konular saatlerce anlatılırdı. Benim görüşüme göre, liderlik ve yöneticilik birbirinden farklı kavram ve görev tanımlarıdır. Lider gerçek anlamda vizyon koyan ve strateji belirleyen kişidir. Yönetici ise liderin belirlediği vizyon ve stratejiyi uygulayan kişidir.

Günlük dilde lider ve yönetici kelimelerinin sık sık eşanlamlı olarak kullanıldığını görüyoruz. Peki, bir lider bir yöneticiden hangi yönleriyle ayrışır?

En genel çerçevede bir benzetme yaparsam lider camdan dışarı bakar, ufku tarar, fırsatlarla tehditleri görerek bir vizyon belirler. Yönetici ise içeri bakar ve liderin vizyonunu gerçekleştirmeye çalışır. Ancak bu temel ayrıma rağmen lider ve yönetici geniş bir ortak paydada birleşir. Bu payda başkaları aracılığıyla sonuç almaktır. Liderin de yöneticinin de başarısı, birlikte çalıştığı insanların potansiyellerini en üst düzeyde kullanmalarına bağlıdır.

Liderlik üzerine kitaplar yazılıyor ve lider özelliği olarak sayısız sıfat sıralanıyor. Ancak benim için liderlik en kısa tanımıyla insanları etkilemektir. Lider ilham verir, heyecan yaratır ve harekete geçirir. Çağdaş lider bir yolu beraber yürümek için ilham veren, önde gitseniz de arkada kalsanız

Lider camdan dışarı bakar, ufku tarar, fırsatlarla tehditleri görerek bir vizyon belirler. Yönetici ise içeri bakar ve liderin vizyonunu gerçekleştirmeye çalışır.

da yolun yürünmeye değer olduğunu ve neden onunla yürümeniz gerektiğini size hissettiren kişidir. Gerçek bir lider bıraktığı yeri, bulduğundan daha ileride ve iyi durumda bırakır.

İş hayatı üzerine söyleyeceğim her şey liderler için de yöneticiler için de önemli ölçüde ortaktır. Ancak organizasyonun en tepesindeki kişi açısından durum biraz farklıdır. Kurumların kaderini belirleyen liderlerdir. Zaman zaman "lidersiz organizasyon" gibi birtakım fantezi söylemler ortaya atılıyor. Bu söylemler bence geçerli değil. İnsanlık tarihinin en başından beri insan canlısı her zaman her yerde toplu yaşamıştır. Avcı-toplayıcı dönemden bu yana birlikte yaşam, sosyallik söz konusudur. Yalnız yaşayan insan yoktur. Sadece insanlar değil, bir ölçüde yüksek beyin fonksiyonlarına sahip primatlar da dâhil birçok memeli hayvan hep toplu yaşamıştır. Yalnız hayat süren iki roman kahramanı vardır; Tarzan ve Robinson. Yazarlar Tarzan'ın yanına Jane'i, Robinson'un yanına belki de cinsel yönelimine bağlı olarak Cuma'yı koymuştur. Her toplulukta insanlardan beklenen uyumdur. İnsanların içinde yaşadıkları toplulukla uyum içinde olmaları gerekir. Ancak her topluluğun bir hiyerarşisi vardır ve insanlar bu hiyerarşide öne geçmek isterler. Liderler öne geçen insanlardır. Çocukların kendi aralarında oynadıkları oyunları seyrederseniz her grupta bazı çocukların doğal olarak oyunu yönlendirdiğini görürsünüz. Bu, doğal bir eğilimdir. Hayatın her alanında böyledir. Lider ve liderlik, kurumların kaderini belirler.

Liderin vizyon oluşturduğunu söylediniz. Vizyon sahibi olmak ne demektir?

Çoğu zaman vizyon ile illüzyon birbirine karıştırılır. Vizyon, yani geleceğin resmini çizmek veya geleceği tasarlamak her türlü boş lafı kaldırır; o yüzden bu meseleyi dikkatli tartışmak lazım. Bir defa şunu söyleyeyim; liderlik iddiasında bulunan bir kişinin vizyon olarak ortaya koyduğunun anlamlı olması için kendisinin dört özelliğini değerlendirmek gerekir. Birincisi; bu vizyonu oluşturacak entelektüel ve zihinsel birikime, müktesebata sahip mi? İkincisi; bu birikimi yorumlayacak analitik ve kavramsal zekâsı var mı? Üçüncüsü; bu resmi veya bu gelecek hayalini anlam taşıyan bir mesaja dönüştürebiliyor mu? Dördüncüsü de kendisini izleyenleri harekete geçirecek şekilde bu mesajın iletişimini yapabiliyor mu?

Dolayısıyla liderlik için, "Oradan atlar, şuradan zıplar, kahramandır, ileri görüşlüdür, sezgileri kuvvetlidir," gibi genel, ölçülemeyen ve herkesin kendi üzerine alabileceği sıfatları bir yana bırakmak ve vizyonu değerlendirirken saydığım bu dört özelliğe odaklanmak gerekir. Şunu da unutmamalı, vizyon kadar karar almak ve kararlılık da çok önemlidir. Karar ve kararlılık, baskı altında ve az bilgi ile doğruya en yakın kararı verebilmektir.

Peki, doğuştan lider insan var mıdır? Bizde çok kullanılır bu tabir. Türklere özel, doğuştan gelen liderlik gibi bir tanımdan söz edilebilir mi?

Burada kültür devreye girer. Nasıl ki eğitim kültürel nitelikler taşıyorsa yönetim de kültürel nitelikler taşır. Dolayısıyla bizim kültürümüzün sahip olduğu özelliklerden kaynaklanan liderlik tarzları söz konusu olabilir. Doğuştan liderlik tanımına gelince, bazı insanların biraz evvel söylediğim ilişki yönetimi, karar alma ve kararlılık konularında doğuştan bazı yatkınlıkları olabilir; bu gerçekliği göz ardı edemeyiz. Ancak lider için saydığım bu özelliklerin yüzde sekseni öğrenilip geliştirilebilir.

Ülkemizde liderlik deyince insanların zihninde ülkeleri peşinde sürükleyen liderler ya da dâhi liderler beliriyor. Ancak bu tanım başka bir durumsallık... Sözünü ettiğim öğrenebilirlik kavramı gündelik hayatımızda şirketleri yöneten insanları kapsıyor. Unutmayalım ki günümüzde ne iş yaparsak yapalım, iki disiplin, teknoloji ve psikoloji hepsini yatay kesiyor. Teknolojinin, zamanın şartları itibarıyla önde olmasını anlıyoruz. Peki, psikoloji neden bu kadar önde? Çünkü insanları yönetmek için eski yöntemlerin geçerli olmadığını görüyoruz. "Bugünün gençleri" veya "şimdiki gençlik" veya "yeni nesil" diye başlayan yönetici tiratları yönetici açısından tam bir iflas işaretidir. Söze böyle başlayıp peşinden suçlayıcı, aşağılayıcı ifadeler kullanıyorsanız; kusuru gençlere atıyorsanız emekli olma zamanını çoktan geçmişsiniz demektir. Bu saptamayı toplantılarda sıkça dile getiririm. "Emir demiri keser, iş ne zaman biterse mesai de o zaman biter," şeklindeki yaklaşımlar bugün için geçerliliğini yitirmiştir. Bugünün dünyasında işler böyle yürümediği gibi, işlerini bu şekilde sürdürenler de zorluk yaşar.

Geçenlerde beraber olduğum bir yönetici grubundan örnek vermek isterim. Bahsettiğim yöneticiler, insanların hayal dahi edemeyeceği imkânlar sunan bir üretim ve pazarlama şirketinde çalışıyor. Ancak şöyle bir serzenişte bulundular; "Biz her sene en iyiler arasından yirmi kişiyi seçer, işe başlatır, iki sene eğitirdik; bu kişilerin on sekizi bizimle yola devam ederdi." Bu arada söz konusu şirketten emekli olsanız da maaş almaya devam ettiğinizi ayrıca belirtmek isterim. Düşünün; böylesi imkânlara sahip şirketin yöneticileri, "Artık on iki kişi buluyoruz, iki sene sonunda elimizdeki büyük imkânlara rağmen ancak altı kişi bizimle yola devam ediyor. Ne yapacağız?" diye sordu. Ben de kendilerine, sohbetimizin önceki kısmında değindiğim üzere, "Bir işi yaparken aldıkları zevk, kazandıkları parayı harcarken aldıkları zevkten fazla olmalı; demek ki bu noktada yetersizlik görmüşler," cevabını verdim. Çünkü günümüzün genç yönetici adayları, "Paran sende kalsın!" deyip çekip gidebiliyor. Dolayısıyla lider ve yönetici yeni bir anlayışla hareket etmeli ama Türkiye'deki birçok şirketin yapısı buna izin vermiyor. Bir başka örneği de çok güçlü bir pazarlama şirketi üzerinden vereceğim. Yöneticiler, "Biz ekibi en iyiler arasından seçerdik, artık onlar bize başvurmuyor," deyince kendilerine kaç yıldır bu işi yaptıklarını sordum. "Yüz yıldır," cevabını alınca da, "Demek ki endüstriniz en iyiler grubundaki gençler için cazip değil; siz de deyim yerindeyse B kategorisindeki gençlerle, A kategorisi düzeyinde sonuç almaya çaba harcayacaksınız; yönetim becerinizi bu yönde geliştirin," dedim.

Liderlikle ilgili anlattıklarınız ışığında, eskiye göre çalışma hayatı ve işler zorlaştı diyebilir miyiz?

Açıkçası liderlik, yöneticilik ve çalışanlar açısından baktığımda geçmişteki iş yaşamının kesinlikle daha kolay olduğunu söyleyebilirim. Günümüzde bazı kavramlar kurucu babaların aklını, kulaklarını tırmalıyor. Söz gelimi uzaktan çalışma... J.P. Morgan'ın başındaki kişi, uzaktan çalışma için, "Hastalıktır, en kısa zamanda tedavi edilmelidir," açıklamasını yapıyor. Ama yöneticilerin, iş anlayışının değiştiğini de kabul etmeleri gerekiyor. Yöneticilik yapmanın durağan bir mekanizma olmadığı gerçeğinin kanıksanması lazım. Lafa gelince yöneticilerin dilinden "dönüşüm" sözü eksik olmuyor. Kimse dönüşüme "hayır" demiyor ancak "hayır" denilmese bile, yeni yolda eski ayakkabılarla yürümeye devam edilmek isteniyor. "İlerleyelim ama aynı yerde kalalım", "Değişelim ama aynı kalarak değişelim", "Gelişelim ama olduğumuz gibi gelişelim", "Kalkınalım ama bunu oturduğumuz yerde yapalım" yaklaşımları sergileniyor. Statükodan kopuş çok zor... Çünkü aile şirketlerinin çoğunda, "Günün şartlarına uyalım ama değerlerimizden vazgeçmeyelim," düşüncesi baskın... Peki, bu değerler nedir? İnsanları köle gibi zamandan bağımsız çalıştırmak ve mutlak itaat. Değerler diye tanımlanan aslında yöneticiden veya kurucu babadan kaynaklanan yerleşik kalıplar...

Liderlik ve yönetim eğitimleri milyar dolarlık bir endüstri... Peki, bu yatırım beklenen sonucu veriyor mu?

İşin özüne giden bir noktadan bahsedeyim. Dünyada dinî kitaplar dışında en çok yayın yöneticilik ve liderlik konusunda yapılıyor. Google'a "liderlik" yazınca on bir milyon, *leadership* yazdığınızda ise altı milyardan fazla sonuç çıkıyor. Bir bakıma dünyada liderlik ve yöneticilik konusunda yeni bilgiye ihtiyaç yok. Buna rağmen dünyada en yaygın mesele kötü yöneticilik, kötü liderlik... Üstelik bu durum sadece Türkiye'ye özgü de değil. Her ülkede bu sorunla karşılaşıyorsunuz.

Bu konuda GALLUP'un yaptığı çarpıcı bir araştırma var. Türkiye de dâhil olmak üzere elli beş ülkede yapılan araştırmada, işgücünün yüzde 65'i iş ve işyerine yabancılaşma yaşadığını belirtiyor. Yüzde 65-75'lik dilim, "İşlerin en zorlayıcı kısmı nedir?" sorusuna "yöneticilerle ilişki" cevabını veriyor. Araştırmaya katılanların tamamı hayatlarında en az bir kez tahammül edilmesi imkânsız bir yöneticiyle çalıştığını söylüyor. Nitekim İnsan Kaynakları biriminin klişesidir; "İnsanlar şirketten değil, yöneticiden ayrılır."

Araştırmaya katılan çalışanların yüzde 20'si ise hayatlarında en az bir kez yöneticilerini ciddi ciddi öldürmeyi düşündüklerini aktarıyor. Dolayısıyla kötü yöneticilik ve kötü liderlik her yerde yaygın bir sorun... Bu kadar çok yayın yapılmasına, milyar dolarlık liderlik ve gelişim endüstrisine rağmen bu konuda sorun yaşanması ciddi bir paradoks... En önemli nedeni, mahalledeki muslukçu veya elektrik tamircisi için geçerli olan gerçekliğin; mühendislik, doktorluk, hukuk gibi son derece sistemli bilgi içeren disiplinler için de geçerli olmasıdır. İnsan felsefesini bilmediği işin teknisyeni oluyor.

Bu noktada biraz da kötü liderlik, kötü yöneticiliği de konuşmak gerekiyor. Kötü lider veya yöneticiler astlarının penceresinden nasıl görünüyor?

Kötü liderlik iki bağlamda ele alınabilir. Birincisi, evrensel ahlaki ilkelerden yoksun liderlik; ikincisi ise yetersiz ve etkisiz liderlik olarak da tanımlayabileceğimiz beceriksiz liderlik. Tarih boyunca yaşanan iyi ve olumlu gelişmeler liderlerin gücüne, aklına ve başarısına mâl edilir. O zaman yaşanmış kötülükleri ve felaketleri de kötü liderliğe bağlamak gerekir. İlginçtir ki başarılı kabul edilen liderlerle ilgili çok sayıda kitap olmasına rağmen, kötü ve başarısız liderlikle ilgili literatür son derece sınırlıdır. Ancak son yıllarda yapılan araştırmalardan çok çarpıcı sonuçlar elde edildi. Nitelik açısından baktığımızda iyi liderlerde bulunması gereken birçok vasfın kötü liderlerde de bulunduğunu görüyoruz.

Nedir bu vasıflar? İlk akla gelen zekâ, sosyallik, insanları ikna becerisi, yüksek hayat enerjisi, kararlılık gibi kişilik özellikleridir ancak bunlar bir liderin iyiliğinin ya da kötülüğünün belirleyicisi değildir. Ama açgözlülük, sahip olduklarıyla yetinmemek ve onları riske atarak daha fazlasına yönelmek, nerede duracağını bilmemek kötü liderlik özellikleridir. Hangi konuda olursa olsun, iştah aşırıya kaçtığında kişiye zarar verir. Eğer bu kişi, herhangi bir alanda liderlik makamını işgal ediyorsa bu zarar kişisel olmaktan çıkar; temsil ettiklerini de felakete sürükler. Kötü liderler, en basit anlamda, insanlardan ne isteyeceğini bilmeyen, güçle yönetmeye çalışan, geribildirimde zorluk yaşayan, ilişki kurmakta başarısız karakterler olarak görülür. Gerçeklerden kopukluk, insanlara güvenmemek ve fevriliği de olumsuz özelliklere ekleyebiliriz. Bu saydıklarımın tamamının bir insanda

Hangi konuda olursa olsun, iştah aşırıya kaçtığında kişiye zarar verir. Eğer bu kişi, herhangi bir alanda liderlik makamını işgal ediyorsa bu zarar kişisel olmaktan çıkar; temsil ettiklerini de felakete sürükler.

bulunması gerekmez ancak birkaçının güçlü olması işyerindeki insanların hayatını cehenneme çevirebilir. Dolayısıyla kötü yöneticilik ve liderlik önemli ve yaygın bir meseledir.

Bu çok iddialı bir çıkarım... Peki, o zaman liderlik felsefesinin temelini oluşturan nedir?

İyi lider ve yönetici felsefesinin en temelinde insanlarla bağ kurmak vardır. İnsanlarla bağ kurmak çok temel bir özellik ve süreçtir. Günümüzdeki liderlik ile geçmişteki liderlik arasında en temel fark "yaklaşılabilirlik" kavramıyla açıklanabilir. Geçmişte yöneticilik pozisyonu korkulan, çekinilen, yakınına yaklaşılmaması gereken, insanların ilişki kurmaktan kaçındığı bir pozisyondu. Bugün ise neredeyse tam tersi... Geçmişte iyi ve etkili konuşmak önemliydi. Bugün ise doğru soruyu sormak ve dinlemek önem kazandı. Birleştiricilik; yani farklı yaş gruplarını, farklı arka planları, farklı deneyimleri, farklı disiplinlerdeki bilgileri birleştirmek de önemli... Buna güzel bir örnek: Edward de Bono'nun[13] dediği gibi, "Elinizdeki tek araç çekiç ise çevrenizdeki her şeyi çivi gibi görürsünüz." Örneğin bir yönetici satış veya pazarlama kökenli ise tüm parametreleri satış ve pazarlamaya bağlamaya çalışır. Birleştiricilik özelliği de farklı disiplinlerin birikiminden yararlanacak bir ekip iklimi yaratmayı gerektirir. Güçle değil, anlam duygusu ile yönetmek; birleştirici olmak; genelleyerek değil, kişiselleştirerek, bireyselleştirerek yönetmek çağdaş liderlik yaklaşımının değişen boyutlarını oluşturur.

Bunların yanında alçak gönüllülük de önemli bir nitelik olarak ortaya çıkıyor. Bu kavram daha sonra konuşmak istediğim psikolojik güvenlik için önemli bir temel argüman... Tam da burada ortak bir nokta da belirliyoruz; bu nokta insanlara

13 Edward Charles Francis Publius de Bono (1933-2021); Maltalı bir doktor, psikolog, yazar, mucit ve yayıncı. Yaratıcı düşünme teknikleri konusunda dünyaca tanınır.

yakın olmak. Ancak bazı insanlar ne insanlara yakın olmak ne de insanları kendine yaklaştırmak ister. Liderlik felsefesindeki en önemli kopma da bu noktada hasıl olur.

Bir de patron şirketlerinin neredeyse tamamında hâkim olan yanlışlara değinmek isterim. Patron herkesin içinde çalışanlarını haşlar, hesap sorar, hatta kabalaşabilir. Bazı üst yöneticiler de benzer tavırları gösterir. Bu model, nitelikli insanlarla çalışmayı imkânsız hâle getirir. Kısır döngü şeklinde ilerleyen bir yaklaşımdır bu. Her yeni gelen üst yönetici veya insan kaynakları çalışanı kurum içindeki sorunları çözmek için patrondan bir işaret alır ama bu işaretler yetkiyle gelmediği için hiçbir zaman hayata geçmez. Onun için iş hayatında, değişim dönüşüm kampanyalarının ve motivasyonel konuşmaların arkasında, onu destekleyecek ve devamlılığını sağlayacak bir strateji yoksa; vaat ve niyetler gerçeklere dayanmıyorsa; örneğin, "Bu yıl seferber olalım, şu kadar ürün satalım, piyasaya saldıralım," sözleri de havada kalır. Bu sözler, vaatler patronu rahatlatır ancak toplantıdan çıktıktan sonra insanlar birbirine dönüp, "Biz bunu nasıl yapacağız?" diye sormaya başlar. Tek bir konuşma ve toplantıyla sağlanacak motivasyonun etkisi sınırlıdır. Toplantı ânında insanlar dünyayı yerinden oynatacak güçte hissetseler de dışarı çıkınca, "Biz coştuk da niye coştuk?" derler.

İnsanları coşturan motivasyonel konuşmalar Çin yemeği gibidir; yerken iyidir, sıkıntısı sonra çıkar. Aslına bakarsan motivasyon da bir yere kadar etkili olur, çünkü insanları ateş üzerinde yürütmek veya kırık cam parçalarına bastırmak zannedildiği kadar zor değildir. Çünkü yapılacak gösterinin hem bir zihinsel hazırlığı vardır hem de göründüğü kadar tehlikeli olmayacak şekilde düzenlenir. Yürüdüğünüz yol da elli metre değil, üç adımdır. Ateşin üzerinde yürüdüğünüzde hissettiğiniz güç size hayatınız boyunca eşlik edecek olsa yönetici ve çalışanların tümü mucizeler yaratır.

Sonuç olarak lider, sonucu değiştiren kişidir. Gözlemler ve deneyimlerle sabittir; iyi liderin yönetimindeki toplumlar kalkınır, insanlar refah içinde yaşar. Şirketler başarılı, çalışanlar mutlu olur. Sivil toplum örgütleri toplumda saygı görür, çalışanları gurur duyar. Buna karşılık kötü liderlerin yönettiği toplumlar kalkınamaz; insanlar yoksullukla boğuşur, acı çeker. Şirketler başarısız olur, çalışanları mutsuz olur. Sivil toplum örgütleri amacına hizmet edemez, çalışanları dedikodu yapar ve kendi çıkarını kollar. Kötü liderlik insanlarda mutsuzluk yaratır ve yabancılaşmaya neden olur. Lider, gücü elinde bulunduran kişi olduğundan, ister siyasi hayatta ister iş dünyasında gücün kimin eline teslim edileceği önem taşır.

Yönettikleri toplumları veya şirketleri sonu belirsiz serüvenlere sürükleyen liderleri gördükçe liderimizi belirlerken ne kadar titiz davranmak gerektiği bir kez daha net biçimde anlaşılıyor.

Biraz evvel "psikolojik güvenlik" diye bir kavramdan bahsettiniz. Bu kavramı biraz açar mısınız?

Psikolojik güvenlik ortamında insanlar görüşleri, geribildirimleri, değerlendirmeleri, fikirleri, hataları sebebiyle yargılanmaz. Kimse böyle bir ortamda sırf fikirlerini söylediği için dışlanmayacağını, küçük düşmeyeceğini bilir. Psikolojik güvenlik ortamında insanlar, toplantı veya çalışma düzenine ilişkin isteklerini söyleyebilir. Psikolojik güvenliğin amacı tüm insanların görüş, eleştiri ve değerlendirmelerine olanak sağlamaktır. Ancak fikir, öneri ve eleştirilerin amacı yapılan işle ilgili hız ve mükemmelliği geliştirmektir. Dedikodu ve şikâyet bu kapsamın dışındadır. Ayrıca bir çalışan, yansıttığı kişiliğin olduğu gibi

> Psikolojik güvenliğin temel amacı hataların konuşulmasıdır. Psikolojik güvenlik ortamında hatalar gizlenmez ve öğrenme fırsatı olarak görülür.

kabul edileceğine inanırsa, kendini olduğu gibi ortaya koyar ve yaptığı katkının sonuca etkisini bilir.

Şunu da söylemek lazım. Psikolojik güvenliğin temel amacı hataların konuşulmasıdır. Psikolojik güvenlik ortamında hatalar gizlenmez ve birer öğrenme fırsatı olarak görülür. Bu anlayış yapılan hatalara karşı önleyici tedbirler alınmasını sağlar.

Hataların hoşgörülmesi konusunu açar mısınız?

Hataları beş başlık altında toplamak mümkün. Birincisi kasıtlı hatalar, ikincisi dikkatsizlik ve işin ucundan tutmaktan kaynaklananlar. Üçüncüsü beceri eksikliğinden kaynaklanan hatalar. Bunlar hoş görülmesi gereken hatalar grubunda yer almaz. Dördüncü gruptaki hatalarda ise şu vardır; belirsiz bir durumla ilgili sorumluluk almak ve hata yapmak riskli bir durumu gerektirir. Bunu göze alan kişinin hatası hoş görülmezse, sadece o kişi değil, buna tanık olan diğer çalışanlar da sorumluluk almaktan kaçınır. Beşinci grupta ise yeni bir şey denemek için yapılan girişimden kaynaklanan hatalar vardır. Her türlü yenilik ve inovasyon bilinmeyen veya denenmemiş bir alanda yapılan denemenin sonucudur ve çok sayıda başarısız girişimi izler. Dördüncü ve beşinci grupta belirttiğim hataların küçük düşme endişesi olmadan dile getirilmesinin bir öğrenme fırsatı olarak görülmesi gerekir.

Günümüz yöneticilerinin sık yaptığı şikâyetlerden biri şu sözlerde hayat bulur; "Kimse sorumluluk almıyor, her işi benim söylemem gerekiyor." Çalışan risk almazsa sorumluluk da almaz. Ne var ki birçok lider ve yönetici sırf korktukları için, konfor alanından çıkmamak için ya da sorunları çözme zahmetinden kaçınmak için insanlardan uzak durmayı tercih ediyor. Konfor alanından çıkmak istemeyen lider, çalışanlardan ne kadar çok talep gelirse, çözülmesi gereken yeni sorunların da aynı oranda artacağını düşünür. Oysa bir kurumda psikolojik güvenlik kültürü hâkimse orada "kötü haber verme" anlayışı vardır.

Kötü haber verme anlayışı ne demektir?

Sadece bir kurum içinde yaşanan büyük sorunlar değil, medyaya yansıyan bütün önemli felaketlerin arkasında tek bir neden yoktur. "Şu sebeple..." diye açıklamak çok yüzeysel kalır. Bütün büyük sorunlar ve felaketler geçmişe dayanan çok sayıda küçük ihmalin veya tanımlanmış süreçlerin dışına çıkmanın sonunda meydana gelir. Bunun arkasında da Murphy'nin çok bilinen kuralı vardır; "Çalışıyorsa kurcalama." Süreçleri baypas ederek kestirme yollardan bulunan çözümler günün birinde patlar. Madenler bu nedenle patlar, uçaklar bu nedenle düşer, acil serviste hastalar bu nedenle ölür. Hastaneler, kendilerine sorumluluk yükleyeceği için acil serviste ölen hastaların hesabını tutmaz. Bu konuda örnek isteyenler, kahramanların isimlerine kadar bütünüyle gerçek bir olaya dayanan *Good Nurse* dramasını izleyebilir.

Ancak uçak düştüğünde ve maden patladığında durum farklı olur. Burada da herkes sorumluluğu başkasının üzerine atsa da çok kere hukuki süreç ölenleri geri getirmez belki ama sorumlular tazminat ve hapis cezasıyla karşılaşır. Bu konuda en güncel örnek, Boeing 737 kazalarını konu eden *Downfall* belgeselidir. Şirketin mühendislik kültüründen çıkıp finans kültürüne geçişinin hazin hikâyesi kötü haber verme anlayışının ortadan kalkmasına bağlanır (Merak edenler için not: Boeing kaza kurbanlarına 2.5 milyar dolar ödedi. Tüm dünyadaki 737'lerin bakıma alınması ve düzenlemelerin maliyeti 32 milyar dolar oldu).

Psikolojik güvenlik ikliminin bulunduğu bir kurumda çalışanlar sadece kendi işleriyle ilgili değil, diğer bölümlerde de kurumunun vaadini yerine getirmesinde sorun çıkaracak bir durum gördüğünde seslerini çıkarma sorumluluğunu taşırlar. Böyle bir durumda, "Sana ne?," "Sen kendi işine bak!" veya "Üzerine vazife olmayan işe karışma!" denmez ve bu kişi ispiyoncu olarak görülmez. Tam tersine bu bir katkı olarak değerlendirilir.

Bunu sağlamak nasıl olacak? Çok zor görünüyor.

İşte tam da burada yeni ve farklı bir kavram olan "psikolojik güvenlik kavramı" devreye giriyor. Psikolojik güvenlik kavramının sağlanması çalışanlarla kurulacak bağdan geçer. Günümüzde ihtiyaç duyulan; bağ kuran yönetici, bağ kuran liderlik yaklaşımıdır.

Psikolojik güvenlik kavramının sağlanması çalışanlarla kurulacak olan bağdan geçer. Günümüzde ihtiyaç duyulan; bağ kuran yönetici, bağ kuran liderlik yaklaşımıdır.

Bir yönetici, bir lider nezdinde bağ kurmak nedir hocam? Bundan ne anlamalıyız?

Bağ kuran yöneticinin dört özelliği bulunur. Birincisi, bu yönetici karşısındakini etkin dinler. Etkin dinlemenin içinde karşı tarafın anlattığına tam olarak ilgi göstermek vardır. İkincisi, bu yönetici empati yaklaşımı sergiler. Empati yaklaşımı, karşısındaki kişinin sevincine, üzüntüsüne, zorlanmasına katılmak demektir. Üçüncüsü, yöneticinin dinleme sürecinde aynalama yapmasıdır. Bağ kuran yönetici veya lider, birbirini anlayan, birbirine ilgi duyan insanların yaptığını yapar ve karşısındakinin jest ve mimiklerini âdeta taklit edermiş gibi doğal olarak aynalama yapar. Dördüncü özellik ise yardım etme isteği duymaktır. Yardım etme isteği, problemi başkasının adına çözmek değildir ancak yardım etme gayreti içinde olduğunu hissettirmektir.

Bağ kurmak karşımızdakinin önem verdiği değer ve düşüncelere önem vermekle başlar. Bunun için antrenman ve çaba gerekir. Klasik yönetici veya lider, kendisine bir sorunla gelen astına kendi bildiği, kafasında kalıplaşmış çözümleri sunar. Değişim, dönüşüm kolay değildir. Yıllar içinde öğrenilmiş birçok tutum ve davranışı değiştirmek gerekir. Yargılamadan önce bir durup sormak gerekir. Birini yargıladığımızda kaçınılmaz olarak konuyla ilgili sonucu veya çözümümüzü söyleriz. Önce durup sorduğumuzda ise vereceğimiz tepki de cevap da çok daha isabetli olur. Lider veya yöneticinin, gerekirse verilen cevaptan yeni sorular çıkarması gerekir. Ancak bunları yapmak yerine sonucu veya çözümü söyleyerek akıl vermek tercih ediliyor. Yargılamak kolay, anlamak zordur. Çünkü anlamak sorumluluk yükler. İşin sonuçlarıyla ilgili fazlasıyla meşgul olan yöneticinin bu süreci işletmesi için gerekli kaynağa "duygusal emek" diyoruz.

Birini yargıladığımızda kaçınılmaz olarak konuyla ilgili sonucu veya çözümümüzü söyleriz. Önce durup sorduğumuzda ise vereceğimiz tepki de cevap da çok daha isabetli olur. Lider veya yöneticinin, gerekirse verilen cevaptan yeni sorular çıkarması gerekir.

İşlevi olmayan akıl verme hatasını en çok ergenlik döneminde çocuğu olan ebeveynler yapar. Çocuk bir sorunla karşılaştığında hemen ebeveyninin o soruna ilişkin çözümlerini duyar. Anne-baba çoğunlukla gencin perspektifini anlamadan veya anlayacak şekilde sorular sorup dinlemeden ona sadece akıl verir. Bu işlevsiz diyaloglar tekrarlandığında bir süre sonra çocukla arada bağ kopukluğu yaşanır. Dolayısıyla yanlış ebeveyn tutumları sergilemek liderlik değildir.

Daha net anlaşılması için yine örneklendirerek devam etmek isterim; davranışlarımızın arkasında önemli ölçüde önyargılarımıza bağlı kararlar yatar. Empatiyi özümsemek, empatiyi geliştirmek çok zordur. Hepimizin ergenlik yıllarında ailemizle paylaşamadığımız ancak amcamız, halamız, dayımız, teyzemiz veya annemizin, babamızın arkadaşları arasında kendimize yakın gördüğümüz birileriyle paylaştığımız özel konularımız olmuştur. "Bu insanların özelliği nedir?" diye kısa bir süre düşünmek bile birçok sorunun cevabını getirir. Bu insanlar dinler, sorar ama yargılamazdı. Çoğu kere cevabı bizim bulmamızı sağlar, nasihat etmezlerdi. Dolayısıyla lider veya yöneticilerin bu insanların özelliğini taşımaları gerekir.

Bağ kurmak derken empatiyi içine alan ancak onun ötesine geçen bir durumdan söz ediyorum. Önce durup sormak, karşı tarafın çerçevesini anlama fırsatı verir. Ancak o çerçeveyi anladıktan sonra daha etkili bir cevap ya da yerinde bir tepki verebiliriz. Gel gör ki biz çoğu kere doğrudan bilgi vermeyi tercih ediyoruz. Hepimiz hayatımızda şu sözlerle karşılaşmışızdır ya da bizzat bu sözleri sarf etmişizdir; "Ben söylemekten yoruldum; o dinlemekten, duymaktan yorulmadı...", "Dilimde tüy bitti..." Hata veya başarısızlık durumunda duygunun yoğun yaşandığı durumlarda bilgi, davranışı değiştirmez. Bilgi davranışı değiştirecek olsa dünyada bir tane sigara içen insan bulamazdınız. Herkes sigaranın zararını biliyor ancak içmeye devam ediyor. Sigarayı bırakanlara sorduğunuzda genellikle, "Sağlığım için bıraktım," cevabını verir ancak biraz derin sorgulama yapınca eşleri veya çoğunlukla çocukları için bıraktıklarını söylerler. Görüldüğü üzere, bilginin işe yaraması için duyguyla köprülenmesi gerekir. İşte ben iş yaşamında bu temel yaklaşımın eksikliğini görüyorum. Şüphesiz duygu köprülerinin inşa edilmediği yerde psikolojik güvenlik ortamını yaratmak mümkün görünmüyor.

Duyguya gelmişken... Biraz duygusal zekâdan da bahsedelim mi? Nedir önemi? Liderlikte yeri var mı mesela?

Duygusal zekâ kavramını bir bilim yazarı olan Daniel Goleman 1994'te kitabına[14] konu yaptı, o günden bu yana da büyük ölçüde kabul gördü. Bu kabul bir ihtiyaçtan kaynaklanıyordu. İnsan bir işe zekâsı (IQ) ile girer, duygusal zekâsıyla (EQ) yükselir. Duygusal zekâ, duygulu olmak değildir. Duygusal zekâ, duygularımızın hayatımızda ve kararlarımızda oynadığı rolü anlama ve duygularımızı hayat amaçlarımız doğrultusunda yönetmeyi öğrenme becerisidir. Duygusal zekâ öncelikle lider veya yöneticinin kendini tanıma ve yönetme becerisi olarak göze çarpar. Ne demek istediğimi şöyle açayım: Bu beceri esas olarak duyguların farkında olmak, koşullara ve amaca uygun olarak onları yönetebilmek ve kontrol edebilmek demektir. Duygusal zekânın geliştirilmesi kişinin duygularından haberdarlığıyla, kendine saygısıyla, bağımsızlığıyla, kendisini gerçekleştirme girişimleriyle bağlantılı ilerler. Sosyal beceriler denilen insan ilişkileri becerisi de önemlidir. Lider veya yöneticinin yakın çevresi ve sosyal dünyayla empati ve sosyal sorumluluk anlayışı içerisinde ilişki kurması kendisine diğer insanlara yol gösterme ve destek olma şansı verir. Bu özellik zaten hemen ilişkilerine yansır.

Değişime uyum özellikle günümüzde önemlidir. Sorunlar karşısında yeni yollar bularak problem çözmesi ve problemler karşısında esnek olması çalışanlar tarafından da kolayca gözlemlenmelidir. Ayrıca baskı altında stresle başa çıkabilmelidir ki bu, liderlik açısından çok belirleyicidir.

Liderin genel duygu durumu da duygusal zekâsına ayna tutar. Huzur ve mutluluk içeren olumlu tutum bu açıdan önemlidir. Ancak gözden kaçırmamamız gereken nokta, düşünsel ve duygusal zekânın birbirinin alternatifi değil; tamamlayıcısı

14 Daniel Goleman, *Duygusal Zekâ*, Varlık Yayınları, İstanbul.

olduğudur. Bunu akıl-duygu birliği olarak tanımlamak daha doğru olacaktır.

Zekâ, insanların problem çözme aracıdır. Düşünme, akıl yürütme, nesnel gerçekleri algılama, kavrama, yargılama, kavramlaştırma, sonuç çıkarma yeteneklerinin bütünüdür. Akademik başarının hayat başarısı için iyi bir ölçü olmadığını herkes kendi hayat yolculuğunda defalarca gözlemiştir. Bunun çok temel bir nedeni vardır. Akademik başarı için gerekli zekâ ile hayat başarısı için gerekli zekâ farklıdır.

Eğitim hayatındaki başarı ile hayat başarısının paralel gitmediğini bizler de hayatın içerisinde gözlemliyoruz. Bunun sebebi sizce nedir hocam?

Üç tür sorun çözeriz. Birincisi, basit sorunlar. Örnek olarak yemek tariflerini verebiliriz. Elde bir tarif vardır, bir bilene sorulur ve sonunda istenen sonuç elde edilir. İkincisi, zor sorunlar. Büyük çoğunlukla mühendislerin çözdüğü sorunlardır. Ergonomik bir koltuk dizaynından uzaya uydu yerleştirmeye kadar bir çizgide yer alan ve insan hayatını kolaylaştıran bütün araçların tasarımı ve fonksiyonel duruma gelmesi bu sınıflandırmaya girer. Üçüncü grupta yer alan sorunlar karmaşık sorunlardır. Bunlar gündelik hayatta, yakın geçmişe kadar *Hürriyet* gazetesinin en çok okunan köşesinde Güzin Abla'ya, iş hayatında da danışmanlara sorulan sorulardır. Psikologlara sorulan "İyi bir çocuk nasıl yetiştirilir?", "İyi bir ilişki nasıl yürütülür?"; yeni evli bir çiftin sorduğu "Eşim akşamları benimle yatmaya gelmiyor, ne yapayım?" soruları da bu gruba girer. İş hayatında danışmanların muhatap olduğu benzer sorular da bu sınıflandırmada yer alır. "Birbiriyle işbirliği yapması gereken iki bölüm birbiriyle ilişki kurmuyor, ne yapmalıyım?", "Uzaktan çalışan ekibimde bağlılığı nasıl sağlayabilirim?", "Kuşaklar arası çatışmayı nasıl çözebilir, uyumlu çalışma ortamı yaratabilirim?"

İşte bu soruların çözümü için gerekli zekâ türüne "bilgelik zekâsı" deniyor. Bilgelik zekâsı yüksek olanlar şu özellikleri taşır: Karşı görüş açısına geçebilmek, görüşler arasında denge sağlamak, bilgisinin ve gücünün sınırlılığını kabul etmek (dolayısıyla alçak gönüllülük), bağlamla uyum sağlamak, farklı bakış açılarını dengelemek, durumla ilgili değişim imkânlarını fark ederek çatışmalara uzlaşma yoluyla çözüm bulmak ve evrensel ahlaki ilkeleri gözetmek.

Bilgelik zekâsı yüksek insanların yaşam doyumları daha yüksek, meslek hayatları daha istikrarlı, ilişkileri daha sağlıklı ve uzun dönemli, iyilik hâlleri de daha yüksek oluyor. Ayrıca ahlaki duruş ve beklentiler de fark yaratıyor. Çünkü bu özelliğe sahip insanlar mutlak gerçeğe ulaşmanın imkânsızlığının, yaşamı etkileyen faktörlerin çokluğu ve çeşitliliğinin, insan doğasının olumlu ve olumsuz cephelerinin farkında oluyorlar. Ayrıca hayatın belirsizliği ve öngörülemezliğini bilip kabul ediyor; ölüm ve kayıplar karşısında ayakta kalma, acı ve sıkıntılara dayanma ve anlam bulma konusunda sağlıklı tepki veriyorlar.

Bilgelik zekâsı genellikle ellili yaşlarda gelişiyor ancak bu, kural değil. Çünkü çok kişi hayatları boyunca bu özelliğin yakınından bile geçmiyor. Hatta yaşlandıkça daha katı ve sert olanlar hiç de az değil. Bağlam, kültür ve deneyimler bu özelliğin gelişmesinde önem taşıyor. Ancak bilgelik zekâsı elli yaşında ortaya çıkan bir molekül değil. Uygun eğitim ve örneklerle bilgelik zekâsını yirmili yaşlarda dahi geliştirmek mümkün. Çünkü bu özellik yetenekten çok geliştirilebilir bir beceri.

Peki ya sezgilerimiz? Akıl ve duygunun yanında sezgilere de yer yok mu hocam?

Vardır ama belirli bir düzeyde vardır. Bu bağlamda sezgiler ve sezgisellik kavramına da açıklık getirelim. Lider, psikolojik güven iklimini bağ kurarak sağlayabilir. Bu bağ için atılacak kritik adım, liderlerin birlikte çalıştıkları insanların hayat yolculuklarını bilmesidir. Hatırlarsanız bireyselleştirerek ya da kişiselleştirerek yönetmekten söz etmiştim. Peki, bir liderin astlarının hayat yolculuğunu bilmesi ne demektir? Lider veya yönetici, astlarının nasıl bir ailede büyüdüklerini, kaç kardeşe sahip olduklarını, ailedeki kaçıncı çocuk olduklarını, okul yıllarını, yaz tatillerini nasıl geçirdiklerini, istediklerini elde etmek için ne kadar mücadele etmelerinin gerektiğini, istemelerinin yetip yetmediğini bilmelidir.

Lider veya yöneticinin, astının bugüne kadar hayatta en değer verdiği olayın ne olduğunu bilmesi de çok önemlidir. Dikkat ederseniz, "en değer verdiği şey" değil, "en değer verdiği olay" dedim. "Olay" ile "şey" arasında fark vardır. Bir kişi için lisede hentbol takımıyla şampiyon olmak önemliyken kimi için iki bin kişi içinde yöneticisi tarafından övülmek fark yaratır. Kişinin en önemli olayı, karşınızdaki insanın değer sistemiyle ilgili bilgi verir. Bu bir işe alım görüşmesi değildir. Bu bir sohbettir. Sohbet karşılıklı olur. Dolayısıyla karşı tarafı anlarken, dünyasına girerken kendi dünyanızı da açmaya hazır olmanız gerekir. Dananın kuyruğunun koptuğu yer de burasıdır. Şayet, "Ne insanlara bu kadar yakın olmak isterim ne de insanları bu kadar yakın tutmak," diyorsanız bağ kuran, psikolojik güvenliği sağlayan yönetici olmanız mümkün değildir. Böyle bir durumda ancak konserve bilgilerle yöneticilik yapar, konserve bilgilerin toplamı kadar etkili olursunuz. Böyle bir ortamda geribildirimler sağlıklı olmaz. Şöyle bir yaklaşım vardır: Altına iyi bir şey koy, arasına problemi koy, üstüne tekrar iyi bir şey koy. Bu köhnemiş yönetici veya lider yaklaşımlarını artık stajyerler bile yutmuyor.

Lider veya yöneticinin, astının bugüne kadar hayatta en değer verdiği olayın ne olduğunu bilmesi çok önemlidir. Dikkat ederseniz, "en değer verdiği şey" değil, "en değer verdiği olay" dedim. "Olay" ile "şey" arasında fark vardır.

İşte sezgi ancak yapılacak işlerin algoritması çok belli olduğu durumlarda yararlıdır. İnsanların sezgileriyle hareket etmeleri, bilimsel derinliği olmayan insanlar tarafından fazlaca önemsenir. Psikolojiyi kendine iş edinen ancak asıl mesleği farklı insanlardan, "Yüreğinin götürdüğü yere git, içindeki sesi dinle, içinden ne geliyorsa onu yap," sözlerini duyarız. İçindeki sesi dinlemek, yüreğinin götürdüğü yere gitmek insanın kulağına hoş gelebilir ancak bu sözler aslında insana yememesi gereken naneleri yedirir, kırmaması gereken cevizleri kırdırır, en iyimser şekliyle de almaması gereken kalorileri aldırır. Dolayısıyla bu mesajlar dürtülere, güdülere seslenen mesajlardır.

Sezgi, esasen insanın bildiğini nereden ve nasıl bildiğini bilmeden bilmesidir. Sezgi çoğunlukla insana hata yaptırır. Çünkü veriye dayalı değildir. Bu sebepten ötürü karar verirken verilerden yola çıkmak gerekir. Sezgiler bize ancak çok fazla tekrarladığımız, üzerine çok pratik yaptığımız konularda yardımcı olur. Birbirini görmeden paslaşan futbolcular, basketbolcular buna en çarpıcı örnektir. Hepimiz hayattaki bu kısa yollardan faydalanırız, çünkü kısa yollar işimizi kolaylaştırır. Kaldı ki yaşamın içinde her şeyi düşünerek yapamayız. Otomatik olarak, fark etmeden yaptığımız davranışlarımız vardır. Ancak algoritma bozulduğunda eğer kalıba uymuyorsa sezgi bizi yanıltır. Çok sayıda insanın karar alırken hata yapması bu yüzdendir. "Karar hataları" kavramına yönelik araştırmalar

Sezgiler bize ancak çok fazla tekrarladığımız, üstüne çok pratik yaptığımız konularda yardımcı olur. Birbirini görmeden paslaşan futbolcular, basketbolcular buna en çarpıcı örnektir. Hepimiz hayattaki bu kısa yollardan faydalanırız, çünkü kısa yollar işimizi kolaylaştırır. Ancak alışılan algoritmanın dışına çıkınca işler değişir.

2002'de Daniel Kahneman'a[15] psikolog olarak Nobel Ekonomi Ödülü'nü getirmiş, kavram dünyada ilgi odağı olmuştur. Ancak bu ödülü kazanması, 1965'ten itibaren meslektaşı Amos Tversky[16] ile insanların karar alma süreçleri üzerine yaptığı araştırmalara dayanır. İkili, araştırmalarında insanların karar süreçlerinde yaptığı hataları inceleyip modelledi. Karar süreç leri aynı zamanda ekonomi disiplinini ilgilendiren alan hâline geldi. 2008'deki ekonomik krizden sonra davranışsal finans, ekonomik psikoloji gibi kavramlar da ortaya atıldı ve birçok üniversitede davranışsal finans bölümü kuruldu. Sezgilerle verilen karar hataları bilimsel olarak da kanıtlandı. Konuyla ilgili daha fazla bilgi almak isteyenlere, akıllı insanların neden yanlış kararlar verdiğini ele alan araştırmaları temel olarak anlattığım *Akılsız Duyguların Cezasını Kararlar Çeker*[17] kitabımı okumalarını tavsiye ederim.

Peki; karizma, liderliğe yardımcı mıdır? Çok tartışılan bir konu da bu.

Karizmatik liderlik özellikleri bilimsel perspektiften de ele alındı. Örneğin Conger ve Kanungo[18] kavramın üzerinde önemli çalışmalar yaptılar. Karizmatik kişilik; en genel tanımıyla, alışılmamış davranışlar göstermek, risk almak, köklü değişim için harekete geçmek, kendini güçlü şekilde ifade etmek, statükoyu değiştirmek için çabalamak gibi özelliklerin

15 Daniel Kahneman (1934-...); Nobel Ekonomi Ödülü sahibi Amerikan psikolog. Araştırmalarının çoğunu özetlediği *Hızlı ve Yavaş Düşünme* adlı kitabı çok satanlar listesine girdi.

16 Amos Tversky (1937-1996); yirminci yüzyılın en önemli psikolog ve davranışbilimcilerinden. Yakın çalışma arkadaşı Daniel Kahneman ile psikolojinin öğretilerini ekonomi bilimine uyguladı.

17 Acar Baltaş, *Akılsız Duyguların Cezasını Kararlar Çeker*, Remzi Kitabevi, İstanbul.

18 Conger, J. A., & Kanungo, R. N., *Charismatic Leadership: The Elusive Factor in organizational effectiveness*. San Francisco: Jossey-Bass Publishers, 1988.

bütünü olarak sıralanıyor. Ama şunu da bilmeli; karizmatik insanlar, diğer insanlarda iyi izlenim bırakmanın yollarını iyi bilir. İnsanlarla göz teması kurmak, tokalaşırken eli kuvvetli sıkmak, tebessüm etmek, dik bir duruşa sahip olmak, insanlara kendileriyle ilgili sorular sormak ve dış görünüşüne özen göstermek ilk aklıma gelenler... Bütün bunların ötesinde, yapılması gereken başka şeyler de vardır. Bu da ancak klişelerin ötesine geçip insanlara kendileriyle ilgili sorduğunuz soruların cevaplarını samimi olarak dinlemek, anlatılanların içinden yeni sorular çıkarmak ve onlara değer verdiğinizi hissettirmekle mümkündür.

Buraya kadar saydıklarım karizma ve insanları etkilemenin olumlu yönleriydi. Ancak karizmanın gerçekte aldatan bir cazibesi olduğu ise atlanan bir konu... *Ruhsal Bozuklukların Tanısal ve İstatistiksel El Kitabı*'nda[19] sosyopatların kişilik özellikleri bencillik, kendine aşırı önem verme, insanları kullanma, patolojik yalancılık, kendi yalanına inanma, yaptıklarından sorumluluk duymama, gerçek dışı amaçlar olarak saptandı. Günümüzde bu saydıklarım gerek iş hayatındaki liderlerde gerek politikacılarda son derece yaygın görülen özellikler arasında. Söz konusu özelliklerin karizma kriterleri ile benzerlik göstermesi gibi bir risk de söz konusu. Bu nedenle liderin illa karizmatik olması gerekmez. Elbette lider veya yönetici, karizmasını olumlu yönde kullanırsa iyidir. "Bir liderin karizması yoksa lider olamaz," şeklindeki sözler ise tamamen yanlış düşünce kalıplarından ibarettir. ABD'li araştırmacı-yazar James C. Collins'in[20] bu konuda pek çok veriye dayalı çalışmaları

19 Amerikan Psikiyatri Birliği, *Ruhsal Bozuklukların Tanısal ve İstatistiksel El Kitabı [The Diagnostic and Statistical Manual of Mental Disorders, kısaca DSM 4]*, 2000.

20 James C. Collins (1958-...); iş yönetimi, şirketlerin sürdürülebilirliği ve büyümesi konularına odaklanan Amerikalı araştırmacı, yazar, konuşmacı ve danışman.

mevcut... Collins'e göre şirketlerini ileri götüren insanların en önemli özelliği, işe başladıkları şirketin içinden yetişmeleri. Collins, başarıya götüren kriterleri; şirketin içinden yetişen bir yönetici tarafından yönetilmek, değerlere dayalı bir yönetim anlayışına sahip olmak ve yöneticilerin karizmatik olmaması şeklinde sıralıyor.

Lider veya yöneticinin kendini gösterme iddia ve hevesinde olmaması şirket başarısı için önemli maddelerden biridir. Lider ve yöneticinin asli görevleri hırslarını, ihtiraslarını, kişisel hedef ve egolarını besleyip kendilerini göstermek değil; işini daha iyi yapmak ve şirketi büyütmek olmalıdır. Kendini gösterme eğiliminde olan yöneticiler ile olumsuz karizmatik özelliklere sahip liderlerin hatalı şirket birleşmelerine yönelmeleri de tamamen egolarını şişirmek için yapılan girişimlerdir. Öyle ki bir liderin egosu yüzünden birçok şirket batmıştır. Türkiye'de Eczacıbaşı, Koç, Sabancı, Borusan, Zorlu gibi sağlam ve kurumsal şirketlerin başındaki CEO'ları, onlarla iş yapan insanların dışında çok kişi tanımaz. Oysa bu insanlar kendilerini göstermek için sonsuz imkâna sahiptir. Ancak kurumsal yapıya sahip şirketlerde temel gaye ve hedef işin daha iyi olmasıdır. Bu şirketlerin sahibi olan aileler de bunu bildikleri veya hissettikleri için ne kendileri ne de yöneticileri öne çıkar.

İş dünyasında, özellikle lider ve yöneticiler için kullandığınız bir tanım, geliştirdiğiniz bir kavram var: "Yararlı paranoya." Çok ilginç bir yaklaşım... "Yararlı paranoya" denilince ne anlamamız gerekiyor?

Yararlı paranoya kavramı 1911'de İngiliz Robert F. Scott ile Norveçli Roald Amundsen'in Güney Kutbu'na varmak için yaptıkları yarıştan esinlenerek ortaya koyduğum bir kavram... Scott ve Amundsen'in gezisi iyi liderlik ile kötü liderlik arasında kıyaslama yapmak için bulunmaz fırsatlar sunuyor. Bir başka Güney Kutbu kâşifi Sir Ernest Shackleton'ın, Antarktika'da buzlara sıkışan gemisini kaybettiği hâlde, tüm ekibiyle iki yıl sonra sağ olarak İngiltere'ye dönüş öyküsü de günümüz liderleri için önemli bir ilham kaynağı olmayı sürdürüyor. Bu ilginç öyküleri *Bir Yolculuk Olarak Liderlik*[21] kitabımda ele aldım. Bugün de yöneticiler öngöremedikleri sorunlarla karşılaşıyor ve pandemi döneminde olduğu gibi hiçbir şekilde hazır olmadıkları bir iş ortamını yönetmek zorunda kalıyor. Kısacası aynen yüz yirmi yıl önce kutupları keşfe çıkanların sloganı ile yaşıyoruz; "Sürprizlerle karşılaşmanın sürpriz olmadığı bir yolculuk yapıyoruz." Bir başka ifadeyle, onlar gibi haritası çizilmemiş bir alanda ilerlemeye çalışıyoruz.

Yararlı paranoya kavramı, lider ve yöneticilerin işler yolunda giderken de "Ya olmazsa?" diye sormalarının önemine yapılan bir atıf... Çünkü iyimserlik, işlerin yolunda gideceğine inanmaktır. Bu açıdan iyimserlik zannedildiği gibi olumlu bir şey değildir. Çünkü çoğunlukla tedbirsizliği beraberinde getirir. Klişeler de bellidir; "İyi düşünelim iyi olsun, kötü düşünüp kötüyü çağırmayalım." Çok güvendiğim ve 1.528 kişinin izlendiği bir araştırma var; sonuçlarını çok önemli buluyorum. Söz konusu araştırmadan elde edilen verilere göre, iyimserlerin kötümserlere göre daha kısa yaşadığı saptanıyor.

> Yararlı paranoya kavramı, lider ve yöneticilerin işler yolunda giderken de "Ya olmazsa?" diye sormalarının önemine yapılan bir atıf... Çünkü iyimserlik, işlerin yolunda gideceğine inanmaktır. Bu açıdan iyimserlik zannedildiği gibi olumlu bir şey değildir. Çünkü çoğunlukla risk ve tehditleri görmemeye neden olur.

21 Acar Baltaş, *Bir Yolculuk Olarak Liderlik*, Remzi Kitabevi, 2019.

Sebepleri de tehlike ve hastalık işaretlerini değerlendirmemek, doktora daha geç başvurmak, zorlukları düşünce gücüyle yeneceğine inanmak, "Kötü düşünüp kötüyü çağırmayalım, olumlu enerji verip alalım," gibi bilimsel olmayan yaklaşımların arkasında olmak gösteriliyor. İşte yararlı paranoya bir ölçüde "Ya öyle olmazsa?" sorusunu sormanıza imkân verirken aynı zamanda tedbir almanızı sağlar. Bu nedenle karar alırken iyimserlikten kaçınmak gerekir. Karar süreci için yapılan bir toplantıya görüşünüzü gözden geçirmeye hazır olarak oturmuyorsanız ne kadar uzun tartışırsanız tartışın, ancak görüşünüzü güçlendirirsiniz. Bu sebeple toplantılara mutlaka görüşümüzü gözden geçirmeye hazır olarak katılmalıyız.

Bir yerde herkes aynı fikirdeyse orada gereksiz bir kalabalık vardır. Sinerji benzerlerden çıkmaz, farklılıklardan çıkar. Farklılıkları zenginlik olarak kullanmanın yolu, toplantıda karşı tarafın görüş ve ihtiyaçlarını, anlamaya çalışarak, "Benim göremediğim neyi görüyor?" bakış açısıyla dinlemektir. Çünkü problemleri algılayış biçimimizde iki temel faktör belirleyicidir. Bir, kişiliğimiz; iki, değerlerimizdir. Buna belki ihtiyaçlarımızı da ekleyebiliriz, çünkü değerler ve ihtiyaçlar birbirine yakındır. İnsanların kişiliği, değerleri ve ihtiyaçları olayları farklı algılamalarına, farklı yorumlamalarına ve farklı hareket etmelerine neden olur. Farklı kişilikteki insanlar olayı farklı anlar, farklı değer özelliklerine sahip insanlar olaya farklı açıdan yaklaşır. Ancak bu şekilde hareket edersek yol alırız.

> İş ortamında çatışmanın olması iyidir. Riyakâr saygı, "Sen bana dokunma, ben de sana dokunmayayım," anlayışıdır. Bu nedenle iş çatışması değerli, kişilik çatışması kötüdür. Kişilik çatışması olmaması için olgunluk ve egoların törpülenmesi gerekir.

Ne yazık ki birçok yönetici bırakın iş ortamını, arkadaş

toplantılarında bile bu gözden geçirme ve dinleme eylemine yanaşmıyor; aksine bundan rahatsızlık duyuyor. İşte o zaman anlamak için değil, cevap vermek için dinliyoruz. Zaten çoğu kez karşı taraf da bizim nefes almamızı bekleyip kendi "ama"sını, kendi karşı argümanını ortaya koyuyor. Dolayısıyla bu tür konuşma ve tartışmalardan hiçbir sonuç çıkmıyor.

Edward de Bono, "İnsanlar bir tartışmada fikirleri savunmaz, egoları savunur ve bir tartışmaya başlarken egolarınızı tatile göndermek gerekir," der. De Bono bu durumu "ego tatili" olarak tanımlar. Ancak bu anlayış çerçevesinde yapılan tartışmalar sinerji yaratabilir. Sinerji farklı fikirlerden çıkar. Siz bakmayın toplantılarda liderin her dediğine kafa sallayan yöneticilere. Onlar aslında hiçbir zaman aynı fikirde değildir. Ortamda sadece riyakâr bir saygı gösterisi vardır. Orada, "Sen bana dokunma, ben sana dokunmam," anlayışı yerleşiktir. Ancak iş ortamının sinerjisini de bu anlayış kemirip bitirir. Toplantı ve grup kararlarında hiç çatışma olmaması iyi değildir. Şöyle söyleyelim; iş çatışması değerli, kişilik çatışması kötüdür. Kişilik çatışması olmaması için olgunluk ve egoların törpülenmesi gerekir.

Liderlik için kritik test noktası nedir?

İnsana dair "saklı yüz" olarak tanımladığımız, aslında "karanlık yüz" denen özellikler baskı altında ortaya çıkar. Karanlık yüzü, eşkenar üçgen olarak düşünürsek tepesi narsist, bir ucu psikopatik, diğer ucu Makyavelist davranış özellikleri yansıtır. Narsistler kendilerini dünyanın merkezi olarak görür, sahip olmadıkları özelliklere sahip olduklarına inanır. Psikopatik özellik taşıyan kişiler insanların duygularına duyarsızdır, onlara verdikleri zararla ilgilenmezler, hatta memnun olurlar. Dahası kendilerini hediye ettiklerini düşünerek, "Daha ne istiyorsun?" anlamında söylemlerle hipertrofik egolu tavırlar sergilerler. Karanlık yüzün ortaya çıkması için mutlaka kriz yaşanması da gerekmez. İnsanlar hiyerarşide yükseldikçe kontrol altında tuttukları davranışları ortaya çıkmaya başlar. Bu durumu tıpkı şampanya kadehindeki küçük baloncuklara benzetebiliriz. Baloncuklar aşağıda küçüktür ancak yukarı çıktıkça büyür ve patlar.

İnsanlar hiyerarşide yükseldikçe kontrol altında tuttukları davranışları ortaya çıkar. Karanlık yüz yalnızken ve kimseye hesap vermek zorunda olmadığımızda yansır. Bunu şampanya kadehindeki baloncuklara benzetebiliriz. Baloncuklar aşağıda küçüktür ancak yukarı çıktıkça büyür ve patlar.

Yani baskı altında, kriz sırasında davranış çok önemli diyebilir miyiz?

İş yaşamındaki kriz, bir kişinin herhangi bir günde işe gelmemesi gibi gündelik ve basit bir konu veya daha büyük sorunlardan kaynaklanabilir. Sebep ne olursa olsun, soru sormak ve sakin kalmak en önemli yönetici özelliği olmalıdır. Liderlik baskı altında duyguları kontrol edebilmek, ani tepki vermemektir. Lider veya yönetici, harekete geçmeden önce durup anlamaya çalışmalıdır. Durup anlamanın yolu ise soru sormaktan geçer. Şunu da söylemeliyim; spor, siyaset alanlarındaki liderlerin hatırı sayılır kısmı bulundukları pozisyonu hak etmeyen insanlardır. İş hayatının eleği ise biraz daha sıkıdır.

Çok ilginç ve çok dramatik bu söylediğiniz...

Evet, durum bu ve bu meselenin başlıca nedenlerinden biri çoğu liderin narsist veya psikopatik egoya sahip olmasından kaynaklanır. Çarpık kişilik özelliği olan birçok kişi hiyerarşide yükselebilir. Ancak narsist, paranoyak, riskten kaçınan, makro yönetimi tercih ederek yanlış karar veren liderler başarısız olur.

Peki, neden böyle insanları yükseltirler?

Yöneticinin karanlık yüzü işe alım sürecinde görünmez. Karanlık yüz işe alım sürecinde saklıdır. Bu noktada önemle üzerinde durmamız gereken bir konu da güven ve yeterlilik kavramlarıdır. Bu iki kavram birbiriyle karıştırılır. İş yaşamında sahip olmadığı özelliklere sahip olduğuna inanan ve sahip olduğu özellikleri abartan kişiler liderlik veya yöneticilik pozisyonuna daha kolay seçilir. Çünkü daha çok göreve talip olup daha çok ortaya atılırlar. Kendini ortaya koymak, narsistik ve benmerkezci kişilik yapısından kaynaklanır. Bu nedenle iş yaşamında belki de en büyük haksızlığa kadınlar uğrar. Kadınlar alçak gönüllü, duyarlı, düşünceli, işbirliğine açık, esneklik özelliklerine sahiptir.

Narsistik yöneticilerin en önemli özelliği çevrelerindeki insanlar yerine, kendilerini merkeze alan bir anlayışla insanları araç olarak görmeleridir. En dikkat çeken özelliklerinin başında ise kendilerini mükemmel görmek, başkasını düşünmemek, davranışlarının başkasına etkisiyle ilgilenmemek, bütün başarıyı kendisinin sanmak, başarısızlık durumunda sorumluluğu almamak veya bu sorumluluğu başkasına yüklemek, olayları bütünüyle kontrol etmek istemek, eleştiriye karşı aşırı tepki gösterip öfke duymak, her konuda haklı olduğuna inanmak, başkalarını önemsememek, davranışlarının uzun dönemli sonuçlarıyla ilgilenmemek gelir. Tüm bunların sonucunda, lider veya yöneticinin bu olumsuz tavırları veya sergiledikleri marazlar, birlikte çalıştıkları insanların içlerindeki tatminsizliği körükler. Bu tatminsizlik hâli "Büyük İstifa"[22] meselesi dediğimiz soruna neden olur.

Nitekim Büyük İstifa dalgası önemli ölçüde kurumlardaki rahatsızlıkların yönetilemeyecek hâle gelmesi sonucu ortaya çıktı. ABD'de Ekim 2022'de çalışanların yüzde 3'ü çalıştıkları kurumlardan istifa etti. Bu oranın çok daha fazlası ise istifa etmek için fırsat kolluyor. Bugünün gençleri gelecekteki hayatlarının, anne-babalarının hayatları gibi olmayacağını biliyor. Dolayısıyla onların işyerine aidiyet duygularının daha esnek olduğu söylenebilir. Yine PWC'nin bir araştırması[23] çalışanların yüzde 72'sinin hibrit çalışma istediğini, yüzde 50'sinin ayrımcılıkla karşılaştığını, yüzde 29'unun kendi işinin yok sayılacağından endişe duyduğunu ortaya koyuyor.

Liderlerin hatalarına dönersek... Günümüzde şirketlerde lider veya yönetici pozisyonundaki kişiler çokça yanlış kararlar alıyor. Çünkü başarılı insanların en büyük laneti yine geçmiş başarılarıdır. Çünkü, "Yaptım oldu, yaparsam yine olur!" yanılsamasını yaşarlar. Oysa başarılı olduğunuz işi yaptığınız zamanki koşullar ve ekosistem bugünkünden farklıdır. Dolayısıyla antik dönemden kalan söz çok önemli; "Aynı suda iki defa yıkanılmaz."

Başarılı insanlar geçmişte yapıp ettiklerinin sonuç vereceğini zanneder ama Marshall Goldsmith,[24] "Sizi oraya getirenler orada tutmaz," der. Lider kadar kurucu babaların da en büyük hatası budur! İşlerini yavaş yavaş büyütürken her noktasına

22 Büyük İstifa (*The Great Resignation, The Big Quit, The Great Reshuffle*) COVID-19 salgınının ardından 2021 yılı başlarında başlayan ve çalışanların toplu hâlde, gönüllü olarak işlerinden istifa ettiği bir trend...

23 PwC Türkiye'nin 2021 yılının ilk çeyreğinde farklı sektörlerden kırktan fazla kurumun İnsan Kaynakları liderleri ile yaptığı "İnsan Kaynakları Liderlerinin Gündemi" başlıklı araştırma.

24 Marshall Goldsmith (1949-...); Amerikalı yönetici, liderlik koçu ve bu alanda kaleme alınmış kırk iki kitabın yazarı.

> Günümüzde lider veya yönetici pozisyonundaki kişiler çokça yanlış kararlar alıyor. Çünkü başarılı insanların en büyük laneti yine geçmiş başarılarıdır. Çünkü, "Yaptım oldu, yaparsam yine olur!" yanılsamasını yaşarlar.

hâkim oldukları için yeterlilik duygusunu bugünün dünyasına yansıtıp taşımaya çalışırlar. Ancak bu tutumlarından dolayı başarısız olurlar. Şirketlerde yaşanan sorunların en temelinde işveren tutumu yatar. Dahası insanların kararları ezici ölçüde rasyonellikten uzaktır. Kararlarımızın içinde büyük oranda duygusal parçalar, yanlılıklar, önyargılar vardır. Sezgiler veya sezgisellik diye tanımladıklarımız aslında yanlılık ve önyargılarımızı temsil eder. "Sezgi esasen insanın bildiğini nereden ve nasıl bildiğini bilmeden bilmesidir," demiştik. Araba kullandığınızı düşünün; debriyaja basıp vitesi değiştirmeniz otomatik gerçekleşen bir eylem, bir harekettir. Vites değiştirmek veya buna benzer örnekler beynin birinci sistemi dediğimiz bölge tarafından otomatik yönetilir. Şüphesiz her konuyu anlık düşünerek yönetemeyiz. İşte başarılı insanlar da biriktirdikleri deneyim ve tecrübeyle kısa yolları hızlı kullanıp sonuç alırlar. Ancak koşullar ve ekosistem değiştiğinde aynı davranışları sergileyip aynı sonucu almak çoğu zaman mümkün olmaz.

Hocam şu "lider veya birçok yöneticinin aslında bulundukları pozisyonu hak etmedikleri" noktası üzerine biraz daha konuşalım mı? Çünkü çalışanların birçoğu yöneticileri hakkında hep böyle düşünür; ciddi bir mesele...

Bu düşüncede genel olarak doğruluk payı olduğunu söyleyebilirim. Şimdi kamu yönetimine bakarsak orada işler büyük oranda ikili ilişkilerle yürür. Özel sektörde özel ilişkilerle yönetim kadrolarının oluşturulması gibi bir durumun istisnai olduğu kanısındayım. İş yaşamında yaygın olan sorunlar, kötü yöneticilik ve kötü yöneticilerden kaynaklı sıkıntılardır ancak bu durumun sadece Türkiye'ye özgü olmadığı bilinmeli. Çalışan açısından kritik nokta, "Bu koşullarda ben ne yaparım?" sorusunu yönelterek harekete geçmesidir. Çalışanların sorunlar karşısında havlu atması veya tüm dikkatlerini, odaklarını olumsuzluklara yöneltmeleri doğru bir yaklaşım değildir.

Konuyu şöyle açalım: Geçmişte klinik çalışmalar yaptığım dönemlerde karşımdaki kişiden hayatındaki sorunları sıralamasını isterdim. Kişi hareket alanının dar olduğunu anlatır; ev, iş, aile, geçim sıkıntılarından dem vururdu. Sonunda da çoğu zaman günlük yaşamının yüzde 80'inin baskı ve stres altında olduğu ortaya çıkardı. Bu durumda ona, "Diğer yüzde 20 üzerinde çalışalım, enerjimizi yüzde 20'lik etki alanına koyalım," diyerek ilerlemeye çalışırdım.

Çünkü baskı ve stresi yönetmemiz enerjimizi, etki alanımızı odaklamakla mümkündür. Bu noktada motivasyon çok önemli... Motivasyon gayretin yönü ve yoğunluğudur. Hem hareket hem de duyguyu içerir. Ancak bugün motive olduğunuz bir konuda yarın motivasyonunuz düşebilir. Çevremizden gelen bir uyarı, bir haber sebebiyle motivasyon kaybı yaşayabiliriz. Başarı ve ulaşmak istediğimiz hedef her gün düzenli, özenli olarak yaptığımız küçük şeylerde gizlidir. Çıkış noktamız bu olmalıdır. Nietzsche'nin *Böyle Buyurdu Zerdüşt* isimli kitabında Bilgelik Dağı'ndan inen bir bilge vardır. Bilge, insanlara ilahi hayat vadeder ve buna "ebedî döngü" denir. Ebedî döngünün bir koşulu vardır. Her ölümünüzden sonra tekrar dünyaya gelirsiniz ancak bire bir, önceki hayatınızı yaşarsınız. Yeniden dünyaya gelseniz de bir önceki yaşamınızdaki her türlü acıyı, sevinci, her yaprak kıpırtısını aynen duyarak, hissederek yaşarsınız. Şimdi ben de burada durup okurlarımıza sormak isterim: Böyle bir hayat yaşamak ister misiniz? "Evet" diyorsanız yaşadığınız hayata anlam yüklüyorsunuz demektir. Şayet aynı sıkıntıları, aynı stresleri yaşamak istemiyorsanız, bunlar size acı ve sıkıntı veriyorsa o zaman hayatınızı değiştirmeniz gerekiyor demektir. Çünkü değiştirmediğiniz noktada kurban rolü oynadığınız gibi, bir süre sonra hakikaten de bulunduğunuz koşulların kurbanı olursunuz.

Elbette koşulların zor olduğunu kabul ediyorum. Unutulmamalı ki koşulların zorluğundan şikâyet ederek bir yere varamayız. Çok çocuklu ailelerde büyüyen ve yatılı okullarda eğitim alanlar üç önemli farkındalık sahibi olur. Birincisi, "Şikâyet ederek bir yere varamazsın." İkincisi, "Bir şeyi istiyorsan mücadele edecek ve o şeyi hak edeceksin." Üçüncüsü de, "Zor bir işin üstesinden tek başına gelemezsin." Hayatın gerçeği tam da böyle işler. Bulunduğu yeri hak etmeyen kötü yönetici astlarına ilham vermeyen kişidir. Ancak çalışanlar da yönetici, lider veya başkalarını sorgulamak yerine evvela, "Ben ne yapabilirim?" demelidir.

Pek dillendirilmez ama yöneticinin hak etmediği pozisyonda olmasından daha vahimi, iyi insan tanımı dışında kalmasıdır. Yönetici, hedeflere aşırı odaklanıp insan ilişkilerini geri plana atıyor, duygularını yönetmekte güçlük çekiyor, bağırıp öfkeleniyorsa "iyi insan" tanımının dışında kalıyor demektir. Bu saydığım olumsuz özellikler, özünde insanlık kalitesiyle ilgilidir. Yeryüzünde "çalışan" diye bir canlı formu yoktur. Sadece insan vardır. Dolayısıyla insana insan gözüyle baktığınızda ister istemez bir başka boyuta geçersiniz.

İyi insan olmak herkese göre değişse de sözünü ettiğim ana hatlar bir göstergedir. Geçmişte mesafeli duran, korkulan, çekinilen yönetici modeli vardı demiştik. Günümüzde yaklaşılabilen yöneticiler değer görüyor. Peki, yaklaşılabilirlik nedir? Söz gelimi e-postalara zamanında cevap vermek demektir.

Ayrıca doğrudan ilişkide olmadığı insanlara yardım etmek de yaklaşılabilir yönetici özelliğidir. Yaklaşılabilir yöneticilik, sorunu olanın o yöneticiye kolay ulaşması demektir.

Yeni yönetici profili, astlarıyla geçen zamanın kalitesine dikkat eder, onlarla sohbet eder. Böyle bir yönetici, çok meşgul veya stresli olduğundan söz etmez. Bu iki kelime, "Benden uzak durun," demektir. Kısacası ilişki kuran, karşısındaki kişiye değerli ve iyi hissettirecek şekilde yaklaşan yönetici iyi yöneticidir. Her yönetici kendine, "İnsanları hesaba katıyor muyum?" diye sormalıdır. "Benden hoşlanıyorlar mı? Sabahları nasıl uyanıyorum? Ben neyi hak ediyorum ve neden bunu hak ediyorum?" Ben bu soruları beraber çalıştığım, danışmanlık verdiğim liderlere sorar ve hangilerinin hangi kişiler için önemli olduğunu anlamaya çalışırım.

Benim için birinci derece önemli olan ilk maddedir: İnsanları hesaba katıyor muyum? İnsanları hesaba katarsanız insanlara insan olduklarını hissettirirsiniz. Profesyonel hayatta, "Birbirimizi sevmek zorunda değiliz ama herkes birbirine saygı gösterip işinin gereklerini yerine getirsin," diye kalıplaşmış bir klişe vardır. Bu önemli ölçüde Anglo-Sakson bir anlayıştır ve saçmadır. Öncelikle önermeyi "zorundayız" diye kurduğunuzda hareket noktanız yanlıştır. Birbirine samimi ilgi gösteren, değer veren insanlar, birbiriyle bağ kuran insanlar birbirlerine verdikleri değeri hissettirdikleri zaman bunun adını sevgi olarak adlandırmayabilir. Ancak söz konusu olumlu duygular

> İnsanları hesaba kattığınızı gösterirseniz insanlar bunu hisseder ve size aynı şekilde yaklaşır. İnsanlara empati gösteren, zaman ayıran, onları etkin dinleyen, sadece sonuçlara değil ilişkiye de önem veren, zorda olana yardım isteğini gösteren bir insan hem sevilir hem de samimi saygı görür.

insanları birbirine yaklaştırır. "Biz birbirimizi sevmek zorunda değiliz," yaklaşımı insanlara eşya veya nesne gibi davranmayı beraberinde getirir. Ancak diğer taraftan bir yöneticinin kendini sevdirme çabası acıklıdır. Buradaki incelik şudur. İnsanları hesaba kattığınızı gösterirseniz insanlar bunu hisseder ve size aynı şekilde yaklaşır. O sebeple insanlara empati gösteren, zaman ayıran, onları etkin dinleyen, sadece sonuçlara değil ilişkiye de önem veren, zorda olana yardım isteğini gösteren bir insan hem sevilir hem de samimi saygı görür.

Yöneticinin ekibiyle aldığı kararlarda dikkat edilmesi gerekenler nelerdir?

Bir önemli ayrıntı da grup kararları... Grup kararları bazen ileri derecede risk taşır. Örnekler üzerinden açıklamaya çalışacağım. Yönetici kademesi için konuşuyorsak grup kararlarının taşıdığı risk, bilim insanları tarafından ilk olarak Nisan 1961'de gündeme alındı. O dönem, ABD Başkanı Kennedy, ekibiyle istişare ettikten sonra Domuzlar Körfezi'ne çıkartma yapılması kararını verdi. Amaçları Küba lideri Fidel Castro'yu devirmekti. Ancak harekât büyük fiyaskoyla sonuçlandı. "Kennedy'nin etrafında sekiz danışmanı varken nasıl bu kadar büyük bir hata yapıldı?" sorusu gündeme geldi. Harekâtın akıbeti böyle olunca bilim insanları da araştırmalara koyuldu. Bilim insanları o sekiz kişiyle tek tek konuştuktan sonra, grup kararlarının risk taşımasının beş büyük sebebi olduğunu saptadılar. İlki, kendi gücünü abartıp karşıdakinin gücünü küçümsemek; ikincisi, grup içinde karşı çıkmanın grubun hızını kesmek gibi algılanması; üçüncüsü, toplu kararlarda sorumluluğun bölüşülmesi; dördüncüsü, toplu kararlarda daima çıtanın yükseltilmesi beşincisi ise grup liderine uyumun gerçeğe ulaşmaktan daha çok öne çıkması olarak saptandı.

Grup kararlarının gerçeği yansıtan değil, kendi hayalimizi yansıtan kararlar olduğu bilim insanları tarafından anlaşılmıştı.

Kaldı ki şirket birleşmelerinin yüzde altmıştan fazlasının başarısızlıkla sonuçlanma sebeplerinin başında da yine grup kararları gelir. Grup kararlarının çok sayıda sakıncası vardır. Birincisi; grup kendi gücünü abartır, rakibin gücünü daha yetersiz görür. Veya fırsatları büyük, riskleri küçük görür. İkincisi, çıtayı yükseltmek batı kültüründe erdem sayılır ama bununla beraber risk de artar. Üçüncüsü, farklı görüş belirtecek olanlar grup kararına karşı çıkmamak için kendilerine otosansür uygular. Fikir birliği yanılgısı sorumluluğun dağılmasına neden olur. Bu nedenlerle grup içinde mutabakata varılan konuya ilişkin mutlaka bir B planı da oluşturulmalıdır. Bunun için Kahneman özetle diyor ki; "Eğer önemli bir karar alacaksanız o zaman mutlaka bir gün veya bir hafta sonra toplanın ve deyin ki bir sene evvel buna benzer şöyle bir karar almıştık ve bu karar şu açılardan son derece yanlışmış, bu karar da umduğumuz gibi olmazsa neler olabilir?" Bunun adına "pre-mortem otopsi" diyor. Malum, otopsi ölümden sonra yapılır. Burada anlatılmak istenen, işler başarısızlıkla sonuçlanmadan kararı masaya yatırıp yeniden değerlendirmek gerektiğidir. Siz de aldığınız kararı topluca gözden geçirin. Toplantı ve grup içinde işin sarpa sarması gibi olasılıkların da masaya yatırılması önemli... Unutulmasın ki akıllı insanlar bir araya geldiklerinde daha çok yanlış kararlar verir. Doğru karar vermenin yollarından biri herkesin aynı fikirde olması, topluca bunu onaylaması değil; kararın sorgulanması, mümkün olduğu kadar çok veri toplanmasından geçer.

Grup kararlarının önemi kadar ortak akıl konusunda da doğru sanılan yanlışlar vardır. Ortak akıl elbette önemlidir ancak doğru kararlar için bilinmesi gereken önemli ayrıntılar ve yapılması gerekenler vardır. Bir kere grup başkanı, toplantıda hiçbir şekilde, ne beden dili ne de ses tonuyla kendi oryantasyonunu belli edecek. Lider, grup kararlarının sakıncalarını ortadan kaldırmak için kendi görüşünü hiçbir şekilde belirtmeyecek. Ayrıca toplantıda herkes aynı düşünüyorsa biri mutlaka, "Ya öyle olmazsa?" diye sorgulayacak.

Çok önemli bir ayrıntı daha var. İyimserler daha çok hatalı karar alma eğilimindedir; bunu da hiç unutmamalı.

Peki, meslek yaşamınızda birlikte çalışıp da liderlik ve yöneticilik anlamında etkilendiğiniz isimler var mı?

1988-1989 yıllarında üniversitede görevliydim. THY'den davet almıştık. Cem Kozlu o dönem ilk kez THY başkanı olmuştu ve kabin personelinin eğitimi için kapımızı çalmıştı. O zamanlar Türk Hava Yolları âdeta mahallî bir hava yolu gibi çalışıyordu. Uluslararası seferler çok az olduğu gibi, İstanbul'dan Paris'e bile Atina üzerinden aktarmalı uçuluyordu. Avrupa'daki merkezlere haftada iki üç sefer yapılmaktaydı. Eşim Zuhal Baltaş ile danışmanlık vermeye başladık. O sırada THY'de sekiz yüz kabin memuru görevliydi. Bu süreç tam üç yıl sürdü. İşe yeni girenler oldukça sürece dâhil ediliyor, seminer ve eğitim toplantılarımıza katılıyordu. Cem Kozlu, THY'nin pilot ve asker kökenli olmayan ilk başkanıydı. Hatta Kozlu'nun ataması o dönem son derece yadırganmıştı. Daha sonra milletvekili olunca kendisiyle yakınlaşıp dost olduk. Cem Bey ile samimi konuşmalarımız olmuştur. İşin başına geldiği zaman on altı birim başkanını toplayıp hava yolunun problemlerini dinliyor, neler yapılması gerektiğine kafa yoruyordu. Sonunda on altı birim başkanına hitaben, "Bin tane problem sıraladınız; bunları çözmeye torunlarımızın ömrü yetmez, o zaman ne yapalım, en önemli üçünü ele alalım ve altı ay içinde herkes burada değişim olduğunu fark etsin; hem yolcular hem de çalışanlar yaptıklarımızdan memnun olsunlar," dedi.

Belirlenen üç sorunun ilki, teknik malzeme temini ve lojistikle ilgiliydi. İkincisi, kronik gecikme sorunuydu. İşletmenin uçakları zamanında kaldırmak gibi bir endişesi ve gündemi bile yoktu. Akşam uçuşlarındaki gecikmeler üç saati buluyordu. Kaldı ki bunlar İstanbul, Ankara, İzmir arası basit uçuşlardı. Üçüncü sorun olarak hemen her uçuşta yolcularla kabin personeli arasında yaşanan ciddi tartışmalar saptanmıştı. O dönemde kabin personelinin tamamı kadındı ve bu görevlilere "hostes" denirdi. Personeli eğitmeye başladığımızda, "İyi yolcuya iyi hostes, kötü yolcuya kötü hostes olunur," gibi çarpık bir anlayış hâkimdi. Dahası hostesler arasında, "Bugün yine bir yolcuya dersini verdim," jargonu ayyuka çıkmıştı. Kabin memuru için bir yolcuya ders verme mesleki olgunluk ve sıçrama sembolüydü. İşe yeni giren gençler de deneyimli olanlardan bu çarpık anlayışı öğreniyordu.

Kozlu çok çalışıp belirlenen bu üç sorunu altı ay içinde çözdü. Uçaklar zamanında kalkmaya, kabin içinde problem yaşanmamaya başlamıştı. Kozlu'nun sırrı insana dokunmaktı. Cem Bey sabahın erken saatlerinde, yani ilk uçak kalkmadan, çay ve simitleri alıp harekât merkezine gidiyor; çalışanlarla beraber kahvaltı ediyordu. Bu davranışa oradaki herkes tanık oluyordu. İnsanlar söyledikleri sorunların makul bir zaman içinde çözüldüğünü görmeye başlamıştı. Sonunda teknik sorunlar da halledilmişti.

Alışılmadık işler yapıyordu Kozlu. Cem Bey'in Türk Hava Yolları greve gittiği bir dönemde odasından inerek banttan bavul almaya başladığına şahit olmuştum. Kozlu, yolcu bavullarını banttan almaya başlayınca odalarından çıkmayan kimse kalmamıştı. Yönetim kademesindeki herkes alana gelip bavulları banttan almaya başlamış, greve rağmen uçuşlar aksamadan devam etmişti.

Biz, o dönem, insan kaynakları ve eğitim bölümüyle ilişkiliydik. Davet edildiğimiz ilk zamanlar Türk Hava Yolları'nın eğitiminden sorumlu olan arkadaşlar bundan son derece rahatsız olmuştu. O dönem Cem Bey'i sevmeyen, kendisine sinir olan, kurumdan gitmesi için dua edenler bile vardı. Ancak kurumdan ayrılırken, öncesinde onu sevmeyenlerin bile üzüldüğünü bizzat insan kaynakları yöneticisi dâhil birçok yöneticiden duymuştum.

Cem Kozlu girdiği bir ortamda dikkat çeken veya karizmatik biri değildir. Ancak tanıdıkça derinliğini fark edersiniz. Birlikte çalıştıkça siz de derinleşir, zenginleşirsiniz. Bu yüzden kendisi, işbirliği yaptığımız dönemde olumlu yönde etkilendiğim isimlerin başında gelir.

Sizin kendi liderliğinize dönerek bu bölümü kapatalım isterim. Gördüğüm kadarıyla işinizin lideri olarak kendinize de eleştirel yaklaşıyorsunuz. Yine de önyargılarınız, kalıplarınız var mı?

Önyargı ve kalıplarım olmaz olur mu? Bunlardan tümden sıyrılmak ne mümkün... Hiç kimse mükemmel ve kusursuz değildir. Peki, ben ne yapıyorum veya yapmaya çalışıyorum? Daha çok sorarak ilerlemeye çalışıyorum. Sadece kendi kafamdakilerle ilerlemiyorum. Az önce belirttiğim hatalara düşmemenin yolu sorgulamak, sormak ve daha çok bilgi toplamaktan geçer. Yapay genel zekâdan örnek vereyim: Ne yapıyor yapay genel zekâ? Bütün geçmiş birikimi çok kısa zamanda değerlendirip bir sonuca varıyor. İnsanların da dönüp geçmiş birikim ve deneyimleri tekrar tekrar gözden geçirmesi gerekir. Önemli olan, kusurları azaltmak... Kusurları azaltmanın yolu da sormaktan, dinlemekten, veri toplamaktan geçer.

> Ne yapıyor yapay zekâ? Bütün geçmiş birikimi kısa zamanda değerlendirip sonuca varıyor. İnsanların da dönüp geçmiş birikim ve deneyimleri gözden geçirmesi gerekiyor. Önemli olan, kusurları azaltmak... Bunun yolu da sormaktan, dinlemekten, veri toplamaktan geçiyor.

Acar Baltaş'a Göre
KİŞİNİN GELECEK İÇİN GELİŞTİRMESİ GEREKEN BEŞ ÖZELLİK

Gelecekte etkin bir şekilde yol alabilmek için bireylerin, hızla değişen dünyanın gelişen talepleriyle uyumlu bir dizi beceri ve özellik geliştirmesi gerekecek. İşte özellikle değerli olması muhtemel beş anahtar özellik:

1. *Zihinsel Esneklik ve Çeviklik:* Birçok alanda değişim hızı artarken yeni durumlara uyum sağlama ve değişimi benimseme becerisi hayati önem taşıyor. Bu, yeni beceriler öğrenmeye ve geleneksel yaklaşımları yeniden düşünmeye açık olmayı ve beklenmedik durumlara hızla ve etkin şekilde yanıt verebilme kapasitesini içeriyor.
2. *Eleştirel Düşünme ve Problem Çözme:* Daha karmaşık ve çok yönlü olması muhtemel zorluklarla dolu bir gelecekte, eleştirel düşünme ve karmaşık problemleri çözebilme becerisi paha biçilmez olacak. Bu; analitik düşünme, yaratıcılık ve bilgiyi eleştirel bir şekilde değerlendirmeyi içeriyor.
3. *Teknolojik Yeterlilik:* Teknoloji hayatın ve işin her yönüne nüfuz etmeye devam ederken teknolojiyle rahat olmak ve onu anlamak esas olacak. Herkesin bir teknoloji uzmanı olması gerekmez ancak temel bir yeterlilik ve yeni teknolojilere yönelik bir isteklilik önemli olacak.
4. *İlişki ve Bağ Kurma:* Ekip çalışması ve ilişki yönetimi gelecekte önemli olmaya devam edecek. İlişkileri farklı bağlamlarda etkili biçimde sürdürme, işbirliğini teşvik etme ve karşımızdakiyle bağ kurarak

ilişkilerimize derinlik katma anlam ve başarı duygusunu destekleyecek. Bağ kurmak karşımızdaki kişi için önemli olanı kendi bakış açımızdan değil, onun konumundan bakarak anlamak ve önem verdiğimizi göstermek ve yardım etme isteğimizi hissettirmektir. Eşler arasındaki olan da dâhil, her ilişkinin kalitesi bu iki özelliği taşıyan bağın derinliğine bağlıdır.

5. *Duygusal Dayanıklılık ve Yılmazlık:* Gelecek, şüphesiz beklenmedik zorluklar getirecek. Yılmazlığı, yaşanılan zorluklardan sonra ayağa kalkma becerisini ve bunları geride bırakarak ilerlemeyi öğrenmek, engelleri aşmak ve hedeflere ulaşmak için temel olacak.

BEŞİNCİ BÖLÜM

İŞ HAYATI, İŞ SORUNLARI: KİME, NE KADAR GÜVENMELİ?

"Beraber çalıştığım gruplara, insanlara, 'Karşınızdaki kişiye ne kadar güven duyarsınız?' diye sorar; 1 ile 10 arasında puan vermelerini isterim. Ayrıca, 'Siz ne kadar güvenilir birisiniz?', 'Kendinizi ne kadar güvenilir bulursunuz?' diye de sorular yöneltirim. 'Kendinize ne kadar güven duyarsınız?' sorusu aslında önemsizdir. Esas mesele, 'İnsanlara ne kadar güven duyarsınız?' sorusunun cevabıdır. Bu soruya 1, 2, 3, 8, 9, hatta 10 puan verenler olur. Ancak şahsını değerlendirirken güvenilir bulan ve kendisine 10 üzerinden 8 puan veren bir kişi, başkasına güven duyma konusunda sadece 2 puan verirse ona bir hayal içinde olduğunu söylerim."

Liderlik üzerine konuştuk ama takdir edersiniz ki iş hayatı çok geniş bir alan ve bu bölümde yine bu alanda kalmak istiyorum. İş hayatındaki okurlarımızın hemen hepsinin yaşadığı problemler üzerine söyleşelim. Şuradan gireyim: Kişisel internet sayfanızda 2023'ün yaz döneminde kaleme aldığınız bir yazıda "İş Hayatı İçin Öldürücü Üç Zehir" ifadesini kullanmışsınız. Benim yetkim… Benim adamım… Benim bölümüm… Bu ifadelerin temsil ettiği anlayışları açmanızı istesem neler söylersiniz?

Bu üç madde; kurumdaki yapıyı hiyerarşinin belirlediği, her bölümün oldukça bağımsız bir biçimde çalıştığı bir şirkette görülebilecek eski söylemlerdir. Bir perspektif vererek açalım. Birçok kişi yirmi birinci yüzyılın ilk on yılını tanımlayan kavramın "küreselleşme" olduğunu düşünür. Önceki yıllarda katıldığım bir liderler zirvesinde, ABD eski başkanı Bill Clinton, üst düzey yöneticilerden oluşan bir topluluğa yaptığı konuşmada bunun yanılgı olduğunu söyledi. Ona göre yirmi birinci yüzyılın bundan sonraki bölümüne damgasını vuracak kavram "karşılıklı bağımlılık"tı. Bu çok önemli... 1994'ten bu yana sürdürdüğümüz ekip oluşturma ve geliştirme seminerlerinde, çalışanların uyum sağlamakta en çok güçlük çektiği konunun karşılıklı bağımlılık olduğunu gördüm. Yaygın ve mutlak doğru olarak kabul gören anlayış, "Herkes işini iyi yapsın, şirketin işleri iyi gider," anlayışıydı. Oysa 1990'lardan başlayarak organizasyonların yapaylaşmasının, çalışanların birden çok yöneticiye bağlı olmalarını gerektiren matris yönetim anlayışının ve maliyetleri düşürmek için stokları en alt düzeye indirme zorunluluğunun, çalışanların ancak birbiriyle uyumlu çalışarak üst düzeyde performans göstermesini mümkün kıldığı ortaya çıktı.

Şöyle düşünün. Daha önceleri birbirini önemsemek zorunda olmayan bölümlerin kaderi artık birbirine bağlı ve her bölüm diğerinin gözünün içine bakmak zorunda. Sinerjiden söz edebilmek için sadece aynı ekipteki üyelerin uyumu değil, farklı ekiplerin ve bölümlerin uyumu da şart... Ekibin oluşma sürecini içine alan ilk aşamada, ekip üyelerinin zihinleri kendilerinden ve ekipten ne beklendiği konusunda çok açık olmayabilir. Bazı ekip üyeleri otorite karşısında kaygı duyabilir ya da ona bağımlılık gösterebilir, diğerleriyse ne yapmaları gerektiğini tam olarak anlamadan görevlerine bir an önce başlama konusunda istek duyabilir. Çoğu kez ekip üyeleri aşırı kibar olma ve etliye sütlüye karışmama eğilimi gösterebilir. Ekipler kimin hangi işi nasıl yapacağını, birbiriyle nasıl iletişim kuracaklarını belirleme aşamasında olduklarından çatışma oranı artar. Birbirlerini ve birlikte nasıl çalışacaklarını denerler. Bazı ekipler bu aşamada takılıp kalır ya da çok büyük bir krizden sonra bu aşamaya dönüş yapar.

Ekiplerde koordinasyon, işbirliği, sorun çözme, kurumsal hedef ve amaçlara ulaşılması konusunda bireyler arası iletişimde ekip üyelerinin olumlu duygularının geliştirilmesi gerekir. Bu beceri öğretilebilir ve bu konuda ekiplere yardımcı olacak çok sayıda eğitim yöntemi mevcuttur. Ancak nedense birçok şirket yöneticisi söz konusu uygulamalardan kaçınır. Bu anlattıklarımı zihinlerde daha da canlı kılmak adına dev Kaliforniya çamlarını örnek veririm. Kaliforniya çamları dünyadaki en büyük ve en uzun ağaçlardır. Aralarında boyu 100 metreye varan, yaşı 2.500'e ulaşanlar bile bulunur. Böylesine büyük ve esaslı bir ağacın kökünün çok büyük olacağı, yerin onlarca metre derinine ineceği düşünülür. Oysa Kaliforniya çamlarının kökü kısadır ve çok derinlerde değildir. Bu ağaçların bu kadar büyük, görkemli olmalarını ve bu denli uzun yaşamalarını sağlayan iç içe geçmiş dallarıdır. Dallar öylesine iç içe geçmiş ve birbirini öylesine iyi desteklemektedir ki binlerce yıldır en şiddetli kasırgalara dahi kolaylıkla göğüs gererler. Şunu hiç unutmamalı: Bir araya gelmek bir başlangıçtır; beraberliği sür dürmek bir ilerleme, beraber çalışmak ise başarıdır.

Sizden duyduğum olumlu bir örnek geliyor aklıma. Ben sizi 2008 Ekonomik Krizi'nde otomotiv şirketi Ford'un başına geçen Alan Mulally'den[25] bahsederken dinlemiştim. Özellikle birlikte çalışmak, karar almak gibi konularda Mulally'nin perspektifini burada da anlatabilir misiniz?

---

25 Alan Roger Mulally (d.1945); ABD'li havacılık mühendisi ve üretim yöneticisi. 2006'dan 2014'e kadar Ford Motor Company'nin başkanı ve icra kurulu başkanı olarak görev yaptı. "Ford'u kurtaran adam" olarak bilinir.

2000'li yıllardan başlayarak krize giren Amerikan otomotiv endüstrisinin zararları 2007 yılına gelindiğinde sürdürülemez hâle gelmiş, 2008'de patlayan ekonomik krizde de denizin bittiğini herkes kabul etmek zorunda kalmıştı. Bu süreçte Ford'un başında, aileden gelen William Clay Ford Jr. vardı ve çıkmazdan kurtulmak için yönetimi devredeceği uygun bir aday arıyordu. Otomotiv sektöründe kendini kanıtlamış iki kişi tarafından teklifi reddedilince Boeing'in başarılı yöneticisi Alan Mulally, Eylül 2006'da göreve getirildi.

Mulally işe başladıktan sonra bir süre şirketi izlemekle yetindi. Her perşembe sabahı saat yedide, "iş planı değerlendirmesi" adını verdiği toplantıları başlattı. Bu toplantılarda kendisine bağlı ve ilk kez bu vesileyle bir araya gelen on altı yönetici, bir önceki haftayı bir sonrakine bağlayarak etkinliklerini özetlemek için altı yedi dakika süren bir sunum yapıyordu. Yöneticilerin etkinlik alanlarındaki konularla ilgili her şey yolunda gidiyorsa sunumdaki slaytlar yeşil, potansiyel bir zorluk varsa sarı, bir sorun varsa kırmızı renkli oluyordu. Mulally fazla müdahale etmeden, dört hafta süreyle, bütünü yeşile boyanmış hususlardan oluşan sunumları izledi. Bu arada şirket, kendisinin ifadesine göre, o yıl için öngörülen zarar hedefine hâlihazırda dört ay içinde ulaşmıştı. Dört haftanın sonunda, operasyonlardan sorumlu başkan yardımcısı Marc Fields, Ford için çok önemli olan bir projede ciddi sorun olduğunu ifade eden kırmızı görsellerle bezeli bir sunum yaptığında odada buz gibi bir hava esti. Herkes kopacak fırtınayı bekliyor ve muhtemelen Fields'in işine son verileceğini düşünüyordu. Ancak Mulally sadece, "Kim yardım edecek?" diye soracaktı.

Bu olayı 2016'da katıldığım bir toplantıda Mulally'den dinledim. Kendi ifadesiyle, Ford'un kaderinin döndüğü an buydu. Nitekim 2008'de ABD'de başlayıp bütün dünyaya yayılan ekonomik krizle işler daha da kötüye gitmeye başlayınca

Detroit'in üç büyük üreticilerinden GM ve Chrysler iflas isteyip devlet koruması talep ederken bunların dışında kalan tek şirket Ford oldu. Mulally kısa sürede Ford'un kendi imkânlarıyla zararını kapatıp kâra geçmesini sağladı. Kendisi 2009'da *Time* tarafından Dünyanın En Etkili 100 İsmi'nden biri, 2011'de *CEO Magazine* tarafından yılın CEO'su seçildi. Mulally'nin yönetim felsefesi birlikte çalışmak üzerine kuruluydu. Bu felsefenin temel taşını da yardımlaşmak oluşturuyordu. Bunun için kuruma yerleştirdiği anlayış; heyecan veren bir vizyon çerçevesinde herkesi işe dâhil etmek, yardımlaşma kültürü oluşturmak ve herkes tarafından bilinmesini sağladığı planı yorulmadan uygulamak oldu. Birlikte çalışma kültürünün en önemli parçası birbirine yardım kültürünü oluşturmaktı. Mulally bu konudaki yaklaşımını, "Biz mühendislik uygulamalarımızda hatalara karşı sıfır tolerans anlayışıyla hareket ediyoruz; benzer şekilde, yaptığı işte ne kadar iyi olursa olsun, çalışanlarımızın davranışları konusunda da mühendislik uygulamalarımızdaki gibi sıfır tolerans yaklaşımını benimsiyoruz," diye açıklıyordu. "Buna uyamayanlara gelişme ve anlayışını değiştirme fırsatları sunduk, olmazsa da yolumuzu ayırdık ve bunun bilinmesini sağladık," diyen de oydu.

Şimdi bakınız; bir kurum içinde sonucu çalışanların davranışları doğurur. Ancak çalışanların davranışları da kurum içindeki zihniyetin bir ürünüdür. Bir kurumda egemen olan zihniyet; değişim yönetimini, çalışan bağlılığını, işe alımları, eğitimleri, yönetici geliştirme anlayışını ve sonuç olarak bütün kurum iklimini etkiler. Kurumun zihniyeti kurumun kültürünü, kültür de

> Bir kurum içinde sonucu, çalışanların davranışları doğurur. Ancak çalışanların davranışları da kurum içindeki zihniyetin sonucudur. Kurumun zihniyeti kurumun kültürünü, kültür de performansını belirler.

performansını belirler. Dahası değişim sadece davranışlara odaklanarak gerçekleşmez. İletişim veya ekip çalışması eğitimleri alan çalışanlardan hemen farklı davranışlar gösterip bunu sürdürmelerini beklemek gerçekçi değildir. Eğitimlerde kazanılan bilgi ve yöntemlerle birlikte, yeni ve istenen davranışlar ancak kurum içindeki toplu zihniyet değişikliğiyle mümkündür. Bütün kurumu içine alan köklü bir zihniyet değişimi yolculuğu için öncelikle kurum içinde yaygın olup doğal kabul edilen davranışları ve bu davranışlara yol açan zihniyeti anlamak ve ortaya koymak gerekir. Davranışı değiştirmek için önce zihniyeti değiştirmeyi amaçlamalı ve girişimleri buna göre yapılandırmalı. Kurumun bütününde zihniyet değişikliği amaçlanıyorsa bu değişimin ancak liderlerin, yöneticilerin zihniyet değişikliği sonucunda gerçekleşeceği baştan kabul edilmeli. Zihniyet değişikliği için başta yöneticiler ve ekip üyeleri olmak üzere tüm taraflar üzerlerine düşen rolü benimsemeli. Bazen bir kurum içinde verimliliği artırmak karmaşık yönetim tekniklerinin peşinde koşarak değil, kurum içindeki zihniyete odaklanarak mümkün olabilir. Zihniyet değişikliğinin sürekli olması için kurumdaki sistem ve süreçler yeniden yapılandırılıp söz konusu değişim desteklenmeli. Dahası ben, Mulally örneğinde olduğu gibi, ihlaller için sıfır tolerans ilkesini çok önemsiyorum.

Bu başarıya giden yolda herhâlde sizin çok kullandığınız "güven" kavramı da var. Bu güven nasıl sağlanır? Nasıl sergilenir? Nasıl elde edilir?

Güven, ilişkide zarar görmeyeceğine ve verdiği bilginin kendine karşı kullanılmayacağına inanmaktır. Bu sebeple yöneticinin güven oluşturması için çalışanlarıyla sıkı bir bağ kurması gerekir. Daha önce de anlatmıştım; yönetici açısından bu sıkı bağ için yaklaşılabilir olmak, genelleyerek değil bireyselleştirerek yönetmek, çalışanların hayat yolculuğunu bilmek, çalışanların üstesinden geldiği zorluklara aşina olmak, her çalışanın hayatta en çok gurur duyduğu olayları öğrenmek, yeri geldiği zaman da kendi hikâyesini ortaya koymak gerekir.

Güven, hayat yolculuğumuz içinde üç aşamada oluşur. En önemli evre hayatımızın ilk iki yılıdır. İki yaşına kadar olan dönemi nasıl geçirdiğimiz en mühim nokta... Güveni bir piramit gibi düşünün. Piramidin beşte üçü henüz iki yaşında oluşur. Geri kalan üçte ikinin yarısı hayat yolculuğu içinde, diğer yarısı da kurum içi ilişkilerde şekillenir.

Kurum içinde güven ortamının oluşup oluşmadığını anlamak çok basittir. Çalıştığınız ortamda, koridorda yürürken sırtınızı duvara yaslayıp, "Ağzımdan çıkan sözler yarın karşıma başka şekilde çıkar," endişesi duyuyorsanız kurum içinde güvensiz bir ortam var demektir. Güven yoksa sorumluluk da yok demektir. İnsanların sorumluluk almamaları hatalarını örtmelerinden, zarar görme kaygısı duymalarından kaynaklanır. Üstelik güven sadece liderin güvenilir olması veya güven yaratması demek değildir. Liderin güvenilir olması söylemi havanda su dövmektir. Beraber çalıştığım gruplara, insanlara, "Karşınızdaki kişiye ne kadar güven duyarsınız?" diye sorar; 1 ile 10 arasında puan vermelerini isterim. Ayrıca, "Siz ne kadar güvenilir birisiniz?", "Kendinizi ne kadar güvenilir bulursunuz?" diye de sorular yöneltirim. "Kendinize ne kadar güven duyarsınız?" sorusu aslında önemsizdir. Esas mesele, "İnsanlara ne kadar güven duyarsınız?" sorusunun cevabıdır. Bu soruya 1, 2, 3, 8, 9, hatta 10 puan

> Güven, hayat yolculuğumuz içinde üç aşamada oluşur. Güveni bir piramit gibi düşünün. Piramidin beşte üçü henüz iki yaşında oluşur. Geri kalan üçte ikinin yarısı hayat yolculuğu içinde, diğer yarısı da kurum içi ilişkilerde şekillenir.

verenler olur. Ancak şahsını değerlendirirken güvenilir bulan ve kendisine 10 üzerinden 8 puan veren bir kişi, başkasına güven duyma konusunda sadece 2 puan verirse ona bir hayal içinde olduğunu söylerim.

Neden hayal içindeler?

Siz insanlara ne kadar güven duyuyorsanız insanlar da size aşağı yukarı o kadar güvenir veya sizi o kadar güvenilir bulurlar. Aslında hiçbirimiz böyle bir hesap yapmıyoruz. Hepimiz ya güven duyarak başlayıp zamanla bunu kaybediyor ve skalada aşağılara iniyoruz ya da güven duyma hususunda düşük veya ortada bir yerde başlayıp sonra yükseltiyoruz. Karşısındaki kişiye ancak iki üç puan ölçeğinde güvenen bir kişi, diğerleriyle sağlıklı yakınlık kuramaz. İşte liderlik felsefesinde dananın kuyruğunun koptuğu yer tam da burasıdır. Bağ kurmanız için kendinizi insanlara açabilmeniz, insanların da size kendilerini açmaları için zemin yaratmanız gerekir. Biz bu kalitede ilişki kurmak için harcanan zaman ve çabaya "duygusal emek" diyoruz. Liderlik felsefesinin temelinde, duygusal emek vermeye hazır olmak yatar.

Son olarak şunu da söylemek isterim; güven soyut bir kavram olsa da sonuçları somuttur. Mühendis ve teknik işler yapan insanların olduğu yerlerde, "Bu söylemleri bırakıp da işimize bakalım," noktasına hızlı geliniyor. Oysa güvenin olmadığı ortamda işlem hızı yavaşlıyor. Problemle karşılaşan çalışan, vereceği kararı bir üstüne onaylatmak ya da yöneticisine sormak ihtiyacı hissediyor. Bunun adının devlette bürokrasi olduğunu herkes

> Güven soyut bir kavram olsa da sonuçları somuttur. Mühendis ve teknik işler yapan insanların olduğu yerlerde, "Bu söylemleri bırakıp da işimize bakalım," anlayışı görülür. Oysa güvensizlik işleri yavaşlatır, tekrarlanan süreçlere neden olur, bu da verimliliği azaltır. Güven soyut, sonuçları somuttur.

biliyor ancak durum özel sektör için de farklı değil. Güven düşük ise işlem veya karar tekrar tekrar kontrol edilir veya onaylanır. Bu da hızı düşürür ve verimliliği olumsuz etkileyerek maliyeti yükseltir. Demek ki güven soyut ancak sonuçları somuttur. Eğer güven varsa işlem veya karar süreci hızlanır, verimlilik artar ve maliyet düşer.

Güvensizliğin bireylere ve kurumlara maliyeti konusunda hiçbir örnek, 11 Eylül saldırılarından sonra uçak yolculuklarında meydana gelen değişikliklerden daha etkili olamaz. Havaalanlarında kurulan güvenlik tarama cihazları, bunlarla ilgili personel istihdamı ve eğitimi, uçaklarda alınan ek önlemler; yolcuların alana saatler önce gelme zorunluluğu, güvenlik kuyruklarında geçirilen zaman, bunun neden olduğu işgücü ve hayat kalitesi kaybı ilk aklıma gelenler. Hepsi otuz yıl önce aklımıza gelmeyen güvenlik ihtiyacını karşılamak için yaşanıyor. Doksanlı yıllarda uçağa binmek için yurt içi uçuşlarda otuz dakika, yurt dışı uçuşlarda bir saat önce alana gelmek yeterliydi.

Şirketler marka, ürün, uygulama ve stratejileriyle sonuç aldıklarını düşünür. Oysa şirket içindeki güvensizlik düzeyi olumsuz bir çarpan etkisi yapar. Marka, ürün, uygulama ve strateji, kurumdaki güvensizlikten etkilenerek kârlılığı etkiler. Güven düzeyinin düşük olduğu bir iş ortamında şikâyet kültürü, dedikodu, bölümler arası çekişme, bilgi saklama tekrarlayan süreçler olarak görülür. Böyle bir ortamda iyi çalışanları kaybetmek kaçınılmazdır. Bu da güvensiz iş ortamında farkında olmadan ödenen yüksek bir vergidir. Sistemde iç ve dış hizmet kalitesini üst düzeye çıkarmanın yolu basittir. Problemle karşılaşan kişiye problemi çözme yetkisi vermek... Yetkiyi verdiğinizde problem hızla çözülür. Bunun uç örnekleri South West Havayolları, Disneyland ve Ritz Otel uygulamalarıdır. Günümüzdeki uygulamayı bilmiyorum ancak bir dönem Ritz Otel'de her çalışana, müşterinin sorununu çözmek için iki bin dolara kadar harcama yapma yetkisi verilir. South West Havayolları'nda ise sınır yoktur ve problemle karşılaşan çalışan o problemi çözer. Bu nedenle South West Havayolları, dünyadaki havayollarına tüm parametrelerde hem memnuniyet hem performans hem de kârlılık açısından fark atar. Temel ilke problemle karşılaşan kişiye problemi çözme yetkisi vermektir.

Güvenin çok önemli olduğu anlaşılıyor. Peki bu, toplum hayatına nasıl yansır?

Yaptığım çalışmalarda güvenin çok düşük olduğunu gözlemliyorum. Ülkede adalete ne kadar güven duyuyorsunuz? Eğitim sistemine, sağlık sistemine, kamu yönetimine, kolluk güçlerine, parlamentoya, medyaya, STK'lere ne kadar güveniyorsunuz? Bu kurumlara güvenin düşük olduğu bir toplumda insanların yüksek güven duygusuna sahip olmaları kolay değildir. Tekrar etmek isterim; güven, zarar görmeyeceğine inanmaktır. Danimarkalı, Norveçli, İsveçli birine, "Tanımadığın bir insana, sana zarar verme ihtimali ne?" diye sorduğunuzda, "Tanımıyorsam niye zarar versin?" diye düşünür. Aynı soru Türk insanına sorulduğunda, "Tanımıyorsam dikkatli olmam gerekir!" diye düşünür. Norveç, İsveç, Danimarka veya benzeri gelişmiş ülkelerde güven eğiliminin yüksek olduğunu görürüz. Çünkü bu ülkelerde kurumlara olan güven yüksektir. ABD'li düşünür Francis Fukuyama'nın şöyle bir benzetmesi var; "Toplumlar kristal, bireyler de molekül gibidir. Güven de moleküller arasındaki çekim gücüdür. Yüksek güvenlikli toplumlar granit, düşük güvenlikli toplumlar da kum tepelerine benzer."

Güven çok temel bir ihtiyaçtır. Yaşamak için nasıl havaya ihtiyacımız varsa insan ilişkilerinde de güven o kadar önemlidir. Bu nedenle mikro ölçekte aile en güvenilir birimdir. Geçmişte hemşehrilik bağları güven için önemliydi. Nitekim İstanbul'da hiç tahmin etmeyeceğiniz yerlerde karşınıza köy veya ilçe dayanışma dernekleri çıkar. Bugün cemaat ve tarikatların bu kadar yaygın olma nedenlerinden başta geleninin, yine güven ihtiyacını karşılamak olduğunu düşünüyorum.

Toplumda güvenin düşük olmasının dört sebebi vardır. Hızlı kentleşme insanların tanındıkları küçük yerleşme birimlerinden kopmasına, tanınmadıklarını düşündükleri yerlerde doğru olmayan davranışlara yönelmesine neden olur. İkinci neden, hukukun üstünlüğüne olan inancın kaybolmasıdır. Cezasız kalacağını bilmek insanları asosyal davranışlara yöneltir. Üçüncü sebep, gelir dağılımındaki adaletsizliktir. Dördüncü neden ise paradoksal olarak toplumdaki din algısıdır. Türkiye, "Günlük hayatta din benim için önemli bir yer tutuyor mu?" sorusuna olumlu cevap veren ülkeler arasında yüzde 88 ile birinci sıradadır. Ancak Dünya değerler araştırmasında Gana ve Peru'nun üzerinde sondan üçüncüdür. Bizden iki basamak yukarıda Malezya ve Fas yer alır.

Türkiye'de güvenin düşük olduğunu biliyoruz. Sağlık, eğitim, adalet sistemlerine, kolluk kuvvetlerine, kamu yönetimine, medyaya, politikacılara güven düşük olduğu için insanlar bir gruba ait olma ihtiyacı hissediyor. Bu kurumlarda yaşayacağı sorunların çözümü için "adamını bulmak" ihtiyacı, kendi cemaat veya tarikatından birini bularak karşılanıyor. Bu kurumlardaki "ağabeyler, kardeşler, ablalar, bacılar" kendi gruplarındaki insanların ihtiyacını karşılıyor, sorunlarını çözüyor, işe yerleştiriyor, ayrıcalık sağlıyor. Böylece kamusal sistemin sağlayamadığı destek kapalı sistemler tarafından karşılanıyor. Türkiye'de bakanlıkların cemaatler tarafından paylaşılma mücadelesinin nedenlerinden biri olarak da güven ihtiyacını görüyorum. Gücünü artıran grup böylece daha çok taraftar topluyor. Geçmişte bu sistem, imkânların seferber edildiği bir büyük grup eliyle yürütülürken bugün güç çeşitli gruplar arasında paylaşılıyor.

Bir de güvenin aksi istikameti var. Bu bağlamda, geçen bölümde söylediklerinizi hatırlıyorum. Birçok yöneticinin çalışanlara biraz yakın olup arkadaşça yaklaşınca suistimal edildiğini söylediğinden, bu yüzden de araya mesafe koyma yoluna gittiklerinden bahsetmiştiniz. Bu da bir güven meselesi sanırım.

İnsanlara güvendiğiniz zaman suistimal edilmeniz veya hayal kırıklığına uğramanız kaçınılmaz gerçeğinizdir. Güvenin bedeli biraz da hayal kırıklığına uğramaktır. Ancak insanlara güven duymadığınızda da sürekli diken üzerinde yaşamanız gerekir ki böylesi bir yaşam katlanılmazdır. Dahası güven duymadığınızda insanlarla bağ kuramazsınız. Şayet çalışanlar, lider veya yöneticilerin olumlu yaklaşımlarını suistimal ediyorsa sınırı çizmek ve geribildirimi uygun bir şekilde vermek de lider veya yöneticinin görevidir. Yakınlığını istismar edecek insanlar nedeniyle yönetici bunu göze alamadığı ve ilişkisini yönetemediği durumda, kuracağı bağdan yararlanacak olanları bundan yoksun bırakır. Bu da yöneticinin kendi sorunudur.

Anlattıklarımı aile ortamından, çocuklarımız üzerinden örneklendireceğim. Şımarmak ya da şımarıklık kendimize olduğumuzdan daha fazla değer atfetmek, kuralların bizim için geçerli olmadığını düşünmektir. Bizler aşırı derecede ilgi gösterip çocuklarımızı şımartıyoruz. Hiçbir çocuk durduk yere şımarmaz. Şımartan veya haddinden fazla değeri veren anne-baba vardır. Yönetici de suistimal edildiğini anladığında düzgün bir geribildirimle çizgiyi çekip sunduğu yakınlığı geri almalıdır. Buradaki kritik nokta yöneticinin, çalışanların gözünde güvenli liman olmasıdır. "Güvenli liman lideri" diye tanımladığım bu kişi karşısındakinin yansıttığı kişiliği kabul eder, sükûnetle dinler ve onu anlar. Güvenli liman liderinin iş sonuçlarıyla ilgili üç temel sorumluluğu hiçbir koşulda değişmez. Yöneticinin birinci sorumluluğu, geribildirim vermek;

ikinci sorumluluğu, çalışanı yüksek performans için konfor alanı dışına çıkararak zorlamak; üçüncüsü ise o kişiyi o sonuçlardan sorumlu tutmaktır. Üstelik çalışanı ile güçlü bir bağ kurmuş yöneticinin bu tavrı ilişkiyi bozmaz, tam tersine güçlendirir ve onu geliştirir.

Bütün bu söylediklerinizin uygulandığı mekânlar da son yıllarda hızla değişiyor. İşimizi bir ölçüde eve taşıdık. "Uzaktan çalışma" kavramı hayatımıza girdi. Bu bağlamda şirketlerin dönüşümünden söz etmenizi istesem… Şöyle ki pandemi döneminde uzaktan çalışma rağbet görüyordu. Sonra yavaş yavaş "hibrit" denilen karma model öne çıktı, şimdi yine eski sisteme dönenler var. Çalışma hayatı sizce yakın gelecekte nasıl şekillenecek?

Bugün birçok patron veya yönetici evden çalışmaya mesafeli baksa da yakın gelecekte beyaz yakalılar için uzaktan çalışma iş hayatının bir parçası olacak. Aslına bakarsanız patron ve liderleri evden çalışma sisteminde endişelendiren üç sebep söz konusu. Birincisi, performansı yönetmek; ikincisi, bağlılığı sağlamak; üçüncüsü ise projeleri yönetmek. Yöneticiler performansı nasıl gözlemleyeceklerini bilemediklerinden insanları ellerinin altında tutmayı tercih ediyor. Peki, el altında sanılan çalışanlar ne yapıyor derseniz; onlar da o sırada mesailerinin büyük kısmını tatillerini planlayarak, banka ödemelerini yaparak veya sosyal medyada gezinerek geçiriyorlar. Çalışan yerinde otururken önündeki sekmelerde hem işle hem de şahsi işleriyle ilgili sayfaları tutuyor. Yönetici geldiği zaman ise ekranda iş sekmesi çıkıyor.

Evden çalışırken suistimal yaşanmıyor mu? Elbette yaşanıyor. Ancak çalışanlar evden çalıştıklarında daha çok boş zamana sahip oldukları gibi, zamanı da kendi çalışma disiplinlerine göre planlayabiliyorlar. Bir anlamda zamanı yönetme imkânları artarken stres yükleri de azalıyor.

Yapılan araştırmaların bir bölümü de çalışanların, uzaktan veya evden çalışma modelinde daha çok mesai harcadıklarını ortaya koyuyor. Aslında bu durum pandeminin ilk dönemi için geçerliydi. Daha sonra bu düzensizlik bir miktar düzene girdi. Bazı araştırmalar çalışanların evden çalışırken iş dışı etkinliklerde bulunduklarını, birçok kişinin zamanının belli bölümünü uyuyarak veya uygunsuz uğraşlarla geçirdiğini ortaya koyuyor. Özellikle dürtü kontrolü zayıf olanların dikkatleri daha kolay dağılıyor ve odaklarını kaybediyorlar. Tüm bu sorunlar önemli ölçüde performansın yönetilmesiyle çözülebilir. İnsanların bir arada olmasının verimliliği tetikleyen bir tarafı olduğu aşikâr... Yani bütünüyle uzaktan çalışma bazı pozisyonlar için düşünülebilir ancak tüm işgücü için yaygın olarak kullanılacak bir yöntem olamaz. İçinden geçtiğimiz dönem hem çalışan hem de yönetenler için bir öğrenme süreci... Yöneticiler zamanla performansı yönetmeyi, çalışanlar da dürtülerini kontrol etmeyi öğrenecek. Hiç şüphesiz uzaktan çalışmayı gerektiren pozisyonlarda önemli bir işe alım ölçütü dürtü kontrolü olacak.

Ayrıca üst yönetim, genellikle çalışanlarla ilgili, "Büyük resmi görmüyorlar, yaptıklarının parasal sonuçlarıyla ilgilenmiyorlar ve sorumluluk almıyorlar," eleştirilerinde bulunuyor. Üç konuda da şikâyetleri önlemenin yolu, ekiplerin işbirliği içinde çalışmaya yönlendirilmesidir.

Bu noktada çok özgün bir şey söyleyeceğim; Amerika'nın füze sistemi üzerinde yapılan bir araştırmada aralarında altı metre mesafe bulunan insanlardan oluşturulan ekiplerin çalışmalarda daha başarılı ve iyi sonuçlar elde ettikleri saptanmış. Bu mesafe-performans kriteri, Allen eğrisi olarak tanımlanıyor. Dolayısıyla verilere dayalı olarak araştırılması ve uygulamaya konulması gereken ilk sistem hibrit çalışmadır. Bu daha doğru sonuçlar doğurur. Bir yandan da Avrupa özelinde haftanın dört günü mesai, üç günü tatil şeklinde pilot denemeler gündemde. İzlanda, İngiltere başta olmak üzere Avrupa'daki çeşitli ülkelerde bazı şirketlerde birtakım pilot uygulamalar üzerinden dört iş gününe geçildi. Dört iş gününe ilişkin elde edilen ilk performans sonuçları son derece olumlu...

Ancak şu var; gözlem altında olduğunu bilenlerin performansı normal zamandan farklıdır. Bu nedenle ölçümlerin uzun zamanlı sonuçlarına bakmak önemli... Mesai kavramına ilişkin farklı ve çelişkili sonuçlar söz konusu... Her bir ölçümü, yapıldığı çerçevede doğru kabul etsek de sistemin dönüşümü için en az beş yıllık bir sürenin daha geçmesi gerekecek gibi duruyor. Öte yandan Merrill Lynch'in başında bulunan lider, "Uzaktan çalışma saçmalıktır, bu uygulama en kısa sürede sona erdirilmelidir," diyor. Elon Musk'ın da farklı düşünmediğini biliyoruz. Yeni çalışma sistemleri zaman içinde mutlaka düzene girecek, farklı kombinasyonlarla optimal bir nokta bulunacaktır. Şu an yaşadığımız bir arayış ve geçiş döneminden ibaret... Çünkü ele alınması gereken mesai saatleri ya da bu mesainin nerede geçirileceği değil, performans olmalıdır. Birçok toplantıda şu soruyu sorarım; "Sizce insanlar performanslarının ne kadarını işe yansıtıyor?" Kimse birbirini etkilemesin diye cevabı yazmalarını isterim; "Lütfen cevabınızı yüzde olarak bir kâğıda yazın." Sonuçlar hiçbir zaman yüzde ellinin üzerinde çıkmamıştır. Demek ki çalışanlar performanslarının, potansiyellerinin ancak yarısını işe yansıtıyor. Dolayısıyla mini anketlerimden çıkan sonuçlar, yöneticilerin, "Çok çalışıyorlar ama verimli çalışma olmuyor," eleştirilerini haklı kılıyor.

Ancak burada çalışanların da verim kaybında haklı oldukları noktalar bulunduğunun altını çizmek gerek. Bir kere yolda geçen zaman, özellikle İstanbul'daki insanları haklı olarak canlarından bezdiriyor. İstanbul'da iş hayatının içinde olup da yolda iki saatin altında zaman geçiren biri yok gibi... En şanslı olanlar bile bir saatte işe gidip bir saatte evine dönebiliyor. Oysa Avrupa'da yeni bir trend söz konusu; on beş dakikalık şehir anlayışı gündemde. Bütün ihtiyaçların, yani iş hayatının haricinde özel yaşam ve sosyal ihtiyaçların on beş dakikalık bir yarı çap içinde halledilmesi planlanıyor. Örneğin bütünüyle buna dönmesi planlanan pilot bölgelerden biri de ABD'nin Hawaii eyaleti. Hatta 2023 yılındaki Maui Adası'ndaki yangının oradaki yerlileri rahatsız edip bölgeden çıkarmak için kasıtlı çıkarıldığına ilişkin komplolar ortaya atılıyor. Bir diğer pilot şehir olarak Paris düşünülüyor. Paris de büyük bir metropol ve insanların zamanının doğru yönetilmesi gerekiyor. İstanbul'daki yerleşim tercihlerine baktığımızda ise bambaşka bir durum karşımıza çıkıyor. Bizde kentteki tercihler için genelde evli kadınların annesinin oturduğu yere yakın oturduğunu söylemek yanlış olmaz. Böylece ailenin çocuğuna çoğunlukla anneanne veya daha az olmakla birlikte babaannenin bakacağı bir yaşam modeli oluşturuluyor. Onların on beş dakikalık modeline kıyasla, bizim anneanne-babaanne modelimiz var. İşte tüm bu yaşam tercihleri, zorunluluklar hayat kalitesini ciddi olarak düşüren etkenler... Türkiye ekonomisinin yüzde 60'tan fazlasının İstanbul'dan sağlandığı düşünülürse böylesi önemli bir merkezde hayat standardı ve kalitesini yükseltmeden iş verimliliğini en üst düzeye çıkarmak pek mümkün görünmüyor.

İşin merkezinde iş disiplini de yer alıyor. Disiplini sorsam size... Sizce Türk toplumunun disiplinle ilişkisi nasıl?

Ülkemizde disiplinli hoca, disiplinli yönetici veya disiplinli komutan dendiğinde akla ilk olarak baskı, dayatma ve zorbalık geliyor. Oysa Alman eğitimi ve terbiyesi almış biri olarak, ben disiplini bir tür tutarlılık olarak kabul ederim. Disiplin tam anlamıyla hedeflerde, ilkelerde, performans kriterlerinde ve davranışlarda tutarlılıktır. Disiplin, motivasyondan bile önemlidir. Disiplin, içselleşmiş sorumluluk anlayışıdır. Motivasyon geçici, disiplin kalıcıdır. Disiplin, belirli bir amaca ulaşmak için beden ve zihni yönetmektir. Kendini yönetemeyenler, dürtülerini kontrol edemeyenler duygularının, alışkanlıklarının ve mazeretlerinin kölesi olur. Bu yüzden en başta bir amaç belirlememiz gerekir. Kendimiz için anlamı bulmak zorundayız. Motivasyon geçici olduğundan, anlam ve disiplin düşüş anlarımızda vazgeçmemeyi sağlar; bize itici güç olur. Disiplin, yapmak istediğimizi yapmamak; yapmamak istediğimizi yapmaktır. Düşünürseniz medeniyet de budur. Disiplin, vazgeçmek istediğiniz zamanlarda sizi harekete geçirir.

> Alman eğitimi ve terbiyesi almış biri olarak, ben disiplini bir tür tutarlılık olarak kabul ederim. Disiplin belirli bir amaca ulaşmak için beden ve zihni yönetmektir. Kendini yönetemeyenler; dürtülerini kontrol edemeyenler duygularının, alışkanlıklarının ve mazeretlerinin kölesi olur.

Disiplin, evet ama burada kendimize sormamız gereken bazı sorular olduğunun altını çizeyim. "Ne elde etmek istiyorum? Bu benim için neden önemli? Bunu kimin için yapıyorum? Şu anda bana haz veren şeye ayırdığım zaman, gelecekte ödeyeceğim bedele değecek mi?" Bu soruları kendimize yönelterek bizi harekete geçirecek biricik nedeni bulmalıyız.

Burada tekrar güven konusuna dönmek istiyorum izninizle. İş yaşamında en çok duyulan cümlelerden biri şu: "Biz bir aileyiz." Bu da sanki güven temin etmek için kurulmuş bir cümle... Peki, bizde bu cümlenin hakkı gerçekten veriliyor mu?

Hayır; şirketlerin çoğu bu "aileyiz" sloganını kullansa da uygulamada durum tersi yönde işliyor. Mesela ülkede ekonomik olarak sıkıntı yaşandığında, "Biz bir aileyiz," söylemini ağzından düşürmeyen bankaların ilk yaptığı insanları işten çıkarmak oluyor. Maalesef iş hayatının ikiyüzlülüğüdür bu.

Sorunuz iş yaşamındaki çelişkileri ve ikiyüzlülükleri tartışmak için güzel bir zemin… Dilerseniz benzer meseleleri de konuşalım. Örneğin bir başka ikiyüzlülük, hem "Hepimiz aynı gemideyiz," hem de "Ekip çalışması çok önemli ama performans bireysel değerlendirilir," söylemine beraber yer vermek... Birbiriyle bu kadar çelişen bir anlayış ve söylem olabilir mi… Sözünü ettiğim sorunlar iş hayatının çözemediği ve çözümü kolay olmayan meseleler... Batı'da da bu sorunlar var ancak Türkiye'deki sorunların biraz daha fazla olduğunu özellikle belirtmek isterim. İş yaşamında yönetici pozisyonunda olan tecrübeli isimlerin birçoğu hayalini yorganına göre uzatmıyor.

Risk aldığınız dönemde koşullar elveriyorsa birdenbire sivrilirsiniz. Ancak aynı riskleri sürekli almaya devam ederseniz sonu hüsran olabilir. O sebeple ruhsal dalgalanmaların iş hayatında doğurduğu önemli sonuçlar vardır. Dalgalanmalar sırasında patron veya lidere çevredeki insanların söz geçirmesi zordur. Çünkü böyle patronlar kendilerine fazla güvendikleri gibi, diğer insanları da korkak görür. Bazı ruh hâlleri insanlara sahip olduğu özelliklerden daha fazlasına sahip olduğunu düşündürüyor. Örneğin bipolar olmak... Bipolar insanların büyük çoğunluğu, hayatlarını normal olarak sürdürür ancak bu teşhisi almadan önce enerjilerinin yüksek olduğu dönemde yüksek riskli atılımlara girişirler. Piyasa bunun örnekleriyle dolu... Geçmişte bir iç çamaşırı markası vardı. Firmanın

Risk aldığınız dönemde koşullar elveriyorsa birdenbire sivrilirsiniz. Ancak aynı riskleri sürekli almaya devam ederseniz sonu hüsran olabilir.

sahibi son derece başarılı, medyanın önünde bir insandı. Ancak duygularına yenik düşerek yüksek risk aldığından battı.

İşyerine aidiyet konusuna dönersem, Türkiye'de aile şirketleri, "Değerlerimize bağlı olarak ama yeniliklere uyarak gelişelim," der. "Bağlı oldukları değerler nedir?" diye sorduğunuzda, "İşi sahiplenmek, sorumluluk sahibi olmak," cevapları verilir. Bu sözler, temelinde doğru olsa da, genelde kâğıt üzerinde kalır. Patronların büyük kısmı çalışanlarına karşı, değişen dünyanın onlara yükledikleri sorumlulukları yerine getirmek istemiyor. Bu nedenle de birçok patron şirketinde sürekli genel müdür değiştirme eğilimi vardır. Şirketi kurtaracak genel müdür arayışı hiç bitmez. Bu sistem içinde genel müdürler de bir süre sonra bıkıp gider. Patron için bahane hazırdır; "Yenilik ve değişim için profesyonelleşmeye evet. Ancak bizi bugüne kadar getiren değerlerimizden ödün vermeden..."

Bir diğer söylem, çok çalışmak ve işi sahiplenmektir. Bunlar zaten kimsenin inkâr etmeyeceği değerlerdir ancak bu bir süreç içinde, bir sistem içinde gerçekleşirse anlamlıdır. Avusturyalı yazar Peter Drucker'ın ünlü özdeyişinde olduğu gibi, "Kültür, stratejiyi kahvaltı niyetine yer." Günün sonunda genel olarak klasik patron şirketlerinin kültürüne baktığınızda hiyerarşi, kontrol, bürokrasi, bölümler arası çekişmeleri teşvik, güvensizlik, dedikodu, kısa dönemli sonuçlara odaklanmak, bilgi saklama, güce dayalı yönetim anlayışı ve uzun çalışma saatlerinin bu kültürün bir parçası olduğu anlaşılır.

Oysa bugünün dünyasında, insanlara geçerli bir anlam duygusu vermezseniz çalışanlar şirkete duygusal bir aidiyet hissetmez. Buna dair önemli bir örnek vermek isterim. Bir şirketin yıllık hedefleri saptanıyor. Patronun eşi de çok baskın bir hanım... Her şey bittikten sonra diyor ki; "Sene sonu kâr oranına beş milyon dolar eklemenizi istiyorum." Herkes şaşırıyor. Bir bütçe yapılmış ve Excel'de her hücreye koyduğunuz rakam sonucu etkiliyor. Herkes birbirine şaşkınlıkla bakıyor. Nedenini sorduklarında, "Ben de bir pırlanta taş alacağım," diye yanıtlıyor. Bu hadise aslında aile şirketlerinin neden kurumsal yapıya dönüşemediğinin çarpıcı örneklerinden biridir ve ülkenin çok bilinen bir şirketinde yaşanmıştır.

Bir başka çarpıcı örnek olarak bir perakende giyim şirketindeki yaşantımdan bahsetmek isterim. 1990'ların ortalarında, Türkiye'de ilk defa Beymen koşulsuz müşteri mutluluğunu başlatmıştı. İnsanların cebinde kredi kartının olmadığı, herkesin cebine para koyarak alışverişe çıktığı bir zamanda, Beymen'in sloganı, "Sen al, memnun kalmazsan biz sorgusuz sualsiz senden geri alırız," şeklindeydi. Ben de o sırada bir şirketin personel eğitimi ve müşteri ilişkilerini yönetiyordum. "Bunu biz de yapalım," dedim. Patron çok titiz, çok çalışkan, işiyle yaşayan bir insandı. Çok titiz olduğundan, "Ben hayatta her şeye gelirim, aldatılmaya gelemem," derdi. Kendisine kampanya sırasında istismar olacağını ancak bu oranın yüzde dördü geçmeyeceğini söyledik. Kaldı ki benzer kampanyaların başka ülkelerde de uygulandığını ve istismarın dünya genelinde yüzde dördün üzerine çıkmadığını saptamıştık. Kendisine bu kampanyanın insanların alımını teşvik edeceğini söyledim. Sonunda şirket kampanyayı başlattı. Fakat aradan kısa bir zaman geçtikten sonra bir gün yönetim kurulu toplantısında patron, masanın üzerine çamurlu bir çift ayakkabı fırlattı. "Arkadaşlar bunu nasıl alırlar? İki yıl boyunca giyilmiş, kullanılmış bir ürün!" diyerek âdeta köpürdü. Oysa kendisine en başta yüzde dörtlük suistimal payını söylemiştik.

İş hayatındaki bir başka ikiyüzlülük de liyakat meselesi. Her noktaya işi en çok hak edenlerin yerleştirileceğini varsaysak da birçok defa böyle olmaz. Liyakatin geri plana atıldığını bilmek yılgınlık, depresyon, öfke gibi olumsuz duygulara neden oluyor mu?

Serbest ekonomiyi bozan üç temel vardır. Birincisi, tekel; ikincisi, ilişkilere dayalı avantaj sağlama; üçüncüsü, mafyalaşma. Dolayısıyla bu üç etken serbest ekonominin akışını bozar; açıklığı, şeffaflığı ortadan kaldırır. Genelleyerek konuşursam kalkınmış ülkelerle kalkınamamış ülkeler arasındaki en temel fark, iyi yönetimle kötü yönetim farkından kaynaklanır. İyi yönetimle kötü yönetim arasındaki en temel fark ise açıklıktır. Açıklık ve şeffaflık olmazsa o zaman tekelleşme, adam kayırma ve mafyalaşma devreye girer.

Türkiye'de gençlerin karşı karşıya kaldığı zorluklardan biri birtakım pozisyonların ilişkiler yoluyla elde edilmesi. Bunu biliyor ve gençlerin isyanına hak veriyorum. İş mülakata gelince insanlar bir pozisyonu hak ettikleri hâlde birtakım kişilere yer açılması için elenebiliyor. Bu durumun öfke doğurmasını da anlayabiliyorum. Geçenlerde yirmi yedi OECD ülkesinde yapılan bir araştırma bu algıyı doğruluyor. Kişilere, "Ülkenizde hayatta öne geçmek için aşağıdakilerden hangisi önemlidir: Çok çalışmak mı? Ayrıcalıklara sahip olmak mı? Yoksa şans mı?" diye sorulmuş. Maalesef Türkiye, çok çalışmanın başarıda ana unsur olduğuna inananların en az olduğu ülke... Araştırmaya göre Türklerin sadece yüzde 3'ü çok çalışmanın başarı için önemli olduğuna inanıyor; OECD ortalaması ise yüzde 12.

Bu nedenle gençlere önerim, kendilerine devlet kapısı dışında imkân aramalarıdır. Çünkü özel sektörde, istisnai durumlar dışında, genelde liyakate dayalı seçimler yapılır.

İnsan, liyakatinin maddi olarak ödüllendirilmesini de ister. Bunun bugün liderlerin penceresinden nasıl göründüğünü merak ederim. Merhum iş insanı Vehbi Koç, "İyi eleman seç, iyi para ver. Çünkü kötü eleman sana pahalıya mâl olur," derdi. Siz ne dersiniz?

İnsanları seçerken uğraşarak işe alır, kolay yönetiriz. Ya da kolay işe alıp zor yönetir, bedel öderiz. İkinci nokta ise onlara hak ettikleri parayı vermektir. Bugünün anlayışında sorunun sadece çok para vererek çözüleceğine inanmıyorum. Hak edilen paranın verilmesi hiç şüphesiz önemlidir. Vehbi Bey bu sözleri dile getirdiğinde elbette haklılık payı vardı. Ancak bugün bu yetmiyor. Günümüzde nitelikli işgücünü elde tutmak için insanlara anlam taşıyan bir iş vermek, yaptıkları katkının sonucunu görmelerini sağlamak gerekiyor.

Peki, çalışanlar penceresinden bakınca... İş seçiminde nasıl ve neye göre karar almalılar?

Herkesin önüne çıkan fırsatlar ve olgunluk düzeyi farklıdır. Ancak iyi kararların alınması için hormonların etkisinden kurtulmanın önemli olduğunu biliyoruz. Yirmi üç-yirmi dört yaşından önce hormonların etkisinden kurtulmak pek mümkün olmuyor. Üniversiteyi bitirdikten sonra birkaç yıllık iş deneyiminin ardından daha doğru ve geniş perspektiften kararlar alabiliyoruz. Öncesinde alınan kararlarda ise duygu ve dürtülerin ciddi rolü var.

Kararlarda işyerine aidiyet de çok önemli... Ancak bunun iki yönlü bir ilişki olması gerektiği çoğu zaman unutuluyor. Sadakat iki yönlüdür. Çalışanlar geçmiş deneyimlere bakınca, az önce konuştuğumuz üzere, "Biz bir aileyiz," diyen şirketlerin insanları kapının önüne koyduklarını görüyor. O zaman da aidiyetin anlamı kalmıyor. Bu durum Batı'da çok daha yaygın... Ondan sonra niye insanların işine aidiyeti azaldığı sorgulanıyor. Oysa iki yönlü olmayan ilişkiler yürümez.

Gençler için dikkat çekeceğim bir diğer nokta, belirledikleri stratejilerin her zaman yürümeyeceğidir. Bir yerde iki yıl çalışıp başka bir yere, sonra yine başka bir yere transfer olma planları bir zaman sonra sekteye uğrar. Sizi daha yüksek rakamla transfer eden şirket, önceki çalıştığınız yerin uygulamalarını ve sonuçlarını getireceğinizi düşünür ama oradaki ekosistem farklıdır. Önceki başarılarınız, bulunduğunuz ekosistemle anlam kazanmıştır. Yönetici sizden aynı ivmeyi göremezse, "Niye para veriyorum?" deyip kapının önüne koyar. Unutulmasın ki hayat her zaman yukarı gitmez.

Liyakat meselesinden en çok çekenler kadın çalışanlar... 2019'da British Council'ın 255 sanat profesyonelinin katılımıyla gerçekleştirdiği "Kültürde Kadın Gücü" araştırmasına göre kadınların işgücüne katılımı ve profesyonel ve teknik rollerde temsil edilmesinde Türkiye'nin 131. sırada olduğu belirlendi. Araştırmaya göre, kadınların yüzde 40'ı sektörde kadın olmanın zorluğuna dikkat çekerken yüzde 25'i de mesleki hayatında bazen erkek gibi davranmak zorunda kaldığını söylüyor. İş yaşamında erkek egemenliğin baskın olduğunu, kadınların hâlen baskıya maruz kaldığını ve önlerinin erkekler tarafından kesildiğini de biliyoruz. Özellikle yönetici pozisyonları açısından bu böyle... Soruyu da size yöneticiler özelinden sorayım. Sizce kadın yöneticilerin önündeki başlıca engeller neler?

Kadın liderlerin ve yöneticilerin önünde iki engel var. Birincisi, hiç şüphesiz, büyük çoğunluğu erkekler tarafından oluşturulan bir jüri tarafından değerlendirilmek. Bu nedenle erkeklerin önyargılarıyla mücadele etmek sorunun birinci boyutu. İkinci engel ise kadınların kendileriyle yaptığı mücadeleyle ilgili... Birçok kadın yönetici zayıf olmadıklarını göstermek için erkeklere özgü yönetim anlayışına özenerek kendi güçlü özelliklerinden uzaklaşıyor. Ancak Hedge Fund Research raporunda dokuz yıl süresince kadınlar tarafından yönetilen fonların erkekler tarafından yönetilenlerden daha başarılı olduğu ortaya konulmuş. Benzer şekilde Credit Suisse şirketinin Ağustos 2012'de yayımladığı bir araştırmada; piyasa değeri on milyar doları aşan büyük şirketlerde, yönetim kurullarında kadın üye olanların, olmayanlara kıyasla yüzde 26 daha iyi performans gösterdiği biliniyor. Dolayısıyla sadece romantik nedenlerle ve moda olduğu için değil, iş hayatının somut ve çıplak gerçekleri açısından da dengeli bir sayıya ulaşıncaya kadar pozitif ayrımcılığa yönelmenin yerinde olduğu görülüyor.

Dahası bugünün iş hayatı kadınlara yöneticilik açısından büyük imkân sağlıyor. Çünkü günümüzde geleneksel güçle yönetmek anlayışı yerine anlam duygusu ile yönetmek anlayışı geçerli... Bu noktada kadınların büyük şansı var. Çünkü tuttuğunu koparmak veya söke söke almak anlayışı yerini işbirliği ve uzlaşmaya bıraktı. Şüphesiz kadınlar esneklik, empati, bağ kurmak, işbirliği yapmak konularında erkeklerden çok üstünler... Bu doğal avantajlarını kullanmak onları kurumlarda öne geçirme potansiyeline sahip...

Kadınların bugünün iş hayatında avantajlı olacakları yönlerini saydınız. Bu büyük ihtimalle bütün kadınlar için geçerli değil. Aileler kız çocuklarına liderlik özelliği kazandırmak için nelere dikkat etmeli?

Öncelikle babalar kız çocuklarına "prenses" hitabını ve davranışını terk etmeli. Liderlik özelliği gösteren kadınların babaları ile özel bir ilişkileri ve bağları olduğu biliniyor. Bu kadınlar çocukluklarından başlayarak babaları tarafından zorlanmış (*challenge* edilmiş) ancak kendilerini ifade imkânı verilmiş bir çocukluk ve gençlik yaşamışlardır. Burada babanın zorba değil, çocuğunun sınırlarını test ederken aynı zamanda teşvik eden ve onunla arkadaşça yaklaşımı söz konusu.

Bu anlattıklarınıza ilaveten iş yaşamında ortaya çıkan mobbing sorununa ilişkin tespitlerinizi de merak ediyorum. İşyerinde mobbing neden ve nasıl ortaya çıkıyor? Buna ilişkin veriler var mı?

Yıldırma, bir güç gösterisi temelinde işyerinde belirli kişileri hedef alan sistematik bir dizi duygusal saldırı ve yıpratma hareketidir. Haksız yere suçlama, ima, kinaye, dedikodu yoluyla itibarı sarsma, küçük düşürme, taciz, duygusal istismar ve şiddet uygulayarak bir kişiyi, işyerinin dışına çıkmaya zorlayan kötü niyetli yaklaşımlardır bunlar. Ne yazık ki giderek acımasızca bir şiddete doğru tırmanan bu tür davranışları kurumlar çoğu kez görmezden geliyor ve bunlara göz yumuyor.

Yıldırma hareketi buna yeltenen kişinin özelliklerine, hedef alınan kişinin dayanma gücüne ve kurum kültürünün özelliklerine bağlı olarak çeşitli biçimlerde sergilenir. İletişim ve ifadenin kısıtlanmasıyla ortaya çıkan yıldırma teşebbüsünde hedef alınan kişinin; üst yöneticisi ve çalışma arkadaşlarıyla iletişimi engellenirken sürekli sözü kesilip susturulduğu gibi, bazen de azarlanır. İş ve özel yaşamın örselenmesi durumunda ise çalışana önemli görevler verilmezken mevcut görevleri kısıtlanır. Sosyal ilişkilerin engellenmesi çerçevesinde mağdurla konuşulmadığı gibi, konuşma girişimlerine de karşılık verilmez. Bir diğer yıldırma eylemi ise kişinin arkasından kötü konuşulup asılsız dedikodu yapılmasıdır. Yıldırma başlarda fark edilip sağlıklı çatışma çözme yöntemleriyle giderilemezse bu durum çalışanların enerjisini ve kurum verimliliğini tehdit eder. Şirketlerde hedef alınan kişi, eğer direnmeyi başarıp ortamdan uzaklaşabilir ya da duruma yeniden uyum sağlarsa yıldırma son bulur. Ancak direnme ve uzaklaşma olmadığında hem bedensel hem de ruhsal marazlar oluşmaya başlar.

Yıldırma eyleminin özellikleriyle devam edersek... Bu eyleme yönelenler, çoğunlukla, kendi eksik taraflarını, itibarlarına ilişkin korku ve güvensizliklerini bir başkasını küçük düşürerek telafi etmeye çalışır. Bu tür kişiler genellikle farklılıklara karşı hoşgörüsüz, ikiyüzlü, kendini üstün gören ya da göstermek isteyen, aşırı denetleyici ve kıskanç bireylerdir. Hedef aldıkları kişiden kurtulmayı amaçlamasalar bile, onun zor durumlarıyla eğlenerek kendi yetersizlik duygularını yenmeye çalışırlar. Mağdurların çoğu kez üstün mesleki özelliklere sahip kişiler olduğunu görmekteyiz. Yetkinlik düzeyleri yüksek, yaratıcı, dürüst, başarı yönelimli, kendilerini işlerine adamış kişiler bazı insanları rahatsız edebilir ve şimşekleri üstlerine çeker. Bu tür kişiler insanlara güven duyar, iyi niyetlidir, politik davranmayı bilmez. Yaratıcı ve yenilikçi fikirleriyle birtakım insanları rahatsız eder, tehdit oluştururlar. Kurumlarına çok bağlıdırlar ve işleriyle özdeşleşmişlerdir. İşlerini kaybetmek onları daha da derinden etkiler. Yıldırmaya uğrayan kişiler kendilerini aldatılmış, dışlanmış, yetersiz, yalnız, suçlu hisseder. Mağdurlar bir süre sonra stresle baş edemez duruma gelir ve özel yaşamları da olumsuz etkilenir.

Akılcı ve insan kaynağına değer veren yönetimlere sahip şirketlerde yıldırma hareketine az rastlanıyor. Öte yandan, genellikle yönetim zaafı olan ya da kârlılığı, verimliliği ve disiplini en öncelikli değer olarak gören kurumlarda sorun yaygın şekilde ortaya çıkıyor. Yönetim ve liderlik zaafı olan, ekip çalışmasının yapılamadığı, iletişim kanallarının kapalı olduğu, çatışmaların örtbas edildiği, günah keçisi anlayışının bulunduğu, insanı gözden çıkaran aşırı kâr tutkusunun egemen olduğu hiyerarşik yapılar yıldırma hareketini besleyip büyütüyor. Ayrıca küçülme, yeniden yapılanma, birleşme durumlarında ve eşitler arası rekabetin yoğun yaşandığı yapılarda da yıldırma hareketlerine sık rastlanıyor. Yıldırma sendromu şirketlerde verimlilik, kârlılık ve çalışan bağlılığında ciddi azalmalara neden oluyor. Şirketlerin en değerli insan gücünde bile büyük kayıplar oluyor. Ne var ki şirket yönetimleri izin vermez ya da göz yummazsa yıldırmanın ciddi boyutlara ulaşması engelleniyor. O nedenle yönetimlerin belirtilere karşı uyanık olması ve hemen önlem alması gerekir. Söz gelimi yıldırmaya karşı etik kurallar oluşturulması ve çalışanların hâl ve hareketlerini düzenleyen işletme yönergelerinin uygulanması çok önemli... Denetim mekanizmasının etkin biçimde çalıştırılması ve yıldırmaya girişenlerin işyerinden uzaklaştırılması da etkin çareler arasında sayılabilir.

İlginç bir durum var. Türkiye, yıldırma sorununda Kuzey Avrupa ve ABD gibi bireyci kültürlere göre daha şanslı bir ülke... Türk kültüründe aile bağları ve sosyal desteğin güçlü olması, bireylerin yıldırma yüzünden ruhsal çöküş veya fiziksel tükeniş yaşamasını bir ölçüde azaltıyor.

Meselenin bir de iş temposu adı altında herkesi kontrol etme isteğinden kaynaklanan nedenleri var. İş eve taşınabilir ancak bu noktada miktar önemli... Evde iki telefona cevap vermek dünyanın sonu değil. Ancak tatildeyken bile tüm gününü tablet, bilgisayar veya telefonda geçiren kişinin tavrı hem konuştuğu kişileri hem de ailesini rahatsız eder.

Peki, mesai bitince iş biter mi?

Hayır, artık böyle bir dünya da yok ancak iş ve çalışmalarınızı, özel hayatınızın içine ne derece soktuğunuz önemli... Günün on sekiz saatini çalışarak geçirmek hem kişi hem de yakınları için tahammül edilemez bir duruma dönüşür. Çok çalışmak kadar, hatta ondan da çok sıkıntı yaratan bir diğer konu, her şeyi kontrol etme isteğidir. Yaptığınız işe özenli, titiz yaklaşmakla her şeyi kontrol etme isteği çok farklı kavramlardır. Her şeyi kontrol etme isteği hem kişinin kendisine hem de birlikte çalıştığı insanlara zarar verir. Sonuç olarak kusursuzluk diye bir şey söz konusu değil. Kusursuzluk için ne kadar çaba harcarsanız bir o kadar gerginlik yaşarsınız ki eninde sonunda tahammülsüz bir kişiliğe dönüşürsünüz. Kendinizi zorladığınız gibi, başkalarını da zorlarsınız. Bir süre sonra yanınıza kimseyi yakıştıramayan, kimseyi beğenmeyen yönetici profiline dönüşürsünüz. Birlikte çalıştığınız insanları yordukça insanlar da sizden uzaklaşmaya başlar.

Ayrıca yoğun iş temposunda lider, yönetici veya çalışanlara mümkünse iki veya üç saatte bir, on dakika mola vermelerini öneriyorum. Büyük bir medya şirketinin üst düzey yöneticisi ile bu konuyu konuştuğumuzda ne kadar zorlandığını anlattı. Kendisine, "Sen rölantideki motoru yüksek devirde çalıştırıyorsun," dedim. Bu kişilik yapısına bürünenlerde hayatın düşük gerilimli zamanlarında da yüksek adrenalin vardır. Bir süre sonra sağlık sorunları baş gösterir. Genç yaşta kalp krizlerinin bir nedeni de bundandır. Her şeyi aşırı kontrol etme eğiliminde olan yöneticiler, birlikte çalıştıkları insanların sorumluluk almamasına neden olur. Kimi insan para kazandığı veya başarılı olduğu için kendisini işine kaptırırken kimileri için iş yaşamı bir tutkudur. Ancak şunu biliyorum ki ölüm döşeğinde kimse, "Keşke iş toplantılarında daha uzun zaman geçirseydim," demiyor. Yıllarını sadece iş odaklı geçirenler, son nefeslerinde, "Keşke çocuklarımla daha çok vakit geçirseydim, daha çok anı biriktirseydim; keşke eşime, arkadaşlarıma daha çok zaman ayırsaydım," diyor.

> Ölüm döşeğinde kimse, "Keşke iş toplantılarında daha uzun zaman geçirseydim," demiyor. Yıllarını sadece iş odaklı geçirenler, son nefeslerinde, "Keşke çocuklarıma, eşime, arkadaşlarıma daha çok zaman ayırsaydım," diyor.

Çoğu insanın düştüğü ciddi bir yanılgı var. Şöyle ki yaşamda servet ve maddi varlıklarınız büyüdüğünde mekânlar da büyüyor. Mekân büyüdükçe zaman ve mesafe artıyor. Herkes kendi odasında kendi ekranına, kendi dünyasına, kendi ilgi alanlarına yöneliyor. Hayat âdeta bölünüyor. Herkes kendi zevk ve hobilerine dalıp gidiyor. Servetle birlikte hayat çeşitlendikçe insanların birbiriyle ilişkisi kopuyor. Seksen yaşına gelip bunun pişmanlığını yaşayan yığınla iş insanı tanıyorum.

Tüm bu olumsuzluklar strese yol açıyor. Stresle yaşıyoruz. İşyerindeki stres yükünün en tepeden en alta kadar yaşamı kâbusa çevirdiği ortak kanı hâline gelmiş durumda. Bu alanı Türkiye'de ilk çalışan kişi olarak, iş yaşamında stresi azaltmanın yöntemleri olarak neleri sayarsınız?

İş hayatında stresin sağlığa zarar vermesi; iş yükünün kişinin zamanını aşmasının, işin niteliğinin kişinin beceri ve yeterliliklerini ötesine geçmesinin veya işyerindeki ilişkilerin kırıcı ve sert olmasının sonucudur. Stresin bir yöneticide sağlığı tehdit edici boyutta olması için birkaç önemli kriter söz konusudur. Bu kişi ya becerilerini aşan bir iş yapıyordur ya da zamanlama problemi yaşıyordur. Dolayısıyla zaman baskısından kaynaklanan sorunlar olabilir. Bir diğer unsur, ilişkilerden kaynaklanan çatışmalı bir ortamın yol açtığı sorunlar olabilir. Sözünü ettiğim etkenlerin dışında baskı ve stres, bir anlamda yüksek performansa götüren yakıt ve ödüldür. Kişinin sınırlarını bir ölçüde zorlayan ve onu konfor alanının dışına çıkararak potansiyelini geliştirmesine yardım eden stresin o kişiye faydası vardır. Her türlü gelişme ve başarının arkasında kendini zorlama vardır. Tam tersine kişiyi hiç zorlamayan çok basit bir iş, sıkılmaya neden olduğu için stres kaynağı olabilir.

Türkiye'ye özgü mevzuat ve regülasyon değişikliklerinin de iş hayatında ek stres yüküne neden olduğunu belirtmem gerekir. Ancak az önce belirttiğim gibi stresi mutlaka olumsuz, negatif bir etken olarak da görmemek gerekir. Bir kez daha vurgulamak isterim, baskı bir ödüldür. Sporcularla çalışırken onlara; "Aynı yaşta mahalle arkadaşın kahvehanede okey oynarken sen önemli bir maçtan önce baskı yaşıyorsan bu bir ödüldür ve kıymetini bilmelisin," diyordum. Tersinden bakarsak hiç baskı hissetmemek, bütünüyle konfor alanında kalmak, hiçbir şeyi yapmaya mecbur olmamak, can sıkıntısı ve işe yaramama duygusu da stres kaynağıdır.

Yöneticilerde insan ilişkilerinden kaynaklanan stres yükleri de oluşur. Bu noktada ilişki yönetimiyle ilgili becerileri geliştirmek gerekir. Şayet zaman baskısından kaynaklı stres varsa zamanı yönetme becerileri geliştirilmelidir. Bir ölçüde tüm bu etkenleri hafifletmek mümkündür. Ancak bütünüyle stresten arınmış bir hayat düşünülemez.

Gelelim nasıl başa çıkılacağına... Her insanın stresle başa çıkma beceri ve yöntemi farklıdır. Dolayısıyla sunulan genel öneriler kimine uyar, kimine uymaz. Örnekler verelim. Pek dile getirilmez ancak yoga, mindfulness, gevşeme egzersizleri gibi yöntemler bazı yöneticiler için stres kaynağıdır. "Yoga yapan insanlar bundan ne ölçüde faydalanıyor?" şeklinde veriler ortaya konurken yoga yaptığı hâlde ondan faydalanmayanların sayısı bilinmez. Geçmişte stresle başa çıkma seminerlerini yönetmiş, bunu Türkiye'de ilk kez uygulamış biri olarak yeniden söyleyeyim; gevşeme egzersizleri, meditasyon veya bizim uyguladığımız otojenik veya progresif gevşeme egzersizleri bazı yöneticiler için bizzat stres kaynağı olabilir.

> İnsanı hasta eden stres değil, stresle başa çıkamamak, stresi yönetememektir. Ancak çözümünün tamamıyla stressiz bir yaşamdan geçmediğini de bilmek zorundayız. Önemli olan; güçlükleri kendi bedenine yansıtmamayı öğrenmektir.

Tek bedene uygun, herkes için geçerli çözüm yoktur. Herkes kendine uyan çözümü seçmelidir. İnsan ilişkilerinden oluşan stresler ilişki yönetimini öğrenerek, zaman baskısından kaynaklanan stresler zamanı yönetme becerisini geliştirerek, genel gerginlikten kaynaklanan stresler gevşeme teknikleri, meditasyon, yoga ve nefes tekniklerini uygulayarak giderilmeye çalışılabilir. Kişide "düşünce biçiminden kaynaklanan stresler" dediğimiz, gelecekle ilgili kaygı ve kuruntuların yol açtığı streslerin etkisini de zihinsel düzenleme tekniklerini öğrenerek hafifletmek mümkündür. Bazı durumlarda koçluk veya psikoterapi yardımcı olur. İnsanı hasta eden stres değil, stresle başa çıkamamak, stresi yönetememektir. Yoğun stres, bağışıklık sistemini baskılar ve kanser dâhil birçok hastalığın ortaya çıkmasına neden olur. Stres aynı zamanda kalp damar hastalıklarının da temel nedenidir. Ancak çözümünün tamamıyla stressiz bir yaşamdan geçmediğini de bilmek zorundayız. Kaldı ki stresten tümüyle arınmak söz konusu bile olamaz. Önemli olan; insanın üstlendiği sorumluluk ve mücadeleleri hayatının bir parçası olarak kabul edip güçlükleri kendi bedenine yansıtmamayı öğrenmesidir.

Biraz önce çok titiz olmanın, kusursuzu aramanın iş yaşamında zorluk çıkarabileceğinden bahsetmiştiniz. Biraz daha genel sorsam; kişilik özelliklerinin stresle ilişkisi nedir?

Esnekliğin tersi olan katılık, her şeyi kontrol isteği, mükemmeliyetçilik, kusursuzluk peşinde olmak ve düşük uzlaşılabilirlik kişinin devamlı gergin olmasına neden olur. Yüksek uzlaşma özelliği, sağlıklı kalmaya ve uzun yaşamaya katkı sağlar. Saldırganlık ve öfke ise hem stresi hem de hastalıkları tetikler. Ortalama bir uzlaşılabilirlik düzeyi sağlık için yararlı olup, bir taraftan insanlarla iyi geçinirken diğer taraftan da kişinin kendi çıkarlarını koruması açısından en uygun yoldur. Psikolojik yönden güçlü bir kişi, zorlayıcı görevlerle başa çıkmak için kendine güven duyar; şimdi ve gelecek için başarılı olacağına inanır; hedefine ulaşmak için direnç gösterir;

problemler karşısında esnek davranır ve uyum gösterir. Böyle bir kişi, iş hayatında potansiyeli ölçüsünde yüksek performans gösterir; kendisini işine adar, sorumluluklarını yerine getirir. Bunları yaptığınız zaman zaten stres yükünüzü azaltırsınız.

Her zaman söylediğim bir şey vardır; konfor alanından yüksek performans çıkmaz. Zorlanmadan potansiyelinizi ortaya koyamazsınız. Her birimiz potansiyelimizi ve psikolojik sermayemizi sorumluluk alarak geliştirebiliriz. Güçlüklerle mücadele etmek, zorlukların üstesinden gelmek, başarısız olunca geri çekilip değerlendirme yapmak ve soruna bir başka açıdan yaklaşmak bizi yılmaz kılar. Yılmazlık, bir zorluk ve sıkıntılı durumla mücadeleden sonra eski hâline dönmektir. Yılmaz insanlar karmaşık durumlar ve güçlüklerle yaptıkları mücadeleden gelişerek çıkar. Yılmazlık ve mücadele özelliği, kişinin gelecekte çıkacak sorunlardan çekinmemesini sağlar ve onların üzerine gitme cesareti verir. Yılmazlık; psikolojik sermayenin diğer bileşenleri olan umut, olumlu tutum ve iyimserlikle birleşerek hayat başarısının temel belirleyicisi olan özyeterliliği oluşturur. Özyeterlilik, kişilerin bir işi yaparken başaracakları konusundaki temel inanç düzeyidir. Özyeterlilik, özellikle geçmiş deneyim ve örneklerden yola çıkarak zorluk ve engellerin üstesinden gelmektir. Özyeterliliği yüksek insanlar konfor alanlarının dışına çıkar, sorumluluk alır ve başarı gösterir.

Konfor alanından yüksek performans çıkmaz. Zorlanmadan potansiyelinizi ortaya koyamazsınız. Güçlüklerle mücadele etmek, zorlukların üstesinden gelmek, başarısız olunca geri çekilip değerlendirme yapmak ve soruna bir başka açıdan yaklaşmak bizi yılmaz kılar.

Şunu öncelikle kabul etmek gerekir. Başarıya giden her yol yokuştur. Yokuş aşağı başarı olmaz. Dolayısıyla terlemek, düşmek, gözlerin yaşarması, nefes nefese kalmak kaçınılmazdır.

Düştükten sonra kalkıp devam etmek gerekir. Başarısızlığı göze almayanlar yola çıkmaktan vazgeçerler. Böylesine hızlı değişimin yaşandığı bir dünyada sadece başarılı olmak için değil, hayatta kalmak için bile olimpik öğrenci olma zorunluluğu var. Hepimizin bir ölçüde olimpiyatlara katılan sporcuların özelliğine sahip olmamız gerekiyor. Disiplin, yenilmekten veya geçilmekten korkmamak ve pes etmemektir.

Hayat bir nehirdir, içinde başarılar olduğu kadar başarısızlıklar da vardır. Duygular bize bir şey söyler. Duygular doğaları gereği olumlu ya da olumsuz değildir, onları bu şekilde biz niteleriz. Özellikle olumsuz dediğimiz duygular aslında bize bilinçli olarak fark etmeyebileceğimiz bir şey söylemeye çalışıyordur. Duygular fırsat ve tehditleri fark etmemizi, davranışlarımızı buna göre düzenlememizi sağlar. Eğer eldeki sorunla ilgili tespitler, bu sorunla tümüyle baş edilmesinin çok zor olacağını ortaya koyuyorsa, sorunu tamamıyla ortadan kaldırmaya çalışmak yerine olumsuz etkilerini azaltmaya çalışmamız daha doğrudur.

Peki, çalışanlar ruhsal sıkıntılar yaşıyorsa ne yapmalı? Örneğin ne zaman bir uzmana başvurulmalı?

Sıkıntılar ruhsal açıdan gündelik hayatı zorlaştıracak düzeye vardığı zaman yardım alınmalıdır. Kendi kendine yardım etmek de bir çözümdür, örneğin bu yönde kitaplar okumak... Kitaplar, birikimli insanların sistematik bilgilerini yansıtıyorsa tabii ki yardımcı olur. Uzman ellerden çıkan kitaplar farkındalık kazanmaya yardım eder. En azından sorunların üstesinden gelmek için bir profesyonele başvurmayı cesaretlendirir. Ancak birçok kitabın klişe bilgilerle dolu ve sadece yazarın hayat deneyimiyle sınırlı olduğunu görüyoruz. "İstersen başarırsın", "Hayata hükmet", "Dünya senden ibaret", "Kendine güven ve başar", "Yüreğinin götürdüğü yere git" gibi söylemler tamamen uydurma klişelerdir. Yüreğinin götürdüğü yere gitmenin tek sonucu haz dünyası içinde kaybolmak ve başına dert açmaktır.

Kendimize güvendiğimiz için başarılı olmayız, başarılı olduğumuz için kendimize güveniriz. Bunun bile farkında olmadan yazıp çizenler var. Şüphesiz insanlardan ve sosyal şartlardan nasıl etkilendiğimizin analizini kendi kendimize yapamayız. Dış uyaran ve etkileşimlerin bizdeki etkisini güvendiğimiz veya yakınımızdaki kişilere sormamız gerekir. Kendimizle ilgili sorular yönelttiğimiz kişi de iltimas geçmeden geribildirim vermelidir. Hemen vurgulamak isterim ki, "Beni eleştir," demek, "Kusurlarımı yüzüne çarp," demek değildir.

Lider pozisyonunda olanlar ise kendilerini ölçüp anlamaları için yanlarında çalışanlara, "Benimle çalışmayı, beraber olmayı kolaylaştıran özelliklerim neler? Hangi özelliklerim sana ve insanlara iyi geliyor?" sorularını yöneltmelidir. Bu soruları kendi kendimize yöneltip cevaplamak mümkün değildir. Lider veya yönetici kendini, insanlara olan tavrının yansımalarını anlamak istiyorsa ekibine ayrıca, "Benimle birlikte olmayı zorlaştıran, bir arada olmayı güçleştiren özelliklerim neler? Bunları maddeler hâlinde yazar mısınız?" da demeli ve kendisine yönelen eleştirileri itiraz etmeden anlamaya çalışmalıdır. İnsanları nasıl etkilediğimizi bilmek için çalışanlarla bir arada olmamız ve sorular yöneltip aldığımız cevaplar üzerinden bir değerlendirme yapmamız gerekir. Duyduğumuz her şeyin gereğini yapmak zorunda değiliz ama nasıl etki bıraktığımızı da ancak sorarak, dinleyerek anlayabiliriz.

Kendi kendimizi tamir etmek hiç de kolay değildir, yine de içsel rahatlama ve stresten arınmak için birtakım basit yöntemler var. İçsel rahatlama için yürüyüş, günlük tutmak, yazmak stres ve ruhsal zorlanmaların etkisini azaltır. Ancak burada alacağınız yol, yaralarınızın derinliğine bağlı... Yaranız çok derinde ise o zaman profesyonel bir yardım almak gerekir. En temel ve derin yaralar hayatımızın ilk yıllarında oluşur. Eğer bunlar derin yaralarsa ancak profesyonel bir yardımla iyileşir.

Acar Baltaş'a Göre CUMHURİYET DÖNEMİNİN EN İYİ ON FİKRİ

Türkiye Cumhuriyeti, modern tarihini ve gelişimini şekillendiren çok sayıda önemli fikir ve uygulamaya tanık oldu. Şu gelişmeler dikkate değer olarak öne çıkarılabilir:

1. *Laiklik ve Reformlar:* Mustafa Kemal Atatürk'ün 1920'ler ve 1930'larda gerçekleştirdiği kapsamlı reformlar, Türkiye'yi modernleştirmeyi ve din ile devlet işlerini ayırmayı amaçladı. Bu; seküler kanunların kabulünü, dinî mahkemelerin kapatılmasını ve Arap alfabesinin Latin alfabesi ile değiştirilmesini içeriyor.
2. *Siyasi Çoğulculuk:* Başlangıçta tek partili bir cumhuriyet olan Türkiye, rekabetçi seçimlerin olduğu çok partili bir sisteme geçiş yaptı. Bu, farklı siyasi görüşlerin daha fazla temsil edilmesini sağlasa da demokratik gerileme ve kutuplaşma endişeleri devam ediyor.
3. *Kadın Hakları:* Cumhuriyet'in erken dönemlerinde, birçok Batı ülkesinden çok daha önce Türkiye kadınlara tam siyasi haklar tanıdı. Bu; Atatürk'ün modern, ilerici bir ulus vizyonunun bir parçası olarak oy kullanma ve seçilme hakkını içeriyor.
4. *Eğitim Reformları:* Eğitim reformları, okuma yazma bilen ve bilgili bir vatandaşlık oluşturmayı amaçlıyordu. Üniversiteler kurmayı, eğitimin Milli Eğitim Bakanlığı altında birleştirilmesini, standartlaştırılmış bir müfredat oluşturmayı ve ilköğretimi zorunlu kılmayı içeriyordu. Bunlar, Türkiye'de okuryazarlık ve eğitim seviyelerini iyileştirmede önemli adımlar oldu.

5. *Köy Enstitüleri:* 1940'larda kırsal kesimdeki okuma yazma bilmeme ve yoksulluğu gidermek için kurulan Köy Enstitüleri, günlük hayatın içinde karşılığı olan uygulamaya dönük eğitimler verdi ve tarım uzmanları yetiştirdi. 1950'lerde kapatılmalarına rağmen kırsal toplulukları güçlendirme ve kendi kendine yeterliliği teşvik etme mirasını bıraktı.
6. *Kültürel Canlanma:* Cumhuriyet dönemi Türk kültürü, sanatları ve dilinin canlandırılması ve teşvik edilmesine odaklandı. Bu; Türk Dil Kurumu, Devlet Opera ve Balesi gibi kurumların kurulmasını, dünya edebiyat klasiklerinin tercüme edilmesini içeriyor. Devletin son derece sınırlı imkânlarına rağmen yurt dışına gönderilen parlak gençler, ülkeye geri dönüp sanat, akademi, üretim alanlarında önemli katkılarda bulundu.
7. *Sağlık Reformları:* Kamu sağlık hizmetlerindeki iyileştirmeler, hastane, sağlık kliniklerinin genişletilmesi, evrensel sağlık sigortası gibi gelişmeler Türkiye'de sağlık erişimini artırdı, yaşam süresinin uzamasını ve bebek ölüm oranlarında büyük ölçüde bir düşüşü sağladı. 2003-2013 arasında uygulanmaya başlayan Sağlıkta Dönüşüm Programı, sağlık hizmetlerinin kalitesini ve erişilebilirliğini önemli ölçüde iyileştirdi.
8. *Turizmin Gelişmesi:* Türkiye'nin zengin tarihi ve kültürel mirasının tanıtılması ülkeyi önemli bir küresel turist uğrak noktası hâline getirdi ve ekonomiye önemli katkılar sağladı.
9. *Türk Uydu Programı (Türksat):* Türkiye'nin ilk iletişim uydusunun 1990'lı yıllarda fırlatılmasıyla uzay çağına giriş yapıldı. Uydular, Türkiye'nin iletişim, yayıncılık

ve veri iletimi alanındaki yeteneklerini önemli ölçüde artırdı. Türkiye'de dijital dönüşümün kolaylaştırılmasında, bağlantının geliştirilmesinde ve ülkenin uydu iletişiminde stratejik özerkliğinin geliştirilmesinde önemli rol oynadı.

10. *Savunma Sanayiinde Sağlanan Gelişim:* Türkiye bütünüyle dışa bağlı olan savunma sanayiinde önemli atılımlar yapmakla kalmadı, aynı zamanda üretimini ihraç eden bir ülke oldu. Bu gelişme Türkiye'nin dış politikada da etkisini artırdı.

ALTINCI BÖLÜM

TÜRKİYE NASIL MUTLU OLABİLİR?

"Demokrasi ancak orta sınıfların varlığıyla mümkündür. Çünkü orta sınıf için eşitlik, adalet, açıklık önemli değer ve kavramlardır. Orta sınıfın eridiği, yoksullaşmanın arttığı bir yerde insanlar sisteme tutunmaya çalışır. Sisteme tutunma; yoksulluğu kanıksama ve yoksulluk maaşıyla geçinmeye rıza göstermek anlamına gelir. Sisteme tutunan veya tutunduğunu sanan kişiler bir süre sonra kötüleşen şartları gördükçe mevcut düzenin bozulmasını istemez. Ölümün gösterildiği yerde sıtmaya razı olunur."

Her fırsatta toplum ve ülke olarak sevinçte, tasada birleşmenin gerekliliğine vurgu yaparken bu birleşmenin yaşanmaması hâlinde toplumsal huzur ve mutluluğun imkânsız olduğunu söylersiniz. Ancak son yıllarda artan siyasi kutuplaşma nedeniyle âdeta millet olma vasfının yara aldığını görüyorum. Kutuplaşma kadar toplumun zihin dünyasında da birçok kavram ve değerin tepetaklak olduğunu düşünüyorum. Bir diğer sorun ise toplumun geniş kesiminde sağlıklı iletişim kurma becerisinin ortadan kalkmaya başlaması. Türkiye'de neredeyse her gün onlarca şiddet olayına ilişkin haberler karşımıza çıkarken şiddet dilini kullanmayan yok gibi... Medyada sıkça yer alıp topluma en çok etki eden, ülkeye yön verecek kişiler bile zaman zaman şiddet dilini körüklüyor. İlk bölümde kaybettiğimiz değerlere ilişkin tespit ve düşüncelerinizi paylaşmıştınız.

Şimdi bu bölümde, tüm bu çerçevede Türkiye'nin ruhsal durumuna ilişkin bir teşhis koymanızı sizden rica edeceğim.

Teşhisim çok net: Türkiye öfkeli, tahammülsüz, çaresiz ve umutsuz...

Peki, çözüm öneriniz?

Elimde olsa gençleri eğitim hayatları ve okul çerçevesi dışında özel bir sürece dâhil ederdim. Bu süreçte onlara haksızlığa nasıl karşı geleceklerini; karşılarındaki insanın fikirlerini nasıl anlayacaklarını; doğrudan karşı çıkmadan, o fikrin içindeki doğrularla kendi düşüncelerini nasıl birleştireceklerini kazandıran bir eğitimden geçirirdim. Böylelikle zaman içinde toplumda birer önder olurlardı. Bizim birbirimizi ve söylenenin arkasındaki duyguyu anlamaya ihtiyacımız var. Bunu yapmadığımız, bizim gibi düşünmeyenleri yok saydığımız takdirde bir arada yaşamak zorlaşır.

Öncelikle şunu belirteyim, değerler değişti. Örneğin değerler ve adalet kavramının içi boşaltıldı. Başkasının yararı yerine, tamamen kişisel çıkarlar ön plana geçti. Özür dilemenin yerini haklı çıkmak, zayıfın yanında olmanın yerini ise güçlüden yana olmak aldı. Adil olmak yerine, işine geleni doğru görmek marifet sayılmaya başladı. Bireysel olarak genel düşünce biçimi, "İşime yarıyorsa iyidir," şekline büründü. Toplumun geniş kesimlerinde "olmak" yerine "göstermek" moda oldu. Kalıcılık önemsizleşirken güncellik önem kazandı. Derinliğin yerini yüzeysellik alırken fakir olmak aptallık ve beceriksizlik sayılmaya başladı.

Hiç şüphesiz herkesin sevgi, saygı, iyi bir eğitim, kariyer ve paraya ihtiyacı vardır ancak bunu hak etmek için anlamlı bir üretim içinde olmak gerekir. Sosyal medyanın günlük hayatın bir parçası hâline gelmesi, değer ve normların sarsılması sosyal dejenerasyonun hızlanmasına yol açtı. Sosyal medyada herkesin en iyi hâlini ortaya koyması insanları imrendirdikçe değerlerin yerini maddiyat almaya başladı. Pek çok kişi kısa yoldan sıçrama, varlıklı olma derdine düştü. Bunun yanı sıra eğitim kalitesinin düşmesi, niteliğin de düşmesine yol açtı.

En önemlisi Cumhuriyet ilkelerinin önemsizleştirilmesi, değersizleştirilmesi. 2000'li yıllara kadar bu ilkeler birer klişe hâline getirildi ve içeriğinden koptu. Cumhuriyet'in ilk elli altmış yıllık döneminde devlet memuru olanlar Doğu görevine gittiklerinde bunu karanlığa ışık götürmek olarak görür ve hayatlarının en değerli deneyimi olarak anlatırlardı. Bugün Doğu görevinden kaçmaya gayret ediliyor ve burası bir sürgün yeri olarak kabul ediliyor.

Saydığım olumsuzlukların düzelmesi için yurttaşlık bilincinin yaratılması, sevinçte kederde bir araya geleceğimiz bir bütünleşmenin yaşanması gerekiyor. Aksi takdirde herkesin kendi gemisini kurtaran kaptan olduğu bir ülkede her şey daha da kötüye gidecektir. İdeal bir topluma ulaşmak, toplumsal huzur ve mutluluk için yapmamız gereken ödevlerimiz var. Hayatta sebepler, sonuçlardan önce gelir. Olaylara bakarak hayata anlam yükleyemeyiz. Çünkü öncesinde yapılanlara ve yapılmayanlara da bakmamız gerekir. İyi yaşam aslında durum değil, bir süreçtir. İyi yaşamak, bir varış noktası değil; yolculuktur. Yön ve yolculuğun olumlu geçmesinde içinde bulunduğumuz çevrenin de büyük önemi vardır.

Vicdan sahibi, sorumluluklarının farkında olan, vatandaşlık bilincine sahip insanlardan oluşan bir toplumda yaşamak mutluluğumuzu artırır. Aşı tartışmalarını hatırlayalım; "Ben aşı olmuyorum ama size de karışmıyorum; siz aşı olabilirsiniz ama bana karışmayın," diyenler vardı. Böylesi argümanlar, "Bu akşam arabamla yola çıkacağım ancak farlarımı yakmayacağım. Ben size karışıyor muyum, size farlarınızı yakın diyor muyum?" gibi mantık dışı söylemlerdir.

Bir başka toplumsal mesele... Türkiye'de şikâyet eden çok ama iktidarıyla muhalefetiyle yıllardır hep aynı aktörler sahnede. Bu çelişkiyi nasıl açıklarsınız?

Birinci nedeni, yoksullar arasında bile artık kutuplaşma ve siyasi bölünmüşlüğün ortaya çıkmasıdır. Dünden bugüne muhalefetin, yani sistemi değiştirme iddiasında olanların bu bölünmüşlüğün üstesinden gelememesi, ülkede kısa dönemler haricinde hiçbir zaman etkili bir muhalefet olmaması da ikinci etken... Demokrasi ancak orta sınıfların varlığıyla mümkündür. Çünkü orta sınıf için eşitlik, adalet, açıklık önemli değer ve kavramlardır. Orta sınıfın eridiği, yoksullaşmanın arttığı bir yerde insanlar sisteme tutunmaya çalışır. Sisteme tutunma, yoksulluğu kanıksama ve yoksulluk maaşıyla geçinmeye rıza göstermek anlamına gelir. Sisteme tutunan veya tutunduğunu sanan kişiler bir süre sonra kötüleşen şartları gördükçe mevcut düzenin bozulmasını istemez. Ölümün gösterildiği yerde sıtmaya razı olunur.

Türkiye'de uzun yıllardır iktidara muhalif olanların da birtakım yanlış söylemler ürettiği ortada. Bu hatalı söylemlerin başında, "Oylarını makarna ve kömüre satıyorlar," şeklinde ucuz eleştiriler geliyor. Oysa durum tam da böyle değil. İnsanlara pazarlıkla oylarını vermeleri karşılığında bir şey verilmiyor. Size bir şey verildiğinde ister istemez maddi veya manevi karşılık verme ihtiyacı hissedersiniz. Kaldı ki eğer ihtiyacınız yoksa, ihtiyacı olanlar için kömür ve makarnanın ne anlama geldiğini bilmek de olanaksızdır.

Sosyo-ekonomik sorunların çaresi ancak sınıf bilincinin gelişmesidir. Şunu hemen belirtmeliyim ki sınıf bilinci, sınıfsız toplum ütopyası demek değildir. Sınıfsız bir toplum veya sınıfsız dünya düzeni ütopyadan ileri gidemeyecek söylemlerdir. Biliyorsunuz ki insanlar topluluk hâlinde yaşar. Topluluk hâlinde yaşamanın iki kuralı vardır. Biri, uyumlu olmak; diğeri, öne geçmek. İnsanın tabiatında da maymun topluluklarında da daima bir alfa vardır; öne geçen biri vardır. Kaldı ki insanların yeteneklerinin eşit olmadığını düşünürsek mutlak eşitliğin hiçbir zaman olmadığını ve olmayacağını kestirebiliriz. Peki, ne var? Adalet var. Öne geçme koşullarının fırsat eşitliği çerçevesinde oluşturulması önemli…

Bir diğer önemli mesele; geride olanların, geride kalmaması için desteklenmeleri gerekliliğidir. Sivil toplum örgütleri ve kamu yönetimi de geride kalanları desteklemelidir. Sosyal devlet, toplumda ihtiyacı olanlara devletin destek sağlamasıdır. Bu destek sadece para yardımı yapmak değildir. Kaldı ki para yardımı en tehlikeli tercihtir. İnsanlar çalışmadan para aldıkları zaman uzun vadede bu durum değersizlik hissine ve ruh sağlığının bozulmasına neden olur. Yurt dışında devlet yardımı alanların alkol, madde bağımlılığı ve intihar oranları bu yüzden çok yüksektir.

Yine konuşmamızın başına dönersek, anlamlı bir üretim ve anlamlı bir ilişkinin içinde olmak sağlıklı olmanın ön koşuludur diye belirtmiştim. İnsanların fırsat eşitliğine sahip olması temel ilke olarak benimsenmelidir. Söz gelimi Anadolu'daki okulları, İstanbul'daki okulların seviyesine yükseltmeyi ve yarışı eşit şartlarda başlatmayı ben marifet olarak görürüm. Nitekim İstanbul veya Ankara özelinde bile semtlere göre okulların kalitesi değişebiliyor. Servet dağılımında, eğitimde dağlar kadar fark yaratıp, sonra da bütün insanları yarıştırıp, "Öne geçen kazanır," dediğinizde, "Sosyal devlet olmaktan

İnsanların fırsat eşitliğine sahip olması temel ilke olarak benimsenmelidir. Sözgelimi Anadolu'daki okulları, İstanbul'daki okulların seviyesine yükseltmeyi ve yarışı eşit şartlarda başlatmayı ben marifet olarak görürüm.

kaçıyorum," da dersiniz. Ülkede yarışa soktuğunuz çocuklar ve yetişkinler aynı çizgiden başlamıyor. Bu çarpık düzene karşı çıkmadan ve sistemi hakkaniyete, liyakate ve adalete dayalı mekanizmalar üzerinde kurmadan huzurlu bir toplum yaratmak mümkün görünmüyor.

Sizce neden Türkiye'de sınıf bilinci oluşmuyor?

Bugün Türkiye'de gerçek anlamda bir sendikalaşma söz konusu değil. Sendikalar her zam dönemi iktidarla güya pazarlık masasına oturuyor. Dostlar alışverişte görsün kabilinden bir pazarlık bu. Bir ülkede ancak gerçek sendika olursa hak arayışı ve pazarlık söz konusu olur. Türkiye'de kamu sendikaları sadece göstermelik faaliyet yürütüyor. İşçi sınıfı ise ancak son kırk-kırk beş yılda yavaş yavaş sisteme dâhil edildi. Öte yandan 1970'lerde sendikalar ve sendikacılık adı altında çok yanlış işler de yapıldı. O yıllarda sendikalar tam bir sermaye ve patron düşmanlığı üzerinden varlıklarını sürdürmeye çalıştı. Sendikalı işçilerin üretim yaptıkları makinelere, binalara zarar verdikleri bir anlayış yaşandı.

Yine de şöyle söylenebilir: Toplumda 1960'ların başından itibaren sınıf bilinci oluşmaya başladı. Ancak devlet erki tarafından komünizm tehdidi algısı ile ilerici, demokrat oluşumlar törpülendi veya sistem tarafından ezildi. 1961 Anayasası'nın açtığı yolda gelişen sınıf bilinci zaman içinde inanç sistemiyle bütünleştirildi. Nihayet 1980 Darbesi de sınıfsal hak arayışının üzerinden silindir gibi geçti.

12 Eylül Darbesi'nden sonra Türkiye'nin bambaşka bir rotada ilerlemeye başladığını, kültürel kodların değişime uğradığını, tümüyle kazanmaya endeksli düşünce biçiminin filizlendiğini düşünüyor musunuz? Kapitalizmle ilgili bir mesele mi bu?

Sadece kapitalizm üzerinden bakarsak çerçeveyi daraltırız. Soruda saydığınız gibi birçok farklı faktör var. Söz gelimi kapitalizmin kendini ağırlıklı olarak hissettirdiği İsveç, Norveç, Finlandiya gibi ülkelerde çocukların bizdeki gibi yetiştirildiğini düşünmüyorum. Öte yandan sadece kapitalist sermaye düzenine karşı çıkmak da meseleyi çözmeye yetmez. Hayatın değişen bir ritmi var. Hepimiz biliyoruz ki bugün ellili yaşlardaki hemen herkes sokakta oynamış, mahalle arasında maç yapmıştır. Altmışlı yıllarda çocukluklarını yaşayanlar muhakkak bilye veya yakar top oynamıştır. Artık böyle bir mahalle anlayışı kalmadı. Günümüzde çocukların sokakta, mahallede serbestçe hareket etmesine imkân sağlayan hayat tarzı geride kaldı. Buna karşılık etrafı duvarlarla çevrili siteler ve bu sitelerin içinde yaşanan hayatlar var. Ancak sistem bu alanlarda bile çocuklara yoğun programlar dayatıyor. Dolayısıyla bugün yaşadığımız koşullar arkadaşlıklara, sosyal becerilerin gelişmesine fırsat vermiyor. Ben kültürel erozyonun ekonomik çalkantılardan daha önemli olduğunu düşünüyorum.

Gelişim ve ilerleme için reçete ne olabilir? Sizce toplumsal düşünce yapısı nasıl olumlu yönde değişir?

Günümüz dünyasında her türlü kalkınma reçetesinde tek şey yazıyor: Katma değeri yüksek teknolojik ürün. Katma değeri yüksek teknolojik ürün üretmek önemli ölçüde inovasyon, yenilikçilik ve yaratıcılığa bağlıdır. Yenilikçiliğin ve yaratıcılığın teşvik edilmediği bir ortamda bunlar ancak her dönem tekrarlanan temenniler olur.

Bakınız; merak, üretim ve gelişme için çok önemlidir. Merak, cevabın değil; doğru sorunun peşinde olmayı gerektirir. Doğru soru, doğru cevaptan daha değerli ve geliştiricidir. Merak, özgürleşmenin başlangıcıdır. Merak, düşünmeyi gerektirir. Bilmemek düşünme tembelliğinden daha iyidir. Çünkü

> Merak, cevabın değil; doğru sorunun peşinde olmayı gerektirir. Doğru soru, doğru cevaptan daha değerli ve geliştiricidir. Merak, özgürleşmenin başlangıcıdır.

bilgisizliğin çaresi vardır ancak düşünme tembelliğinin çaresi yoktur. Merak kadar tutarlı olmak da gerekir. İş hayatı veya siyasette bir gün söylediğinin ertesi gün tersini söyleyen kişiler görüyoruz. Tutarlılık, insanın kendisine olan saygısının sonucudur. Eğer böyle bir kaygınız yoksa, "İşime gelen doğrudur," demeye başlarsınız.

Günümüz Türkiye'sinde demokratik çerçevede fırsat eşitliği, sosyal adalet gibi hak arayışının hayata geçmesi gerekirken toplumda korku duygusu ağır basıyor. Demokrasilerde sabah saat beşte tweet attığı gerekçesiyle insanlar gözaltına alınmaz. Bu açıdan bakınca da insanlar korkmakta haksız sayılmaz. Demokrasi kültürünün yerleşmesi aynı zamanda eğitim ve toplumsal bilinçle ilgili bir farkındalıktır. Örneğin 1930'lar Türkiye'sinde de yoksulluk, cehalet gibi sorunlar vardı ancak insanlar herkesin aynı şartlara sahip olduğuna inandıkları için hoşnutsuz değildi. Herkesin benzer standartlara sahip olduğunun bilinmesi doğal olarak eşitlik düşüncesini yaratır. Günümüzde insanlar ve sınıflar arasında sosyo-ekonomik açıdan uçurumlar var. İnsanlar bu tablodan hoşnutsuz ancak neye isyan edeceklerini bilmiyor.

ABD'ye ilişkin birkaç gözlemimi paylaşıp devam etmek isterim. Rüyalar ülkesi diye pazarlanan ABD'de paranız olmadığı takdirde sağlığınızı kaybettiğinizde ölürsünüz. Kimse size dönüp bakmayacağı gibi, hiç kimse de bu durumu yadırgamaz. ABD'deki sosyal adalet üçüncü dünya ülkeleri ölçüsünde, hatta daha geridir. Dolayısıyla hiç özenilecek bir yer değildir. Türkiye ile kıyaslandığında ABD'de yaşamak bir Türk için en son düşünülecek seçenek olmalıdır. Batı ülkeleri yabancıları her düzeyde kirli, tehlikeli ve pis işler yaptırmak için ülkeye alır ve buna göre onlara oturma izni veya vatandaşlık verir. İstisnalar vardır ancak genel tablo bahsettiğim şekildedir. ABD'deki iş hayatı Türkiye'ye göre daha acımasızdır ama en önemlisi insanların hiçbir sosyal güvencesi yoktur. İnsanlar borçlandırıldıkları için boyun eğerek çalışmak zorundadır. İşten atılmak sahip olduklarınızı tümden kaybetmek anlamına gelir.

İngiltere ise ABD'ye göre hem daha düzenli hem de şartlar açısından daha iyi bir ülkedir. İngiltere, ABD'ye göre sosyal bir devlettir. Türkiye'deki özel sektör İngiltere'deki özel sektörden zayıf ve eksik değildir. Türkiye'deki kamu sektörü maalesef insan ilişkilerine dayalı olarak çalışır demiştim. Başta belediyeler olmak üzere kamu kuruluşlarında çalışanların önemli bölümü az çalışmayı erdem sayar. İşyerinde ağırlıklı yapılan sadece dedikodudur. Çalışılmadan geçirilen vakit kâr sayılır.

Ancak ne olursa olsun, "Bundan sonra daha iyiye gitmez," demek doğru değildir. Bir zaman makinesi olsa ve söz gelimi 16 Mayıs 1919'a dönsek; gördüğümüz insanlara, "Üç gün sonra bağımsızlık meşalesi yakılacak ve topluca bir ölüm kalım hareketi başlayacak," dense kaç kişi bu söze inanır ve "Haydi o zaman bağımsızlık mücadelesine girişelim!" derdi?

Dolayısıyla büyük camiaların ve köklü toplumların refleksleri vardır, en umulmadık ve hiç beklenmedik zamanda karşılık verirler. Ben bu refleks ve sıçramayı ülkemizin muhakkak yaşayacağını düşünüyorum. Bazen de maalesef ancak felaketler başa gelince sıçrama için birlik olunur. Merhum Çetin Altan, devlet geleneğimizle ilgili, "On altı devlet kurmuşuz ama on altısını da batırmışız," derdi. Şartlar ne olursa olsun, bin yıldır Anadolu'da yaşadığımız gerçeği ortada. Sınırlarımızı, demokrasimizi, Cumhuriyet'i korumak için birlik olmak zorundayız. Umut etmeliyiz. Umut olması için hedef ile strateji gerekir ve bu stratejinin de eylem içermesi gerekir. 1982'de yazdığım bir yazımda, "kahramanlara ihtiyaç duymayan bir toplum özlemiyle" demiştim. Türkiye'nin kahramanlara ihtiyaç duymayan bir ülke durumuna gelmesi için çalışmamız gerekiyor. Galileo, "Dünya düzdür," deyip idamdan kurtulduğu anlarda asistanı onun evde ölüm haberini bekliyordu; çünkü hocasının sözünden dönmeyeceğini düşünüyordu. Ancak Galileo geldiğinde sözünden döndüğü anlamıştı. Evde bir süre sessizlik olduktan sonra asistanı, "Yazık kahramanı olmayan topluma!" der. Galileo, kısa bir sessizlikten sonra, "Yanlış," der. "Yazık kahramana ihtiyaç duyan topluma!"

Bu örneği neden verdim? 1982 yılında Kenan Evren ülkede kahraman sayılıyor, her konuda konuşabiliyor, her sözüne keramet yükleniyordu ve herkes onu kahraman sayıyordu. Böylelikle toplumda bir kahramanlık miti oluşmuştu. Ben de Galileo örneği üzerinden yazı kaleme almış ve kahraman arayışını eleştirmiştim. Bugün baktığımızda İsveç'in, İsviçre'nin kahramanları yoktur; çünkü kahramanlara ihtiyaçları yoktur. Biz ise yaşadığımız her zorlu süreçte kahraman arayışına giriyoruz. Bu nedenle ülkemizde de kahramanlara ihtiyaç duymayacağımız bir dönemin özlemini duyuyorum.

> Bugün baktığımızda İsveç'in, İsviçre'nin kahramanları yoktur çünkü kahramanlara ihtiyaçları yoktur. Biz yaşadığımız her zorlu süreçte kahraman arayışına giriyoruz. Ülkemizde de kahramanlara ihtiyaç duymayacağımız bir dönemin özlemini duyuyorum.

Peki, o zaman daha mutlu bir toplum olacak mıyız?

Gerçek demokrasinin olduğu yerde zaman içinde gerçek kalkınma da gerçekleşir. Bu, mutluluk açısından da önemli... Ama mutluluğa nasıl erişeceğimize dair bilmemiz gereken bir diğer konu da bu durumun salt maddiyatla ilişkili olmadığı gerçeğidir. İki tür mutluluk var. Biri, hatırlanan mutluluk; diğeri ise yaşanan mutluluk. Mutluluk araştırmalarında genelde Güney Amerika ülkelerinin yahut Küba'nın en mutlu ülkelerin başında geldiği gözlemlenir. Şunu bilmek lazım; Küba'da iki kişi el çırpsa çevresindeki insanlar kalkıp dans etmeye başlar. Birinci neden, Kübalıların yaşadıkları günlük sıkıntılara büyük anlam yüklemeden çare bulan veya çare bulamasa da hayatlarını sürdürmeye kararlı insanlar olmasıdır. Latinler öğlen yemeğinde bir kadeh şarap içip müzik dinlemekten keyif alan bir topluluktur. Bu yaşam kültürü zaman içinde kökleşmiştir. Aynı ölçüde yoksul olan Vietnam, Hindistan gibi yerlerde de yoksul insanlar mutlu şekilde yaşamlarını sürdürüyor. Hindistan'da kast sistemi ve Hinduizm'den kaynaklanan bir kabul vardır. Vietnam ve benzeri ülkelerde Budizm gibi inançlardan kaynaklı bir sükûnet ve kabullenme söz konusudur. Örneğin Vietnam'a ABD müdahalesinde bombardıman altında doğan kişiler bugün intikam almaktan söz etmiyor. Bu kişilerle tanışıp konuştuğumda, "Biz Budizm'e inanıyoruz, kin tutmayız," demişlerdi. Bu inanış, bu tevekkül hâli beraberinde kabullenmeyi doğuruyor.

Türkiye açısından baktığımızda 1960'lı-1970'li yıllarda hayat standardı ve kentleşme bu kadar yaygın değilken insanlar kırsal alanda çok daha sınırlı imkânlarla yaşıyor ancak kendilerine verilen hayatın bu olduğuna inandıklarından bugünkü kadar mutsuz olmuyorlardı. Oysa bugün haberleşmenin, iletişim ve dijital olanakların artması ile hemen herkes dünyadaki imkânlardan haberdar oluyor. Dolayısıyla kırsal veya kentte yaşayan dar gelirliler ister istemez, "Bir dakika, ben niye böyle yaşıyorum?" duygusuna kapılıyor.

Anadolu'daki bir genç, sosyal medyada bir akşam manzarası olarak, Ortaköy'den Boğaz Köprüsü'nü, İstanbul'u veya yüksek bir yerden İstanbul'un ışıklarını görünce yaşadığı hayata razı olmak istemiyor. Belki dedeleri, babaları mevcut şartları ve yaşamı kabulleniyordu ama bugünün gençleri için bu kabullenme hiç kolay değil. Bir de meselenin kazandığınız para ile içinde olduğunuz sınıf arasındaki çelişki boyutu var. Daha öncesinde de bu örneği vermiştim; bir araştırmaya göre, insanlar yetmiş bin lira kazanıp yüz bin lira kazananlar arasında yaşamaktansa, elli bin lira kazanıp otuz bin lira kazananlar arasında olmayı tercih ediyor; çünkü kendisini daha mutlu hissediyor.

Az önce, "ABD'de yaşamak bir Türk için son seçenek olmalıdır," dediniz. Bu vesileyle size yurt dışına göç konusunu sormak isterim. Bunun giderek arttığını görüyoruz. Bir lafınızı daha hatırlıyorum; yurt dışına gitmek isteyenlere, "Hiçbir ağaç kendi kökünün dışında büyümez," demiştiniz. Ancak karşımızda Aziz Sancar, Gökhan Hotamışlıgil, Uğur ve Özlem Türeci çifti gibi birçok başarı örneği de var. Bunu nasıl değerlendirirsiniz?

Türk pasaportu, dünyanın birkaç yeri hariç, maalesef makbul bir pasaport değil. Birkaç yer dediğim de yurt dışına gitmek isteyenlerin yüzde 99'unun gitmek istemeyeceği geri kalmış ülkeler... Bu nedenle ülkemde ne yapabilirim diye bakmak; çareyi, çözümü Türkiye'de aramak daha mantıklı ve rasyonel... Sancar, Hotamışlıgil ve Türeci çifti gibi isimler istisnalardır. İnsanlar istisnalar üzerinden çıkarsama yapmayı sever. "Bill Gates ya da Mark Zuckerberg üniversiteyi terk etmiş, dolayısıyla üniversite okumak o kadar da şart değil!" diyen biri, Zuckerberg'in Harvard Üniversitesi'ni terk ettiğini bilmez. Kaldı ki sözünü ettiğimiz iki insanın deha düzeyinde özellikleri var. Dolayısıyla Harvard Üniversitesi'ni terk etseler de zekâlarıyla, odaklanmalarıyla, azim ve iradeleriyle istisna insanlar...

Bu istisnai isimleri bir kenara koyarsak yurt dışına gidecek olanların, gittikleri yerde meslekleri ne olursa olsun, çok daha fazla gayret göstermeye ve burada gördükleri itibarın da çok daha azını görmeye hazır olmaları gerekir. Yabancılar, doktor veya mühendis işe aldıklarında bile, yapılacak işin üç özelliği var: Zor, kirli ve tehlikeli. Yurt dışına gitmeye heveslenen veya gidecek olanlar bu gerçekleri göz önünde bulundurmalı.

Başarı hiç şüphesiz gurur verir ancak başarısızlık geliştirir. Başarısızlık insanı üzer ama kişiyi derinleştirir, bilgelik yolunda ilerlemesini sağlar, benzer durumda olanlara karşı empati geliştirmesine yardımcı olur.

Bizim toplum ve bireyler olarak yaptığımız hata sadece ve sadece başarıya odaklanmak... Başarmak için bazen sabretmek gerekir. Başarı belki önemlidir ama başarısızlık, ondan alınacak derslere odaklanınca başarıdan daha önemli olabilir. Başarı hiç şüphesiz gurur verir ancak başarısızlık geliştirir. Başarısızlık insanı üzer ama bu şekilde kişiyi derinleştirir, bilgelik yolunda ilerlemesini sağlar, benzer durumda olanlara karşı empati geliştirmesine yardımcı olur. Diğer yandan insanın, neden böyle olduğu konusunda düşünmesine ve kendisini geliştirmesine fırsat verir. Özyeterlilikleri yüksek kişiler önceki başarısızlıklarından ders alıp benzer durumlarla karşılaştıklarında bu sorunları daha kolay çözerler.

Özellikle gençler veya emeğinin karşılığını alamadığını düşünenler bu söyledikleriniz üzerine, "İkinci üniversiteyi de bitirdim; master, doktora yaptım ama hâlen atanmayı bekliyorum, atanamıyorum," veya "Mühendis oldum ama asgari ücrete talim ediyorum, bu ülkede niye durayım?" dese neler söylerdiniz?

Genel çerçeveden bakalım. Araştırma ve yayınlar, yakın tarihte, gençlerin ilk kez ortalama olarak anne-babalarının, yani kendilerinden önceki kuşağın hayat standardının gerisinde kalacağını gösteriyor. Artık her yerde zorluklar var. Şüphesiz Türkiye'deki zorluklar Avrupa'ya kıyasla daha fazla... Başlıca nedeni ekonominin daralması, atama ve tayinlerin de daha çok ilişkisel düzeyde ilerlemesi...

Zorlukların farkındayım ve kabul ediyorum. Mesela hiç anlam veremediğim ve eleştirdiğim konuların başında atama bekleyen gençlerin durumu geliyor. Atama beklemeyi, kaderinizi başkasının eline emanet etmek olarak görüyorum. Bir kişinin, "İşe giriş talebim kabul edilmiyor," demesini anlayabilirim ancak "Atama bekliyorum," denilmesini gerçekten anlamakta güçlük çekiyorum. Atama beklemek demek, devletin koruyucu kollarının arasına girip hayat boyu oradaki güvencenin ardına saklanmaktır. Yolun en başında böylesi bir düşünce ve tercih, kişinin potansiyelini kullanmasının ve yansıtmasının önündeki engeldir.

Atama dışındaki konulara bakarsak yine de doğru yol ve yöntem ya özel sektörde iş bulmak ya da kendi çapında ufak da olsa bir işi başlatmaktır. Bu da erken yaşta girilen mücadeleyle öğrenilir. İstanbul'un dışına çıktığımda ister uluslararası olsun ister ulusal olsun; patron veya kurumsal şirketlerdeki yöneticilerin neredeyse tamamının, Anadolu'nun çiftçi, esnaf ve küçük memur çocuklarından olduğunu görüyorum. Bu kişiler erken yaşta hayatın içinde çalışmayı, ailenin refahına değil hayatına ortak olmayı seçmiş insanlar... Kaydolmanın diploma almak için yeterli olduğu birtakım özel üniversitelere gitmeyi, o diplomaya güvenerek hayattan pozisyon beklemeyi, nedeni belli olmaksızın alacaklı olduğunu hissetmeyi gerçekçi görmüyorum.

Ama ortada da bir mutsuzluk var. Yalnız dar gelirliler mutsuz, tamam ama bizde zenginler de mutsuz görünüyor. Neden?

Ne yazık ki toplum olma özelliğini kaybetmeye başladık. Toplumsal birliktelik için ortak değerlerin olması gerekir. Türkiye bu ortak değer sisteminden uzaklaştı. Artık tasa ve sevinçte bile birlik olamıyoruz. Birilerini üzen hadiseler diğerlerini üzmüyor. Ya da bir topluluğu sevindiren gelişmeler diğerlerini sevindirmiyor. Dolayısıyla büyük bir kırılma içindeyiz. Bu son derece tehlikeli... Her sene yapılan Dünya Mutluluk Araştırması sonuçları ortada. Araştırma kapsamında, "Bir gün ve bir hafta içinde yaşadığınız üç olumsuz duygu nedir ve bu duyguları ne kadar yoğunlukta yaşıyorsunuz?" diye soruluyor. Olumlu duygular gülmek, yeni bir şey öğrenmek, eğlenmek olarak sıralanırken olumsuz duygular kaygı, stres, saygısızlığa uğramak olarak saptanıyor. Bizim için vahim olan, Türkiye'nin 155 ülke arasında sonlarda yer alması. Sonlarda yer alan ülkeler arasında Irak, Lübnan, Tunus, Mısır, Ekvator, Namibya, Nepal, Bangladeş var. Oysa bu saydıklarım aynı kategoride olmayı düşlemediğimiz ülkeler...

Toplumdaki mutsuzluğun önemli sebeplerinden biri de ekonomik koşullar... Gallup tarafından 142 ülkede yaklaşık yüz elli bin kişiyle yapılan on üç sayfalık "Küresel Duygular Raporu"nun sonuçları da çok çarpıcı... Söz konusu raporda Türkiye; Irak ve Yemen ile en mutsuz üç ülkeden biri... Araştırmada, "Bir önceki gün mutlu muydunuz?" sorusuna Yemenlilerin sadece yüzde 51'i "evet" derken Türkiye'deki oran yüzde 52 olarak ölçülmüş. Iraklıların ise sadece yüzde 54'ü bir gün öncesini mutlu geçirdiğini söylüyor. Araştırmada katılımcılara, "Dün dinlenebildiniz mi; size saygılı davranıldı mı; güldüğünüz, kahkaha attığınız ânlar oldu mu; endişe, stres, fiziksel acı, korku, üzüntü veya acı yaşadınız mı?" şeklinde sorular yöneltildiğinde Güney Amerika ve İskandinav ülkeleri en mutlu insanların olduğu yerler olarak saptanıyor.

Ortaya çıkan bu tablonun bireysel olarak da yansımaları var. İnsanlar eşlerinin, çocuklarının önünde yetersizlik duygusu yaşıyor. Bu durum da insanları öfkeli ve tahammülsüz yapıyor. Biz biliyoruz ki fakirlik hayat süresini kısaltan, yaşam kalitesini düşüren bir olumsuzluk... Türkiye'de sadece fakirlik değil, aynı zamanda derin yoksulluk yaşanıyor. Derin yoksullukta en temel ihtiyaçlar bile karşılanamaz. Bu şartlar doğal olarak insanları daha öfkeli ve mutsuz yapar. Derin yoksulluğun olduğu bir yerde geleceğe dönük umutlar tükenmeye başlar. Böyle bir ortam mafyalaşmayı artırırken buna bir de cezasızlık kültürü eklendiğinde öfke patlamaları kaçınılmazdır.

Mutluluk toplum açısından kuralların, ilkelerin belirli olduğu koşullarda yaşanan bir huzur hâlidir. Bireysel olarak herkes evinin konforu içinde kendisine bir dünya kurup mutlu olabilir ancak toplumsal mutluluk geniş bir çerçeveyi gerektirir. Memur bir ailenin, nefes alacağı bir yere gitmesi bile günümüzde kolay değil. Batılı ülkelere baktığınızda nispeten daha konforlu toplu ulaşım, daha geniş park ve bahçe olanakları varken bizim imkânlarımız her açıdan daha kısıtlı... Millet Bahçeleri ile bu ihtiyaç karşılanmaya çalışılıyor ancak yeşilin bu kadar azaldığı, betonlaşmanın bu kadar yaygınlaştığı bir yerde bunlar yetersiz girişimler olarak kalıyor.

> Biz eğitim üzerinden cehaleti tartışıyoruz ancak mesele insanları ahlaken eğitememektir. Ahlaken eğitim vermediğinizde toplum için tehlikeli insanlar yaratırsınız. O zaman da Anadolu bilgeliği ve sağduyu ortadan kalkar. Böyle bir toplumda kimin gücü kime yetiyorsa birbirini alt etme yarışı başlar.

Tüm bunlar birikerek toplumda fay hattı oluşturuyor. *Küçük Prens*'te güzel bir söz var; "Keşke herkesin ömrü vicdanı kadar olsa," der Küçük Prens. Vicdan, gönüllü itaat alanıdır ve başkasına zarar vermemeyi gerekli kılar. Biz eğitim üzerinden cehaleti tartışıp konuşuyoruz ancak mesele insanları ahlaken eğitememektir.

Bursa Uludağ Üniversitesi Eğitim Bilimleri'nde yapılan bir araştırma, beşinci sınıftan başlayarak sınıf seviyesi yükseldikçe öğrencilerin Evrensel Ahlaki Değerler Ölçeği'nde aldıkları puanların düştüğünü ortaya koymuştur. Marmara Üniversitesi Atatürk Eğitim Fakültesi'nde yapılan bir başka çalışmada ise lise öğrencilerinde babanın eğitim seviyesi ile ahlaki olgunluk seviyeleri arasındaki ilişki araştırılmış ve babası ortaokul mezunu olanların lise ve üniversite mezunu olanlara kıyasla ahlaki olgunluk düzeyleri daha yüksek bulunmuştur. İlk araştırmada belirttiğim ahlaki olgunluk ile sınıf seviyesinde olduğu gibi, eğitim seviyesi yükseldikçe bunun çocuğun ahlaki olgunluğunu olumsuz yönde farklılaştırması düşündürücüdür. Büyük ihtimalle eğitimli aileler çocuklarını vicdanlı olmak yerine başarılı olmaya teşvik etmektedir. Bugün yaşadığımız sorunların temelinde büyük ölçüde formel eğitimde kazandırılmaya çalışan değerlerle gerçek hayatın örtüşmemesi yatmaktadır.[26]

Ahlaken eğitim vermediğinizde toplum için tehlikeli insanlar yaratırsınız. O zaman da Anadolu bilgeliği ve sağduyu ortadan kalkar. Böyle bir toplumda kimin gücü kime yetiyorsa birbirini alt etme yarışı başlar. En vahimi de beyzbol oynamadığımız hâlde beyzbol sopasının en çok satılan ürünlerden biri hâline gelmesidir.

Peki, umutsuz mu olmalı? Size göre toplumda olumlu yönde değişim dönüşüm beklemeli miyiz?

Genel çerçevede bir değerlendirme yaparak cevaplamak isterim. Bizim ülke ve toplum olarak birtakım yanlış kalıplarımız

26 *Kalem Eğitim ve İnsan Bilimleri Dergisi*, 2015, 5 (2), 99-146, 137.

ve çarpık düşüncelerimiz söz konusu. Örneğin tüm dünyanın bize düşman olduğuna inanıyoruz. Şehadet şerbetinin en değerli şerbet olduğuna inandığımızı söylüyoruz ancak şehit olanlar hep ekmeğin fiyatını bilen ailelerin çocukları... Türkiye'de inandıklarımızla yaşadıklarımız arasında farklılık var. İnsanlarımızı beklentiler ile gerçek arasındaki fark mutsuz ediyor, başkalarıyla kıyaslanmak mutsuz ediyor ve bugünle geçmişi kıyaslamak, yani daha güzel günlerin geride kaldığını düşünmek de mutsuz ediyor. Türkiye'deki mutsuzluğun nedenlerinden biri de dinî inancımızı dünyayı güzelleştirmek için değil, bu dünyada cefa çekip ahirette mutlu olmak üzerine kurmamız. Dinimizin bağışlayıcı tarafını değil, cezalandırıcı yönünü öne çıkarıp içsel mutsuzluk yaratıyoruz. Mutlu düşünmek ve mutlu olmak için nedenler azaldıkça öteki dünya fikri öne çıkıyor.

Daha önce de belirttiğim gibi, toplumun bir bölümünü sevindiren hadiseler karşı mahalleyi üzer hâle geldi. Karşı görüşte olanların birbirini kışkırtma hâli devam ettiği gibi doz da yükseliyor. Kışkırtılanların da öfkesi artıyor. Tasada ve sevinçte birlik olma özelliğini kaybederken korkuda birleştik. Ancak korkular kimi için ekonomik, kimi için vatanın bölünme kaygısı, kimi için gelecek korkusu veya iklim krizi gibi çok farklı kategorilerde. Dolayısıyla korkuyoruz ama korkularda bile ortaklığımız yok. Bu durumu tehlikeli görüyorum. Korku ve kaygılarımız yoğun ama daha vahimi, sebeplerini değerlendirmede ve ortak çözümler aramada fikir birliğimizin olmaması.

Tüm bu saydığım olumsuzluklara rağmen unutulmasın ki toplumların ve ülkelerin hayatları uzundur ve asırlara yayılır. Eninde sonunda aklıselim ağır basar. Eric Maria Remarque'nun *Batı Cephesinde Yeni Bir Şey Yok* romanı dört yıl süresinde Almanya-Fransa sınırında 500 metre içinde üç milyon gencin ölmesi üzerine kurulu gerçeği anlatır. Bugün Birinci ve İkinci Dünya savaşlarında ölen insanlara bakınca savaşın ne kadar acımasız ve saçma bir eylem olduğunu görüyoruz. Yine bugün Japonlar dünyanın en nazik, en kibar, başkalarını en çok düşünen ve başkalarına en saygılı toplumu olarak bilinir. Ancak bu kibar insanların dedelerinin yaptığı vahşetin sınırı yoktur. Mançurya'da olup bitenler insanlık tarihinin en büyük trajedilerinden biridir. Hatta katliam ve kıyıma karşı Milletler Cemiyeti'nin sessiz kalmasının Hitler'i cesaretlendirdiği söylenir. 1937'de vuku bulup ölü sayısının üç yüz binlere ulaştığı Nanking Katliamı korkunçtur. İkinci Çin-Japon Savaşı sırasında altı hafta boyunca sürmüştür. Daha da mide bulandırıcı olan, yaşanan insanlık dışı hadise ve işkencelerdir. Bu vahşetleri niye yaptılar? Çünkü barut kokusunu duymak ve yanınızdaki insanların ölmesi algıyı değiştirir. Çevrenizdeki insanlar toplu olarak eylemlere girişince bu durum bir süre sonra normal kabul edilir. İnsanın içindeki hayvani dürtüler ortaya çıkınca artık karşınızdakileri insan olarak görmemeye başlarsınız. Ötekileştirme ve başkalaştırma ile başlayan süreç katliamlara varır.

Yakın geçmişe kadar Almanya'da Yahudiler, ABD'de siyahilerin ötekileştirilmesi ile yaşanan zulüm ve katliamlara tanık olduk. ABD askerleri, Vietnam'daki halka "çukur" diyordu. Vietnamlıları insan olarak görmüyorlardı. ABD'li askerlere göre Vietnamlıların öldürülmesi aslında dünyaya yapılan iyilik gibi algılanıyordu. Bosna'da, yakın zamanda Gazze'de olanlar da farklı değildir. Savaş koşullarındaki kötülüğün haddi hududu olmaz. İnsanın içindeki kötüyü dışarı çıkarmak çok zor değildir.

İçinde yaşadığımız zaman diliminde, "Düzelir mi, değişir mi?" sorularının cevabı olumsuz görünebilir ancak değişim, gelişim ve düzelme elbette olacaktır. Sorunların üstesinden gelmek için hoşgörü ve uzlaşı kültürünün oluşması gerekir. Bunun için ilk adım önyargılarımızdan arınmaktır. Önyargı dediğimiz, belirli bir kişi veya insan topluluğuna, belirli bir düşünce

Önyargılar bir noktaya kadar insanların hayatını kolaylaştırır. Çünkü düşünmek gayret ve enerji gerektirir, yargılamak ise kolaydır. Çünkü anlamak sorumluluk yükler.

veya nesnelere karşı düşünmeden ya da fazla düşünmeden, ayrıntıya girmeden oluşan kalıp yargılardır. Kalıp yargılar çocukluktan itibaren duyduklarımızdan, içinde yetiştiğimiz çevrede işittiklerimizden, toplumun genel olarak benimsediği yargı kalıplarından oluşur.

Önyargılar bir noktaya kadar insanların hayatını kolaylaştırır. Çünkü düşünmek gayret ve enerji gerektirir, yargılamak ise kolaydır. Çünkü anlamak sorumluluk yükler. Bu nedenle sadece bir veya iki deneyimle yargılamayı seçeriz. Önyargı önce tutum olarak ortaya çıkarken eyleme döndüğünde dışa vurulup yansıtılır. Önyargılarımız bir futbol takımını ve taraftarını etiketlemekten belirli etnik grupları, belirli cinsel eğilimi olanları, milletleri etiketlemeye kadar her alanda kendini gösterebilir. İnsanlar önyargıya giden yolda fazla düşünmeden, fazla enerji harcamadan kendilerine kolay geleni seçiyor. Lisedeyken bazı arkadaşlarımız söz gelimi Fransızları kötülerken sınıftaki hocamız, “Kaç Fransız tanıyorsun?” diye sorardı. Oysa biz o yaşlarda hiçbir Fransız tanımıyorduk. Nedense bazı arkadaşlarımızın zihnine erken yaşlarda bu yanlış kalıplar, yargılar yerleşmişti. Bu hayatta önyargılardan kurtulmak için her şeyi deneyimlememiz mümkün değil. O hâlde yapmamız gereken deneyim sahibi olmadığımız konuların farkına varmak, bilgiyle hareket etmektir. Bir hafta Avrupa seyahati yapan bir kişi bile ahkam kesebiliyor. İnsana, “Ne gördün, ne kadarını gördün, kimi tanıyıp hangi kültürü gözlemledin de ahkam kesiyorsun?” diye sormazlar mı? Sözün özü; ötekilerin söyledikleri sözler, aldığı kararlar ve eylemler üzerine düşünmek, karşımızdaki kişinin argümanlarını dinlemek gerekir.

Şuna inanıyorum; bundan bir asır sonra bugün konuşulan hiçbir siyasi, diplomatik, toplumsal konunun ve sorunun anlamı kalmayacak. Bambaşka bir dünya yaşamı oluşacak. Bilimin en değerli kavram hâlini aldığı bu düzende bugünkü toplumsal kalıpların da değişeceğini öngörüyorum. Her şeye rağmen iyiye doğru bir dönüşüm olacağını düşünüyor ve buna inanıyorum.

Zorlu pandemi dönemini geride bıraktık. Bu dönemden çıkarmamız gereken dersler var mı?

Dünyanın karşılaşacağı muhtemel sorunlar on yıldan fazla bir süredir Dünya Ekonomik Forumu'nun bildirilerinde yer alıyordu. Önlenemez grip salgını, siber saldırı, kuraklık, göçler ve etnik çatışmalar yıllardır bu raporlarda ele alınıyordu. Pandemi tüm dünyada hayatı durdurdu. Öncelikle bilim insanlarının büyük başarısını bu vesileyle bir kez daha kutlamak isterim. Bana göre pandemiden sonra en önemli derslerden biri sağlık sistemini güçlü tutmamız ve tümüyle özelleştirmekten kaçınmamız gerçeğidir. Bundan sonrası için halk sağlığı sistemlerini güçlendirmek ve pandemi döneminde elimiz kolumuz olan dijital dünyayı dikkate alıp dünya çapında bir pandemi protokolü imzalayarak siber saldırılara karşı altyapımızı güçlendirmemiz gerekiyor.

COVID-19 pandemisinin hayatımıza girmesiyle en büyük değişimi, teknolojinin sunduğu olanaklar sayesinde iş ve eğitim hayatında yaşıyoruz. Pandemi döneminde her yaş grubu kendine göre zorluklar yaşadı ve her kuşak kendi bedelini ödedi. Gençler için flört edememek, arkadaşlarıyla bir araya gelememek, sosyalleşememek büyük sorundu. Altmış beş yaş üzeri insanlar hareketsizliğin, dar alana sıkışmanın, sevdikleriyle bir arada olamamanın, ömürlerinin sonbaharında çocuk ve torunlarıyla bir araya gelememenin sıkıntılarını çekti.

Ancak herkesi derinden sarsan ekonomik kriz nedeniyle süreç hâlen bir başka yönden devam ediyor. Kimse 2020 yılının Nisan ve Mayıs aylarını hayatının sonuna kadar unutmayacak. Japon yazar Haruki Murakami, "Fırtınadan çıktığınızda asla fırtınaya giren insan olmazsınız," der. Hakikaten içinden geçtiğimiz süreç hepimizi bir şekilde dönüştürdü. Daha önce de üzerinden geçtiğimiz gibi süreç öncelikle "uzaktan" kavramını hızlandırdı. Uzaktan çalışmayı aklına getirmeyecek patronların zihniyetiyle yönetilen şirketler bile, özellikle İstanbul'da işlerin belli bölümünün uzaktan yapılmasını istiyor. Önümüzdeki yirmi beş yıl içinde mesleklerin yüzde 60'ının ortadan kalkacağını, geriye kalan yüzde 40'ının da mutlaka dönüşeceği bir dünyaya evriliyoruz.

Hayat başarısı için benim modelim oldukça basit… Birincisi, insanların az gayretle sonuç aldığı işleri yapmak... Neyi yapmayı seviyorsun? Az gayretle sonuç aldığınız, yaparken zamanın akıp gittiği işler, konular, alanlar neler? İkincisi; başarı için terlemek, düşmek ve kalkmak şart... Başarısız olmadan başarılı olmak mümkün değil. Üçüncüsü de insanlarla iyi geçinmek... Nitekim Yuval Noah Harari de geleceğin dünyasında ilişki yönetimi ve ekip çalışmasının daha çok önem kazanacağını belirtiyor.

İkinci önemli değişim de şüphesiz eğitim alanında oldu. Uzaktan eğitim benzer şekilde hayatın bir parçası hâline geliyor. Ancak pandemi döneminde eğitimde sınıfta kaldığımızı net olarak söylemem gerekir. Türkiye'de Milli Eğitim Bakanlığı ve üniversiteler uzaktan eğitim konusunda var olan imkânlarını seferber etmesine rağmen ağ ortamına ulaşımın, akıllı telefon veya tablet sayısının sınırlı olması, öğretmenlerin ve öğrencilerin bu tür bir uygulamaya hazırlıklı olmaması nedeniyle beklenen sonuç alınamadı. Gerçekçi olmak gerekirse hibrit veya uzaktan eğitim konusundaki bütün gayretlere rağmen, özellikle öğrencilerin kazanımı sıfıra yakın olurken ne yazık ki bildiklerini de unuttular. Örneğin yedi sekiz yaşında toplama ve çıkarmayı öğrenen çocuğun, öğrendiklerini unuttuğu için, iki yıl sonra bölme ve çarpmayı öğrenmesi imkânsız duruma geldi.

Eğitim birbirinin üzerine ekleyerek giden bir süreç oldu ğu için bir basamağı atlayıp diğerine geçmek mümkün değildir. Benzeri bir boşluk Türkiye'de 1970'li yıllarda yaşandı. Bu yıllarda üniversiteler, ideolojik çatışmaların fikir düzeyinden çıkıp silahlı şiddet eylemlerine sahne olması nedeniyle sık sık tatil edilirdi. Bu çatışmaların en şiddetli olduğu fakülteler ise geleceğin öğretmenlerini yetiştiren eğitim enstitüleriydi. Dört yıllık süre içinde sayılı gün eğitim yapılan bu kurumlarda öğrenciler, yöneticiler ve hocalar çaresiz kalmıştı. 1974 yılında Birinci Ecevit Hükümeti bu konuda radikal bir adım atarak konuyu çözdü. On beş gün hızlandırılmış eğitim verilerek bütün öğrenciler mezun edilip öğretmen olarak atandı. Yüreği vatan sevgisiyle dolu, sağ veya sol ideoloji çerçevesinde sarsılmaz inanca sahip ancak temel eğitim ve bilgiden yoksun bu grup, öğretmen ve yönetici olarak, emekli oluncaya kadar Türkiye Milli Eğitim sistemi içinde kalıp öğrenci yetiştirdi. Bugün belirli yaş gruplarında gördüğümüz temel bilgi eksikliğinin nedenlerinden birinin sebebinin bu olduğunu düşünüyorum.

O nedenle krizler, doğal afetler, salgınlar, ekonomik çöküşler, güvenlik krizleri, savaşlar... Her ne olursa olsun bir krizin iyi yönetilmesi bilime, kamu otoritesine ve medyaya güvenmeye bağlıdır. Eğer bunlara güveniliyorsa o krizler mümkün olduğu kadar hızlı, az zararla atlatılır ve hayat daha hızlı normale döner. Maalesef dünyanın her yerindeki yönetimler bu saydığım üç kuruma güveni sarsıyor. Söz konusu üç kuruma güven ne kadar sarsılırsa krizler aynı oranda zor yönetilir. Okurlarımızı da pandemi ve sonrası Türkiye'sinde sözünü ettiğim bu üç kuruma güven açısından puan verip çıkan sonucu kendinize göre değerlendirmeye davet ediyorum.

Son olarak duygularımızın, tarihin bir döneminin şahane olmasından değil, kişisel deneyimlerimizden kaynaklandığının bilinmesi gerekir. Her dönemin kendine özgü güzellikleri vardır. Bugün yaşayan gençler için de elbette bugüne ait güzellikler ve özellikler var. Bugün yirmili yaşlarda olanlar da yirmi yıl sonra bugünleri andıklarında, "Ah bizim zamanımız, ah bizim gençliğimiz, keşke zamanı geri alsak," diyeceklerdir.

Son olarak toplumsal mutluluk ile bireysel mutluluk arasındaki bağlantının da önemini sormak istiyorum.

Toplumda her bireyin birbirine olan sorumlulukları ve bu sorumlulukların yerine getirilmesi için yaptırımlar vardır. Yaptırımlar üç türlüdür. Birincisi, yasaların çizdiği sınır; ikincisi, özgür iradenin çizdiği sınır; üçüncüsü, yurttaşlık bilincinin çizdiği sınırdır. Bir de bunlara ek olarak yasalar tarafından çizilmese de gönüllü olarak içine girilen itaat alanı vardır ve gönüllü itaat alanında vicdan sahibi bireyler kendi sorumluluklarının farkındadır. Böylesi toplumlar da huzurlu ve mutlu topluluklardır.

Toplumsal yapı ve sosyal ilişkilerin kişilik ve karakterimize sağladığı etkiler çok önemlidir. Kişiliğimiz ağırlıklı olarak doğuştan getirdiğimiz özelliklerden oluşur. Karakterimiz ise değerlerimizdir. Kişiliğimiz ne yaptığımızla, karakterimiz onu neden yaptığımızla ilişkilidir. Dolayısıyla karakterimizden biz sorumluyuz. Elbette karakterimizi aile, okul, toplum etkiler ancak karakterimizden tümüyle biz sorumluyuzdur. Karakterimizi oluşturan değerler aynı zamanda neden "öyle" davrandığımızın ipuçlarını barındırır. Aslına bakarsanız ilk çocukluk dönemini ve yetiştiğimiz aileyi en kritik halka gibi düşünebilirsiniz.

Biz hâlen insanları eğitim yönünden eğitmekle, ahlak yönünden eğitmenin farkını anlamış değiliz. Ahlaken eğitilmemiş bireyler toplumun başına bela olur. Türkiye son yıllarda biraz da bunu yaşıyor. Çocuğun ailesinden öğrendikleri zihinsel, duygusal ve ruhsal gelişimin en önemli halkası ancak eğitim sisteminin sadece ezber odaklı olması da ciddi sorun olarak karşımızda duruyor. Bu durum sosyal ilişkiler için de geçerli... Sosyal ilişkilere zaman ayırmanın hayat kalitesini yükselttiği gibi hayat süresi üzerinde de etkili olduğunu biliyoruz.

Bir de şöyle bakalım: Beynimizin iki sistemi var. Biri, ilkel olan orta bölüm. Orada güdüler, heyecanlar, duygular var. Beynin ortasındaki yapılar... Öbürü ise kortikal yapılar ve alın lobu. Yani dürtülerimizi kontrol eden, bizi insan yapan kısım... Dolayısıyla hisseden beyin hızlı, atak, güçlü, heyecanlı, telaşlı, aceleci... Düşünen beyin yavaş, zayıf, düşünceli, planlı programlı... Biz günün önemli bölümünü otomatik pilotta geçiririz. Yani hisseden beyin işlevseldir, duygularımız baskındır. Bunun nedeni enerji tasarrufudur. Beyin bir problemle karşılaştığı zaman düşünceler üretmesi gerekir. Ama ilginç şekilde insan bir problemle karşılaştığı zaman çoğunlukla düşünmeyi durdurup otomatik yola gider. Çünkü beyin çok yüksek enerji, bir başka deyişle yakıt kullanır. Şekerin önemli bölümünü beyin kullanır. Bu yüzden de enerji harcamayı değil, tasarruf etmeyi ister. Dolayısıyla hisseden bölüm devamlı aktiftir ve canının istemediklerini erteler, yapmaz. Medeniyet ise eğitimle, canımızın istediklerini ertelemek ve istemediklerimizi yapmakla oluşur.

İşte disiplin ve eğitim bu yüzden önemli ve geçerlidir. Medeniyet; arabayı boş bulduğumuz yere park etmek değil, "Burası engelli parkı, buraya park edemem," demeyi gerektirir. Medeniyet; emniyet şeridine girmemek, yola tükürmemek,

> Medeniyet; arabayı boş bulduğumuz yere park etmek değil, "Burası engelli parkı, buraya park edemem," demeyi gerektirir. Medeniyet; emniyet şeridine girmemek, yola tükürmemek, toplu taşıma araçlarında derli toplu oturmaktır.

toplu taşıma araçlarında derli toplu oturmak demektir. Her biri eğitimle mümkündür, dahası hayatın her alanında geçerlidir.

İnsan beyni ve insan canlısı öngörülebilir şekilde akıl dışıdır. Bunu söyleyen Daniel Kahneman'dır. Maalesef toplumumuz, dürtüleriyle hareket eden bir toplumdur. Zekâ ve akıl ise olaylar arasında ilişki kurma becerisidir. Akıl, toplumda çoğu zaman kurnazlık, kendi menfaatine yarayacak çözümleri bulmak olarak görülüyor ancak bunlar doğru olmayan etiketlemeler... Bunun da iki nedeni var. İlki; disiplin ve değerler. Toplum olarak düşünmekten kaçındığımız için sorgulamaktan da kaçınıyoruz. Dolayısıyla tüyo alıp borsa veya at yarışı oynamak daha kolay... Çünkü sizin yerinize bir başkası düşünüyor. İkincisi, düşünmek için bir altyapı ve birikim gerekir. Toplumun genelinde altyapı ve birikim eksikliği görüyorum. Düşündüğünüz zaman anlarsınız, anladığınız zaman sorumluluk üstlenmeniz gerekir. Bu yüzden klişelerle, önyargılarla yaşıyoruz. Toplumdaki varlığımıza ve sorumluluklarımıza bir de bu yönden bakmak gerekir. Toplumsal mutluluğa ancak bu süreçleri doğru yaşayarak ulaşabiliriz.

Sorunun bir kısmı da bireysel mutluluk üzerineydi. Kendimizi iyi hissetmemiz için sükûnetimizi korumak; derin nefes almak; meditasyon, yoga yapmak; mindfulness aktivitelerine katılmak sağlık açısından iyi olmanın işaretleri olabilir. Ancak bu saydıklarım uzun yaşamanın temel nedenleri değildir. Sağlığı besleyen ve uzun hayat üzerinde birinci derecede etkili olan, sosyal ilişkilerdir. Burada önemli nokta şudur: Uzun hayat süresi konusunda fark yaratan, zengin sosyal ilişki ağı içinde olmak, çok insanla bağ kurmak ve bu ilişki ağı içinde başkalarına yardımcı olacak etkinlikler yürütmektir. ABD'de yapılan çeşitli araştırmalar günde altı yedi saat sosyalleşmenin insan mutluluğu açısından önemli olduğunu gösteriyor.

Zihinsel ve duygusal açıdan tatmin eden sohbetlerin gerçekleştiği yakın arkadaşlara sahip olmak, kişinin iyilik hâline ve mutluluğuna katkı sağlar. Benzer şekilde hayatından memnun ve mutlu insanlarla dolu bir çevrede bulunmak da mutluluğu olumlu yönde etkiler. Tüm bu olumlu etkileşimler zihnimize, ruhumuza, kişilik ve karakterimizin iyilik hâline katkı sunar.

Acar Baltaş'a Göre DIŞARIYLA TÜRKİYE ARASINDA FARKLILIK GÖSTEREN VE KORUMAMIZ GEREKEN BEŞ ÖZELLİK

Türkiye kültürel, tarihsel ve coğrafi açıdan zengin bir mirasa sahip ve bu değerlerin korunması, ülkenin kimliğini ve zenginliğini sürdürmesi açısından önemli... Korunması gereken özellikler arasında bunlar sayılabilir:

1. *Zengin Kültürel ve Tarihî Miras:* Türkiye'nin Anadolu'dan gelen binlerce yıllık tarihi ve kültürel mirası dünya medeniyetleri için büyük önem taşıyor. Bu mirasın korunması hem ulusal kimlik hem de küresel kültürel çeşitlilik açısından hayati önem taşıyor.
2. *Misafirperverlik:* Türk kültüründe derin kökleri olan misafirperverlik, yabancılara ve misafirlere karşı gösterilen sıcak ve cömert tutumu ifade ediyor. Bu özellik, Türkiye'nin dünya genelinde tanınan ve takdir edilen bir yönü...
3. *Hoşgörü:* Türkiye'nin etnik ve kültürel çeşitliliği, farklı kültürlerin bir arada yaşamasının güzel bir örneği... Bu çeşitlilik, toplumsal zenginlik ve hoşgörünün korunmasını gerektiriyor.
4. *Aile Bağları:* Türkler için aile her şeyin üzerindedir. Aile üyeleri birbirine her zaman destek olur ve zor zamanlarda birbirinin yanında olur. Bu özellik, Türk toplumunun güçlü aile bağlarını yansıtıyor.
5. *Anadolu irfanı:* Anadolu; farklı medeniyetlere ev sahipliği yapmış, zengin bir tarihe ve kültüre sahip bir coğrafya... Bu coğrafya, Türk halkının karakterini ve değerlerini şekillendiriyor. Anadolu irfanını korumak, Türkiye'nin kendine özgü kimliğini ve varlığını sürdürmesi anlamına geliyor. Hızlı kentleşme bu özelliği tehdit ediyor.

YEDİNCİ BÖLÜM

NASIL BİR EĞİTİM? SİSTEMİ ÇİN'DEN Mİ ALALIM, BATI'DAN MI?

"Bana göre yakın gelecekte, temel bilgiler hariç, 'Oturun, dinleyin,' dönemi bitecektir. Bundan sonraki modelde, 'Okuyun, öğrenin ve şu probleme-soruna ilişkin çözüm önerileri geliştirin,' denecektir. İnsanlar bilgiye nasıl ulaşacaklarını, bilgiyle ne yapacaklarını öğrenecek. Artık amaç, tarih dersinde olayların tarihlerini öğrenmek değil; söz gelimi İkinci Dünya Savaşı'na neden olan etkenleri ve aktörleri bilip bu etken ve aktörlerden yola çıkarak, 'Eğer başka şekilde olsa ne olurdu, örneğin savaşı Naziler kazansaydı nasıl bir dünyada yaşardık?' gibi akıl yürütmeye dayalı bir sisteme geçiştir."

Parası olanların iyi okullara, olmayanların devlet okullarına gitmek zorunda olduğu bir ülkede yaşıyoruz. Bir yandan sistem de sürekli değiştiriliyor ve bir türlü tatmin etmiyor. Bu bölümde eğitim hayatında hem devletin hem de aileler olarak bizlerin yaptığı hataları konuşalım isterim. Size göre en temel meseleler nedir?

Eğitim sistemimizin yamalı bohça gibi olduğunu söylemek yanlış olmaz. Devlet okullarındaki müfredatın içeriği sürekli değiştiği gibi, yıllardır herkes eğitim kalitesinden de şikâyetçi... Ezbere dayalı bir anlayış ve her geçen gün kalitesi düşen devlet okulları gerçeği ortada. Aileler haklı olarak kara

kara düşünüp, "Ne yapacağız?" diye soruyor. İmkânı olan veya tüm imkânlarını seferber edenler çocuklarını özel okullara gönderirken halk çocukları bu olanaklardan mahrum kalıyor.

Eğitim sistemi ve müfredat günümüzde temel bilgileri kazandırdıktan sonra muhakeme yeteneğinin gelişmesini sağlayacak bir programa dönüştürülmeli. Çocuklara temel bilgileri kazandırdıktan sonra gereksiz ezber bilgileri yüklemeye gerek yok. Artık bilgi bir tıkla elimizin altında. Önemli olan, çocuklara bilgiyi nasıl toplayacaklarını ve sorunların çözümü için bu bilgileri anlamlı bir bütün hâline getirmeyi öğretmek... Çok önemli bir sorun da sistemin, sanki herkes eşitmiş gibi bir sınav çizgisi koyması... Ama mevcut sistem, farklılıkları göz önüne almamak üzerine kurulu... Daha önce de konu etmiştik; sistem âdeta insanları bir çizgiye koyup, "Haydi şimdi yarışın," diyor. Oysa insanları yarıştırırken veya spor yaptırırken yaş, cinsiyet, boy, kilo gibi özellikleri dikkate alınarak kategoriler belirlenir. Bizim eğitim ve sınav düzenimizde ise herkesin eşit olduğu kabulü söz konusu. En düşük koşullara sahip olanlarla, ailelerinin imkânlarını kullanarak en üst düzeyde fırsatlara sahip olanlar bir araya getiriliyor. Dolayısıyla sistem zaten en başından yanlış temeller üzerine inşa edilmiş durumda.

İkinci büyük sorun, eleme sisteminde kullanılan ölçek... Zekânın fonksiyonlarından biri olan ve ağırlıklı olarak hafızaya dönük ve hafızası kuvvetli olanlara imkân yaratan soru kalıpları seçiliyor. Böylece okulda öğrendiklerini aklında tutanlar öne geçiyor. Hâlbuki zekânın hafızadan başka işlevleri de var. Dolayısıyla halk çocuklarına eğitimin tüm kapıları açık gibi görünse de istisnalar dışında nitelikli okulların kapısı bu insanlara kapalı durumda. Bir diğer sorun, ailelerin birtakım yanlış algıları... Çocuğunu özel eğitim kurumuna gönderenler, çocuklarının mutlaka dereceler alması gerektiği hissine kapılabiliyor. Anne-babalar, "Özel okula para veriyorum, istediğimi yaptırırım," anlayışıyla rasyonel olmayan beklentiler içine girebiliyor.

Çocuğun eğitiminde temel sorumluluk ailededir. Ancak birçok aile bu görevini, parasını verdiği özel okula yüklüyor. Çocuk hayatla ilgili temel bilgileri aile içinde alır. Anne-babanın birbiriyle ilişkisi, sorunları ele alma ve çözme biçimi, temel nezaket ve adabımuaşeret kuralları aile içinde öğrenilir. Bu nedenle ailenin bu yöndeki sorumlulukları sırf parası ödendi diye okula devredilemez.

Bugün birçok özel okulda anneler kurdukları özel WhatsApp gruplarıyla çocukların ödevlerini izliyor, öğretmen davranışlarını denetliyor ve çocuklarının beyanlarından yola çıkarak uygun bulmadıkları durumlarda öğretmenlere müdahale etme hakkını kendilerinde görüyor. Anneler bir anlamda hizmet sektöründeki müşteri merkezli anlayışı okullardan talep ediyor. Oysa erken yaşlar çocuğun ilişki sorunlarını çözmeyi öğrenmesi, karşılaştığı sorunlarla mücadele etmesi için en uygun dönemdir. Çoğu kere anne-babalar sorunlara dâhil olarak, çocukları adına sorunu çözerek bu becerinin gelişmesine engel oluyor. Özel okullarda çocuk sınıfta veya serviste bir arkadaşıyla sorun yaşadığında sınıfının veya servisinin değiştirilmesi talebi, okul yöneticilerinin sık karşılaştıkları bir durum... Hatta bazı ailelerin, "Bu çocuk başkalarını da rahatsız ediyor, onu uzaklaştırın," talebinde bulunması, bu hakkı kendilerinde görmeleri bile ender rastlanan bir durum değil.

Bir de bu tür ailelerde özellikle birçok anne, çocuğun olumsuz bir duygu yaşaması önünde bir paravan veya kalkan rolü üstleniyor. Örneğin arkadaşının doğum gününe çağrılmadığı için üzülen çocuğuna, "Unutmuştur, ben annesiyle konuşurum. Boş ver, biz daha eğlenceli bir şey yaparız," gibi seçenekler sunarak onu yaşadığı hayal kırıklığından korumayı görev sayıyor. Bunun yerine, "Ne hissediyorsun, sence arkadaşın seni neden çağırmadı?" diye sorup, "Demek ki arkadaşı tarafından çağrılmayan bir çocuk böyle bir üzüntü duyuyormuş," diyerek onun dünyasında derinleşecek ve empati geliştirecek yaklaşımlarda bulunabilir. Şüphesiz çocukları olumsuz duygulardan korumak ve onlara gerçek olmayan yapay bir dünya sunmak yerine böyle bir yol seçilmesi gerekir. Aksi hâlde çocukların olgunlaşmasının önüne geçilir.

Sizin de altını çizdiğiniz gibi, Türkiye'deki eğitim sistemi Batı'ya göre tamamen sınav odaklı ancak bu odak noktasında bile fırsat eşitliği sunulamıyor. Eğitim sistemindeki sorunlar güncel hayatta ne gibi sorunları beraberinde getiriyor?

Birkaç önemli husus var. Türkiye'de var olan üniversite sayısı artsa da eğitim standartları yukarı çekilmiş değil. Bir konferansta YÖK eski başkanı, rahmetli İhsan Doğramacı ile beraberdik. Yeni açılan üniversitelere eleştirel bir yaklaşım getirince Doğramacı, "Biz üniversiteleri açalım da onlar zamanla gelişir," demişti. Öyle olmadı! Daha çok üniversite açılsa da üniversitelerin standardı geriye gitti. Bunun iki sebebi var. Esas sebep; açılan üniversite sayısına uygun nitelikli öğretim üyesi olmaması. Nitelikli hoca olmayınca niteliksiz asistanlar yetişiyor. Dolayısıyla ekonomik bir ifade kullanacak olursak, "yoksullukta eşitlik" sağlanıyor.

Daha vahimi ise niteliksiz üniversitelerde yetişen çocuklar kendilerini üniversite mezunu saydıkları için sıradan işleri yapmaya talip olmuyor. "Bu işi neden beğenmiyorsun, neden yapmak istemiyorsun?" diye sorulduğunda gelen cevap, "Üniversite okudum, ben fakülte mezunuyum," oluyor. İkinci handikabımız; üniversitelerin hiçbir mesleki beceri kazandırmadan çocukları mezun etmelerinden kaynaklanıyor. Bu durum bırakın iş yaşamını, sosyal yaşama bile neredeyse hazır olmayan ve ailesinin kaynaklarını tüketmiş bir işsizler ordusu yaratıyor. Son zamanlarda ilköğretim mezunlarının üniversite mezunlarından daha çok para kazandığını duyuyoruz. Kaldı ki eğitim başarısı, hayat başarısı ile doğrudan ilişkili de değildir. Eğitim başarısı için odaklanmanız ve çalışmanız gerekir. Buna karşılık iş başarısı diğer insanlarla işbirliği yapmayı ve onlarla ilişkileri yönetmeyi gerektirir.

> Eğitim başarısı, hayat başarısı ile doğrudan ilişkili değildir. Eğitim başarısı için odaklanmak ve çalışmak gerekir. Buna karşılık iş başarısı diğer insanlarla işbirliği yapmayı ve onlarla ilişkileri yönetmeyi gerektirir.

Pandemi sürecinde uzaktan eğitim kavramıyla tanıştık demiştik ama ciddi sorunlara da tanık olduk. COVID-19'un neden olduğu sınırlamalar döneminde uzaktan eğitim sırasında uygulanacak ve bu sayede verim elde edeceğimiz birtakım fırsatları teptik. Eğitimin demokratikleştirilmesi, nitelikli içerik oluşturulamadığından hayata geçemedi. Bunu yapabilseydik çevrimiçi dersleri izleyip dinleyen öğrenciler, konuların üzerinde çevrimiçi tartışıp ezberci anlayıştan uzaklaşma fırsatı bulurdu. Ayrıca biliyoruz ki dar gelirli ailelerin çocukları yaygın olarak uzaktan eğitime ulaşamadı. Sonuçta sosyal açıdan olgunlaşmamış, bilgi açısından yetersiz, nitelikli insan sıkıntısı çekeceğimiz günlere zemin hazırlayan bir süreç yaşadık. Şimdi dönüp bakınca maalesef pandemide okulların bir buçuk yıl boyunca kapalı olduğu ve uzaktan eğitim yapılan dönemin maalesef boşa geçirildiğini net olarak görüyorum. Bazı okullar dışında, dersler çevrimiçi olarak nitelikli hocalar tarafından verilemedi. Tüm bunlar alıştığımız kalıpları terk etmeyi gerektiriyordu ama olmadı. Alıştığımız düzen, "İnsanları çevrimiçi ortamda bile hep beraber aynı anda derse sokalım, sonra da herkese aynı soruları yönelterek bilgi sınavı yapalım," mantığıyla ilerledi ve böyle de devam ediyor.

Bu sistemler diğer ülkelerde nasıl? Yıllardır konuşup duruyoruz, bazı modelleri de karşılaştırıyoruz ancak neden bir türlü doğru modeli bulamıyoruz?

Batı'daki gelişmiş ülkelerin her birinde ayrı sistemler söz konusu. Ama bizim dışarı bakışımızda birtakım hatalar var. Bir kere doğru sistemi yıllardır ABD'de aramak en büyük hatamız... ABD, eğitimin en adaletsiz ve halk kitleleri içinde en niteliksiz olduğu ülkelerin başında geliyor. ABD'de paranız yoksa payınıza düşecek olan, üçüncü dünya ülkeleri seviyesinde bir eğitimdir. Bu nedenle eğitimde reform için tek çözüm aramak yerine farklı modellere yönelmemiz gerekir. Çin, Japonya, İskandinav ülkelerinin çözümlerine bakıp bunları kendimize uyarlamak durumundayız.

İki farklı uygulamadan örnek vermek isterim. Birincisi, İngiltere'den. Ülkede on beş yaşındaki çocukların matematik performansı ile Çinli çocuklar arasında dağlar kadar fark olduğu saptanıyor. O zaman Bohunt kasabasındaki okulda pilot çalışma başlatılıyor. Bu kapsamda Çin'den matematik, beden eğitimi, biyoloji, fizik, kimya öğretmenleri davet ediliyor. On beş yaşında, ortaokul üçüncü sınıf düzeyindeki öğrencilerin bir kısmını Çin'deki sisteme sokarak sonuçları gözlemlemeye başlıyorlar. Daha önce otuz kişilik sınıflarda sabah saat dokuzda başlayıp öğleden sonra üç buçukta biten ders saatleri dâhil olmak üzere pilot sınıfta sistem tümden değişiyor. Dersler Çin'deki gibi sabah yedide başlayıp akşam yedi buçukta bitiyor. Sınıflar Çin'deki gibi elli kişiye yükseltiliyor. Pilot sınıfa üniforma mecburiyeti ve Çin usulü disiplin uygulanıyor. İngiliz çocuklar ilk başlarda şok yaşıyor. Öğrenciler daha önce alıştıkları gibi davranmaya devam ettikleri her durumda öğretmenleri tarafından cezalandırılıyor. Cezalandırma, sınıfa sırtını dönüp tek ayak üzerinde durmak olarak uygulanıyor. Çocuklar bu cezaları duydukları zaman dehşete düşseler de öğretmenler taviz vermiyor. Saat üç buçukta diğer sınıfların öğrencileri evlerine dönerken pilot sınıftakiler bir buçuk saat fiziksel egzersiz yaptıktan sonra öğretmen gözetiminde etüde devam ediyor. Son ders zili yedi buçukta çalıyor. Herkes isyan etse de üçüncü ayın sonunda bütün notlarda, özellikle de fen derslerinde notlar yükseliyor.

Biraz önce ABD'nin kötü örnek olacağını söylemiştim ancak özel uygulamalara da açık olmak ve onlardan da öğrenmek gerekiyor. Bu nedenle farklı bir örneği de ABD'den vereceğim. KIPP (*Knowledge is Power Program,* "Bilgi Güçtür Programı") New York şehrinin Brooklyn semtinde bütünü siyah ve Hispaniklerden oluşan bir toplulukta uygulanıyor. Programın uygulandığı çocukların yüzde sekseni tek ebeveynli ve toplumun en alt gelir grubunda ve beslenme desteği alan ailelerden oluşuyor. Pilot uygulama kapsamında ders saatleri sabah yedi buçuk ile akşam yedi buçuk arası olarak belirlenirken cumartesi günleri de öğleden sonra üç buçuk olana kadar etüt yapılıyor. Uygulama kapsamında kıyafet zorunluluğu olduğu gibi, kravatını gevşetmek bile ceza sebebi sayılıyor. Öğrenciler sabahları otuz dakika dans ve fizik egzersizleriyle güne başlıyor. Öğleden sonra bu kez bir saat otuz dakika fizik egzersizleri yapılıyor. Hocalar her ders ve aktivitede çocukların başında bulunuyor. İlk başta birçok kişi pilot uygulamayı fantezi olarak görse de mezunların tamamı ülkedeki matematik ortalamasının çok üzerinde sonuç alınca yıllar içinde pilot uygulama birçok okula yayılıyor.

ABD'de bugün varlıklı aileler bile çocuklarını bu tür eğitim kurumlarına göndermek isterken yoğun ilgi nedeniyle birçok kurum kurayla öğrenci alıyor. Kayıt yapılırken öğrencilere kurala uyup uymayacakları soruluyor. Kurallara uyanlar eğitimlerine devam ederken uymayanlar programdan çıkarılıyor. Tüm bunlar bize disiplinin önemini gösteriyor. Şüphesiz, "Saldım çayıra Mevla'm kayıra, çocuk bir şeyi istemiyorsa yapmasın, ne istiyorsa onu yapsın, zorla olmaz," diyerek sağlam bir temel atılamıyor.

Kentli ve beyaz yakalı ailelerde çocuklara büyüklerden daha fazla konfor alanı sağlanıyor. Çocuklar henüz bir iki yaşındayken tavizleri koparmaya başlıyor. İki yaşındaki çocuk önündeki yemeği yemediğinde anne-babaları seçenekler sunuyor. Oysa sofrasına konulan tabağı yemeyen çocuğa, "Tamam, kalkabilirsin veya başka yemek yok," dediğinizde çocuk ikinci veya üçüncü gün önüne konulanı yiyor. Ailenin bu sabrı göstermesi gerekiyor. Ailelerin çocuklarına bağ kurmak için ayırmadıkları zamanı her imkânı sunarak telafi etme çabası aslında eğitim-öğretim süreci içindeki önemli bir sorun...

Katı disiplinli Çin modeli örneğini verdiniz. Bir yandan da eğitimin çocuklardaki yaratıcılığı köreltti̇ğini belirtiyorsunuz. Çin modeli, çocukların yaratıcılığını tümden ortadan kaldırmaz mı?

Elbette sistemlerden birini alıp uygulayalım demiyorum. İngiltere, Çin veya farklı ülkelerdeki sistemlerden uygulanabilir olanları alıp ülkenin şartlarına göre revize ederek hayata geçirebiliriz. Her ailenin, çocuğunun yeteneğine göre modeller seçeceği sistemler olmalı. Söz gelimi, Çin modeli çocuğunuzun yetenek ve karakterine uymuyorsa, farklılıklarını öne çıkaracağı diğer modellerden birini tercih edebilirsiniz. Yine okul öncesi birtakım zihinsel, duygusal testlerle hangi çocuğun, hangi sisteme uyum sağlayacağı belirlenebilir.

Mesele bu sistemleri kimlerle uygulayacağınız, yani kadro sorunudur. Finlandiya, Norveç, Danimarka'nın imkân ve nüfus oranları ile Türkiye'nin imkân ve nüfusu arasındaki farka baktığımızda ne kadar geç kaldığımızı, aradaki farkı kapatmamızın imkânsızlaştığını görüyorum. Meselenin bir de eğitimcilerle ilgili kısmı söz konusu. Bir kere öğrencilerin çok bilgili öğretmenlerden daha çok mutlu öğretmenlere ihtiyacı olduğunu bilmemiz gerekiyor. İşini severek yapan, okula severek, isteyerek gelen öğretmenlerimiz olmalı. Okul içinde bu iklimi sağlamaktan sorumlu olan okul yöneticileridir. Onların da bu konuda geliştirilmeleri gerekir. Hiç şüphesiz öğretmenlere sunulan maddi imkânlar, öğretmenlik statüsünün toplumdaki yeri de bu sonuçta çok önemli bir faktör...

Bu konuları hep konuşuyoruz ama sizce neden hâlâ konuşuyoruz?

Bugün ölçü biraz değişti. Günümüzde imam hatip mezunları veya ilahiyat fakültesi çıkışlılar yönetsel görevlere geliyor. Kişisel olarak imam hatip ve ilahiyat fakültesi mezunlarının yönetici olmalarında bir sorun olduğunu düşünmüyorum. Ancak Türkiye kalkınmak için katma değeri yüksek teknolojik ürünler hedefliyorsa tüm kadroların imam hatip ve ilahiyat mezunlarıyla doldurulmaması gerekir. Pandemiden kısa süre önce YÖK'te bir toplantıda moderatörlük yapmak için davet aldım. TÜSİAD, MÜSİAD ve TOBB başkanlarının bulunduğu panel iki buçuk saat sürdü. Toplantıda 207 üniversite rektörü vardı. Giriş konuşmamda, "Üniversiteler gençleri iş hayatına hazırlamıyor," diyerek önemli sorunlara değindim. Ancak asıl ilginç olan neydi biliyor musunuz; 207 rektörden 150'si imam hatip veya ilahiyat kökenliydi. İnanç ve değerler sisteminin önemli olduğuna inanıyorum ancak bu tablo inanç ve değerler sisteminin bilim temelli eğitime tercih edildiğinin örneğiydi.

Az önce özel eğitim konusundan bahsettiniz, yine oraya dönmek istiyorum. Sosyal devlette özel eğitim kurumlarının olması büyük bir çelişki midir? Fırsat eşitliğini sağlamanın yolu paralı eğitimin tümüyle ortadan kaldırılmasından mı geçer, ne dersiniz?

Eğer serbest ekonomiden yana bir ülke olarak yola devam edeceksek özel okullar olacak. Takımınızı izlemek için stada gittiğinizde şayet iyi bir yerde oturmak istiyorsanız sıraya erken girmeniz değil, daha yüksek ücret ödemeniz gerekir. İmkânınız varsa maçı sahaya yakın ve iyi bir yerden, imkânınız yoksa imkânlarınızın elverdiği bir yerden seyredersiniz. Eğitim sistemi için de bu geçerli... İmkânı olanların çocuklarını daha iyi yetiştirme çabalarını engelleyemezsiniz. Burada yapılması gereken, devlet okullarındaki yükü hafifletmek suretiyle nitelikli eğitim olanakları sunmaktır.

Özel okullar bir yandan da devletten yük alır, devletin elini güçlendirir. Devletin her çocuk için belirlediği birim eğitim fiyatı vardır. Çocuğunuzu özel okula yolladığınızda devlet bu birim yükten kurtulur, demek ki devletin yükünü hafifletmiş olursunuz. İşte bu nedenle özel okulların teşvik edilmesi, bu okullardan KDV alınmaması, istihdam edilecek öğretmenlerin sigorta primlerinin muhtasarları ve SGK primlerinin daha düşük olması gerekir. Tabii bunlar yapılırken ve özel eğitim yaygınlaşırken devlet okulları da daha az çocuğa daha nitelikli eğitim vermek için yatırımlarını artırır.

Zaman zaman üniversite sınavında derece yapan çoban çocuk gibi haberler çıkıyor. Bu durumu nasıl okumalı? Bu, sistemin başarısı mıdır; yoksa aslında derece yapan her bir çoban çocuğunun, derece yapamayan, hatta okulu bile bitiremeyen binlerce çocuğu temsil ettiğini mi düşünmeliyiz?

Yüksek zekâlı bir çocuğun odaklanarak sonuç alması imkânsız değildir. Her yıl okuduğumuz bir veya birkaç örnek istisnadır ve bütünü temsil etmez. Ancak bu istisnalar bize halk çocuklarına imkân verilse alınacak sonuçlar konusunda fikir verir. Biz 85 milyon içinden üst düzeyde on bir futbolcu çıkarmakta zorluk çekerken, İstanbul'un bir ilçesi nüfusuna sahip ülkelerin kendi genç nüfuslarıyla aldıkları sonuçlar buna örnek olabilir.

Günümüzde bazı beyaz yakalı ailelerden radikal düşünceler duyuyoruz. Söz gelimi, "Çocuğumu bugün özel okula versem üniversiteden mezun olana kadar şu kadar maliyeti olacak, mezun olunca işsizlik riski de var. O hâlde ben de çocuğum için bu parayı biriktirip yirmi üç yirmi dört yaşına geldiğinde kendisine veririm, böylelikle hayatı kurtulur," diyenler oluyor. Bu düşüncelerin rasyonel tarafı var mı?

Bu tür yaklaşım ve sözler mantıklı değildir, çaresizlik içinde kişinin kendi kendini ikna etme çabasıdır. Çünkü nitelikli eğitim sadece bilgi kazandırmaz; çocuğa aynı zamanda ilişkilerin daha ölçülü, daha medeni olduğu bir ortamda yaşama imkânı sunar. İnsanlar niye devlet hastanesi yerine özel hastaneye gitmek ister? Çünkü özel hastanede gördüğünüz davranış, ilgi değişir. Benzer durum eğitim için de geçerli... Devlet okulunun öğrenciyi gördüğü gözle, özel okul öğrencisinin durumunun aynı olduğunu söylemek gerçeklerle örtüşmez. Şayet bugün çocuklarım eğitim çağında olsaydı imkânım varsa özel okulu tercih ederdim. Hatta ekol okullar olarak bilinen, köklü eğitim kurumlarına yollardım. Ama tekrar ediyorum, maddi imkânlarım elveriyorsa bu seçeneği tercih ederdim.

Şayet imkânlarım çocuklarımı özel okula göndermeye elvermiyorsa bizzat ilgilenir, baba olarak sorumluluğu alır ve onların eğitim yaşamıyla bire bir alakadar olurdum. Çocuklarımla okulda öğrendiklerini her gün konuşur, konular üzerinde tartışır, fikir yürütür, birlikte yorumlamaya çalışırdım. Kısaca katılımcı anne-baba olmayı seçerdim.

Anne-babaların şunu bilmesi çok önemli; hatırlarsanız İstanbul dışına çıktığımda karşılaştığım yöneticilerin tamamının, Anadolu'nun çiftçi, esnaf, küçük memur ailelerinde yetişen kişiler olduğunu söylemiştim. Gerçekten de bu kişilerin en önemli özelliği çok küçük yaşlardan itibaren ailelerinin hayatında ve ev içinde sorumluluk sahibi olmalarıydı. Anne-babanın eli okul hayatı boyunca çocuklarının üzerindeyse çocukların mutlaka özel okula gitmeleri şart değil.

Yeri gelmişken şunu da sorayım; sizce ekol okullar mı, yoksa öğretmenlerin iyi olması mı? Çünkü bazı uzmanlar, "İlkokul çok önemli, çocuğunuzu mutlaka iyi bir eğitim kurumuna verin," derken bazıları ise, "İlkokulda öğretmen önemli, tüm enerji ve imkânlarınızı liseye saklayın," diyor.

Evet, ilkokulda öğretmen önemlidir. İnsanın hayatında anne-babası dışında çok önemli iki insan varsa biri ilkokul öğretmeni, diğeri ilk yöneticisidir. İlkokul öğretmeni çocuğunuzun değerli hissetmesine, öğrenmek için yaşadığı zorlukları aşabileceğine inanmasını sağlar. İlk yönetici ise insana nasıl bir yönetici olması veya olmaması gerektiği konusunda ilham verir.

İnsanın hayatında anne-babası dışında çok önemli iki insan varsa biri ilkokul öğretmeni, diğeri ilk yöneticisidir. İlkokul öğretmeni çocuğunuzun değerli hissetmesine, öğrenmek için yaşadığı zorlukları aşabileceğine inanmasını sağlar. İlk yönetici ise insana nasıl bir yönetici olması veya olmaması gerektiği konusunda ilham verir.

İyi eğitimciye vereceğim uç örneklerden biri rahmetli İbrahim Arıkan'dır. MEF Dersanesi ve Okulları'nın kurucusu Arıkan, çocukluğunda konuşma zorluğu yaşarken köydeki öğretmeni sayesinde bu zorluğun üzerinden gelmiştir. Böylelikle öğretmeni, Arıkan'ın okumasının, eğitim almasının önünü açarak kendisine cesaret vermiş ve potansiyelini ortaya çıkarmıştır. Öğretmeni, Arıkan'ın sadece başarılı olmasını değil; Türkiye'de eğitimin niteliğini yükseltecek bir insan olarak yetişmesinin yolunu açmıştır. İbrahim Bey yıllar sonra kendine küçük bir çiftlik kurduğunda evinin bahçesine ilkokul öğretmeninin heykelini koydu. Dolayısıyla ilkokul öğretmenimiz hayatımızda anne-babamızdan sonraki en önemli kişidir. Ancak bu anlattıklarımdan özellikle ilkokul için, "Öğretmen önemli, okul önemsiz," anlamı çıkarılmasın. Devlet okullarında olağanüstü özverili ve mesleğine âşık öğretmenler olduğunu biliyorum ancak köklü okullar, karşınıza nitelikli öğretmen çıkma ihtimalini artırır. Tüm bu saydıklarımın hepsi kaynaklarını etkili kullanmak isteyenler için geçerli yaklaşımlar...

Sizce iyi bir öğretmenin vasıfları nelerdir?

Bugüne kadar öğretmenlerle yaptığım sayısız çalışmaya iki soru sorarak başlarım; "Sizi derinden etkilemiş, belki de bugün mesleğinizi seçmenize sebep olmuş öğretmeninizin yıllar sonra karşı kaldırımdan geçtiğini gördüğünüzde şüphesiz kaldırım değiştirmek ve kendinizi ona hatırlatmak istersiniz. Bu öğretmenin özelliklerini bana beş sıfatla anlatın." Aldığım cevapları gruplandırdığım zaman ortaya çıkanları dört başlık altında toplayabilirim. Birincisi; yaklaşılabilir olmak, sıcak, hoşgörülü, verici olmak. İkincisi; işini ciddiye alarak yapmak, dersine hazırlanmak ve fazladan çaba göstermeye istekli olmak. Üçüncüsü, disiplinli olmak. Bu, tutarlı olmak anlamına geliyor. Kullandığı ölçütlerde tutarlılık öğrencilerin en duyarlı olduğu adalet kavramını beraberinde getiriyor. Dördüncüsü ve en önemlisi; genelleyerek değil, kişiselleştirerek ve özelleştirerek yaklaşmak. Bir başka ifadeyle, her öğrencinin biricikliğini fark edecek gözle sınıfa bakmak. Ben buna "bahçıvan ilkesi" diyorum. Ehil ve bilge öğretmenler bahçıvanları taklit eder. Gelişigüzel kıyaslamaz, her bitkinin doğasını kabul eder. Meyve veya çiçek vermesi için acele etmez ve hepsine aynı miktarda su vermez, çünkü herkese eşit davranmanın adalet olmadığını bilir.

İkinci soru, "Karşınızdan geldiğini gördüğünüzde kaldırım değiştireceğiniz bir öğretmenin beş özelliği nedir?" Adil değildir, öğrencileri arasında ayrım yapar. Notu ilişkinin önüne koyar, not ve sonuca ilişkiden daha fazla önem verir. Güç ve korkuyla yönetir. Geribildirim vermekte başarısızdır, topluluk önünde eleştirir. Davranışa dönük sıfatlar kullanır; örneğin, "Ödevini yapmamışsın," değil, kişiliğe "Tembelsin," der. Fevridir, duygularını kontrol etmekte başarısızdır, kolay kızar. Alıngandır, öğrencinin dersteki başarısızlığını ve yetersizliğini kendisine değer vermemek olarak algılar. Öğrencilerle bağ kurmanın öneminin farkında değildir.

Elimde olsa bütün okullarda öğretmenler odasının çıkışına, "Eğitmek doğru tepki vermektir," cümlesini yazardım. Doğru tepki vermek önce anlamayı, doğru çatışma çözmeyi ve dolayısıyla bağ kurmayı içine alır. Bu anlayış öğrencilerle kurulacak ilişkinin kalitesini belirler.

Dersini iyi anlatmak ve öğrencileri tarafından sevilmek elbette her öğretmenin hayalidir. Ancak birçok öğretmen; notları, başarıyı ve sonucu öğrencileriyle kuracağı ilişkinin önüne koyar. Bir öğretmen sınıfa, "Dersimi en iyi şekilde anlatacağım," diye değil, "Geleceğin Türkiye'sini inşa edecek gençleri yetiştireceğim," anlayışıyla girmelidir. Şüphesiz geleceğin Türkiye'sine katkıda bulunmak her öğretmene sabah yataktan kalkarken heyecan verecek bir sebep sunar.

İyi bir öğretmen, ayrıca, öğrencilerine günlük çatışma ve sıkıntıları ötesinde yaşadıkları toprağa borçlu olduklarını hissettirir. Bunun için tarihten örnekler verir. Mustafa Kemal'in ülkenin kısıtlı imkânlarıyla yurt dışına eğitime gönderdiği gençlere söylediği, "Sizleri bir kıvılcım olarak gönderiyorum, bir kor olarak dönmenizi bekliyorum," sözünü hatırlatır. Şüphesiz hiçbir bitki kendi toprağının dışında potansiyelini tam olarak gerçekleştiremez. Bunun istisnası olmak deha düzeyinde özelliklere veya çok özel yeteneğe sahip olmakla mümkündür. Türk bilgesi Cemil Meriç'in dediği gibi, "Ulu çınarlar fırtınalı topraklarda yetişir." Sahip olmakla gurur duyduğumuz Anadolu, jeopolitik konumu ve doğal özellikleriyle gerçekten fırtınalı bir diyardır.

Bir öğretmen, ayrıca, kullandığı dile dikkat etmelidir. Öğretmenlerle sohbetlerimde aktardığım bir örnek var. Michael Phelps,[27] Pekin Olimpiyatları'nda sekiz madalya alarak tarihe geçtiği gün verdiği röportajda şunları söylüyor; "Birçok hayalim vardı. Ancak bugün en büyük hayalimi gerçekleştirdim. Böyle anlarda insan geçmişini düşünüyor. Ortaokulda İngilizce öğretmenim bana, 'Senden adam olmaz,' derdi. Annemle bazen bu sözleri hatırlayıp güleriz..." Bu söyleşinin iki milyar insan tarafından izlendiğini düşünürsek yaranın derinliğini anlayabiliriz. Kelimeler ölümün ve yaşamın gücüne sahiptir. Silah yarası görünür bir iz bırakır ve yarası kabuk tutup düşer. Ancak kelimelerin insan ruhunun derinlerinde açtığı yaranın derinliğini bazen insanın kendisi bile bilemez.

Öğretmenlerle yaptığım toplantılarda kendileriyle paylaştığım bir anekdotu burada anlatmak isterim. İz bırakan öğretmenlerin önemli özelliklerinden biri öğrencilerinde farklı olanı, özel olanı görmeleri, onlara bunu görecek gözle bakmalarıdır. Ken Robinson'u dinlediğim bir toplantıda şunu anlatmıştı: Bir konuşmalarında Paul McCartney kendisine ilkokulda John

27 Michael Phelps (1985-...), tarihe dünya şampiyonaları ve Olimpiyatlarda en çok madalya alan sporcu olarak geçen Amerikalı yüzücü.

Her insan gibi öğretmen de girdiği ortama kendi iklimini götürür. Bu nedenle her öğretmen sınıfa girdiği zaman nasıl bir iklim götürdüğü konusunda kendisini sorgulamalı.

Lennon ile aynı sınıfta olduklarını anlatıyor. Bunun üzerine Ken soruyor; "Müzik öğretmeni size ne katkı sağladı?" Paul, "Bizim farkımızda bile değildi," yanıtını veriyor. Düşünsenize, Beatles grubunun yarısı bu öğretmenin sınıfında, kendisi de tarihe geçme fırsatına sahip ancak bunun farkında bile değil.

Her insan gibi öğretmen de girdiği ortama kendi iklimini götürür. Bu nedenle her öğretmen sınıfa girdiği zaman nasıl bir iklim götürdüğü konusunda kendisini sorgulamalı. İlham mı verdim, yetersizlik duygusu mu? Rahatlık mı getirdim, sıkıntı mı? Umutlandırdım mı, umutlarını mı kırdım? Güç ve cesaret mi uyandırdım, yoksa çaresizlik hissi mi? Kendilerini değerli mi hissetmelerini sağladım, yoksa değersiz mi?

Sonuç olarak hepimiz hayatımızda sayısız derse girdik ve bu derslerde anlatılanların büyük çoğunluğunu unuttuk. Ancak her öğretmenimizin bize yaşattığı duyguyu unutmadık. Dolayısıyla öğretmenlerin öğrencilerine yaşattığı duyguyu fark etmesi, olumlu duygu yaşatmak için çaba harcaması ve ona değerli olduğunu hissettirmesi, öğretmek istediği içeriğin öğrenci tarafından öğrenilmesini kolaylaştırır.

İlkokulda öğretmenin önemini konuştuk ancak okulöncesi eğitime de günümüzde oldukça önem veriliyor. Okulöncesi eğitim bir kişiye neler kazandırır?

Aslında hayattaki en önemli, en temel bilgileri anaokulunda öğreniriz. Anaokulunda öğrendiklerimizi hayatımız boyunca uygulayacak olsak toplumsal sorun diye bir şey kalmazdı. Bir şey istiyorsak "lütfen" demeyi, bir şey verildiğinde teşekkür etmeyi, birini incitirsek özür dilemeyi, bize ait olmayan eşyaları almamayı veya izin isteyerek kullanmayı, kullandığımız eşyayı yerine koymayı, kendi pisliğimizi veya dağıttığımızı kendimiz toplamayı, arkadaşımıza vurmamayı, yemeğe oturduğumuzda herkes başlamadan başlamamayı, sofradan herkes yemeğini bitirmeden kalkmamayı, kalkmamız gerektiğinde izin istemeyi, tuvalete girdiğimizde sifonu çekip ellerimizi yıkamayı... Tüm bunlara baktığımızda, saydığım kuralların uygulandığı bir toplum ideal bir topluluktur.

> Hayattaki en önemli, en temel bilgileri anaokulunda öğreniriz. Anaokulunda öğrendiklerimizi hayatımız boyunca uygulayacak olsak toplumsal sorun diye bir şey kalmazdı.

Anaokulunda verilen eğitim ve bilgilerin ayrıca metaforik anlamları da vardır. "Karşıdan karşıya geçerken elinden tuttuğun insanın elini bırakma, akşam sana iyi geceler öpücüğü veren kişinin kıymetini bil..." Bu sebeple anaokulunda öğrenilenler hayatın tümüne yayılan dersler içerir. Ancak şunu da hemen eklemeliyim; anaokulunda öğrenilenleri pekiştirmek anne-babanın görevidir.

Anaokulları demişken... Anaokullarından itibaren akran zorbalığında artış olduğu görülüyor. Bu artışın sebepleri neler? Akran zorbalığı nasıl önlenebilir?

Akran zorbalığı konusu okul yönetimleri tarafından görülmek istenmeyen, ciddi bir sorun... Bugün okul yöneticilerine sorsanız yüzde 95'i böyle bir sorunun olduğunu kabul etmez. Okul yönetimlerinin genellikle sorunu geçiştirmek için, "Bunlar çocuk, aralarında kavga eder, sonra çözerler," dediklerine şahit oluyoruz. Çünkü kabul etmek sorumluluk yükler. Zorbalığı önlemek okul yöneticileri için iş yükü anlamına gelir. Sorunun çözüm ve çaresi, sıfır tolerans ve en küçük vakanın bile üzerine gitmekten geçiyor. Öğrenciyi teşhir etmeden zorbalığın duyulmasını sağlamak ve "Kesinlikle izin vermiyoruz!" demek gerekir.

Aslına bakarsanız zorbalık yapacak çocuğun belirli bir profili vardır. Evinde şiddet gören çocuklar zorbalığa eğilimlidir. Bu nedenle rehber öğretmenler dikkatle takip ettiklerinde kimlerin zorbalığa yöneleceğini bir ölçüde anlar. Çocuklar aile ortamında ve toplumda sorunların şiddet dili ve fiziksel şiddetle çözüldüğünü görünce akran zorbalığına daha yatkın oluyor. Sosyal medya da akran zorbalığını körüklüyor. Kalabalık devlet okullarında sorunun çözümünün biraz daha zor olduğunu kabul ediyorum ancak tekrar altını çizeyim; sorunu ortadan kaldırmak için okullar mutlaka sıfır tolerans ilkesine sahip çıkmalıdır. Zorbalığı yapan çocuğun tekrarlayan eylemi varsa okuldan uzaklaştırılmasının en caydırıcı yöntem olacağının da altını çizmek isterim.

Kendi adıma söyleyeyim; şayet şu an çocuklarım ilkokul veya ortaöğretimde eğitim alsaydı ve ben de onların zorbalık gördüklerini öğrenseydim şiddet söylemine yönelerek, kavga ederek tepki vermek yerine okul yönetimi ve zorbalık yapan çocuğun ailesiyle konuşurdum. Bunu suçlayıcı bir ifadeyle değil, "Nasıl önleyebiliriz?" yaklaşımıyla yapmayı tercih ederdim. Karşı tarafa suçlayıcı ifadeyle gittiğinizde savunmaya geçileceği akılda tutulmalı. Çatışmak sorunu daha da büyüteceğinden, iletişim kanallarını açık tutarak çözüm bulmaktan başka çarem olmadığını bilirdim. Bunu yaparken okul yönetimi, rehberlik servisi ve zorbalığı yapan çocuğun ailesiyle temas ederek çözüm yollarının masaya yatırılmasını isterdim.

Elinizde yetki olsa eğitim sisteminden şu an neyi kaldırır, sisteme neyi eklerdiniz? Hayalinizdeki eğitimi tarif eder misiniz?

Hayallerin sınırı olmayacağını kabul ederek söyleyeyim. Kaldıracaklarımı söylemek çok anlamlı değil, çünkü bugünkü yaklaşımın neredeyse tamamı... Örneğin en başta ezbere dayalı, çoktan seçmeli sınav sisteminden başlardım. Çocukların mümkün olduğunca doğa içinde ve laboratuvarda uygulama yaparak zaman geçirdiği, öğretmenlerin ilişki yönetiminde üst düzey becerili olarak örnek olduğu, öğretmen odalarının kapısının üzerinde "Eğitmek doğru tepki vermektir," yazdığı ve öğrencilerinin yatkınlıklarını gözleyerek onları yönlendirdiği bir eğitim sistemi hayal ederim. Türkiye gibi geniş bir genç nüfusa sahip bir ülkede bu söylediklerimin olmasının zorluklarını kabul ediyorum. Ancak küçük ölçekte de olsa bir yerlerden başlanabileceğini düşünüyorum.

Ayrıca eğitim programı içinde mutlaka hayat için çok temel bilgilere yer verilmesi gerektiğini düşünüyorum. Beslenme, sağlıklı yaşam, egzersiz, sosyal beceriler, sosyal medya kullanımı, finansal okuryazarlık, medya okuryazarlığı müfredat içinde göstermelik değil; geniş yer tutmalı. Her bir öğrenci sigara ve madde kullanımının, ekran bağımlılığının erken belirtilerini ve bunların hayat üzerindeki yıkıcı sonuçlarını öğrenmeli. İyi ve kötü beslenmenin sonuçları açık olarak öğrencilerle paylaşılmalı. Sağlıklı bir yaşam için gerekli hayat tarzı derslerde geniş yer tutmalı. Böylece gençler erken yaştan başlayarak sağlıksız beslenme, kötü alışkanlıklar ve hareketsiz hayatın sonuçlarını örneklerle idrak edecektir.

Pandemi döneminde başlayan ve size göre iyi değerlendirilmeyen uzaktan eğitim uygulamasından bahsetmiştik. Eğitim sisteminin yakın gelecekte, yapay zekânın ilerlemesiyle, bugünden farklı olarak fiziksel mekânlardan tamamen bağımsız yapılacağı, yüz yüze eğitimin olmayacağı bir gelecekten bahsediliyor. Gerçekleşmesi mümkün mü?

Bunun olacağından, en azından kısa dönemde gerçekleşeceğinden emin değilim. Eğitimi tamamen yapay genel zekâ veya uzaktan eğitimle işleyen bir modele soktuğunuzda bu durum havuz kenarında oturup yüzmeyi öğrenmeye benzer. Dolayısıyla eğitimin bütünüyle mekândan bağımsız yapılacağını düşünmüyorum ama muhakkak şekli değişecektir.

İnsanlar aynı zamanda birbirinden öğrenir. Hayatı, yaşamımızın ilk dönemini sosyalleşerek, bir araya gelerek öğrenip kavrarız. Yüz yüze eğitimde birliği, ekip çalışması, uyum sağlama, öne geçme gibi yaşam becerilerini kazanırız. Hiçbiri bilgisayar başında çözülmez.

Bir yandan da ChatGPT gibi yapay genel zekâ uygulamalarının hayatın içine girdiği bir dünyada temel bilgiler hariç, "Oturun, dinleyin," dönemi bitecektir. Bundan sonraki modelde, "Okuyun, öğrenin ve şu probleme-soruna ilişkin çözüm önerileri geliştirin," denecektir. İnsanlar bilgiye nasıl ulaşacaklarını, bilgiyle ne yapacaklarını öğrenecek. Artık amaç, tarih dersinde olayların tarihlerini öğrenmek değil; söz gelimi İkinci Dünya Savaşı'na neden olan etkenleri ve aktörleri bilip bu etken ve aktörlerden yola çıkarak, "Eğer başka şekilde olsa ne olurdu, örneğin savaşı Naziler kazansaydı nasıl bir dünyada yaşardık?" gibi akıl yürütmeye dayalı bir sisteme geçiştir.

İnsanlar birbirinden öğrenerek hem bilgilerini hem de sosyal becerilerini geliştirir. Eğitimi tamamen yapay zekâ veya uzaktan eğitimle işleyen bir modele soktuğunuzda bu durum havuz kenarında oturup yüzmeyi öğrenmeye benzer.

Aynı şekilde coğrafyada da... Esas mesele, coğrafyanın toplumların hayatını nasıl şekillendirdiği bilgisine sahip olmak ve geleceği inşa etmede bu bilgileri kullanmak olacak.

Günümüzde öne çıkan bir kavram olarak değerler eğitimini de sormayı isterim. Ülkemizde değerler eğitimi deyince sadece dinî boyut anlaşılıyor. Değerler eğitimi nasıl olmalıdır; önemi nedir?

Değerler eğitimini iki başlık altında ele almak mümkündür. Ancak amaç; her bir öğrencinin kendisi, çevresi, ülkesi ve dünya için iyi bir insan olmasını sağlamaktır. Teolojik eğitimde, bu amaca Allah'ın emirlerine uyarak ve bazı ritüelleri yerine getirerek ulaşılacağı öğretilir. Allah'ın emirlerine uyanlar ilahi âlemde sonsuz mutlulukla ödüllendirilecek, uymayanlar ise cehennem ateşinde sonsuza kadar yanarak cezalandırılacaktır. Yüce Allah'ın bilmediği, görmediği hiçbir şey yoktur; çünkü O sadece görünenleri görmez; insanın aklından geçeni, içinde hissettiği duyguyu da bilir. Buna karşılık laik eğitim, vicdan gelişimini öne çıkarır. "Kimse bilmese de ben bileceğim," duygusunu kökleştiren ve bir dış ödül veya ceza olmadan kişiyi kendi seçimleri sonucunda doğru olanı seçmeye yönlendiren değerler sistemi oluşturur. Hatta kişi burada seçimleri sonucunda zarar görebilme ihtimalini göze alır. Ancak maddi değerlerin egemen olduğu bir dünyada vicdan gelişimi yerine başarılı olmak, para ve güç sahibi olmak, başkalarının önüne geçmek erdem oldu.

Bence sorun teolojik veya laik eğitimde değil, toplumda iki anlayışın da kendi temsil ettiği değerlerle çelişmesinde yaşanıyor. Teolojik eğitimle değerlerini oluşturanlar ritüelleri yerine getirdikleri ölçüde vadedilen ödüllere hak kazanacaklarına inanıyor. Buna karşılık laik eğitimden geçenler vicdan kavramını sadece kelime olarak biliyor, bunun arkasındaki derinlikten habersiz olarak para kazanıyorlar ve başkalarının önüne geçerlerse başarılı ve mutlu olacaklarına inanıyorlar; bunun ötesini akıllarına bile getirmiyorlar. Oysa bir antik düşünürün dediği; "Kendisi için yaşayanın ölümünden dünya kârlı çıkar," sözü hepimizin kulaklarında olmalı.

Biraz da eğitimin içeriğinden konuşsak... ABD'nin pompaladığı bir yanılsama olarak "başarıyla zehirlenmek" tanımı size ait... Bunu biraz daha açar mısınız? Mevcut eğitim modelinde bir başarı saplantısı mı var?

İnsanlar topluluk hâlinde yaşar. Elbette hepimizin içinde uyum ve öne geçme arzusu da vardır. Ancak öne geçme arzusu hayattaki tek varlık sebebi veya tutku hâline gelirse bu durum bir problem yaratır.

"Başarıyla zehirlenme"; her değerin ötesinde, başkalarının önüne geçme saplantısıdır. Gerçekçi olmayan bir durum olduğundan da mutsuzluğa neden olması kaçınılmazdır. Tek gayesi başarı olan insanlar, değersizlik duygusunun üstesinden gelmek için egolarını şişirirken sahte bir özgüven paravanı ardına gizlenmeyi tercih eder. Bu durumdaki kişiler, sahip olmadıkları özelliklere sahip olduklarını düşünürken birçoğu da sahip oldukları özellikleri abartmaktan geri durmaz.

Başarıyla zehirlenme, başkalarının önüne geçme saplantısıdır. Tek gayesi başarı olan insanlar, değersizlik duygusunun üstesinden gelmek için egolarını şişirirken sahte bir özgüven paravanı ardına gizlenmeyi tercih eder.

Bunun en çarpıcı örneği, beyaz yakalı anne-babaların çocuklarına yönelik yaklaşımlarıdır. Özellikle orta ve üst gelir grubundaki aileler, çocukları sınavlarda illa başarılı olsun, "Çocuğum hep kazansın," diye düşündükleri için çocuklar başarı hedefi adı altında zehirlenir. Türkiye'deki çocuklar âdeta beş seçenekli sınav sistemi tarafından esir alınmıştır. Çocuklar hayatı öğrenmeye imkân sağlayacak etkinliklerden de muaf tutulur.

Bundan dolayı çocuklarda psikolojik bağışıklık sistemi gelişmez. En temel sebeplerden biri de aile sofrasında sadece, "Kaçıncı oldun, sınavdan kaç aldın, başarı eğrisinin neresindesin?" gibi sorular dışında meselelerin konuşulmamasıdır.

Çocuklar bu ölçüde başarıya odaklı yetiştirildikleri zaman vicdan gelişiminden yoksun olurlar. Hayatta tek önemli olanın başarı olduğu, bunun da ancak başkalarının önüne geçerek mümkün olduğu inancıyla yetişirler. Oysa vicdani gelişim huzurlu bir hayat için çok önemli...

Peki, vicdan nasıl gelişir hocam?

Bu hiç şüphesiz ailenin farkındalığıyla ilgili ancak konuşmalarımda dinleyicilerin etkilendiğini fark ettiğim pratik bir öneri verebilirim. Aile sofrasında haftada en az bir kere şu soruları içeren sohbeti yapmak önemli:

"Bugün veya bu hafta hangi arkadaşına yardım ettin?"

"Kimden yardım istedin?" Çünkü yardım istemek güçtür, yardım isterseniz sizden de yardım isterler.

"Nelere sahipsin? Sahip olmaktan ötürü kendini şanslı, ayrıcalıklı hissettiğin neler var?" Maddi ve manevi düşündürmek gerekir.

"Bunlara sahip olmayanlar için bir şey yapmayı düşünüyor musun? Neler yapabilirsin?"

Çocuğun yaşına göre bu sohbetlerde ona kendisinin dışında bir dünyanın varlığını fark etmesi sağlanabilir ve kendisinden daha şanssız insanlara karşı sorumluluğu öğretilebilir. Çünkü sonuçta sahip olmak istediğimiz mutluluğa ulaşmanın

> Çocuklarımızı sadece derslere odaklayıp hayattan uzakta tuttuğumuz zaman emanet kanatlarla yükselen, kendi temelini atmamış genç insanlar yetişiyor ve hayatın küçük bir zorluğu karşısında dağılıyorlar.

önemli boyutu da vicdanlı insanlarda oluşan bir topluluk içinde yaşamaktır.

Bütünüyle başarıya odaklandığımız, başkalarının önüne geçmeyi en büyük erdem kabul ettiğimiz ve çocuklarımızı sadece derslere odaklayıp hayattan uzakta tuttuğumuz zaman psikolojik bağışıklık sisteminin gelişmesine engel oluyoruz. Bunun sonucunda da emanet kanatlarla yükselen, kendi temelini atmamış genç insanlar yetişiyor ve bunlar hayatın küçük bir zorluğu karşısında dağılıyorlar.

Acar Baltaş'a Göre
DIŞARIYLA TÜRKİYE ARASINDA FARKLILIK GÖSTEREN VE DEĞİŞTİRMEMİZ GEREKEN BEŞ ÖZELLİK

Türkiye'nin diğer ülkelerden farklılaşan ve geleceğe yönelik gelişim için değiştirilmesi veya geliştirilmesi gereken bazı özelliklerini ele almak, toplumsal ve ekonomik kalkınma açısından önemli olabilir. İşte bu bağlamda düşünülebilecek beş özellik:

1. *Eğitim Sistemi:* Türkiye'nin eğitim sistemi, özellikle STEM (bilim, teknoloji, mühendislik, matematik) alanlarında ve yaratıcı düşünmeyi teşvik eden disiplinlerde daha yenilikçi ve uygulamalı bir yaklaşıma ihtiyaç duyuyor. Eleştirel düşünme, problem çözme ve esnek öğrenme yöntemlerinin vurgulanması önem taşıyor.
2. *Kadınların İşgücüne Katılımı:* Türkiye'de kadınların işgücüne katılım oranı, diğer birçok ülkeye göre daha düşük seviyelerde. Cinsiyet eşitliğinin güçlendirilmesi ve kadınların ekonomiye daha fazla katılımı toplumsal ve ekonomik gelişme için kritik önem taşıyor.
3. *Yenilikçilik ve Girişimcilik:* Türkiye'nin yenilikçilik ve girişimcilik ekosistemini daha da geliştirmesi, teknoloji tabanlı start-up'lar ve Ar-Ge yatırımlarını teşvik ederek uluslararası rekabetçiliğini artırabilir. Bu, ekonomik çeşitliliği ve sürdürülebilir büyümeyi destekler.

4. *Sürdürülebilir Kalkınma ve Çevre Politikaları:* Küresel iklim değişikliğiyle mücadele ve çevresel sürdürülebilirlik Türkiye için giderek daha önemli hâle geliyor. Enerji verimliliği, yenilenebilir enerji kaynaklarının kullanımı ve çevresel standartların iyileştirilmesi bu alanda atılacak adımlar arasında.
5. *Toplumsal Çoğulculuk ve İfade Özgürlüğü:* Toplumsal çoğulculuğun ve ifade özgürlüğünün teşvik edilmesi demokratik değerlerin güçlenmesine ve toplumsal barışın sürdürülmesine katkı sağlar. Bu, farklı düşünce ve inançlara saygıyı ve medya özgürlüğünü kapsıyor.

SEKİZİNCİ BÖLÜM

BİR İNSAN NASIL YETİŞİR?

"Anne-babalar çocuklarını yetiştirirken hedeflerini, 'dünyada en iyi ve en başarılı olacak çocuğu yetiştirmek değil de ülke ve dünya için iyi bir çocuk yetiştirmek' olarak koyarlarsa hem kendileri hem de çocukları üzerindeki baskıyı azaltırlar, üstelik daha gerçekçi bir hedef koymuş olurlar. Çünkü 'en iyi' veya 'zirve' soyut kavramlardır ve zirveye çıkmak zor, orada kalmak imkânsızdır."

Bu bölümde çok önemli bir başka konudan, aileden ve çocuklardan konuşalım isterim. Öncelikle bu konuda gözlemlediğim bir yönünüze değineceğim; çocuklara ve gençlere yönelik her konuşmanıza söze, "Ben çocukluk ve gençlik konusunda uzman değilim," diye başlıyorsunuz. Oysa sosyal medya sizin çocuklara ve gençlere dönük mesajlarınızla dolu... Bu durumu nasıl açıklıyorsunuz?

Ben zamanımın bütününü kurumsal hayata verdiğim hizmetle geçiriyorum. Yönetim ve liderlik konularını psikoloji ve yönetim disipliniyle ilişkilendirdiğim çok sayıda kitabım var. Zaman zaman okulların daveti üzerine anne-babaların katıldığı toplantılarda da konuşmama soruda belirttiğin şekilde, "Ben çocukluk ve gençlik konusunda uzman değilim," sözleri söyleyerek başlıyorum. Sonra şöyle devam ederim; "Unvanlarımı bir yana bırakın. Ağzımdan çıkanı kulağım duyar, damdan düşmüş biriyim. İki çocuk yetiştirdim, klinikte çalıştığım yıllarda değerli insanların yaşantılarına ortak oldum. Kendi babalık sürecimde de hatalar yaptım. Bugün yaptığım iş gereği günlük hayatımda, yirmi yıl önce yetişenlerin yönetici veya patron olarak yaşadıkları zorlukları görüyorum. Okumayı, yazmayı seven ve biriktirdiklerini konuşma ve paylaşma imkânı olan bir insanım. Söylediklerimi bu kulakla dinleyin." Bu yaklaşımdaki içtenlik dinleyiciler tarafından hissediliyor.

Uzun yıllar ailelerin çocuklara yumuşak davranması, hoşgörü ve empatiyle yaklaşması, sınırların yumuşatılması yönünde bir anlayış egemen oldu. Ancak son yıllarda pandül [sarkaç] çok uca gitti. Ben söz konusu konuşmalarımda buradaki sonuçlara dikkat çekmek istedim ve bu geniş ölçüde karşılık buldu. Bugün çok sayıda genç meslektaşımın bu yaklaşımı desteklediğini ve farklı örneklerle zenginleştirdiğini görmek beni mutlu ediyor ve boşa yaşamadığım duygusunu veriyor.

Anne-babalar olarak hepimiz, çocuklarımızı geleceğe hazırlarken onların dirençli, yılmaz karakterlere sahip olmasını istiyoruz. Onlara başarılı ve anlamlı bir yaşamın ipuçlarını anlatmaya çalışıyoruz. Öte yandan da âdeta çocuklarımızın üzerine titreyerek onların düşe kalka büyümelerine müsaade etmiyoruz. Sizin de bahsettiğiniz gibi, kendi görüp öğrendiklerimizi çocuklarımıza aktarmaya çalışırken birtakım yanlış davranış ve tutumlarımız da olabiliyor. Üstüne, mükemmel anne-baba olma baskısı da hata yaptırıyor. Sizce günümüz anne-babaları olarak çocuk yetiştirirken en çok hangi hataları yapıyoruz?

Çeşitli eğitim kurumlarında anne-babalarla yaptığım toplantılarda onlara nasıl çocuklar yetiştirmek istediklerini soruyorum. Genellikle aldığım cevap, "Başarılı olsunlar," şeklinde oluyor. Başarıyı tanımlamalarını istediğimde ve biraz sorguladığımda gerçek isteklerinin para, statü ve şöhret olduğu ortaya çıkıyor. Aynı ailelere, çocukları için neyi dilediklerini sorduğumda ise aldığım cevaplar, "Mutlu olsunlar, zorluk yaşamasınlar, rahat etsinler," şeklinde sıralanıyor. Toplumun orta ve üst gelir düzeyindeki bu anne-babaların büyük çoğunluğunun çocuklarının iyi bir eğitim almaları için bütçelerini zorladıklarını ve kendi hayat standartlarından önemli ölçüde fedakârlık yaptıklarını da biliyorum. Dahası anne-babaların büyük çoğunluğu kendi hayatlarında yaşadıkları zorlukları çocuklarının yaşamasını istemediğini dile getiriyor.

Anne-babalarla kendi hayatlarıyla ilgili sohbet ettiğimde genellikle karşılaştıkları güçlükleri, okurken çalışmak zorunda kaldıklarını, küçük yaştan başlayarak aile hayatına katkıda bulunmak için bir şeyler yaptıklarını anlatıyorlar. Özellikle kırsal kesimden gelen veya ülkenin olanakları kısıtlı bölgelerinde yetişen kişilerden bu örnekleri sıkça dinliyorum. Buna rağmen onları bugünkü refah düzeylerine taşıyanın geçmişte verdikleri söz konusu mücadele olduğunu göremiyor veya görseler de farklı davranamıyorlar. Söz konusu ailelerle biraz derinlemesine konuşunca ev içinde çocuklarına ders çalışmaktan başka sorumluluk vermedikleri ortaya çıkıyor.

Israrla vurguladığım gibi çocuklar, ailelerinin hayatına değil refahına ortak edilirken, hayatlarını kolay yaşamaları için her türlü imkân kendilerine sağlanıyor. Bütün bunların sonunda anne-babalar çocuklarını şımartıyor; örneğin karneleri kötü gelse bile çocuklarına gereksiz ve bence hatalı hoşgörü gösteriyor, tatilde ödev verilmemesi yönündeki bakanlık görüşlerini destekliyor, sonsuz iyi niyetle onlara istedikleri her şeyi vermeye çalışıyor.

Ancak ailelerin bu tür bir yaklaşımın ve aşırı empatinin her zaman iyi sonuç vermediğini öğrenmesi gerekiyor. Çocukları desteklemek ve cesaretlendirmek tabii ki olumlu ve yerinde bir davranıştır. Ancak istedikleri her şeyi onlara vermek

> Çocukları desteklemek ve cesaretlendirmek tabii ki olumlu ve iyi bir davranıştır. Ancak istedikleri her şeyi onlara vermek cezadır. Böyle bir yaklaşımın sonunda, her şeye hakkı olduğuna inanan ve hayattan hep alacaklı hisseden insanlar yetişir.

cezadır. Çünkü böyle bir yaklaşımın sonunda, nedeni belli olmadan her şeye hakkı olduğuna inanan ve hayattan hep alacaklı hisseden insanlar yetişiyor.

Orta ve üst düzey gelir grubundaki ailelerin ortak ve mutlak kanaati çocukların çok zorlandıkları yönünde. Oysa gerçekten zorlanan çocuklar, ülkenin yokluk koşullarında yaşayanlar... Onlar, bulundukları köy veya kasabada gidecek okul bulamayan, şayet bulursa da okula gitmek için kışın dondurucu soğukta kilometrelerce yol yürüyenler... Onlar, okul sorumluluklarının yanında ailelerinin hayatına katkıda bulunan çocuklar... Yakınmaya hakkı olan; hayatın zorluklarını çeken, çoğu çocukluklarını yaşayamamış işte bu çocuklardır.

Yine birçok aile çocuklarının üç aylık yaz tatiline hakkı olduğuna inanırken onların zamanlarını her gün daha çok sosyal medyada geçirdiklerinden, ellerinden telefonlarını düşürmediklerinden ve sürekli bilgisayarla meşgul olduklarından yakınıyor. Sosyal medyada geçirilen zaman, eğitim başarısını olumsuz etkilediği gibi, çocukları da mutsuz ediyor. Arkadaşlarının sosyal medyadaki mutlu anlarına tanıklık etmek ve kendisinin neden bu kadar mutlu olmadığını düşünmek çocuklarda mutsuzluğa neden oluyor. Ne yazık ki anne-babaların elinden bu durumu engelleyecek bir şey gelmiyor ya da durumu kabul edip uğraş vermekten kaçınıyorlar.

Hep söylediğim bir şey var; potansiyel, baskı altında ortaya çıkar. Ders çalışmaktan başka hiçbir sorumluluk almamış, hiçbir baskıyla karşılaşmamış çocukların yetişkinliklerinde zorlukları aşmalarını, hayatla mücadele etmelerini beklemek gerçekçi değildir. Birtakım uzmanlar tarafından çocuklarına tek, biricik ve harika olduklarının söylenmesi gerektiğine inandırılan anne-babalar, çocuklarının her şey olabileceklerine ve her şeye hakkı olduğuna inanmaya başlıyor. Beklentileri bu ölçüde yükselmiş çocuklar, büyüyüp iş hayatına karıştıklarında, yöneticilerinin kendilerini neden zorladıklarını anlamakta güçlük çekip itiraz ediyor. Sonunda otuz yaşına gelmeden genel müdür olmayı bekleyen ancak bunun gerçek dışılığını görünce mutsuz olan kalabalıklar yetiştiriyoruz.

Sözünü ettiğim yanlış düşünce ve davranış kalıpları yüzünden bu çocuklara zaman içinde normal bir insan gibi işe başlamak ve kariyer merdivenlerini çıkmak hem zor hem de anlamsız geliyor. Yükselmenin çalışarak ve mücadele ederek, sınırlarını zorlayarak, keyif ve haz veren şeylerden vazgeçerek olabileceğini kabullenmekte zorluk çekenler, zamanla hayata karşı acılı ve eleştirel bir tutum geliştiriyor. Dahası kendileri gibi tek, biricik ve harika olduğuna inandırılmış bir insanla evlendiklerinde uyum göstermeleri gerektiği gerçeğini kavramakta zorluk çekiyorlar. Bu nedenle birçok evlilik duygusal ve cinsel çekim bitince ayrılıkla sonuçlanıyor.

Liderlik pozisyonuna gelen kişilerin çocukluk ve gençlik dönemlerinde babaları tarafından zorlanmış fakat kendilerini ifade etmelerine izin verilmiş, desteklenmiş ve teşvik edilmiş olduklarını görüyoruz. Yaşadıklarımdan, klinik deneyimimden ve iş hayatındaki gözlemlerimden çıkardığım sonuç şudur: Potansiyelini hayata yansıtan çocuklar yetiştirmek için eğitimli bir anne-baba olmanın etkisi zannedildiği kadar önemli değil. Düşük eğitim düzeyindeki birçok anne-babanın potansiyelini hayata yansıtan başarılı çocuklar yetiştirdiği gerçeği söz konusu. Kişisel olarak, potansiyelini hayata yansıtan çocuklar yetiştirmenin kritik iki ön koşulu olduğunu düşünüyorum:

Sabır ve şefkat. Sevgi kelimesinden özellikle kaçınıyorum, çünkü birçok aile sağlıksız sevgisiyle çocuklarına zarar veriyor.

> Potansiyelini hayata yansıtan çocuklar yetiştirmenin kritik iki ön koşulu olduğunu düşünüyorum: Sabır ve şefkat. Sevgi kelimesinden özellikle kaçınıyorum, çünkü birçok aile sağlıksız sevgisiyle çocuklarına zarar veriyor.

Bunun üzerine, bir de son yıllarda yaygınlaşarak âdeta yeni normal hâline gelen, "anneciğim", "babacığım", hatta aşikâr şekilde patolojik "sevgilim", "aşkım" hitaplarıyla yaklaşıldığında çocuklar duygusal açıdan ikilemlere ve sağlıksız bağlanmaya mecbur bırakılıyor.

Hepimizin öncelikle hayatın içinde acı, sıkıntı, üzüntü, başarısızlık ve hayal kırıklığı olduğunu kanıksamamız ve bu olumsuzluklar yaşanmadığı takdirde hayatın anlamsız ve boş bir hayat olacağını içselleştirmemiz gerekiyor. Çocuklarımızı hayatın kolay tarafına çektikçe, her şeye hakları olduklarına inandırdıkça onlara iyilik etmiyor; aksine potansiyellerini hayata yansıtmalarına engel oluyoruz. Üstelik, niyetimiz bu olmadığı hâlde, onları uzun vadede mutsuz ediyoruz.

Yanlış anne-baba tutumlarından biri de çocuğu sürekli eleştirmek ve başarı baskısında bulunmak... Bu iki davranış biçimi yıkıcı etkilere neden oluyor. Eleştirel ebeveynlik her zaman çocuğun yaptığı yanlışları düzeltmek şeklinde de gerçekleşmiyor. Çocuğun yaptığını daha iyi yapması yönünde yapılan sürekli baskı da çocuklarda sahte benlik algısı oluşturuyor.

Neye yol açıyor bu sahte benlik algısı?

Sahte benlik algısı, "Ne yaparsam yapayım, annemin babamın beklentisini karşılayamayacağım," düşüncesine neden oluyor. Çocuk bu kez yetersiz olduğunu düşünüp kendini sakladığı gibi, daha kolay yalan söylüyor. Bu döngü içinde çocukta yapay kişilik oluşuyor. Sevgi ve desteği elde etmek, hayatta kalmak olarak algılanırken zaman içinde strateji hâline geliyor. Sonunda başkasının hayatını yaşayan; yanlış partner, yanlış kariyer, yanlış arkadaş seçen; anne-babaya yaranmak için çareler arayan bir kişilik yapısı oluşuyor. Bu sarmalın içinde takıntı ve saplantılar beliriyor.

Bu olumsuzlukların yaşanmaması için anne-babalara sürekli çocuklara hata yapma özgürlüğü alanının açılmasını salık veriyorum. Her aile, çocuğuna başarısızlıktan korkmaması gerektiğini anlatmalı. Anne-babaların, eleştirilerini çocuğun şahsına değil, davranışına yönelik yapmaları gerektiğinin ayrımına varması da gerekiyor. Tam da bu noktada Sartre'ın bir sözü aklıma geliyor; "Çocuğunun geleceğini planlayan aile, çocuğunun mutsuzluğunu planlar." Bu söze bütünüyle katılmasam da doğruluk payı olduğunu düşünüyorum.

Kapsayıcı, koruyucu, şefkatli ailelerde yetişen çocuklar yetişkinliklerinde kaygı ve depresyon yaşamıyor veya çok az yaşıyorlar. Bu yüzden bazen toplantılarda, "Çocuğunuzun başarısızlığını kutlayın," diyorum. Çocuklarını bu açıdan kutlarken onlara, "Ne öğrendin, bir daha neyi farklı yapacaksın?" diye sormaları gerektiğini anlatıyorum. Bazı toplantılarda ise anne-babalara, olimpiyatlarda katastrofik başarısızlık yaşayan sporcuları izletiyorum. Görüntülerde yüksek atlamacı kötü şekilde düşmüş, jimnastikçi pistin dışına fırlamış, atlama beygirinde hareket yapan sporcu yere çakılmıştır. Sporcuların Olimpiyatlara hazırlığı, yani koca dört yıl boşa gitmiştir. Ancak görüntülerin devamında aynı kişilerin bir sonraki turnuvada altın madalya aldığı görüntüler vardır. Çünkü başarısız olan sporcuların empati duyguları geliştiği gibi, bu kişiler süreç içinde aldıkları derslerle daha iyi birer insan hâline gelir. Bugün çocukların birçoğu üzülmeleri engellendiğinden empati duygusu geliştiremiyor.

Peki, genç anne ve babalar çocuk sahibi olmaya ne kadar hazır?

Gençlerin kendi evlilikleri ve kuracakları aile ile ilgili gerçekçi olmayan hayalî bir tabloları var. Özellikle kadınlar kusursuz bir resim hayal ediyorlar. Bunun için de kendilerini ve çevrelerini zorluyorlar. Ayelet Waldman'a göre böyle aileler sahte bir kabuk içinde yaşıyor ve içindeki gerçek meyveyi göz ardı ediyor. Hayatın içindeki gerçek meyve kahkaha, birlikte eğlenme, hoş vakit geçirme ve güzel anılar biriktirme olarak özetlenebilir. Birçok ailede bu kayıp öze karşılık, çekilen fotoğraflardaki sahte gülücükler, dış dünyaya karşı yaşanmamış mutlulukları temsil ediyor.

Gençlerin anne ve babalık sorumluluklarını üstlenmeye hazır olmadıklarını mı söylemek istiyorsunuz?

Bir ölçüde evet. J. Senior günümüzdeki anne-babalığı "eğlencesiz mutluluk" olarak tanımlıyor. Çocukları spor, sanat gibi etkinliklerin birinden diğerine taşımak, doğum günü veya yaşıtlar arasında düzenlen toplantılara yetiştirmek ve herhangi birini ihmal ederse kendini eksik ve yetersiz hissetmek genç ebeveynler arasında yaygın bir tutum... Bazı anneler çocuklarını öne geçirmek için değil, sadece arkadaşlarından geri kalmamasını sağlamak için bu mücadeleyi sürdürüyor. Çoğunluğu iyi eğitimli ve meslek sahibi kadınlar tüm becerilerini anneliğe odaklıyor ve her biri "çocuk yetiştirme konusunda" kendini uzman kabul ediyor; çocuklarına veya kendilerine yönelik en küçük eleştiri kırıntısını, mükemmellik takıntısı içinde, kendilerine yapılmış bir aşağılama olarak görüyorlar. Onların normlarını arkadaş grubu içinde kanaat önderi olan kişinin fikirleri ve o kişinin işaret ettiği uzmanlar oluşturuyor. Tek örnekten yola çıkarak sınırsız genellemeler ve mutlak çıkarımlar yapabiliyorlar.

Bu, aile içi ilişkileri nasıl etkiliyor?

Ebeveynlerin hayatlarını bütünüyle çocuklarına adamaları, kendi hayatlarından vazgeçmeleri, birbirlerini ve ilişkilerini ihmal etmeleri sonucunu doğuruyor. Birçok ailede çocuğun doğması, özellikle kadının enerjisini anne rolü üzerine toplaması evlilik içindeki dengeyi değiştirir. Bu doğal bir durumdur. Ancak kadının, eşlerin aralarındaki bağı kaybedecek kadar çocuklarına odaklanması sağlıklı bir aile hayatını zora sokar. Annelerin birçoğu iyi anneliğin sembolü olmak için birey kimliklerinden vazgeçiyor.

Aileler kendi değerlerini çocuklarının başarısıyla ölçüyor ve birçoğu hedeflerini çocuklarının potansiyelini aşacak bir biçimde yüksek tutuyor. Bunun soncunda da kendilerinin de bu mücadelenin bir parçası olmaları gerektiğine inanıyorlar. Bu da çocukların sorumluluklarını üstlenmeyi, arkadaş ve öğretmenleriyle yaşadıkları sorunları onlar adına çözme girişimlerini de beraberinde getiriyor. Bu tutum nihayetinde en büyük zararı çocuğa veriyor ve onun hayat karşısında en çok ihtiyaç duyacağı yeterlilik duygusunu geliştirmesini engelliyor. Gerçekte ailelerin çocuklarının başarılı olmasını istemeleri son derece doğaldır. Ancak çocukların her alanda başarılı olmasını beklemek ve bu gerçekleşmediği zaman yaşanan hayal kırıklığını çocuğa yansıtmak istenmeyen sonuçları da beraberinde getiriyor. Çocuğun kendisinden beklenen davranışları göstermemesi bile ebeveynin kendini sorumlu ve yetersiz hissetmesine neden olabiliyor.

Aile içinde anneler çocuğun eğitim ve gelişimi konusunda daha fazla sorumluluk üstleniyor gibi görünüyor. Sizin de gözleminiz bu yönde mi?

Özellikle iyi eğitimli anneler rollerini üniversite eğitimleriyle veya iş hayatındaki rolleriyle özdeşleştiriyorlar. Sonuç olarak çocuklarını kurdukları bir işin veya kurumsal hayatta kendilerine koydukları en tepeye çıkma hedefinin bir parçası olarak görüyorlar. Onların başarısını veya başarısızlığını kendi performanslarının, hatta öz değerlerinin bir yansıması olarak algılıyorlar.

Bu algıyı kolaylıkla kullandıkları dilde görmek mümkün oluyor. Hayatın daha ilk yıllarından başlayarak "Yemeğimizi yedik, dişlerimizi fırçaladık", sonraki yıllarda "Ödevimizi yaptık", "Bu hafta sonu piyano dersimiz var", "Bu sene sınav senemiz"... Bir de daha önce de bahsettiğim gibi, bunlara eklenen ve son iki kuşaktır norm hâline gelen çocuğa "anneciğim, babacığım" diye hitap etmek, bunun büyükanneler tarafından da benimsenip "anneanneciğim, babaanneciğim" hitaplarına eklenmesi çocuğun bağımsız bir kişilik geliştirmesine katkı sağlamıyor. Ancak daha tehlikelisi annelerin erkek çocuklarına, babaların da kız çocuklarına "aşkım ve sevgilim" şeklinde seslenmeleridir. Bu hitapların arkasındaki patolojiyi ve bunun doğuracağı sonuçları öngörmek için ise Freudyen psikolojide derin bilgiye ihtiyaç yoktur.

Çocukların yetişme sürecinde üzerinde durduğunuz önemli bir nokta da çocukların bir iki yaşından başlayarak ev işlerinde rol almaları gerektiği. Çocuklara aşama aşama sorumluluk vermemiz gerektiğini söylüyorsunuz. Bunu biraz açabilir misiniz?

Bir kez daha üzerinden geçelim. Çocuk yetiştirirken fazla empati ve istediği her şeyi vermek onları hayatın kolay tarafına çeker, nedeni belli olmadan her şeye hakkı olduğuna inanan ve kendisini hayattan hep alacaklı hisseden bireyler yetişmesine neden olur. Bu nedenle anne-babanın, kendi gençliklerinde yaşadıkları zorlukları çocuklarının yaşamaması için onlara her şeyi kolaylaştırması çocuklar için olumlu değil; olumsuz bir durumdur. İnsanı ileride hayata tutunan, başarılı yapan şeylerden biri çocukluk ve gençliğinde aldığı sorumluluklar, kendisine ve ailesine yaptığı katkılardır. İşte bu yüzden çocuklara ve gençlere, mümkün olduğunca yaşı ile uyumlu sorumluluk yüklemek ve bu sorumluluğu yerine getirdiğini takip etmek gereklidir. Ne demiştik; potansiyel, baskı altında ortaya çıkar. Ders çalışmaktan başka sorumluluk almayan, hiçbir baskıyla karşılaşmayan bir çocuğun, yetişkinliğinde bir anda bunların üstesinden gelmesini beklemek gerçekçi değildir.

Çocuklar iki üç yaşlarından itibaren ev işleri yapmaya yatkındır. Ancak çocuğun her türlü ihtiyacı önüne getiriliyor, yemeği ağzına veriliyorsa beş yaşında arkasından lokmalarını dolaştırmak zorunda kalırsınız. Çocuğa çok küçük yaştan, yani bir yaşından başlayarak belirli konularda yapacağı işler veya sorumluluklar konusunda taviz vermemek gerek. Örneğin bir buçuk yaşına gelen çocuk yemeğini kendi yiyecek. Bir buçuk yaşında kendi yemeğini yemiyorsa aç kalacak. "Ne yapayım kıyamıyorum, ben yedireyim," dediğinizde disiplin köprüsünü yıkıyorsunuz. İki yaşına gelen bir çocuk çatalı kaşığı eline alacak, dişlerini fırçalayacak, üstünü değiştirmeyi öğrenecek. Beş yaşından sonra sabah mutlaka yatağını düzeltecek ve ev işlerine yardım edecek. Sofraya tabağını getirip götürecek. Bu şekilde çocuklar, yaş aldıkça evin içinde farklı sorumluluklar almalıdır. Bakıcı olan evlerde yetişen çocuklar ise gelişim aşamasında çoğu zaman çok önemli bir fırsatı kaçırır. Çünkü çocukların tüm ihtiyaçları yardımcı veya bakıcı tarafından karşılanır.

Yapılan bir araştırma, ev işi yapan çocukların otuzlu yaşlarına geldiklerinde hayat başarılarının daha yüksek olduğunu gösteriyor. Ev işi yapmak sorumluluk kazandırır. Düzen ve estetik anlayışını geliştirir. Aile içinde duygu birliği yaratır. Çocuklar büyüdükçe üstlenecekleri sorumlulukların, onların ailenin duygu ortamına ortak olmalarını sağladığını belirtmiştim. Böylece Dr. Erdal Atabek'in deyimiyle, "ailenin refahına değil, hayatına ortak olmaları" mümkün oluyor. Aksi takdirde ailenin refahına ortak olurken aile hayatına ortak olmuyorlar.

> Çocuk yaşta ev işi yapanlar, yetişkinlikte sıradan gibi görünen işleri yapan insanların emeğine saygı göstermeyi öğrenir. Böyle insanlar yetişkinliklerinde iyi yönetici, iyi patron olurlar. Ev işi yapmak bir çocuğun gelişiminde okulda aldığı eğitim kadar değerlidir.

Birçoklarında, "Ev işi angaryadır, başkası yapsa daha iyi olur," düşüncesi baskındır. Ancak çocuk yaşta ev işi yapanlar, yetişkinlikte sıradan gibi görünen işleri yapan insanların emeğine saygı göstermeyi öğrenir. Böyle insanlar yetişkinliklerinde iyi birer yönetici, iyi birer patron olur. Bu sebeple ev işi yapmak bir çocuğun gelişiminde okulda aldığı eğitim kadar değerlidir.

Bugünkü anne-babaların en büyük hatası çocuklarına çizgiyi çekememektir. Çocuklara sınır çizilemiyor. Günümüzde çocuk yetiştirme konusunda, modern anne-babaların yaşadığı sorun fazla empatiden kaynaklanıyor. Fazla empati disiplinsizlik doğurur. Çerçeve çizmemek, fazla empati göstermek suistimal doğurur. Özellikle anneler, çocuklarının her hareketini "ama, aslında" diyerek koruyan bir yaklaşım içinde. Nitekim öğretmeni, kâğıdı çocuğunun önüne fırlattı diye okul yönetimine şikâyete giden veliler var. Özellikle beyaz yakalıların çocukları kendilerini her istediklerini yapmakta muktedir hissediyor. O zaman da disiplinsiz oluyorlar.

Disiplin, yapmak istediğimizi yapmamak; yapmamak istediğimizi yapmaktır demiştik. Disiplin, canımız acıdığında durmamaktır. Başarı ancak böyle kazanılır. Medeniyet ve eğitim canımızın istemediklerini yaparak gelişir. Saydıklarımın hem aile hem çocuklar için zor ve emek isteyen bir süreç olduğunu biliyorum ancak her türlü gelişmenin arkasında zorlanma ve sıkıntı olduğu da unutulmamalı.

Maalesef biz Türkler disiplini sevmiyoruz. Millet olarak disiplinden çok kolay vazgeçiyoruz. Daha önemlisi çizgileri hep aşma, hep zorlama derdindeyiz. Disipline uymak ancak baskıyla oluyor. Bu nedenle disiplinli bir orduya ve disiplinsiz bir trafiğe sahibiz. İngiltere'de bir restorana rezervasyonsuz gittiğinizde, "Kusura bakmayın, doluyuz," cevabını alırsınız. İtiraz etmez, bir dahaki sefer randevu alacağınızı söyleyip mekândan ayrılırsınız. Ülkemizde ise, "Şefim bir bakıversen, ayarlasan," şeklinde girişimlerle çizgiler aşılmaya çalışılır. Trafikteki tutumlarımız da en çarpıcı örneklerden biridir. Şayet yolda kamera, trafik polisi veya trafik lambası yoksa kendi kuralımızı uygulamaya başlarız. Aksi takdirde trafik lambaları dekoratif nitelik taşır. Öyle ki Türkiye'de emniyet şeridi ihlalleri ancak çok ağır cezaların yürürlüğe konmasından sonra önlenebilmiştir. Ceza tek başına ölçü değildir elbette ancak dozuna göre de caydırıcı olur.

Ortaokul hazırlık sınıfındayken yazılı kâğıdımızda bir virgül veya nokta işareti eksik olduğunda notumuz kırılırdı; eve ağlayarak dönerdik. Yatılı okulda yazılı kâğıdına üç cümlenin sonuna nokta koymadığınızda üç not birden kırılırdı. Yedi ya da sekiz beklerken dört aldığınızda bunu bir daha unutmazdınız. İşte bu anlayış ve ergenliğimizde bizi bazen üzen bazen de ağlatan bu disiplin, gelecekte bizlere tek bir nokta veya virgülün önemini öğretmiştir. O nedenle ne zaman bir yazı veya paragrafta eksik imla işareti gördüğümde

> Yatılı okulda eğitim almak ya da çok çocuklu bir ailede yetişmek, şikâyet ederek bir yere varılamayacağını, bir şey istiyorsan da mücadele ve hak etmek gerektiğini öğretir; bunlar da psikolojik sağlığı güçlendiren özelliklerdir.

gözüme batar. "Bir virgül veya noktadan ne çıkar?" derseniz arkası çorap söküğü gibi gelir.

Disiplin kadar bağımsızlık duygusu da önemli... Çok çocuklu ailede büyüyenler veya yatılı okula gidenler bağımsızlık duygusunu daha çabuk ve güçlü şekilde geliştirir. Yatılı okulda eğitim almak ya da çok çocuklu bir ailede yetişmek, şikâyet ederek bir yere varılamayacağını, bir şey istiyorsan da mücadele ve hak etmek gerektiğini ve zor bir şeyi başkalarıyla işbirliği yaparak gerçekleştirebileceğini öğretir; bunlar da psikolojik sağlığı güçlendiren özelliklerdir.

Peki, sizin çocukluğunuz nasıl geçti Acar Bey?

İlkokula başlamadan önce okuma-yazma öğrenmiştim. Okul öncesi okuma-yazma öğrenmek çocukluğumu yaşadığım ellili yılların ortalarında önemsenirdi. Sınıfta okumayı sökenlere verilen kurdeleyi takanlardan biriydim. İlkokula başladıktan sonra sürekli ansiklopedi okurdum. Yayınevi sahibi bir akrabamız vardı. Yayımladığı ansiklopedilerden hem bana hem kuzenime hediye ederdi. Kuzenimin ciltleri açılmadan paketinde durur, benimkilerin sayfaları dökülürdü. O yıllarda manav ve bakkallarda poşet yerine kese kâğıdı kullanılırdı. Kese kâğıtları da okunmuş gazetelerden yapılırdı. Eve gelen, gazeteden yapılmış kese kâğıtlarını açıp haberleri okurdum. Okumayı söktüğüm andan itibaren okumaktan hiç vazgeçmedim. Dördüncü sınıftan beşe geçtiğim yaz, *İki Çocuğun Devriâlemi* isimli on ciltlik kitabı okumuştum. Sonraki yaz, on dört ciltlik *Arsen Lüpen'in Maceraları*'nı bitirmiştim. Bir sonraki yaz ise *Mayk Hammer'in Maceraları*'nı okuyup bitirdim.

Sıkıldığınız zaman kendinize meşgul olacak bir şey yaratırsınız. Sıkılmak kötü bir his olarak kodlanmıştır ama farklı şeyleri denemek, farklı yolları aramak için önemli bir fırsattır.

Okumak her zaman için tutkumdur. Yeni yerlere gitmeyi, yeni yaşantıları deneyimlemeyi de çok seviyorum. Bu saydıklarımın yarısı doğuştan gelen özellikler ise sonrası çevrenin teşvik etmesidir.

Bugün çocukların yaşamadığı en önemli eksiktir sıkılmak. Bana yakın yaşta olanlar bilir, bazen yapacak bir şey olmaz ve "Canım sıkılıyor," dediğimizde, "Canın sıkılıyorsa bir pencere aç, canın gezsin gelsin," derlerdi. İnsanı araştırmaya, yeni keşiflere iten sebeplerden biri sıkılmaktır. Sıkıldığınız zaman kendinize meşgul olacak bir şey yaratırsınız. Sıkılmak kötü bir his olarak kodlanmıştır ama işin aslı öyle değildir. Sıkılmak; farklı şeyleri denemek, farklı yolları aramak için önemli bir fırsattır.

Bir diğer sorun da çocukların her ânının yetişkinler gibi doldurulması. Çocukların neredeyse boş vakti yok. Sanırsınız holding yönetiyorlar! Başarıya odaklı anne-babalar yüzünden çocuklar boş kalmadıkları, boş bırakılmadıkları gibi, böylesi anlarda ekrana baktıklarından sıkılma duygusunu da bilmiyorlar.

Çocukluktan itibaren yaratıcılığı geliştiren en önemli etkenlerden biri de sıkılmanın yanı sıra oyuncaktır. Ancak bu, oyuncak sayısı ile ters orantılı bir durumdur. Bir çocuğun ne kadar az oyuncağı olursa yaratıcılığa o kadar çok katkı sağlar. Böylelikle çocuk bir arkadaşıyla yan yana geldiğinde işbirliği yaparak yeni oyunlar kurar. Ancak günümüzde hemen bütün evlerde oyuncakların dolaplardan taştığı görülüyor. Çocuk oyun oynayacağı zaman dolaplardan oyuncak yığını dökülüyor. Bu fazlalık yaratıcılığı geliştirmez.

Bir çocuğun ne kadar az oyuncağı olursa yaratıcılığa o kadar çok katkı sağlar. Böylelikle çocuk bir arkadaşıyla yan yana geldiğinde işbirliği yaparak yeni oyunlar kurar.

Dahası çocuklar nezdinde artık paket açıldığında oyuncağın değeri bitiyor. Çünkü benzerine sahip olduğu için oyuncağın değeri, paketin kurdelesini veya ambalajı açana kadar geçen heyecandan ibaret oluyor. Tüm bu anlattıklarımın bileşimi hayatın bütününe yansıyan sonuçlar doğuruyor. Bu çocuklar yetişkin olduklarında ilişkilere de öğrendikleri şekilde bakmaya başlıyor. İlişkiler de oyuncaklarda olduğu gibi ancak kurdeleyi çözene kadar heyecan veriyor.

Çocuk kurallı oyun gruplarına girene kadar hâkimimutlak, kadirimutlak ve ölümsüz olduğuna inanır. Çünkü ihtiyaçları karşılanır, bütün oyunları kazanır. Oysa bunlar tanrının vasıflarıdır. Ancak kurallı oyun gruplarına girdiğinde kendinden daha uzağa atlayan veya yukarı zıplayan çocuklar olduğunu görür ve kadirimutlak olmadığını anlar. Bir şey istiyorsa karşılığında bir şey vermesi veya yapması gerektiğini anlar. Böylece hâkimimutlak olmadığını anlar ve karşılıklılık ilkesini öğrenir. Bunlar olgunlaşma yolunda atılan sağlıklı adımlardır. Dolayısıyla yetişkin insanın aradığı mutlak huzur kayıp çocukluk cennetimizdedir. Ancak bazı anne-babalar aşırı koruyucu tutumları nedeniyle çocukların bu biraz sancılı ancak sağlıklı gelişim sürecini yaşamalarını zorlaştırır, bazen de engeller. Çocuklar her şeyi yapmaya hakları olduğuna, her şeyin hâkimi olduklarına ve evrenin merkezi olduklarına inanır. Her türlü isteklerinin yerine getirilmesini beklerler. İhtiyaçlarımızı anne-babamızın karşılayamayacağını anladığımız zaman çocukluk biter.

Araştırmaya, yeni keşiflere iten sebeplerden birinin sıkılmak olduğunu söylediniz. Bilim ve ilerlemenin ise merak etmekten filizlendiğini biliyoruz. Çocukların gelişiminde merak duygusunun önemi üzerine biraz daha konuşalım istiyorum. Çocuklardaki merak duygusu nasıl gelişir?

Merak en yalın hâliyle insanın doğasında olan keşfetme arzusudur. Kuvvet ve derecesi değişmekle birlikte hepimizde var olan bir duygu bu. Merak iki şekilde ortaya çıkar. Birincisi, yeni şeyler öğrenme ve bilgi edinmeye daha meyilli olanların eylemlerinde tezahür eder. Örneğin farklı mutfakları denemek, gidilmemiş yerlere gitmek, farklı aktiviteler içinde olmak bu kategoriye girer. Bir de bilmenin, öğrenmenin kendisine yönelik merak vardır. Dolayısıyla içinde yetiştiği ortam, çok küçük yaştan başlayarak bir çocuğun merakını teşvik edebileceği gibi onu engelleyebilir de.

Ne yazık ki ülkemizde merakın gelişmesine katkı sunmak yerine, "Bacak kadar boyunla her işe burnunu sokma", "Eski köye yeni âdet getirme", "Dünyanın tek akıllısı sen misin!" veya "Sana mı kalmış!" gibi ifadelerle insanların yaratıcı fikirleri en baştan engellenir. "Büyüklerin lafına karışma," şeklindeki sözler de çocuğun kendini ifade etmesine, yeni ufuklara zihinsel olarak yelken açmasına darbe vurur.

Türkiye gibi gelenekçi toplumlarda farklılıklar, değişiklikler ve yenilikler çok kabul görmez. Toplumumuzda farklılıklara olan toleransın az olması, yeni şeyler denemenin genellikle onaylanmaması ve bunu talep edenlerin topluluktan dışlanması merak ve yeni fikirlerin peşinde koşmayı zorlaştırıyor.

Meselenin bir de kuvvetli inanç boyutu söz konusu. Kuvvetli inanç bilginin önünü keser. Ne kadar kuvvetle inanırsanız bilmek için o kadar az ihtiyaç hissedersiniz. Oysa bilim, gözlem ve gözleneni sorgulamayı gerektirir. Tarihsel perspektifle baktığımızda bilginin temelini doğayı gözlemlemek oluşturur. Dolayısıyla geçmişte gezmek, farklı yerleri görmek zaten istisnai bir olaydır. Yakın döneme kadar tarım toplumundaki insanlar doğdukları yerde yaşar, anne-babalarının yaptığı işi yapar, komşu çocukları ya da kuzenlerden biriyle hayatını birleştirip yaşamlarını sürdürürdü. Doğayı en çok gözleyenler çok yaşamışlar olduğundan da yaşlıların bilgisi büyük önem taşırdı. Genetik mirasımızda bu bilgiler kodlanmış vaziyettedir. Bugünün dünyasında ise hem gezip görmek konusunda imkânlar çok genişledi hem de dijital ortam üzerinden, gezmeden görmeden bile farklı yerlerde neler olup bittiğini bilmek mümkün.

Peki, çocuklarda hayal gücü ile benlik gelişim sürecinin sağlıklı gelişmesi nasıl mümkündür?

Çocukların hayal gücünü geliştiren en önemli aktivite kitap okumak, masal dinlemektir. Bir çocuğa kitap okumak veya masal anlatmak sadece okumak ve anlatmaktan ibaret değildir, aynı zamanda hikâyenin devamını çocuğun tamamlamasına öncülük etmektir. Söz gelimi anne-babaların, "Bir kurt masalı anlatacağım ama masalın bir yerinde sana bir soru soracağım," dedikten sonra masalın sonunda, "Sence bundan sonra ne olmuş olabilir?" diye çocuğa soru sormaları hem çocuğun hayal dünyasına girmek hem de düşüncesini uyarmak açısından önemlidir. Çocukların anne-babalarından dinlediği hikâyeyi kendi zihinlerinde tamamlaması benlik gelişimine katkı sunar. Anne-babaların, çocuklarının dünyasını keşfetmek adına yöneltecekleri, "Niye öyle olmuş?" sorusu da değerlidir. Maalesef günümüzde çocuklar sürekli ekranla muhatap oluyor. Bu konuda yapılan bir araştırmanın sonuçları bize önemli ipuçları veriyor. Bu araştırmada beş ve on dört yaşındaki çocuklara birer ataç verip, "Ne kadar çok şekil yapabilirsin?" diye soruluyor. Beş yaşındaki çocuklar on beş farklı motif yaparken on dört yaşındaki çocuklarda bu sayı üçe kadar iniyor.

Şunu da konuşmak lazım. Eğitim, bir bakıma, yaratıcılığı öldürüyor. Çünkü eğitimin amacı endüstrinin ihtiyaç duyduğu standart insanı yaratmak... Okullar yirminci yüzyılın başındaki fabrikaların bir kopyası... Birbirine benzeyenler aynı kutuya konulur; zil çalar, herkes aynı anda hareket eder. Sistemde bireyselliğin, yaratıcılığın, farklılığın yeri olmaz. Sistem için önemli olan, herkesi aynı kalıba sokmaktır.

Biraz da ergenlik dönemi hakkında merak edilenleri sizden dinlemek isterim. Ergen ile anne-baba arasında yaşanan çatışmalar belki de aile dinamikleri içindeki en sancılı dönem... Bu çatışmaların sebebi nedir?

Ergenlik dönemi hayatımızdaki en önemli virajlardan biri... Ergenlik beynin gelişmesinde bir sıçrama... Bu sıçrama sırasında beynin kontrol ve fren mekanizmalarına dönük bölümleri iyi çalışmaz. Aynı zamanda ergenlik dönemindeki çocukların empati düzeyleri on yaşlarının gerisindedir. On dört-on beş yaşlarında duyguları yönetme mekanizmalarında zorluklar yaşarız. Hormonların baskısı ve duygusal dalgalanmalardan ötürü anne-babayla ergen arasında mutlaka fikir ve görüş ayrılıkları yaşanır. Önemli olan gerginlik veya çatışmanın dozudur. Bu noktada gencin uyumlu olması kadar anne-babanın hoşgörülü davranması da gerekir.

Hormonların baskısı ve duygusal dalgalanmalardan ötürü anne-babayla ergen arasında fikir ve görüş ayrılıkları yaşanır. Önemli olan gerginlik veya çatışmanın dozudur. Bu noktada gencin uyumlu olması kadar anne-babanın hoşgörülü davranması da gerekir.

Gerginliği, çatışmanın dozunu artıran iki neden var. Altı-on yaş arasında, yani çocuğun sükûnet dönemi denilen dönemde, fazla müdahale ve baskı ergenlik döneminde virajın sert alınmasına neden olur. Çocuklara bir yaşından itibaren belirli konularda taviz vermemek, iki yaşında kendi tabağını sofraya getirip götürmesini öğretmek, uyku problemi olmaması için kararlı davranmakla başlayan, sınırların net olarak çizildiği bir süreç takip edilmelidir. Keza anne-baba, çocuğuyla ne kadar sağlıklı bağ kurduysa ve ne kadar iletişim içindeyse ergenlik dönemindeki zorluklar da o kadar kolay atlatılır.

Bir de insanların doğuştan getirdikleri mizaç ve kişilik özellikleri vardır. Zor mizaçlı çocukların; dikkat sorunu olan, hareketli, uyum sorunu yaşayan çocukların ergenlikleri de anne-babaların anlayışlı olmasına ve daha önceki yaklaşımlarına bağlı olarak nispeten sert ya da daha ılımlı geçebilir.

İnsanların büyük çoğunluğu yetiştiği ailenin ahlaki, siyasal, sosyal, dinî referanslarına uygun yaşar. Peki, bunun istisnası yok mudur? Vardır ve istisnai durum üç yönde ortaya çıkar. İlk olarak; kayıtsızlık durumunda, yani anne-babanın çocukla ilgilenmemesi nedeniyle sorun patlak verir. İkincisi; güçle yönetmek ve şiddet varsa sorun yaşanır. "Burası benim evim, burada benim dediğim olacak; ya uyarsın, ya gidersin!" tehditleri de gençliğe adım atan bireylerde tehdit ve baskı unsurudur. Üçüncüsü de uygunsuz davranışların teşvik edilmesiyle sorunların ortaya çıkmasıdır.

Ailenin değer sistemine uymayan farklılıkların ortaya çıkması anne-babaları rahatsız eder. Ancak dikkatle bakılırsa bu farklar çoğunlukla şekilsel farklardır. Örneğin erkek çocuğunun saç uzatması, küpe takması, dövme yaptırması; kız çocuğunun makyajı, etek boyu ya da giyim tarzı gibi etkenler ailelerde sorun olarak görülür ve bu değişim anne-babayı çileden çıkarabilir. Ancak ailenin değerler sistemine aykırı görünen davranışların hepsi gelip geçicidir. Gençlik dönemindeki uç hareketler, davranışlar aslında kimlik arayışının bir uzantısıdır. Kimlik arayışı, "Ben buradayım, beni de fark edin!" çığlığıdır. Dolayısıyla, "Seni fark etmiyorum!" veya "Böyle olursa bu evde yaşayamazsın!" ya da tersi şekilde, "Harika, ne iyi olmuş!" şeklindeki abartılı yaklaşımlar ergende bu dönemdeki özelliklere takılmaya sebep olabilir.

Unutulmamalıdır ki "delikanlılık" tanımı on sekiz-yirmili yaşlar için kullanılır. İstisnalar dışında, kırk yaşında tehlikeye atılan kahraman yoktur. Gözü karalar, kahramanlar hep on sekiz-yirmili yaşlarındadır. Ergenlik dönemindeki gerginlikler sırasında kaçınılması gereken tek şey sertliktir.

Bu nedenle sorun gibi görünen, aileyi rahatsız eden her neyse ona kayıtsız kalmak önemli... Şunu da belirtmek gerekir; kayıtsız kalmak çocuğa değil, konuya yönelik olmalıdır. Basit bir örnekle anlatırsam, küçük oğlum farklılıkları denemeyi seven bir çocuktu. On dört yaşında eve geldiği bir gün saçları civciv sarısıydı. Bir ergen olarak okulun son günlerinde arkadaşlarıyla böyle bir ilginçlik yapmak istemiş. Büyük oğlum daha kuralcıdır. Kardeşini görür görmez, "Delikanlı adam saç boyar mı!" tarzında yargılayıcı bir ergen muhabbetine girişti. Eşimle hiç tepki vermedik. Ama bu tepkisizliğimiz oğlumuza değil, saç rengineydi. Sanki böyle bir şey yokmuş gibi davranmayı seçip onunla ilişkimize devam ettik. Saçları biraz uzadığında hevesini alıp sarıdan vazgeçmişti.

Dolayısıyla ergenlerde bu tür fevri davranışları sorun etmemek gerekir. Bunları önlemenin yolu zor da olsa çok küçük yaştan, yani ergenlik döneminin başından itibaren çocuğu konuşturmaktır. Çocuğunuzun ilgilendiği konuları onunla konuşmak gerekir. Annenin oturup ergen kızıyla makyaj yapması, erkek çocuğun babanın oynadığı oyuna dâhil olması önemlidir. Oyundaki duygular üzerine konuştuğunuzda çocuğunuzla aradaki mesafe kapanır.

Ailelerin farkında olmadan yaptıkları hatalı tercihlerden biri de tatilleri kullanma biçimleri. Ülkemizde insanlar genellikle kendi çocuklarıyla aynı yaşta çocukları olan yakın arkadaşlarla tatile gitmeyi tercih ediyor. Çocuklar kendi aralarında ekip olurken büyükler de ayrı ekip olarak zaman geçiriyor. Herkes mutlu mesut vakit geçirirken arada anne-babalar çocukları,

"Gözümün önünden ayrılmayın, kavga etmeyin," diye uyarıyor. Oysa tatillere çekirdek aile olarak gidilmesi gerekir. Nitekim anne-babalar için tatiller çocuklarının dünyasına girmek ve onların değerlerini şekillendirmek için olağanüstü bir dönemdir.

Şüphesiz çocuklarımızın büyümesi ve olgunlaşma süreci sabır gerektiren bir yolculuk... Dünyada en zor konulardan biri, bir şeyin doğrusunun nasıl olduğunu bilip yanlış yapılmasına tahammül etmek zorunda olmaktır ve bu çok zordur. Yine de çocukları uygun şekilde ve uygun dozda yönlendirmek gerekir. Sürekli olarak "Bunu yap, şunu yap," diyerek çocuğunuzla sağlıklı iletişim kuramazsınız. Emek harcamadan "olsun-bitsin" diye beklemek de etkili bir yaklaşım değildir. Biz anne-babalar, kaçınılmaz olarak evlatlarımızı yargılayıp nasihat ediyoruz. Çünkü düşünmek zor, yargılamak kolaydır. Oysa yargılamadan dinlemek, ses tonu ve beden diliyle yargı ifadesi olmaksızın soru sormak gencin konuşmasını kolaylaştırır. Yaşınız ve pozisyonunuz gereği güç sizde ise anlamaya çalışmak sorumluluk yükler. Benzer şekilde karşındakini anladığında kendi davranışını değiştirmen gerekir. Değişim demek, konfor alanından çıkmayı gerektirir. Şüphesiz bu süreçte de anne-babalar çocukların sağlıklı birer yetişkin olması adına bazı konfor alanlarından çıkmalıdır.

Dünyada en zor konulardan biri, bir şeyin doğrusunun nasıl olduğunu bilip yanlış yapılmasına tahammül etmek zorunda olmaktır. Yine de çocukları uygun bir disiplinle yönlendirmek gerekir.

Bir diğer üzerinde durulması gereken konu da değerler konusundaki çatışmaların iknayla çözülemeyeceğidir. Söz gelimi oğlunuz kulağına küpe takmayı son derece doğal, moda bir davranış olarak düşünürken siz küpe takmasının cinsel tercihlerinde sapmaya yol açacağına inanıyorsanız birbirinizi asla ikna edemezsiniz. O zaman geri kalan tek seçenek ortak bir noktaya gelmek, uzlaşmaktır. Ona, "Küpeni tatilde tak," veya "Deden geldiğinde beni zor durumda bırakma, küpeni çıkar," gibi orta noktayı bulacak teklifler sunmak konuyu yumuşatır.

Katıldığınız bir televizyon programında, "Çocuğunuz on üç-on dört yaşına geldiğinde onu yaz okuluna göndermek yerine, yarım günlüğüne çıraklık yapmasını sağlayın," tavsiyesinde bulunmuştunuz. Ergenlik dönemindeki çocukların yaz tatilinde çalışması, işe gidip gelmeleri onlara ne gibi katkılar sağlar?

Aslında bu cümlelerim, insanları üzerinde düşünmeye yönelttiğim bir konu oldu. Türkiye'de eğitimdeki önemli sorunlardan biri yaz tatillerinin çok uzun olması. Öyle uzun ki çocuklar yaz tatillerinde öğrendiklerini unutuyor. Bir de genel bir kabul var; "Çocuklar çok yoruldu, dinlenmek onların da hakkı!" deniyor. Dinlenmek elbette çocukların da hakkı ama bu süre bir hafta, bilemediniz on beş gündür. Bu süre sonunda çocuğun mutlaka aktif olarak öğrenme süreci içinde olması gerekir. İnsan zihninin en berrak ve parlak olduğu yaşları sadece ve sadece spor yaparak, haylazlık ederek, ekrana bakarak sosyal medyada geçirmek çocukların potansiyellerini köreltir. Buna göz yummamak gerekir. Bu nedenle on dört-on beş yaşına gelen çocukların, yaz tatillerinde yarım gün bir alışveriş merkezinde, bir kafede çalışmaları; sıradan gibi görünen işleri yapmaları onları hayata hazırlar.

Dinlenmek elbette çocukların da hakkı ama bu süre bir hafta, bilemediniz on beş gündür. Bu süre sonunda çocuğun mutlaka aktif olarak öğrenme süreci içinde olması gerekir.

Üstelik, "Paranın kıymetini bilirler," yaklaşımı bu meselenin en önemsiz kısmıdır. Esas mesele; yetişkin dilini konuşmak, insan ilişkilerinin sınırlarını gözlemlemek, karar vermek, kararlarının sonuçlarıyla karşılaşmak, sorumluluk almak, bir yerin düzenine disiplinine uymaktır. Yaz tatillerinde çalışmış çocuklar, o dönemde kazandıkları becerileri okulda kazandıklarından çok daha etkili şekilde hayatlarına yansıtır. Bu becerileri kazanan çocuklar, ileride kendileri birer patron veya yönetici olduklarında, sıradan gibi görünen işleri yapan insanların emeğine saygı göstermeyi de öğrenir. Bunları yapmayanlar patron çocuğu olur ve insanları araç gibi görürler. Dahası insanlara kızıp cezalandırarak, işten atarak onları yöneteceklerini zannederler.

Bir hayatın içinde acı, üzüntü, hayal kırıklığı ve başarısızlık yoksa o hayattan bir hikâye çıkmaz. Bunlar genellikle söz konusu patron çocuklarının özellikleridir. İnsan değeri bilmezler, kızarak yönetirler, her şeye hakları olduğuna inanırlar. Üstelik orta ve üst gelir düzeyindeki aileler de çocuklarını buna özenerek yetiştirmeye başladılar; "Aman benim yaşadığım zorlukları yaşamasın!" Hâlbuki kendilerini bulundukları noktaya getiren yaşadıkları zorluklardır demiştik.

Ben bulunduğum ortamlarda orada bulunanlara şu soruyu yöneltirim; "Aranızda kırsal bölgede yetişenler var mı?" Ardından el kaldıranlara, "Beş yaşındayken ne yapıyordunuz?" diye bir soru daha yöneltirim. Kırsal kesimde yaşayan bir çocuk beş yaşında mutlaka ailesinin hayatına bir katkıda bulunur. Ahırı temizler, tarlaya yemek götürür, hayvanları çıkarıp otlatır. Beş yaşındaki çocuk yirmi otuz hayvanı eksiksiz götürüp getirir. Dolayısıyla ailenin refahına ortak olmaz, hayatına ortak olur. Biz çocuklarımızı ailenin refahına ortak ediyoruz. "Aman zorluk yaşamasın, olumsuz şeyler yaşamasın." Oysa utanma, üzüntü, başarısızlık, kızgınlık, hayal kırıklığı; bu duygular insanı insan yapar. Utanma duygusu olmasa, suçluluk duygusu olmasa bir insanın nasıl bir insan olacağını düşünebiliyor musunuz?

Peki, nasıl zorlanacak çocuk? Öncelikle en küçük yaştan itibaren aile içinde birtakım şeyleri yapmak onun görevi olacak. O küçük ekosistemde o görevi yerine getirmek onun doğal işi olacak. Bir diğer deyişle, sorumluluklarını ödül karşılığı yapmayacak; o da ailenin bir uzantısı olacak. Peki, bunun karşılığını hayata nasıl taşırız? İşte bunun karşılığını hayata çocuklarımızı on üç on dört yaşından başlayarak yaz tatillerinde çalıştırarak taşırız. Dil öğrensin, bağımsız yaşamayı öğrensin diye kısa süreli yaz okullarına gönderilen çocukların büyük çoğunluğu ne bağımsızlık kazanır ne de tam anlamıyla dil öğrenir. Yurt dışındaki yaz kamplarına giden çocukların büyük çoğunluğu kötü alışkanlıklar kazanarak; kimi zaman da cinsel bilgi ve deneyimlerini geliştirerek geri dönerler. Çocukların bugün "Aman derslerini yapsın"dan başka hiçbir sorumluluğu yok. Okula yetişme sorumlulukları dahi yok. Şayet yetişemezlerse anne-babaları tarafından arabayla okula götürülüyorlar. Servisler gelip binanın önünden çocukları alıyor. Anne-babalar bundan vazgeçip çocuklarını sorumlulukla ödüllendirmeli.

Biliyorsunuz, halk arasında "kabuğunu kırmak" diye bir deyim vardır. İşte bu yüzden ergenlikten itibaren yaz tatillerinde çalışmak, öğrenci kulüplerinde görev almak, sivil toplum kuruluşlarında çalışmak, düzenli ve sportif bir etkinlik içinde bulunmak duygusal dayanıklılık geliştirmeye imkân sunar. Böyle bir etkinlik içinde olan gençler yardımlaşma ve sorumluluk alma konusunda büyük bir potansiyele sahip olur. Duygusal esnekliğe sahip kişiler zor durumlarda umutsuzluğa kapılmaz, şikâyet etmez, yaşanan zorluklardan bir anlam çıkarmaya çalışır, çözüm üretir ve yaşanan olumsuzlukları gelişme yolunda bir fırsat olarak görür. Neticede de daha sonra karşılaştıkları zorluklar için özyeterlilik geliştirirler.

Hayata hazırlık sadece eğitim dönemindeki sınavların üstesinden gelmekle sınırlı bir süreç değildir. Duygusal dayanıklılık veya yılmazlık ancak kişi sınandıkça, zorlandıkça ve konfor alanının dışına çıktıkça gelişen bir özelliktir. Yılmazlık; hayat başarısı konusunda diploma, deneyim ve mesleki bilgiden çok daha önemli rol oynar. En somut örneği çok dezavantajlı ortamlardan geldikleri hâlde, yaşadıkları güçlüklere takılmayıp mücadele sürecinde birçok yetkinlik kazanarak hem hayatını zenginleştiren hem de başarılı olan insanların varlığıdır.

Bir kuş düşünün. Yumurtladıktan sonra kuluçkaya yatar ve gerekli gelişme ortamını sağlayarak yumurtasının olgunlaşmasını bekler. Zamanı gelince ve dünyaya hazır olduğunda yavru yumurtayı kırar. Hiçbir kuş, yavrusuna yardımcı olmak için yumurtayı kırmaz; çünkü böyle yaparsa yavru yeterince olgunlaşmadığı için hayatla mücadele edemeyeceğini içgüdüsel olarak bilir. Bütün anne-babalara bu gerçeği iyi anlatmak gerekir. Çünkü pek çok aile çocuklarına yardımcı olmak ve onların hayatını kolaylaştırmak için yumurtayı kendileri kırıyor. Bu da psikolojik bağışıklık sistemi gelişmemiş çocukları hayat karşısında mücadele gücünden yoksun bırakıyor.

Benzer şekilde kuşları gözlemlemeye devam ederek başka şeyler de öğrenebiliriz. Yavrular kendi başlarına hayatta kalabilecek duruma geldiklerinde yuvadan uçar ve her kuş bin bir zahmetle kendi yuvasını yapar. Bahçesi olan evlerin bazılarında kuş evleri vardır. Oraya yem koyulduğu zaman kuşlar kendilerine bırakılan yemleri yer ve oradan kendi yuvalarına uçar. Yumurtlayacakları zaman da kendi yuvalarında yumurtlarlar. Bugüne kadar kuş evine yumurtlayan kuş görülmemiştir. Orta ve üst gelir grubunda çocuklar evlenecekleri zaman aileler imkânlarını zorlayarak ve çocuklarını rahat ettirmek için onların evlerini yapıyor ancak bu, yuva olmuyor. Kendi imkânlarını zorlamadan kolayca temel konfor araçlarına sahip olan gençler çoğunlukla bunun değerini bilmiyor. Ben gençler arasındaki evliliklerinin kısa sürmesinin nedenlerinden birinin bu olduğunu düşünüyorum.

Yetişkin olmak her şeyden önce bağımsız bir birey olmak demektir. Yetişkinlik; evlenmek, çocuk sahibi olmak, meslek sahibi olmak gibi kişinin bireysel kararlarıyla sorumluluk ve zorunlulukları gönüllü olarak üstlenmeye hazır olmasıdır. Oysa çocukluğunda sıradan gündelik işleri ve hatta sorumluluklari başkaları tarafından yerine getirilen çocuklar yetişkin olduklarında bu sorumluluklarla karşılaştıklarında zorlanırlar.

Bizler çocuklarımızın psikolojik bağışıklıklarını sağlama konusunda nerede sınıfta kalıyoruz?

Psikolojik bağışıklığın gelişmesi konusunda yapılan en yaygın hatalar; çocuğu ya da genci eleştirmek, bağımsızlığını engellemek, onu çok övmektir. Çok eleştirilen çocuklar gibi, çok övülenler de sınırlarını zorlayan mücadelelere girmekten kaçınır. Bu da potansiyelin gelişmemesine neden olur.

Bir başka sorun da sosyalleşme boyutunda ortaya çıkar. Beş seçenekli sınav sistemiyle rehin alınmış ve başarıyla zehirlenmiş çocuklar sosyalleşme sorunu yaşıyor. Kendi kişiliğini ve becerilerini sorgulama imkânı bulmadan, psikolojik bağışıklığı gelişmemiş gençler ve yetişkinler olarak, hazır olmadıkları hayata atılıyorlar. Ve maalesef sorunların çevresindekiler tarafından çözülmesine alışmış çocukların ergenlik dönemlerinde kaygı düzeyleri daha yüksek, yetişkinliklerinde de depresyona girme eğilimleri daha fazla oluyor.

Peki, ne yapmalı?

Gençleri hayata ve toplumun bugünkü koşullarına hazırlamak gerekir. Para kazanmanın kolay olmadığını bilmeliler. Bunun da kendi içinde üç sebebi var. Birincisi; bireysel boyutta değer yaratmadan, katkı sağlamadan kolay para kazanılabileceğine inanıyorlar. İkincisi, çok paraya ihtiyaç duyabiliyorlar; üçüncüsü ise sosyal medya fenomenlerine veya start-up başarılarına özenebiliyorlar. Ayrıca bahis şirketleri gençleri ayartıyor ve insanın paraya olan ihtiyacını körükleyerek risk almalarına, ancak sonrasında büyük hayal kırıklıkları yaşamalarına sebep oluyor. Birçok ailenin hayatı, bahis şirketlerinin sunduğu sözde imkânlarla gölgelenip kararıyor.

Örneğin sosyal medya fenomeni olmak gençler arasında moda oldu. Kısa süreli bir parlama için insanlar kendilerini maskara edebilir ancak böyle bir şöhret kalıcı olmaz ve bunu sürdürmek için daha uç şeyler yapmak gerekir. Durduk yerde, sadece hayal kurarak birdenbire ne sosyal medya fenomeni olunur ne de start-up başlatılabilir.

Oysa sivrilip başarılı olanlara bakarsanız neredeyse tamamına yakınının küçük yaşlardan itibaren farklılık ortaya koyan insanlar olduklarını görürsünüz. Kimse birdenbire inovasyon veya icat yapamaz. İnovasyon yapanlar çok küçük yaşta çevrelerinde fark edilen çocuklardır. İnsanların başarılı olmasının ardındaki önemli nedenlerden biri hangi alanlarda iyilerse enerjilerinin çoğunu o alana odaklamalarıdır. Peki, bu alan nasıl anlaşılır? Kişinin yatkın olduğu alanı anlamak için üç ölçüt vardır. Birincisi, teşvik edilmese de ortaya çıkar; ikincisi, başkaları da görür ve takdir eder; üçüncüsü, o işi yaparken zaman akar gider, insan yorulmaz, yorulsa hızla dinlenip o işe geri döner.

Çocuklarımızın herhangi bir konuda "dünyada en iyi ve en başarılı olmasını" sağlamaya çalışmak yerine, onları ülke ve dünya için iyi bir insan olmaları konusunda desteklemek hem daha gerçekçi hem de onu ve çevresindekileri hayat yolculuğunda mutlu edecek daha anlamlı bir hedeftir. Çünkü zirveye çıkmak zor, orada kalmak imkânsızdır.

Kişinin yatkın olduğu alanı anlamak için üç ölçüt vardır. Birincisi, teşvik edilmese de ortaya çıkar; ikincisi, başkaları da görür ve takdir eder; üçüncüsü o işi yaparken zaman akar gider, insan yorulmaz.

Ergenlikte arkadaşlık ilişkilerinin ön plana çıktığını biliyoruz. Peki aileler, özellikle ergenlik dönemindeki çocuklarının arkadaşlık ilişkilerini nereye kadar takip etmeli? Çok da takip edilirse gençlerin özgürlük alanına girilmiş olmaz mı?

Çok açık, hatta biraz da doğrudan bir ifadeyle söyleyeceğim. Aileler özellikle ergenlik dönemindeki çocuklarını her zaman çok sıkı şekilde takip etmelidir. Genci mümkün olduğu en son noktaya kadar takip etmek, ancak tehlike sınırına gelmedikçe müdahale etmemek gerekir. "Çocuğunun özgürlüğüne dokunma, odasına girme, eşyalarını elleme," gibi söylemler romantik, bugünün koşullarına uymayan ve gerçek dışı söylemlerdir. Anne-babalar çocuklarını çok sıkı takip etmelidir.

Her anne-babanın evladını gözlemleyip neler yapıp ettiğinin farkında olmak, onu korumak birincil görevidir. Anne-babaların özellikle ergenlik dönemindeki çocukları için ciddi efor harcaması gerekir. Çocuklar bunu bir yerde hissedebilir ve tepki de gösterebilir. Bu durumda anne-baba açıkça, "Bunu seni korumak için yapıyorum, benim sorumluluğum var," demelidir. Günümüzde maalesef uyuşturucu, sigara ve elektronik sigaralar yaygın biçimde tüketiliyor. Ben uyuşturucu ve sigara gibi, elektronik sigaranın da insanlık suçu olduğunu düşünüyorum. Devletler ne pahasına olursa olsun sigara ve elektronik sigaranın üretimini yasaklamalı. Bir gencin hayatını iki şey rayından çıkarır; biri madde kullanımı, diğeri erken yaşta hamileliktir.

Ergenin yoldan çıkması ve kendine zarar verme eğilimi ağırlıklı olarak bağ kurma eksikliğinden kaynaklanır. Her türlü bağımlılık, hayat ve insanlarla bağ kurmakta çekilen zorluğun sonucu ortaya çıkar. İnsanlar hayatlarında dünyayla sağlıklı ve

> Her türlü bağımlılık, hayat ve insanlarla bağ kurmakta çekilen zorluğun sonucu ortaya çıkar.

anlamlı bir bağ kurmakta zorluk çektikleri veya bir bağ kuramadıkları için maddenin verdiği, vereceği hazla bu dünyadan uzaklaşmaya çalışır ya da kendilerine zarar vermeye yönelir. Bağımlıların kullandıkları kelimelere bakarsanız "uçmak", "ayakları yerden kesmek" gibi ifadelere denk gelirsiniz. Mutsuz insanlar maddeyle kendilerince uçmayı tercih ediyorlar.

Bağımlılığın tedavisi çok güçtür ancak bu meselenin çözümünde ABD örneği çarpıcı ipuçları barındırıyor. Vietnam Savaşı'ndan dönen ABD askerlerinin yüzde 95'i bağımlıydı. Vietnam'daki koşullara katlanmak ancak madde kullanımıyla mümkündü. Savaş bitip askerler eve döndükten bir zaman sonra sokakların insan cesedinden geçilmeyeceği düşünülüyordu ancak böyle olmadı. Uyuşturucudan kurtulmanın yolu bağ kurmaktır. Nitekim aile bağları olan askerler ile rehabilitasyon programlarında bağ kurma beceri ve yetkinliklerini geliştirenler bağımlılıktan kurtuldular. Bu önemli bir sonuçtu.

Ancak günümüzde hayattan kaçan, hayata madde aracılığıyla tahammül eden insanlar, maddenin hayatlarına getirdiği yüke rağmen, onu almaya devam ediyor ve neticede aşırı doz nedeniyle yaşamları sonlanıyor. Aşırı dozun adı altın vuruş... Bu bile artık gidecek yer kalmadığının bir işareti... Bu konuya ilişkin çekilen *Dört Güzel Gün*[28] filminin izlenmesini tavsiye ederim. Roman ve tiyatro hayattan fazlasıdır ancak bu film hayattan bile az... Çok sarsıcı bir hikâye, üstelik gerçek yaşamdan esinlenilmiş.

Burada bir başka kritik alana geçelim isterim. Cinselliğin keşfi şüphesiz çocuk gelişiminde önemli bir mesele... Çocukların kendilerini korumaları ve bilimsel düzlemde doğru bilgi almaları için okullarda cinsellik eğitimi verilmeli mi?

---

28 *Dört Güzel Gün (Four Good Days)*, yönetmeni Rodrigo García olan, 2020 tarihli Amerikan dram filmi.

Her toplumun dinamikleri farklıdır. Türkiye için mesele cinsellikle ilgili verilecek eğitimin ne boyutta olacağı ve nasıl verileceğidir. En azından şunun yapılması gerekir: Çocuklara, "Bir yetişkin özel bölgelerinize asla dokunamaz; özel bölgeleriniz şuralardır; bu noktalara sadece anne-babanız gerektiğinde dokunur, temizler; başka kimse dokunamaz," denmelidir. Özel bölgeler çocuklara çok küçük yaştan itibaren öğretilmelidir. Ancak cinsellik eğitiminin müfredata girmesi konusunun Türkiye için gerçekçi olduğunu söyleyemem. Cinsellik eğitimi dersini verecek öğretmenlerin niteliği, dersi dinleyecek öğrencilerin aile yapıları göz önüne alındığında cinsellik konusundaki eğitimi gerçekçi bulmuyorum. Bugün cinsellik konusunda bize göre fazlasıyla hoşgörülü olduğunu bildiğimiz ülkelerde bile verilen eğitimin dozu tartışma konusudur. Siz bu alanda benimsediğiniz bakış açısından hareketle doğru olduğunu düşündüğünüzü yapmaya çalışsanız da bu, farklı düşünenler tarafından yanlış algılanır. Her ailenin bu konudaki görüşü ve anlayışı farklıdır. Kaldı ki bu konuda ailenin önüne geçmenin doğru olmadığını düşünüyorum.

Bir başka mesele ise dijital bağımlılık… Çocuklarda artan ekran ve dijital bağımlılığa ilişkin ciddi uyarılarda bulunan bir uzman olarak bu konuda ailelere tavsiyeleriniz nelerdir?

Öncelikle bağımlılıkla doğrudan bağlantılı olması sebebiyle kişilik özelliklerinden kaynaklı etkenlerden bahsetmek isterim. Kişilik özellikleri ile internet bağımlılığı arasında bir etkileşim vardır. Nitekim kolay heyecanlanan, uyarılan, duygusal dengesi zayıf, dürtü kontrolü zorluğu yaşayan kişilerin internet bağımlılığına daha yatkın oldukları araştırmalarla ortaya konmuş durumda.

Amerikan Ulusal Sağlık Enstitüsü, yirmili yaşlardaki Amerikan vatandaşlarının yüzde 10'unun klinik olarak ağır narsist teşhisi alacak durumda olduğunu bildiriyor. Bu oran altmışlı yaşlardaki insanlar için yüzde 3 seviyesinde. Bu örneği neden veriyorum? Çünkü narsistler sosyal medyada gizledikleri kişilikleriyle bir özgüven illüzyonu yaratıyor.

Bunun yanında duygusal denge açısından daha zayıf olanların internet bağımlılığına yatkın oldukları ve oyun bağımlılığı konusunda risk taşıdıkları yine araştırmalarla ortaya konulmuş durumda. Sanal dünyanın sunacağı imkânlar kolay heyecanlanan, sorumluluk duygusu düşük, dışa dönük ve yeniliğe açık kişiler için daha büyük riskler oluşturuyor. Öte yandan şizotipik kişilerin [insanlarla yakın ilişki kurmakta zorluk çeken, sosyal olarak izole ve yalnız kimseler] oyunlara bağlı olarak sanal dünyayla sıkı bir ilişki içinde olduğunu da biliyoruz. Teknolojinin aşırı kullanımının akıl ve ruh sağlığı sorunlarında binde beş artışa yol açtığı da biliniyor. Binde beş oranı kimine göre küçük bir sayı gibi gelebilir ancak bu oran bu yönde hizmet veren sağlık sistemini bloke etmeye yetiyor.

Şimdi örneğin Facebook'un kurucusu Mark Zuckerberg'in lanse ettiği bir Metaverse var. Neredeyse tüm dijital aktiviteleri birleştiren, belli ki insanın sanal âlemde daha da fazla vakit geçirmesine yol açacak bir öte evren bu. Ne dersiniz, bu tür gelişmelerle dijital bağımlılık daha da artacak mı?

Öte Evren veya Sanal Evren olarak tanımlanan Metaverse, sizin de dediğiniz gibi, tüm dijital dünyaların birleştirildiği, yani internette yapabildiğiniz her şeyin tek bir alanda toplandığı paralel bir evren... Bu dijital evrende oluşturulan üç boyutlu avatarlarla çalışmak, gezmek, oyun oynamak, konsere gitmek, kripto paralarla alışveriş yapmak gibi birçok günlük aktiviteyi yerine getirme şansı var. Ancak Metaverse'ün yaygınlaşması durumunda akıl ve ruh sağlığı sınırda olan bir milyon kişi, daha yoğunlukla ruh sağlığı hizmetine ihtiyaç duyacak hâle gelebilir. Bir yandan gerçek hayatta yüksek şizotipik davranışlar gösterenlerin, oyun sırasında bu davranışları daha az sergilediği yönünde gözlemler de söz konusu. Bu nedenle sıraladığım özelliğe sahip insanlar kendilerini daha rahat hissettikleri bir dünyada çok daha fazla vakit geçirebilir, kendilerini daha fazla kaptırabilirler. Gerçek dünyadan tümüyle uzaklaşma riski var.

Dünyada oyun bağımlılığı oranının yüzde üç dolayında olduğunu ve bu oranın aynı zamanda obsesif kompülsif bozukluk ve madde bağımlılığına yakın bir oran olduğunu biliyoruz. Özellikle Metaverse için konuşursak, gerçeklikten uzaklaşma, az önce izah ettiğim üzere, zaten gerçeklikten uzak olanlar için büyük bir risk taşıyor. Metaverse kendini normal kabul eden sıradan insanlar için de gerçek hayata dönmek istemeyecekleri kadar hoşa giden bir haz dünyası olacak. Bir anlamda sorumsuzlukla gelecek olan bu özgürlüğün, zaman içinde yol açtığı sonuçlar görüldükçe beklenmedik meseleler ortaya çıkacak.

Özellikle aile ilişkilerinde doyumsuzluk yaşayan ergenler internet bağımlılığı açısından risk taşıyor. Bütün bu bulgular problemli internet kullanımının duygu düzenleme zorluklarını telafi etmek için kullanıldığını gösteriyor ve bu durum kızlara kıyasla erkeklerde çok daha yaygın... Tekrar belirteyim; yakın zamanda ruh sağlığı uzmanlarının iş yükü artacaktır.

Ekran sorununu anne-babaların durumu açısından ele alırsak, anne-babaların çocuk yetiştirirken yaptıkları en büyük hata sınır çizememektir. Bunu başka bir bağlamda konuşmuştuk ama tekrar edelim. Sınır çizmek; disipline etmek ve o disiplini hayatın başka alanlarına taşımaktır. Disiplin konusu, bugünkü anne-babaların en çok zorlandıkları, hayata geçiremedikleri sorunların başında geliyor. Öyle ki bazen bir yaşındaki çocukların elinde telefon veya tablet görüyorum.

Anne-babalar, restoranda yemek yiyip arkadaşlarıyla sohbet ederken mama sandalyesine oturtulan küçücük çocukların ekrana kilitlenmiş vaziyette hipnotize olduklarını görüyoruz. Anne-babaların burada bir iki yaşındaki çocuğun eline tablet veya telefon verdiklerinde birkaç saatlik rahatlık uğruna çocuğun ekran bağımlısı olma ihtimalini artırdıklarını bilmelerinde fayda var.

Ailelerin, doğru karar almaları ve çocuklarını doğru yönlendirmeleri için onlarla konuşmaları, onları konuşturmaları gerekir demiştik. Çocuklar, sorduğunuz her soruya kendi zihinsel kapasite ve dünyalarını yansıtacak cevaplar verir. Her cevap sonrası yeni sorular çıkarılması kadar anne-babanın duygusal emeği de önemli... "Çok yorgunum," veya "Nasıl olsa telefonu eline alınca kendi hâlinde takılıyor, biraz da arkadaşımla vakit geçireyim," dediğinizde çocuğun dünyasına giremezsiniz. Maalesef birçok ebeveyn, âdeta kendi elleriyle çocuklarını ekran bağımlısı hâline getiriyor. Ekran bağımlılığına karşı, çocukla zaman geçirmekten başka çözüm yok. Çocuğun ilgisini çekmek, onunla oyunlar oynamak, kitap okumak, birlikte film izlemek ve yaptıklarımızı yorumlamak gerekiyor. Bu bazı anne-babalara taşıyamayacakları kadar büyük bir yük yüklüyor.

> Bağımlılık, irademizi isteyerek başkasına teslim etmektir. Dahası istesek de vazgeçememektir. Dijital bağımlılığın temelleri de hayatın ilk yıllarında atılıyor. "Bunu artık değiştiremeyiz," diyerek çocuğunuza sınır koymuyorsanız bugünün realitesi denen sözde normları kabulleniyorsunuz demektir.

Bağımlılık, irademizi isteyerek başkasına teslim etmektir. Dahası istesek de vazgeçememektir. Onun için madde bağımlılığı, kumar bağımlılığı, alkol, sigara bağımlılığı gibi ekran bağımlılığı da büyük sorundur. Biz bu bağımlılığa bugün "dijital obezite" diyoruz. Bunun da temelleri hayatın ilk yıllarında atılıyor. "Bunu artık değiştiremeyiz," diyerek çocuğunuza sınır koymuyorsanız bugünün realitesi denen sözde normları da kabulleniyorsunuz.

Dijital cihazları kullanmaya başladıktan sonra onlar vazgeçilmez hâle geldiğinden, bu cihazlara *heroic device* [kahraman cihaz] dendi. Uzun süre kullanmak bu cihazları vazgeçilmez yapmakla kalmıyor, aynı zamanda bağımlılık üretiyor. Bağımlılık bir nesneye, kişiye veya objeye duyulan önlenemez istektir ve kişinin başka bir iradenin güdümü altına girmesinden farksızdır. Dijital obezitenin belirtileri, kırmızı ışıkta trafik durduğunda telefona bakmak, arkadaşlarla toplantıda konu kendisinden uzaklaştığında yine telefona bakmak, tuvalete telefonla girmek ve burada geçirilen zamanı uzatmak, giderek daha uzun sürelerle ve çeşitlenen mecralarda zaman geçirmektir. Bu özellikler sizde varsa dijital obezite riski altındasınız demektir.

Yeni medya kullanımı ve telefondan uzak kalma korkusu, haberleri kaçırma korkusu, kendisi ile ilgili haberleri arama anlamına gelen ego sörfü, selfie bağımlılığı olarak da ortaya çıkıyor. Yeni medya platformları, üreticileri tarafından kasıtlı olarak bağımlılık yapmak üzere programlanıyor. Metaverse'ün yaygınlaşmasıyla yeni medyanın bir sonraki büyük halk sağlığı krizi olacağını düşünmek abartı olmaz. Nitekim *Teknolojiye Karşı İnsanlık* kitabının yazarı Gerd Leonhard,[29] mobil cihazları yeni sigaralar olarak tanımlıyor.

Yeni medya platformları, üreticileri tarafından kasıtlı olarak bağımlılık yapmak üzere programlanıyor. Metaverse'ün yaygınlaşmasıyla yeni medyanın bir sonraki büyük halk sağlığı krizi olacağını düşünmek abartı olmaz.

29 Gerd Leonhard, *Teknolojiye Karşı İnsanlık*, Siyah Kitap, 2020.

İnsanların dijital medyaya iradi (bilinçli) bir esaretle bağlanmalarının nedeni elbette bu ortamda buldukları doyum... Bu doyum günlük hayatın baskısından kurtulmak, rahatlamak, zaman geçirmek, bilgi edinmek, sosyal medyadaki akım ve ilişkilerin dışında ve gerisinde kalmamak gibi sebeplerle arzulanıyor. Oysa sosyal medyadaki bilgiler obez insanların bedenlerindeki yağ tabakası gibi beyni sarıyor ve işlemesini zorlaştırıyor. Bir anlamda fast food'un kalorilerle insan bedenine verdiği zararı, sosyal medya da sağlıksız bir zihinsel besin olarak insan beynine veriyor.

Dijital obezite veya dijital dünya ve sosyal medyada fazla vakit geçirmek dikkat dağınıklığına, odaklanma zorluğuna, yüz yüze iletişimde azalmaya, sosyal hayattan uzaklaşmaya, akademik performansta düşüşe, gündelik hayatın sorumluluklarından kaçmaya, kişisel bakımı ihmal etmeye, aile içi iletişimin kopmasına da neden oluyor. Ayrıca kas ve iskelet ağrıları, uyku bozukluğu, göz yorgunluğu bu ortamda uzun zaman geçiren insanlarda görülen diğer belirtiler... Sosyal medya insanlar arasındaki sahici ilişkileri azalttığı gibi, gerçek olmayan sosyalleşme illüzyonu yaratıyor ve insan ilişkilerini önemsizleştiriyor. Ayrıca birçok kişide narsistik eğilimlerin güçlenmesine neden oluyor.

Unutulmasın ki doz, zehirdir. Yeni medya ortamlarında günde dört saate varan içerik tüketimini dijital obezitenin işaretleri olarak tanımlıyoruz. Telefon âdeta bir şeytan gibi! Sürekli bildirim geliyor. Dolayısıyla sosyal medyayı ve telefondan gelen mesajları azaltmak gerekiyor. Bunlar sürekli dikkatimizi çalıyor. Video ve film mecralarında tüketilen zamanın hayatımızdan gittiğini bilmemiz gerekiyor.

İnsanlar günün sekiz saatini sosyal ve dijital mecralarda geçiriyor. Oysa arkadaş buluşmalarına, yeni beceriler öğrenmeye vakit ayrılabilir. Günde bir saatini yeni bir beceri kazanmak için harcayan biri, iki yıl sonra o becerinin uzmanı hâline gelebilir. İnsan canlısı hayatın hep kolay tarafında. Hâlbuki insan beyni ormanda yaşamak, doğada mücadele etmek için evrimleşmiş. Birçok kişi, "Dijital obeziteyi önlemek için okullarda eğitim verilsin," diyor ancak bu eğitim okuldan önce ailede verilmeli. Aileler küçücük çocuklarının eline tablet veya telefon tutuşturmaktan vazgeçmeli.

Neyse ki çözüm noktasında farkındalığın artması sevindirici... Teknolojinin hayatımızın bir parçası olduğunu düşünmekle beraber insanı insanlığından uzaklaştırmaya başladığını düşünenler de giderek çoğalıyor. Çünkü insanların aradıkları mutluluğu ekranda, Bulut'ta [*Cloud*] ve mobil uygulamalarda bulması mümkün değil. Nitekim insanların hız ve teknoloji tutkunluğunun dijital dünyada karşılık bulmasına tepki olarak "yavaş medya" denilen bir hareket başladı. Bu hareketin amacı sınırsız enformasyonu yönetebilen bilinçli medya okurları yaratmak... Albert Einstein, "İnsan ruhu teknolojiye yenilmemelidir," sözünü 1941 yılında söylemişti. Bizim de bağımlılığa dönüşmüş teknoloji kullanımının önüne geçmek için fütürist Alvin Toffler'in[30] 1981 yılında söylediği gibi "bildiklerimizi silme ve yeniden öğrenme" sürecine girmemiz gerekiyor.

Sosyal medyaya bağımlı hâle gelenler bir süre sonra yas ve eğlence görsellerini, dahası tüm özel yaşantılarını aynı kare veya videoda paylaşıyor. Yas ve sevincin aynı anda yaşanması, neredeyse tüm özelin paylaşılması tuhaf değil mi?

Sosyal medya bir teşhir pandemisi yarattı. İnsanlar çok özel olması gereken anlarını düşüncesizce paylaşıyor. Mahremiyet ortadan kalkıyor. Mahremiyetin ortadan kalkması

30 Alvin Toffler (1928-2016), teknoloji ve onun etkileri üzerine çalışmaları olan, toplumdaki değişimleri ve tepkileri inceleyen Amerikalı yazar ve fütürist.

> Sosyal medya bir teşhir pandemisi yarattı. İnsanlar çok özel olması gereken anlarını düşüncesizce paylaşıyor. Mahremiyet ortadan kalkıyor. Mahremiyetin ortadan kalkması utanma duygusunu köreltiyor.

utanma duygusunu köreltiyor. Büyüklerimiz, alamayan utanır diye, sokakta bir şey yememizi istemezdi. Sosyal medta toplumsal empatinin kaybolmasını kolaylaştırıyor. Bunu bir defa kaybedince, "Dünyaya bir kez geldik, yaşadığımız her saniyenin tadını bilelim, hayat devam ediyor," demeye başlıyorsunuz. Hayat, imkânı olanlar için devam ediyor. Kolombiyalılar, "Fakirler açsa zenginler huzurlu olmaz," der. Oysa artık herkesin derdi en büyük olmak, en şöhretli olmak...

Sosyal medya bağımlılığı açısından bir diğer sorun da ekran fenomeni çocuklar... Çocuklarını sosyal medyada ve ekranlarda fütursuzca teşhir edenlerin önemli bölümü gelecekte bu davranışlarının pişmanlığını yaşayacak. Medyatik veya fenomen diye tanımladığınız çocukların duygu durumunun yönetilmesi gerekir. Bu çocuklar, yetişkin olduklarında ilginin kesilmesi nedeniyle boşluğa düşebilir; dahası ilgi çekecek ekstrem davranışlara yönelebilir. Bu durum hem çocukların ruh sağlığı hem de toplum sağlığı açısından olumlu sonuçlar doğurmaz. Çocukların mümkün olduğunca, en azından on iki-on üç yaşlarına kadar sosyal medya ve ekranlardan olabildiğince uzak tutulması sosyal beceri ve gelişimleri açısından önemlidir. Dolayısıyla çocukların ekran önünde olmalarından da ekrana bağımlı hâle gelmelerinden de sakınılmalı.

Biraz önce de söylediğimiz gibi mesele doz ve doz aşımıdır. Normlar her zaman sağlıklı olmak zorunda değildir. Sekiz kişinin olduğu bir televizyon çekiminde, karşımdaki konuşmacılardan biri, "Bugünün dünyası kabul edelim ki böyle. Artık ekran gerçeğine alışın," dediğinde ona şöyle dedim; "Bir şeyin norm olması, normalin doğru olduğu anlamını taşımaz." Sonra da şöyle devam ettim; "Şimdi şurada sekiz kişiyiz, sekiz kişinin de iki dişi çürükse bu norm demektir; peki, sadece üçüncü dişimiz çürüdüğünde mi doktora gitmeliyiz?" Unutmayın ki sağlıksız normları kabullenmek çok tehlikeli alanlara kaymamıza neden olabilir. Bir süre sonra norm uyuşturucu madde kullanmak olursa ne diyeceğiz! "Norm böyle, herkes bunu kullanıyor," demek mümkün mü? Herkesin yapması, yapılan eylem veya davranışın kabul edilebilir olduğu anlamını taşımaz.

Bir de çok konuşulan bir kavrama, "kuşak çatışması"-na değinelim isterim. Aile içinde ergen ile anne-babaları arasındaki bağ ve iletişim kopukluğunun altında kuşak çatışması mı yatıyor?

Kuşak çatışmasının kaynağı esasen birbirimizi anlamaktan çok çocuklara bir şeyler dayatma çabasından kaynaklanır. Şirketlerde de birbirini anlamaktan çok kendi doğrularını dayatma çabasında olan yöneticiler vardır. Sorumluluk ağırlıklı olarak yaşlı veya deneyimli olana düşer. Genç olanı anlamak, sükûnetle dinlemek, sorular sorup karşılıklı ortak nokta bulmak tecrübelinin görevidir. Unutmayın! Duygunun yoğun yaşandığı bir durumda bilgi işe yaramaz. Bu nedenle duygunun yatışmasını beklemek gerekir. Ancak şunu da vurgulamak isterim; genç nesil, teknolojiye son derece hızlı şekilde uyum sağladığı için her şeyi bildiğini ve yaşamın kendileriyle başladığını sanıyor. Gençlik önemlidir ancak gençlerin yanında onlara yol gösterecek yaşlı, bilge insanlar da işlevseldir.

Çok çarpıcı ve özel bir örnek vermek isterim. Sekiz yıl boyunca TSK'deki kurmay olacak subaylar ve terfi eden generallerin müfredatlarında yer alan liderlik ve kişilik eğitimlerini verdim. Bu eğitimler sırasında bazı genç subayların çatışma bölgelerine geri dönme isteğine tanık oldum. Bunun insan öldürmekten alınan zevk ya da vatansever duyguların yüksekliğinden öte bir durum olduğunu anlamıştım. Esas mesele bağ kurmakla ilgiliydi. Çünkü çatışma bölgesinde birlikte olduğunuz insanlarla kurduğunuz bağ hiçbir zaman normal hayatın içindeki insanların birbiriyle kurdukları bağa benzemez. Silah arkadaşlığı denilen çok özel bir kavram vardır. Hayatınızı yanınızda bulunan arkadaşınıza emanet ederken onun hayatından da siz sorumlu olursunuz. Birçok subayın, "Hocam o günleri çok özlüyorum, fırsat olsa yine giderim," dediğini duydum. Bağ kurmayı, kendileriyle bağ kurulmasını öylesine istiyorlardı. İşte bu şekilde toplumda bağ kurmakta zorluk çekenler o bağı ekstrem noktalarda arayabilir.

Bağ kurma ihtiyacına ilişkin silah arkadaşlığı örneğini verdiniz. Buraya kadar çizdiğiniz çerçeve açısından ergenlerin hayat yolunda doğru ve sıkı dostluklar edinmesinin öneminden de bahseder misiniz?

İyi ilişkiler bizi mutlu ve sağlıklı tutar. Harvard Yetişkin Araştırmaları Merkezi'nin Başkanı Dr. Waldinger, bir araştırmada ilişkilerle ilgili ortaya koyduğu üç önemli sonucu özetlerken ilginç noktalara değiniyor.[31] Öncelikle sosyal ilişki ağı büyük önem taşıyor. Sosyal ilişki ağı geniş olanlar, dar olanlara kıyasla aile, arkadaş, toplum, cemaatle daha mutlu hissediyor; bedensel olarak daha sağlıklılar ve daha uzun yaşıyorlar. Buna karşılık yalnızlık toksik bir sonuç veriyor. İzole olanlar mutsuz oluyor, sağlıkları bozuluyor ve daha kısa yaşıyorlar. Her beş Amerikalı'dan birinin yalnız olduğu düşünülürse Türk toplumu bu açıdan büyük bir avantaja sahip...

Hakikaten yalnızlığın insan üzerindeki etkisi zehirlenmeyle eşdeğer sonuçlar üretir. Arkadaşlık, akrabalık ve dostluk

31 Harvard Üniversitesi tarafından 1938 yılında başlatılan, 724 erkek öğrencinin yetmiş beş yıl boyunca izlendiği dört kuşak araştırması.

bağları işte bu durumdan mustarip insan sayısını azaltır. Üstelik yakın bir arkadaşlık ve dostluk ilişkisi geliştirmek için hiçbir zaman geç sayılmaz. Bunun için çevrede bulunan sosyal kulüplere katılmak, sosyal sorumluluk projeleri yürüten derneklerde görev almak, gönüllü çalışmalar yapmak, değer temelli sağlam yeni dostluk ve arkadaşlıklar başlatmak mümkün. Bazı araştırmalar, mutlu olan yaşlıların emekli olduktan sonra uzaklaştıkları iş arkadaşlarının yerini bu tür arkadaşlıklarla doldurduklarını gösteriyor.

Bir başka yol, iş hayatından kaynaklanan aşırı yüklü program ve sorumluluklar nedeniyle vakit ayrılamayan aile, arkadaş ve akrabalarla olan ilişkileri besleyip geliştirmektir. İlişkilerin her zaman mükemmel olması gerekmez ancak sorunları çözmek için çaba harcamak bile yararlıdır ve bu da ilişkileri sağlamlaştırır. Dr. Waldinger'e göre ilişkileri sürdürmek ve bağları güçlendirmek için çalışmak bile, düzenli egzersiz gibi kişiye sağlık açısından fayda sağlar.

Kişisel olarak lise ve üniversiteden süregelen çok değerli arkadaşlıklarım olduğu gibi zaman içinde de güzel dostluklar edindim. Ancak hayattaki en büyük arkadaşım eşimdir. Her şeyi eşimle konuşurum. Özel konuları eşimin dışında kimseyle konuşmam. Sadece bazı zamanlar kız kardeşimle dertleştiğimiz olur. Kaldı ki herkesten sakladığım özel konularım var mı, emin değilim... Günümüzde insanların, özellikle toplum önünde olanların, bütün geçmişlerine bir tuşla ulaşmak mümkün.

İlişkiler ve bağ kurma ihtiyacını konuştuktan sonra burada boşanma hususuna da değinelim isterim. Boşanan çiftlerin çocukları ayrılıktan nasıl etkilenir?

Çocukların hayatındaki en büyük iki travma anne-babanın ölümü ve boşanmasıdır. Ne yazık ki bazı durumlarda boşanma çocuklar açısından anne-baba kaybından daha yıkıcı sonuçlar doğurabiliyor. Lewis Terman'ın[32] Stanford araştırmasına göre boşanmış ailelerde büyüyenler, boşanmamış ailelerde büyüyenlere göre beş yıl daha kısa yaşıyor. Bunun birkaç nedeni var. Bu çocukların büyük çoğunluğu daha tedbirsiz yaşarken sigara, alkol gibi kötü alışkanlıklara daha yatkın olabiliyor. Boşanmış çiftlerin çocuklarının kaza ve şiddete karışma ihtimalleri daha yüksek olurken yetişkinliklerinde kanser, kalp krizi ve inmeden ölüm oranları da daha yüksek seyrediyor. Ailenin finansal yapısının zayıflaması eğitimde aksamaya yol açıyor. Düzenli ailelerde yetişen çocuklar ise yetişkin olduklarında kendi evliliklerini de genellikle düzenli şekilde sürdürüyor. Yani halk arasındaki deyişle söylersek, "kuş yuvada gördüğünü izliyor." Ancak hemen belirteyim, söz konusu araştırmanın geçen yüzyıla ait olduğunu ve ABD'de yapıldığını unutmamak gerekir. Aradan geçen zaman içinde büyük bir farkındalık oluştu ve koruyucu yaklaşımlarla tek ebeveynli ailede yetişen çocukların daha az zarar görmesi için önemli ölçüde yol alındı. Türkiye açısından en önemli avantaj büyükanne ve büyükbabaların bu konuda sorumluluk almaları ve sağlıklı bir gelişime destek vermeleridir.

Diğer taraftan şiddetli geçimsizlik yaşanan bir ailede boşanmanın bir ferahlama yarattığını söyleyebiliriz. Eğer aile çatışmalıysa, çocuklar boşanmayı daha iyi karşıladığı gibi, bundan daha az olumsuz etkileniyor. Dolayısıyla çocukların hatrı için evliliği sürdürmek önerisi son derece yanlış bir söylem... Mutsuz evlilikler, iyilik hâline ve sağlığa daha zararlı... Üstelik anne-babalarının boşanmasıyla burukluk yaşayan kişilerin, yetişkin hayatlarında toparlanıp bir yeterlilik hissi, olgunluk ve memnuniyet duygusu kazanarak travmadan sonra kendilerini topladıklarını, hatta bazılarının duygusal anlamda güçlendiklerini gösteren birçok araştırma da mevcut...

---

32 Lewis Terman (1877-1956), yirminci yüzyılın başlarında Stanford School of Education'da eğitim psikolojisinde öncü olarak görülen Amerikalı psikolog, akademisyen.

Bu bölümü kapatırken sizin kendi çocuklarınızla ilişkinizi sormak isterim. Çocuklarınıza rol model olabildiniz mi? Çocuklarınız babaları olarak sizden ve annelerinden neyi görmüş, kopyalamış olabilirler?

Bugün geri dönüp baktığımda çok net bir şey görüyorum: Eşimle aramızdaki güçlü ilişki, çocuklara gösterdiğimiz ilginin hak ettiklerinden daha az olmasına yol açtı. Biz çocuklardan çok birbirimizle meşguldük. Okuduklarımızı, öğrendiklerimizi paylaşma heyecanı taşıyorduk. Elbette çocuklarımızın tüm ihtiyaçlarını karşılıyorduk ama onlarla kurulması gereken yoğunlukta bağ kurmadığımızı bugün daha iyi görüyorum. Bugünkü aklımla baktığımda bu durumu babalığım açısından üzüntüyle eksiklik olarak değerlendiriyorum.

Mesleki olarak iki oğlumla da farklı kulvarlardayız. İkisi de kendi yuvalarını kurdu. İkisinin de mutlu beraberlikleri var. Oğullarımdan biri ortaokul arkadaşıyla, diğeri değişim öğrencisi olarak on beş yaşında tanıştığı arkadaşıyla evlendi. İki evladım da uzun süreli beraberliklerin sonunda evlilik kararını verdikleri gibi, eşleriyle ilgili ve bilgili anne-babalar... Ailelerine ve işlerine karşı sorumluluk sahibi olmaları açısından bakınca bu iki konuda onlara örnek olduğumuzu veya benzerlik gösterdiğimizi söyleyebilirim.

Eşimle iki oğlumuza da her zaman kibarlık ve nezaketin erdem olduğunu anlatmaya çalıştık. Kadınlara, eşlerine saygı göstermeyi öğrendiler. Alçak gönüllü olmalarına örnek olduğumuz gibi, bunun öneminden de sürekli bahsettik. Maddi değerleri öne çıkarmayı ve bunu gösteren sembollere, markalara önem vermemelerini başardık. Seçtikleri eşler de aynı değerleri paylaştıkları için bu açıdan huzurlu yaşıyorlar. Tepkisel olmamayı, başka insanlar öyle davranıyor diye onlara ayak uydurmamayı da gösterdiğimizi düşünüyorum.

Çocuklara ezberlettiğim en önemli mottolardan biri; "Herkes kendine yakışanı yapar," olmuştur. Onlara her zaman, "Siz kendinize neyi yakıştırıyorsanız onu yapın; Başar veya Durucan Baltaş olarak kendiniz olarak yapın; başkaları öyle diye veya öyle yaptı diye o şekilde karşılık vermeyin," demişimdir.

Oğullarımı bir baba olarak belirli sınırlar içinde serbest bıraktım. Ne zaman ihtiyaçları varsa arkalarında olduğumu hissettirdim. Şunu da itiraf etmek isterim. İki oğlum da hayatlarında bir kez tokat yemiştir. Büyük oğluma bakkaldan aldığı bayat ekmekle vurmuştum. Canını acıtmak için değil, kabullenemediğim için. Küçüğüne ise öğretmenleriyle alay ettiği ve sürekli ikaz aldığı için tokat atmıştım. İkisinin de anne-babaları elinden karşılaştığı fiziki şiddet budur.

Yaşadığımız bazı olaylar da onlara öğütler vermeme vesile olmuştur. Bir gün büyük oğlum ile maça gidiyorduk. Dolmabahçe'den geçerken bir minibüs yaya yolundan gidiyordu. Oğlum da, "Baba bak, minibüs kaldırımdan gidiyor," deyince, "Herkes kendine yakışanı yapar," diye karşılık verdim. Elbette burada minibüs şoförlüğünün kötü bir iş olduğunu söylemeye değil, sürücünün yanlış davranışını göstermeye çalışmıştım.

Bir başka hadise ise Mecidiyeköy'de yaşanmıştı. Ortaklar Caddesi girişinde oturduğumuz yıllardı. Oğlumla eski likör fabrikasının önündeki ışıklardan yolun karşısına geçecektik. Bize yeşil yanıp da adımımızı yola attığımız anda hızla gelen araba yanımızdan geçip gitti. Oğlum da, "Baba bize yeşil yanıyor, haklıyız," deyince, "Haklıyız ama haklı olduğumuz için ezilirsek mutlu olmayacağız," cevabını vermiştim. Ardından, "Önemli olan haklı olmak değil, mutlu olmaktır," dediğimi hatırlıyorum.

Oğullarımı kendimle kıyasladığımda onların çocuklarıyla daha çok vakit geçirdiklerini söylemem gerekir. Bu yönden benden daha başarılılar. İtiraf etmeliyim ki bugünkü aklım olsaydı çocuklarımla daha çok beraber olur, onlarla daha çok zaman geçirirdim. Çocuklarımın oynadığı oyunlara katılırdım. Belki oğullarıma soru sorup daha çok dinlemem de gerekirdi. Ancak dediğim gibi biz hep Zuhal ile konuşma, öğrendiklerimizi paylaşma derdindeydik. Ailece iki kez birer yıl İngiltere'de kaldık. İlk ziyaretimizde çocuklar sekiz ve on iki yaşlarındaydı. İki yıl sonra bir daha gittik. İngiltere'yi karış karış gezdik. O zamanlar kameralar yeni modaydı. Sürekli kaleleri, şatoları, manzaraları çekmişim. Oysa yanımda çocuklar vardı. Bugün olsa şatoları çok daha az, çocukları çok çok daha fazla çekerdim. Gezi ve tatiller çocukların dünyalarına girmek için istisnai zamanlardır. Daha önce de söyledim; ailelerin mutlaka gezi ve tatilleri sadece çekirdek aile olarak geçirmelerini öneriyorum.

Torunlarım oldu ama çocuklarımı yetiştirdiğim dönemkinden farklı değilim. Yine işleri yetiştirme telaşındayım. İş yaşamımdaki yoğunluğum torunlarımla ilişkimde de yeterince bağ kurmamı zorlaştırıyor. Bunun farkındayım. Bir taraftan ofisi yönetmek, diğer taraftan eşime yardımcı olmak ve iş ilişkileri torunlarımla geçireceğim ortak vakti sınırlıyor. Hayatımda her zaman yetişmem gereken yerler, yapmam gereken işler oluyor.

Peki, babanızla ilişkiniz nasıldı?

Babamla ilişkim ergenlik dönemine kadar gayet sıkı biçimde ilerledi. Rahmetlinin bir sandalı vardı. Beni yanına alıp balık tutmaya götürürdü. Bazen sabahları yem tutar, öğleden sonra lüfere çıkardık. Annem çoğu zaman, “Bu kadar balık yeter, artık getirmeyin,” derdi. Çoğunlukla sadece baba-oğul beraber olurduk, kimi zaman da babamın birkaç arkadaşı da gelirdi. Çocuk olarak orada sandalda bulunmak, yetişkinlerin dünyasına girmek benim için olağanüstü bir fırsattı.

Babamla ilişkim on beş yaşıma kadar çok yakındı. Ancak on beş yaşımdan itibaren aramızda zaman zaman sertleşme ve gerginlikler olmaya başladı. Babam, ister istemez, babalık duygusu ile ergenlikte bile çocukmuşum gibi davranıyordu. Tabii o zamanlar, o yaşlarda anlamıyorsunuz. Kanınız kaynıyor. Ben de bundan rahatsız oluyordum. Kendime göre adam olmuştum! İnsanın yanılgısıdır, kaç yaşında olursak olalım kişisel tarihimizin tamamlanma noktasında olduğumuzu düşünürüz.

Babamla siyasi görüşümüz yüzünden de zaman zaman tartışırdık. Sol görüşlü olmam, rahmetli babamda travma yaratmıştı. Rahmetlinin çok belirgin bir siyasi görüşü yoktu ancak gençlik yılları komünizmin tabu olduğu bir dönemde geçtiğinden sol görüşten korkardı. Sadece Nâzım Hikmet'in şiirlerini dolapta bulundurduğu için Harp Okulu öğrencilerinin hapsedildiğine tanık olduğunu anlatırdı. Babam bir önceki kuşaktı. Önyargıları olduğundan anlamaya değil, kendi görüşlerini muhafazaya dönük bir tutum içindeydi. Ancak yüzmedeki başarılarım ve yabancı dildeki becerimden çok gururlanırdı. Hakikaten de Almancayı bir Alman kadar iyi konuşuyordum. Yirmi üç yaşıma geldiğimde maalesef babamı kalp krizi nedeniyle kaybettim. Onunla yeniden arkadaş olma fırsatını kaçırmıştım. Bu derinden hissettiğim bir boşluktur.

Benden yedi yaş küçük kız kardeşimden de bahsetmek isterim. Kardeşimle ilişkimiz her zaman çok iyi olmuştur. Aramızda ne bir kıskançlık ne de bir rekabet yaşanmıştır. Abi-kardeş, sevgi çerçevesinde birbirimize her zaman destek olmuş, birbirimize sahip çıkmışızdır. Benim hayatımdaki en değerli beş insandan biridir.

Sizin hikâyenizi dinlemişken... Anne-babalığın kendisi üzerine sormak isterim. Anne-babalık insana içgüdüsel şekilde mi gelir?

Annelik kesinlikle içgüdüsel, babalıksa öğrenilen bir süreç... Ancak babaların hormonları da çocuklarıyla ilgilendikleri ölçüde değişip dönüşüyor. Babalar bebeklikten itibaren çocuklarının bakımlarını anne gibi üstlendiğinde onlarla aralarında güçlü bağlar oluşuyor. Elbette işten eve gelip, kumandayı eline alıp bir köşeye çekilenler için babalığın bırakın içgüdüsel olmasını, sonradan öğrenilmesi bile zorlaşır.

> Annelik kesinlikle içgüdüsel, babalıksa öğrenilen bir süreç... Babaların hormonları da çocuklarıyla ilgilendikleri ölçüde değişip dönüşüyor. Elbette işten eve gelip, kumandayı eline alıp bir köşeye çekilenler için babalığın bırakın içgüdüsel olmasını, sonradan öğrenilmesi bile zorlaşır.

Son olarak... Bir hocaları, bir abileri olarak gençlere en önemli tavsiye ve nasihatleriniz nelerdir?

Bugünün gençleri, hayatlarının anne-babalarından daha iyi olmayacağının farkında... Dolayısıyla iş hayatında çalıştıkları kurumlara karşı anne-babalarının, büyükanne veya büyükbabalarının sadakatini gösterme sorumluluğunu hissetmiyorlar. Tüm dünyada ekonomik baskı, enflasyon ve orta sınıfın erimesi gerçeği var. Orta sınıf eridiği için çocuklar kazandıkları paranın özlem duydukları hayatı yaşamalarına imkân sağlamayacağının farkında... Bugünün imkânları, iyi hayatın ne olduğunu insanların gözünün önüne yanlış şekilde seriyor. İyi hayat, *dolce vita* [tatlı hayat] bir yaşam ve satın alınan mutluluk zannediliyor. Oysa gerçek bu değil. Paranın sağladıkları dışında da mutlu edecek zevkler geliştirmek mümkün. Nitekim sanat, edebiyat insana farklı dünyalar, ufuklar açıyor. Standart olarak söz konusu tatlı hayata ulaşılamayacağının bilinmesi mutsuz ediyor. Ancak gençler daha çok mutlu olmak istiyorlarsa sanata, edebiyata, zamana anlam ve değer yüklemeleri gerekiyor.

> Kısa süreli hazların, uzun dönemli hayal ve hedefleri engellemesine izin vermemek gerekir. Gelecekte ne olacağı, bugün neler yaptığımıza bağlıdır. Gençlere tavsiyem zamanı iyi kullanmalarıdır. Zaman, hayattır. Zamanını yönetemeyen hiçbir şeyi yönetemez.

Kısa süreli hazların, uzun dönemli hayal ve hedefleri engellemesine izin vermemek gerekir. Bu nedenle zamanı yönetmekten daha değerli hiçbir şey yoktur. Gelecekte ne olacağı, bugün neler yaptığımıza bağlıdır. Zaman konusunu önemsiyorum. Gençlere tavsiyem zamanı iyi kullanmalarıdır. Zaman, hayattır. Zamanını yönetemeyen hiçbir şeyi yönetemez.

İnsanların, kendilerini doğru rotada tutacak insanlarla bir arada olması da çok önemlidir. Hoş vakit geçireceğiniz, eğleneceğiniz değil; sizi geliştirecek insanlarla arkadaşlık etmeyi tavsiye ediyorum. Yaşadığı dönemde ülkesinde motivasyon uzmanı olarak tanınan yazar Jim Rohn,[33] "İnsan görüştüğü her beş kişinin ortalamasıdır," der. Doğrudur; genellikle mizah anlayışınız, ilgileriniz, eğilimleriniz, entelektüel birikiminiz etrafınızdaki insanlarla paralellik gösterir. İnsanların zevki, estetik anlayışı, dünya görüşü, sosyal hayata bakışı yakın çevresi tarafından etkilenir. Bu çevre sizi yukarı taşıyabileceği gibi, tersine aşağı da çekebilir. Etrafınızdaki üç iyi arkadaşınız kitap okuyup bilimden konuşuyorsa siz de kalkıp başka alanlarda konuşmazsınız. Siz de aynı kitapları okuma ihtiyacı hisseder veya arkadaşlarınızın okudukları kitaplardan öğrendiklerini, konuştuklarını dinlenirsiniz.

Ortak değer ve heyecanları paylaşacak bir gruba katılmak insanların mutluluğunu artıran unsurlardan biridir. Bu nedenle gençlerin öncelikle birlikte vakit geçirdikleri insanları iyi seçmelerini öneririm. Arkadaşlık kurduğunuz kişilerin zekâsı, bilgisi, toplumda temsil ettiği değerler, sizin üzerinizde

33 Emanuel James Rohn (1930-2009); Amerikalı girişimci, yazar ve motivasyon konuşmacısı.

veya sizden aşağı olmamalı. Entelektüel olarak sizden daha zayıf biriyle arkadaşlık etmeyin. Bunu her sosyokültürel katmandan kişi için söylüyorum. "Ne yaptın?" diye sorunca birçok gencin verdiği cevap, "İyi eğlendik, partiye gittik, deniz kenarında çekirdek yedik, havadan sudan konuştuk, sosyal medyadan önümüze gelene mesaj yollayıp paylaşım yaptık," oluyor. Gençler sosyal medyadan başlarını kaldıramıyor. Dahası sosyal medya aracılığı ile bilgilendiklerini düşünüyorlar. Her paylaşımı enformasyon zannediyorlar. Bu sebeple birçok kişinin cehaleti çok tehlikeli boyutlara ulaşmaya devam ediyor. Cehaletin olduğu yerde, düşünmek yerine yargılama vardır. Nitekim sosyal medyaya bakınca bir mesajın ucundan tutup nasıl bambaşka yerlere çekilerek insanların yargılandığını görüyorum. Ben ki hiç sivri mesajlar vermem, buna rağmen bazı mesajlarımın özüne bakmayıp, bir kelimeye takılıp cevap yetiştirmeye çalışan insanlara tanık oluyorum.

> İnsanın zekâ ve entelektüel seviyesinin belirlenmesinde en çok görüştüğü beş arkadaşının ortalaması etkili olur. Bu çevre sizi yukarı taşıyabileceği gibi, aşağı da çekebilir.

Oysa gençlik döneminde geçirilen zaman, ileride yaşanacak hayatın belirleyicisidir. Gençlik döneminde kazanılacak kalite, ilerideki sermayedir. Çünkü yaş ilerledikçe bazı şeyleri kazanmak kolay olmuyor. Sorumluluklar artınca yabancı dil öğrenmek, edebiyat klasiklerini okumak için çok da fırsatınız olmuyor. Unutmayın; her kitap insanı alıp ayrı dünyalara götürür ve başka insanların bilgilerine bizi aşina kılar. Hepsi elinizdeki telefondan, arkadaşlarla vakit öldürmek için geçirilen zamandan daha değerli ve geliştirici uğraşlardır.

Acar Baltaş'ın
HAYATTAN ÇIKARDIĞI
ON ÜÇ DERS

1. Her sorunun hızlı, kolay ve ucuz bir çözümü vardır. Bu çözüm her zaman sonrasında ortaya çıkacak daha büyük sorunun kök nedenini oluşturur. Çözümün yarattığı sorun, çözülenden büyük olmamalıdır.
2. Aynı amaca hizmet eden insanlar bir anlaşmazlık durumunda ya haklı olur ya da mutlu... Bu hem aile hayatı hem de iş hayatı için geçerlidir.
3. Dayatarak ve güç kullanarak elde edilecek sonuç sürekli olmaz ve hiç kimseye yarar sağlamaz. Atalarımızın "Zorla güzellik olmaz," sözü halk bilgeliğinin işaretidir.
4. Motivasyon önemlidir ancak disiplin çok daha önemlidir. Motivasyon iç ve dış durumlardan etkilenir ve dalgalanır. Disiplin, tutarlılık demektir. Hedeflerde, ilkelerde, performans ölçütlerinde ve davranışlarda tutarlılık... Disiplin, içselleşmiş sorumluluktur.
5. Zamanını yönetemeyen hayatını yönetemez ve ziyan eder. Kısa süreli hazlar uzun dönemli hedeflere ulaşmaya engel olur. Gelecek geçmişe ipoteklidir.
6. Enerjimizi nereye koyarsak hayat orada gelişir.
7. Bir ilişkinin kalitesi insanların ne sıklıkta görüştüğü, konuştuğu ve zaman geçirildiğine değil, bağın derinliğine bağlıdır. Bunu belirleyen de kişilerin birbirinin sorunlarına gösterdiği ilgi ve yardım etme istekliliğidir.

8. Her insan yakın çevresindeki beş veya en fazla yedi kişinin ortalamasıdır. Zevki, mizah ve estetik anlayışı, zekâsı, düşünce ufku ve kullandığı dil bu çevreye uyum gösterir. Bu nedenle arkadaş seçimi çok önemlidir.
9. Hayat kimseye borçlu değildir. Sahip olduklarını elde etmek için mücadele etmek ve hak etmek gerekir. Herkesin para, sevgi ve saygıya ihtiyacı vardır ancak bunları hak etmek kaydıyla.
10. Başarılı insanların laneti geçmiş başarılarıdır. Kişi geçmiş başarısında dış koşulların katkısını kendisine mâl eder, değişen yeni koşulların çıkaracağı engelleri göremediğinde başarısız olur ve dış koşulları/başkalarını suçlar.
11. Konfor alanından yüksek performans çıkmaz. Konfor alanında yaşanan bir hayatın hikâyesi olmaz. Cevher baskı altında mücevhere dönüşür. Hiçbir gelişme acı ve sıkıntı yaşanmadan gerçekleşmez.
12. Fazla empati çocuklarda da yetişkinlerde de disiplin sorunu doğurur. Bu çocuklarda beceri, yetişkinlerde sorumluluk gelişmesini engeller.
13. Nezaket ve kibarlık her zaman fark yaratır. Fark edilmeye ve saygı görmeye neden olur.

DOKUZUNCU BÖLÜM

AŞK, İLİŞKİ, EVLİLİK: İLİŞKİNİN BAŞINDA SORULACAK YEDİ SORU

"Eğer normal zamanda eşler birbirine güzel sözler söyleyip iltifat ediyor, birbirinin gönlünü alıyorsa bunlar duygusal kredi hesabında birer yatırımdır. Karşılıklı iyi hissettirme hâlinin sürekliliği sayesinde, sıkıntılı bir durumla karşılaşınca duygusal kredi hesabına yaptığınız yatırımı, aynen bankadaki paranızdan çeker gibi kullanma fırsatınız olur. Ancak hesabınızda bakiye yoksa ilişkide sıkıntılı zamanlarda borç alamazsınız. Çiftler bir süre duruma tahammül etse de taraflardan biri eninde sonunda çekip gider. Bu nedenle ilişkide işler yolunda giderken gönül almak, hatır sormak, karşı tarafı hoş tutmak, karşılıklı sevgi işaretleri göstermek önemlidir. Ayrıca çok önemli bir başka unsur da yardımlaşmadır."

Evliliğe giden süreçte birtakım sorular ve onlara verilecek cevaplar havada asılı kalıyor. Birçoğumuz mutlu bir beraberlik veya evlilik için "doğru insanı" arıyoruz desek de bu kavramın içini dolduramıyoruz. Mutlu bir beraberliğin ipuçlarını sizden dinlemeden önce ilk olarak sizin evlilik sürecinizi sormak isterim. Eşinizle meslektaşsınız. Zuhal Hanım da özellikle stres ve stres yönetimi alanında çok önemli ve başarılı bir isim... Nasıl tanıştınız ve evliliğe giden süreci nasıl yaşadınız?

Zuhal ile kütüphanede tanışıp arkadaş olduktan sonra aramızda adı konmamış bir çekim vardı. Ancak bir süre kendi dünyalarımızda, kendi sosyal çevremizde yaşamaya devam ettik. İlişkimiz ise tanışmamızdan bir yıl sonra başladı. İlişkiye başladıktan sonra birbirimize çok sıkı bağlandık ve ondan sonra da hep beraber olduk. Çevremizdekilerden artık, "Sizin durumunuz ne olacak?" soruları yükselmeye başlayınca evlenmeye karar verdik. Nişanlandıktan sonra askerliğe gittim. Döndükten sonra, 1975 yılında evlendik. 1981'de büyük oğlumuz, 1985'te küçük oğlumuz dünyaya geldi.

Uzun yıllardır evliyiz ama ilişkimizi, heyecanımızı diri tutuyoruz. Örneğin hâlâ bütün özel günlerimizi kutlarız. Doğum günlerimizi, evlenme yıl dönümümüzü, nişan günümüzü, yılbaşlarını ya arkadaşlarımızla ya da özel olarak kutlamaya özen gösteririz. Kutlamanın da ötesinde her tanışma, her nişan günümüzde yarım sayfa, bazen bir sayfa duygularımızı kaleme aldığımız kartlarımız vardır. Bunu sürdürmek kolay iş değildir. Hayat arkadaşınıza ilk günkü gibi değer verip bu değeri de hissettirirseniz karşılığını alırsınız.

Elbette her evlilikte olduğu gibi bizim de fikir ayrılıklarımız, çok ender olarak da kırgınlıklarımız olur ancak bunların sayısı ve sıklığı çok azdır. Sağlıklı ve doyum veren bir beraberlik aynı şeyi düşünmek değil, birlikte düşünmekle mümkündür. Belki de evliliğimiz süresince birbirimize karşı üç dört kez sertleştiğimiz de olmuştur. Ancak, "Sertleştiğimiz dönemler veya ânlar ne zamandı?" diye sorsanız bunları hatırlamam. Belki eşim hatırlar. Kadınların daha zor unuttuğunu herkes bilir. Nitekim bir beraberliğin sağlığı açısından kritik olan, tartışmadan sonra geçen zamanı nasıl değerlendirdiğiniz... Tartışmadan sonra, "Şunu da söyleseydim, aslında şu da var, bu da var!" diyorsanız barıştıktan sonra ilişkinize katkı sağlamazsınız. Tartışmadan sonra kendinizi dolduruyorsanız bu, uzun süreli bir barış olmayacaktır.

Çiftlerin, aralarında yaşanan sorun neyse, tartışmadan birkaç saat sonra bunu çözmeleri gerekir. İki taraf da olumsuz duyguyu yoğun olarak yaşarken anlaşma sağlanamaz. Duygu yatıştıktan sonra konuşulup uzlaşıya varılır. Aradan belki iki üç saat geçebilir ama geçen süre kesinlikle birkaç gün olmamalıdır. Şunu da vurgulamak isterim; fiziksel yakınlığın meydana getirdiği barışma gerçek bir barışma sayılmaz.

Önemli olan kırgınlık veya tartışmadan sonra geçen sürede karşınızdaki kişinin duyarlı olduğu konuları düşünüp, bu konuların üzerine gitmemeye özen göstermektir. Size ters gelen, sizi kızdıran konuları ele alıp açık yüreklilikle anlatmayı seçebilirseniz iki üç saat sonra zaten ortada sorun kalmaz. Genç çiftler arasındaki sorunların, dargınlık ve öfkenin günlerce sürdüğünü duyuyorum. Dargınlık birkaç gün sürüyorsa ortada sağlıksız bir ilişki var demektir. Temel yaklaşım şudur: Duyguların yoğunlaştığında frene bas; karşı tarafın hassasiyetinin nereden kaynaklandığını anla; önce kendinle, sonra da oturup onunla konuş.

Dargınlık birkaç gün sürüyorsa ortada sağlıksız bir ilişki var demektir. Temel yaklaşım şudur: Duyguların yoğunlaştığında frene bas; karşı tarafın hassasiyetinin nereden kaynaklandığını anla; önce kendinle, sonra da oturup onunla konuş.

Birbirini seven insanlar neden birbirine kızıp öfkelenir?

Kızgınlık birincil bir duygu değil, ikincil bir duygudur. İnsanlar iki sebeple kızar: İlki; duygusunun, ihtiyacının anlaşılmaması. İkincisi, önemsenmediğini hissetmesi. Söz gelimi bir erkek gömleğinin ütülenmemesini kendine atfedilen değere bağlarsa rahatsız olabilir. Eşi de, "Alt tarafı bir tane gömlek, git başka gömlek giy!" diyebilir. Ya da eşi bir dağınıklığın toplanmadığını görüyorsa bu konudaki hassasiyetinin anlaşılmadığı, önemsenmediği için tepki gösteriyor olabilir. İlişkide kızgınlıklarımız üzerine konuşmaya başlarsak bunun ardı arkası kesilmez ve çiftler isterse birbirine kızmak için yüzlerce bahane bulabilir. Kızgınlığın geçmesini beklemeden uzlaşı sağlamak da mümkün olmaz. Bu nedenle olayı ya da durumu değil, bu olayın neden olduğu duyguyu doğru üslupla konuşan çiftler sorunlarını, sorun büyümeden çözer; diğerleriyse dışarıdan bakanlar için "incir çekirdeğini doldurmayacak" nedenler yüzünden ilişkilerini zedeler.

İnsan, doğası gereği hızlı ve kolay çözümlerin peşinde koşuyor. Hemen elini uzatıp hayatını iyi kılacak kolay çözümler istiyor. Oysa ilişkiler zor, karmaşık ve engebelidir. Bir ilişkiyi geliştirmek, sürdürmek ve sağlam tutmak hayat boyu sürecek, hiç bitmeyecek bir emek ve çaba gerektirir. Günümüzde gençler arasında sıklıkla "duyguların karın doyurmaması" gibi ifadeleri, beylik sözleri işitiyorum. Maddi koşullar ve maddi baskılar tabii ki ilişkiyi sınar. Bir ilişki normal koşullarda ne kadar güçlüyse karşılaşılan sıkıntılar da bu ölçüde kolay yönetilir. Evlenmeden önce çiftlerin birbirine kendimce belirlediğim yedi soruyu sorup bunlara verilecek cevaplar üzerinde en az yarım gün düşünmeleri, bu konularda sohbet etmeye zaman ayırmaları gerekir. İki taraf da sınırlarını baştan belirleyip bu sınırları ne kadar gevşetebileceğini konuşmalı.

> Normal zamanda eşler birbirine güzel sözler söyleyip iltifat ediyor, birbirinin gönlünü alıyorsa bunlar duygusal kredi hesabında birer yatırımdır. Hesabınızda bakiye yoksa ilişkide sıkıntılı zamanlarda borç alamazsınız.

Bir önemli ayrıntı da duygusal yatırımdır. Eğer normal zamanda eşler birbirine güzel sözler söyleyip iltifat ediyor, birbirinin gönlünü alıyorsa bunlar duygusal kredi hesabında birer yatırımdır. Karşılıklı iyi hissettirme hâlinin sürekliliği sayesinde, sıkıntılı bir durumla karşılaşınca duygusal kredi hesabına yaptığınız yatırımı, aynen bankadaki paranızdan çeker gibi kullanma fırsatınız olur. Ancak hesabınızda bakiye yoksa ilişkide sıkıntılı zamanlarda borç alamazsınız. Çiftler bir süre duruma tahammül etse de taraflardan biri eninde sonunda çekip gider. Bu nedenle ilişkide işler yolunda giderken gönül almak, hatır sormak, karşı tarafı hoş tutmak, karşılıklı sevgi işaretleri göstermek önemlidir. Ayrıca çok önemli bir başka unsur da yardımlaşmadır.

Evlenmeden önce çiftlerin birbirine yedi soru sorup cevaplara göre karar vermelerini söylediniz. Çok merak ediyorum, nedir bu sorular?

İlişkilerini derinleştirmeye ve ilerletmeye karar veren çiftler birbirleriyle en az yarım gün sürecek bir sohbette şu sorular üzerinde konuşmalı:

İlk soru, "Bende seni çeken ve en çok hoşuna giden nedir?"

İkinci soru, "Elinde olsa değiştirmek isteyeceğin üç özelliğim nedir?"

Üçüncü soru, "Sadakatten ne anlıyorsun ve sadakatin sınırları nereden geçer?"

Dördüncü soru, "Babalık veya annelik rolünden ne anlıyorsun, bu konuda sorumluluğunu ne olarak görüyorsun?"

Yine diğer önemli sorulardan, beşinci soru; "Kadın-erkek rolünden ne anlıyorsun, bu konuda benden beklentilerin nedir ve kendi rolünü nasıl tanımlıyorsun?"

Karşılıklı sorulacak altıncı önemli soru, "Cinsellikten beklentin nedir?"

Yedinci soru, "Hayatta en çok değer verdiğin üç şeyi sıralar mısın?" olmalıdır. "Sevgi, saygı, anlayış; tamam ama saygı deyince saygıdan neyi anlıyorsun? Bir toplulukta ben konuştuğum zaman susup dinlemen ve bana hak vermen mi saygı? Yoksa birbirimizin görüşlerini sonuna kadar dinleyip anlamaya çalışmak mı?"

Tüm bu sorular, değer sistemini anlamaya yardımcı olur. Çiftlerin bu soruları şeffaf biçimde cevaplamaları ilişkinin seyri açısından hayati önemdedir. Kavramların içini dolduracak cevaplar, konuşulanların yazıldığı bir iletişim ortamı sağlıklı ilişki için gereklidir. Sözünü ettiğim soruların üzerine düşünmeli ve sonrasında ilişkinin gidişatına karar vermelisiniz. Bu soru-cevaplar içtenlikle yanıtlanıp bir yol çizilmediğinde, ileride bir sorun çıktığında, "Aramızda çözeriz," demekle ilişki yürümüyor. Bu sebeple çiftlerin birbirine evlenmeden önce sözünü ettiğim soruları yöneltmeleri hayal kırıklıklarını azaltır.

Kadın, hoşlandığı erkeğe, "Babalık rolünden ne anlıyorsun?" diye sorduğunda erkek, "Ben çocuğumuzun geçimini sağlarım, boş vakitlerimde onunla oynarım," cevabını veriyorsa o kadın oturup karşısındaki adamın sınırı üzerinden bir karar verecek. Boş hayallere yelken açmak hayal kırıklığı yaratır. Bu yüzden roller en başta açıkça konuşulup tanımlanmalı. Örneğin, "Sadakatten ne anlıyorsun? Mesela eski bir arkadaşınla buluşup yemek yersen bana söylemeli misin veya ben buluşursam söylemeli miyim?" sorusu... Bu sorulara verilecek yanıtlar çok önemli ve ilişki için belirleyicidir. Kaybetme korkusuyla bürüneceğiniz size ait olmayan roller eninde sonunda bir makyaj gibi akıp gider. Ben bu sebeple sonradan üzülmek yerine, mümkün olduğunca en başta sınırları doğru belirlemenin yararlı olacağına inanıyorum.

İlişkinin başında göz ardı edilen, hatta çekici gelen bazı özellikler bir süre sonra terk etme nedeni olabilir. Eşini doğal, yapmacıksız, içi dışı bir olarak gören kişi yıllar içinde, "Çocukluğu bırak! Artık büyü!" diyebilir.

Şimdi bu konuya bir de farklı bir açıdan yaklaşmak isterim. Kritik soru şudur: Çocukluk ne zaman biter? Çocukluk; ihtiyaçlarımızın, anne-babamız tarafından karşılanamayacağını anladığımızda biter. Diğer kritik soru ise şu: Yetişkinlik ne zaman başlar? İçinde bulunduğumuz koşullardan anne-babamızı sorumlu tutmadığımız zaman yetişkinlik başlar. Tabii ki anne-babamızın hayatımızdaki etkileri çok büyüktür. Şairin dediği gibi, çocukluk gökyüzü gibidir ve tüm hayatımız boyunca bizi takip eder.[34] Yetişkinlik ise onunla barışmayı, hayatın kontrolünü eline alıp kendi hikâyemizi yazmayı gerektirir.

Gençlerle beraber olduğumda, "Çok çalışın," gibi genel tavsiyeler dışında önerdiğim ve onları şaşırtan diğer öneri henüz bir yetişkin olmadan, erkenden evlenmemeleri oluyor. Erken yaşta evlendiğiniz zaman, hazır olmadığınız sorumlulukları üstlenmek zorunda kaldığınız gibi, hayatın size sunabileceği birtakım fırsatları da kaybedersiniz. Elbette erken evlenip bunun isabetli bir karar olduğuna dair çeşitli örnekler mutlaka vardır ama genel olarak baktığımızda erken yaşta evlenmek insanların hayatlarındaki fırsatları kullanmasını sınırlar.

Son gittiğim tatil köyünden de örnek vereceğim. Asansöre bindiğimde çocuklu aileleri gözlemlerim. Kısacık asansör yolculuğunda bile aile dinamiklerini görmek mümkündür. Görüyorum ki anne-babaların büyük kısmı çocuklarıyla oldukları ortamdan mutlu değil. Çünkü evliliğe giden hikâye aslında büyük bir heyecanla başlasa da sonradan tersine dönüşebiliyor. Düşünün, iki genç insan birbirine doğru akıyor. Bir sürü engel var ama evlenince bu engeller kalkıyor. Tam gece gündüz beraber olacakken bir canlı ortaya çıkıyor ve tüm hayat ve öncelikler değişiyor. Öyle ki âşık olduğunuz adam veya kadını neredeyse tanıyamıyorsunuz. Kısa zamanda bakımını ihmal eden, enerjisi çekilmiş, birbirine ve kendilerine özen göstermeyen çift görüntüsü ortaya çıkıyor. Birdenbire hayat değişince bu durumdaki kişiler, "Kendi hayatımı yaşayamıyorum," diyor.

İnsanlar mutluluğu bir yere varmak sanıyorlar, oysa mutluluk yolculuğun kendisinden alınan zevktir. Ne demiştik; mutluluk bir durak, varılacak bir nokta değildir. Mesela mutluluk paraya ve başarıya da endeksli değildir. Başarılı olmak,

34 Edip Cansever: "Gökyüzü gibi bir şey bu çocukluk / Hiçbir yere gitmiyor."

> İnsanlar mutluluğu bir yere varmak sanıyorlar, oysa mutluluk yolculuğun kendisinden alınan zevktir.

para kazanmak mutlu edebilir de, etmeyebilir de. Başarılı olup para kazanarak mutlu olmak için o işten zevk almanız gerekir. Derin yaralarınız varsa ve işinizden hoşnut değilseniz, para sahibi olsanız da sonu sadakatsizliğe, madde bağımlılığına, kötü alışkanlıklara kadar uzanan süreçler yaşayabilirsiniz. Geçmişinizle ilgili çözemediğiniz sorunların ilişkinize ve evliliğinize de yansıyacağının farkında olmalısınız.

Bir de ülkemizde geniş aile yapısı çok baskın... Sadece çiftlerin bizatihi kendileri değil, aileleri de ilişkilerde devrede olabiliyor. Sizce çiftler evliliklerinin zarar görmemesi için aileler arasındaki dengeyi nasıl sağlamalı?

Bu sorunun en önemli sebebi, yine bahsettiğim gibi, gençlerin birey olmadan evlenmeleridir. Birey olmadan evlenince bağımsız olamazsınız. Bazı çiftlere "aile" dediğiniz zaman doğrudan kendi anne-babasını düşünüyor. Bu sebeple bayramlarda önce kimin ziyaretine gidileceği gibi meseleler güç gösterisine dönüşüyor. Anne-babalar, özellikle de kayınvalideler çekirdek aileye müdahale etme hakkını kendisinde görüyor. Hele ki çocuk olduğunda aile yapılarında çocuk yetiştirme konusundaki farklılıklar, çelişkilerin açığa çıkmasına neden oluyor. Tüm bunların nedeni birey olmadan evlenmenin sonucudur. Ancak bağımsız bir birey olarak hareket ettiğinizde kendi bağımsız çekirdek ailenizi kurarsınız. Şimdi bunları söyleyince de, "Anne-babamızı silelim mi, yok mu sayalım?" diyenler oluyor. Elbette herkes anne-babasına sevgisini koruyacak ve saygı gösterecek. Ancak çekirdek aile dediğiniz; eşiniz ve çocuklarınızdır. Oysa birçok kişi evlendikten sonra bile kendi anne-babasını çekirdek aile olarak görmeye devam eder. Bu, sağlıklı bir düşünce değildir. Bu, bağlılık değil; bağımlılıktır.

Bir diğer sağlıksız yaklaşım da şudur: Çocukluktan itibaren anneler erkek çocuklarına, babalar kız çocuklarına "sevgilim, aşkım" diyerek çocuklarıyla bütünleşiyor. Anne-babalar, özellikle anneler, evlatlarını kendilerine bağlıyor. Sorun "aslan oğlum, prenses kızım" yaklaşımıyla başlıyor. Bu davranışların örtük ensest olduğunu fark etmek için Freudyen bilgiye sahip olmaya gerek yok. Babaların kızlarına, annelerin oğullarına bebeklikten itibaren söz konusu abartılı duygu ve hitapları bireyselleşmenin önüne ket vuruyor.

Sizce çiftler ve çiftlerin aileleri arasında çocuklar üzerinden güç savaşı yapılıyor mu? Şayet ilişki bir güç savaşına dönmüşse ne yapmak, nasıl hareket etmek gerekir?

Geçmişte aile bağlarını güçlendirmek için çocuğun varlığı önemsenirdi. Oysa çocuğun aile hayatına girmesi, mutluluk vermesi beklenen ancak çok büyük bir gelişimsel strestir. Çocuğun aileye dâhil olması hem birbirine ve yeni duruma uyum sağlamaya çalışan aile için hem de dünya görüşündeki farklılıklar nedeniyle aileler arasında anlayış farkının ortaya çıkmasına neden olur. Gençlerin ailelerinden bağımsız bir birey olamadıkları durumda bu çatışma tarafların kopmasına kadar varır. Çünkü gençler kendi anne-babaları ile eşleri arasında bir tercih yapmak zorunda olduğunu düşünür ve çok kere eşlerini değil, anne-babalarının tarafını seçmeye kendilerini mecbur hissederler.

İlişkilerdeki denge açısından bir diğer merak ettiğim konu da özellikle kadınların iş yaşamında statü ve kazançlarının yükselmesi ile erkeklerde yetersizlik hissinin oluşup oluşmadığı... Bunu nasıl değerlendirirsiniz?

Bugün kadının iş yaşamında daha çok yer almasıyla evdeki dengeler de eskiye göre değişti. Ev içerisindeki iş bölümü ve sorumluluk paylaşımı önem kazandı. Sorumlulukların paylaşımı taraflar arasında sessiz anlaşma ile sağlanırsa bu en güzeli, en doğrusudur.

Hepimizin kendi aile yapımızdan getirdiği kadın ve erkek rolleri var. Birçok kişi öğrendiği role tutunmaya çalışıyor. Ancak söylediğim gibi, bugün geldiğimiz noktada, çiftler ne kadar çok şeyi paylaşırsa ilişkileri de o denli güçlü oluyor. Paylaşmak bağları güçlendiriyor. Onun için her türlü faaliyeti, her türlü angaryayı paylaşmak ilişkiyi pekiştiriyor. Şunu söyleyebilirim ki günümüzde angarya gibi görünen sorumlulukları paylaşmak, aynı filmden zevk almaktan daha fazla yakınlık kurulmasını sağlıyor.

Dikkat ederseniz az önce, "Yardımlaşma ilişkiyi güçlendirir," dedim. Taraflar arasındaki dengeye gelince... Kadının eğitimi, aldığı para, toplum içindeki sosyal statüsü yüksekse dengeyi gözetmek iki tarafın da olgunluğuna bağlıdır. Erkeğin egosu zedeleniyorsa dönüp kadını yaralamaya başlar. Peki, nasıl yaralar? Küçük düşürmeye çalışarak. Örneğin, "Aslında zannettiğin kadar önemli bir insan değilsin," gibi açık ve örtük mesajlarla eşinin kötü hissetmesini sağlar. Erkeğin egosu zedeleniyorsa kadının, yani eşinin hayatını, işini, mesleki fırsatlarını sınırlayarak aradaki mesafenin açılmasına engel olmaya çalışır. Böyle bir durumda kıskançlık sorunları başlar. Ancak iki taraf da olgunsa onları bir arada tutan noktalara odaklanıp statü ve sembolleri daha az önemserler. Bir de bazı işler vardır ki gerçekten ilişkiyi zorlar. Söz gelimi erkek bir futbolcu, kadın üst düzey bir yöneticiyse hayat kolay olmaz. Çünkü erkek futbolu bıraktığında aradaki dengeyi kurmak gerçekten olgunluk gerektirir.

Sorunuza ilaveten şunu da söyleyeyim; "Her başarılı erkeğin arkasında mutlaka bir kadın vardır," denir ancak tersi de söz konusudur. Sevgi ve bağlılık, insanların odaklandığı alanlardaki mücadele gücünü artırır. Bu; siyaset, akademi, bilim ya da iş hayatı olabilir. Anlamlı ilişki olmadan yolculuğun kendisinden zevk almak mümkün olmaz. Ben erkeğin de kadının da hayat içerisinde mesleki başarılarını ve birbirlerinin gelişimini desteklemesini o yolculuktan zevk almaları açısından çok değerli buluyorum.

Birliktelik ve evliliklerde eşlerin yardımlaşması kadar önemli bir ayrıntı da yalnız kalma ihtiyacının giderilmesidir. Tempolu yaşamda bireyler evli olsalar da yalnız kalmaya ihtiyaç duyar. Bu meselede cinsellikte olduğu gibi tarafların anlaştıkları nokta ve doz önemli... Öyle beraberlikler vardır ki eşler birbirinden hiç ayrılamaz, hemen her şeyi birlikte yaparlar. Üstelik iki taraf da bu durumdan memnundur. Çünkü biri olmayınca diğeri kendisini mutsuz hisseder. Öyle çiftler de vardır ki birbirine belli zamanlar tanır. Örneğin kadın, erkeğin maç izlemesini anlayışla karşılar. Ancak maçtan sonra gece yarısına kadar futbol programlarını izleyip defalarca aynı pozisyona baktığını görünce itiraz eder. Bazı çiftler de birbirine daha geniş alan açmayı tercih eder. Erkek, maç günü arkadaşlarıyla bir araya gelirken kadın da kendi adına nefes alma şansı kazanır.

Birliktelik ve evliliklerde eşlerin yardımlaşması kadar önemli bir ayrıntı da yalnız kalma ihtiyacının giderilmesidir. Tempolu yaşamda bireyler yalnız kalmaya ihtiyaç duyar. Bu konuda da cinsellikte olduğu gibi tarafların anlaştıkları nokta ve doz önemli...

Bu noktada önemli olan kimsenin, "Fedakârlık yapıyorum," duygusu yaşamamasıdır. Taraflardan biri bu duyguyu yaşıyorsa o zaman çatlaklar oluşur. İki tarafın da olan biteni aynı gönüllülükte istemesi önemli... Burada da yine bölüm başında değindiğim noktaya geliyoruz; tüm bunlar ilişkinin başında konuşulması gereken ayrıntılardır.

Aynı mesleğe sahip kişilerin evlilikleri daha uygun veya daha kolay ilerler diyebilir miyiz?

Uygun ve kolay evliliğin mesleklerle ilgili olduğunu düşünmüyorum. Eğer eşinizle rekabet hâlindeyseniz ve üstünlük göstermeniz gerektiğine inanıyorsanız aynı veya ayrı meslekten olsanız da sorun yaşarsınız. Şayet eşinizle uyum içindeyseniz aynı meslekte olmak sizi ileri götürür. Nitekim uyumlu meslektaş çiftler birbirini dinler ve anlar.

Olumlu birlikteliğin öncelikli ölçütü ilişkinin dinamiği ve kişilik yapısıyla ilgilidir. Birliktelik ve evliliklerde konuşabilmek kadar eylemlerimiz de önemlidir. Söz ile eylemlerin birbirini tamamlaması gerekir. "Yanlış düşünüyorsun," diye söze başlamakla, "Ben daha farklı düşünüyorum," diye söze başlamak arasında ciddi bir fark vardır. Şayet çiftler konuşarak ilerleyemiyor, konuşmalar çatışmaya dönüşüyorsa yardım almak iki taraf açısından da yararlıdır. Çiftler böylelikle üsluplarına dikkat eder, kışkırtıcı bir dil kullanmaktan kaçınır. Daha da önemlisi, bir fikir ayrılığı veya sorun olduğunda, "Sen zaten..." veya "Sen her zaman..." diye söze başlamazlar. Aile terapisi veya çift terapisi bu tür konuları çözmek konusunda çok etkili ve yararlıdır.

Evlilikten söz ettiğimiz için şunu da vurgulamak isterim. Yakın gelecekte evliliğin demode olacağını düşünenler var. Ben bu konuda çok emin değilim. Ahlaki sebepleri bir yana bırakarak konuşursam, bunun birçok hukuki boyutu da var. Şüphesiz evliliğin sosyal yaşamın dışında bırakılması için yeni hukuki düzenlemelerin yapılması lazım. Her şeyden önce şunu da biliyoruz ki çocukların sağlıklı büyümeleri açısından anne-baba ile aynı çatı altında olmaları tartışılmayacak bir gerçektir.

Evliliğin demode olması meselesinden hareketle eskiye göre cinsellik daha özgür yaşanıyor da diyebiliriz; peki, ilişkilerin daha çabuk tüketildiğini, bunun da tatminsizlik ve mutsuzluğa yol açtığını söyleyebilir miyiz?

Günümüzde cinsellik çok erken yaşta yaşanmaya başladı. Erken yaşta cinsellik deneyimini şu açıdan doğru bulmuyorum: Ergenlik ya da deli çağ dediğimiz dönemde dürtüler çok baskındır. Duygusal ve zihinsel olgunlaşmanın yeşermediği bir ortamda, dürtüleri doyurmaya yönelik cinsel birleşmeler bir süre sonra doyumsuzluğa neden olur. İnsanların birçoğu ilişkiyi fiziksel ihtiyaçların karşılanması olarak algıladığı zaman bir süre sonra yeni bir heyecanla başka partner arayışı başlar. Şüphesiz böyle bir yaklaşım ilişkileri "kullan-at" çerçevesine sıkıştırıyor. İnsan olgunlaşmazsa haz dünyası yenilik ister. Bu yeniliğin dışına çıkıp stabil ilişki kurmak ise olgunluk gerektirir. Olgunluk olmadığı zaman sürekli olarak yenilik ve heyecan arayışı devam eder.

Günümüzde yaşanılan durum söylediklerimden farklı değil. Kritik nokta şu: Cinsellik çok erken yaşta yaşandığında giderek çıta yükseliyor. Çünkü haz, deniz suyu içip susuzluğu gidermek gibidir. Her yeni ilişkinin başlangıcında bile hemen bir yenisinin döngüsü başlar. Onun için sağlıklı ilişkiler olgun insanlarla kurulur. Yalnızlıktan kurtulmak için ilişkiye girmek sağlıklı bir davranış değildir. İnsanın yalnızlığına katlanabilmesi ve yalnızlıkla barışmayı öğrenmesi gerekir.

> Yalnızlıktan kurtulmak için ilişkiye girmek sağlıklı bir davranış değildir. İnsanın yalnızlığa katlanabilmesi ve yalnızlıkla barışmayı öğrenmesi gerekir.

Bir de ilişkilerde mağdur olan taraf genelde kadınlar gibi gösteriliyor ancak ilişkiler kadın ve erkek olarak karşılıklı yaşanıyor. Meseleye kadın veya erkek olarak değil, bütünsel bakılması gerektiğini düşünüyorum. Ayrıca son yıllarda yaşanan tartışmalardan biri de cinsel yönelim farklılıkları üzerine... Çeşitli dizilerde cinsel yönelim farklılıkları fazlasıyla sıradanlaştırılarak yansıtılıyor. Bu durumun, azınlık olma ve dışlanma duygusunu önlemek ve bu yönelimdeki insanların kaygısını azaltmayı amaçladığını düşünüyorum. Bu konuda ileri gidildiğini düşünenlerle aynı fikirdeyim ancak buna karşı verilen tepkileri bilimsel açıdan temelsiz buluyorum. Çünkü kimse bir film veya dizi izleyip cinsel tercihini değiştirmez.

Cinsel yönelimi beyin yapısındaki farklılıklarla ilişkilendiren çok sayıda araştırma var. Araştırmacılar genler, doğum öncesi hormonlar ve beyin yapısını kapsayan, cinsel yönelimin gelişimiyle bağlantılı olma ihtimali olan birden çok faktör tanımlıyor. Yakın zamandaki araştırmalar ise cinsel yönelimin oluşumundaki biyolojik temellere odaklanıyor. Kısa bir süre öncesine kadar yaşayan iki kahramanımdan biri olan Papa Franciscus de, "Biz kim oluyoruz ki Allah'ın yarattığını yargılıyoruz," diyerek bu insanları kutsamış ve dindar çevrelerde de kabul edilmelerinin önünü açmıştır. İkinci kahramanım Daniel Kahneman ne yazık ki artık yok.

Evlilik veya ilişkilerde cinsel yaşamın dinamik olması neden önemli? Çiftler cinsel istek ve heyecanlarını diri tutmak için neler yapmalı?

Eşinize veya sevgilinize ilk üç ayda, altı ayda onu tanıdığınızdaki gibi ilgi gösterirseniz cinsellik canlı kalır. Yani ilk altı ayda eşinize, sevgilinize ne kadar özen gösteriyorsanız; onunla ne kadar çok konuşmak, onu dinlemek ve anlamak ihtiyacı içindeyseniz bunu sürdürmeniz önemli... Bu özeni gösteriyor, hissettiriyor ve eyleme döküyorsanız cinsellik de duygular da canlı kalır. Böyle bir ilgi olmazsa hormonların etkisi geçtiği zaman, büyük bir aşk yaşanmışsa da, iki sene sonra heyecan biter.

Örneğin bir restoranda evli çiftlerle evli olmayanları ayırmak çok kolaydır. Evli olanlar menüyü inceler, yemeği sıkıntıyla bekler, biraz gecikince garsona çıkışır, birkaç yarım ağız cümle dışında hiç konuşmaz, yemeği hızla yer ve hesabı ödeyip giderler. Diğerleri sürekli konuşur, birbirinin anlattıklarını beden diliyle dinlediklerini gösterir, sık sık tebessüm eder.

Evlilik için konuşursak, çocuk sahibi olmak çok ciddi bir dönemeçtir demiştim. Çünkü insanlar kaç yaşında olurlarsa olsunlar, çocuk sahibi olunca başka bir evreye geçerler. Çiftlerin durumun farkında olması ve çocuğun hayatını yaşamamaları, bilakis çocukla yaşamaları gerekir. Birbirlerine aynı ilgi ve özeni göstermeye devam etmek en önemli konudur. Hediye almak, çiçek götürmek, bunu sürekli hâle getirmek ilişkiyi, ilgiyi canlı tutar. Daha önce de dediğim gibi, eşime her yıl beş altı kısa mektup yazarım. Hissetmesem yazamam. Sevgi, emektir.

Dahası çiftlerin evlendikten sonra da fiziklerine dikkat etmeleri gerekir. "Herkesin fit olması gerekir," demiyorum ama kendini bırakmamak, gençlerin tabiriyle "salmamak" gerekir. Çiftlerin bakımlı olmaları, ev içinde giyilen kıyafetlere özen göstermeleri ilişkinin dinamiğini etkiler. Öyle ki bugüne kadar ne eşim beni ne de ben eşimi yatak odası dışında yatak odası kıyafetiyle dolaşırken gördük. Odadan kendimize çekidüzen verip öyle çıkarız. Bu söylediklerimin hepsini hayatımda uyguluyorum ve şunu söyleyebilirim ki bizim evliliğimiz canlıdır ve aramızda hâlâ çekim devam ediyor.

İlişki ve evliliklere dair herkesin yıllardır cevabını aradığı klişeyi ben de sormak istiyorum. Sizin pencerenizden aşk nedir?

Aşk iradeye bağlı değildir ve bilinçli çaba gerektirmez. Aşktan anladığınız deli divane olmak ise bu tam anlamıyla bir takıntı hâlidir, boşluğa uçmak gibidir. Bu nedenle Türkçede sevgiliye "yâr" denir. Bu takıntı hâlindeki âşık için âşık olduğu kişiden başkası yoktur. Âşığın, beyninde âşık olduğuna yönelik eleştiriyi algılayacak bölge kapanmıştır. Onun için Shakespeare'in, "Aşkın gözü kördür," sözü doğrudur.

Âşık, gönül verdiği veya kafasına taktığı kişiyi düşünmeden edemez. Sürekli bir yokluk ve eksiklik hisseder. Bu kısır döngü, dediğim gibi, bir takıntı hâlidir. İki yılın sonunda bu obsesyon iyileşir. Zaten görüyoruz ki birçok evlilikte yoğun duygular iki yılın sonunda, hatta bazen iki yıla varmadan bitiyor. Tanımlar herkese göre değişebilir ancak yanılsamaya neden olan, deli divane gibi olmasa da aşk hâlidir. İnsan sadece gençlikte değil, her yaşta deli divane âşık olabilir. Değerler örtüşüyorsa geriye sağlam duygular kalır. Değerlerin örtüştüğü yerde aşk takıntısı sevgiye dönüşür. Sevginin ilk aşamasında zihinsel çekim vardır. Cinsellik ise hayat sonuna kadar çeşitli biçimde ve dozda devam eder.

İlişkinin mutlu bir evliliğe evrilmesinde ise iki önemli etken vardır. Evlenmeyi düşünen kişiler, karşısındaki kişinin değerlerinin ne olduğunu fark etmeli ve karşıdan gelen uyarıları iyi anlamalıdır. Halk arasında, "Kadınlar eşlerini değiştireceklerini düşünerek, erkekler ise eşlerinin hiç değişmeyeceğini düşünerek evlenir," denir. Dikkatli bakarsanız da genellikle evliliğin ikinci yılı sonunda eşlerin birbirini değiştirme çabasının başladığı görülür. Çünkü âşık olduğu sırada insan beyninde eleştiri ve yargılama bölgesi o kişiye karşı kapanır. Âşığın gözünün kör oluşunun nedeni budur. İki yıl sonra kişi normale dönüp beyin normal bir şekilde çalışmaya başladığında eleştiri ve değiştirme çabası başlar ve bu son derece tehlikelidir. Sorunun temeli insanların birbirinin değer yargılarını bilmeden, anlamadan, dahası değerlerin ne anlama geldiğini idrak etmeden evlenme kararı vermeleridir. Çünkü ilk tanışmada karşımızdaki kişiyi kafamızdaki tasarıma göre beğenip etkileniriz. İlk elektrik veya beğeni ânında değerler değil, bir şekilde fiziksel çekicilik etkilidir ve bu, heyecan verir. Gördünüz, beğendiniz fakat bir süre sonra ilişkinin nasıl devam ettiğine bakmak gerekir. Karşınızdaki kişi sizinkinden farklı değerlere sahipse her durum bir karara ve her karar bir tartışmaya dönüşür. Bu da ilişkiyi zayıflatır ve insanları birbirinden uzaklaştırır.

> İlk etkilenme ânında değerler değil, fiziksel çekicilik etkilidir. Fakat bir süre sonra ilişkinin nasıl devam ettiğine bakmak gerekir. Karşınızdaki kişi sizinkinden farklı değerlere sahipse, her durum bir karara ve her karar bir tartışmaya dönüşür. Bu da ilişkinin tılsımını bozar.

Olgun insanlar aşk ve arkadaşlıkta farklılığı kabul eder, hatta teşvik eder ve bunun tadını çıkarır. Karşısındaki kişinin günün birinde kendine benzeyeceğini umut etmez. Bu, anlamsız bir beklenti ve başarısızlığa mahkûm bir girişimdir. Çünkü kişinin karşısındakini değiştirmesi hem imkânsıza yakın zorluktadır hem de değiştirilen insan özgünlüğünü yitirir. Gerçek sevgi, farklılık ve tuhaflıkları kabul etmeye bağlıdır. Karşıdaki insanı kabul etmezsek kendini açmaz ve onu sonsuza kadar tanıma şansını kaybederiz. Toksöz Karasu'nun *Huzurlu Yaşama Sanatı* kitabında dediği gibi; "zayıflıklar, kırılganlıklar, başarısızlıklar ve hatta mantıksızlıklar gerçek ruh buluşmaları için eşsiz bir zemindir."

Peki, yıldırım aşkı var mıdır ve aşk kendinde eksik olanı karşındaki kişiyle tamamlamak mıdır?

Yıldırım aşkı tabii ki vardır. İnsanlar bunu yaşıyor. Ancak, "Bu kalıcı ve sağlıklı bir durum mudur?" sorusunun cevabı büyük çoğunlukla "hayır"dır. Aşkın iradeye bağlı olmadığını ve bilinçli çaba gerektirmediğini söylemiştim. Çünkü bütünüyle fiziksel çekim sonucu ve kişilerin o sıradaki ihtiyaçlarından kaynaklanır; bu nedenle de hayatın gerçekleriyle karşılaşıldığında taraflara pişmanlık yaşatır. Bu durum ender olmayarak kişilerin kendi bağlamlarının dışında yaşadıkları tatil ortamlarında yaşanır.

Aşkın devamlı olamayacağını ve en geç iki yıl içinde bunun olgun bir sevgiye dönüşeceğini konuşmuştuk. Olgun sevgi içinde insanlar birbirlerine daha önce konuştuğumuz gibi ilgi göstermeye devam ettikçe cinsellik ilişkinin ilerleyen yıllarında ve her yaşta hayatın içinde olur. Ancak birbirlerine gündelik hayatın içinde ilgilerini kaybeden insanlar arasında cinsellik de zayıflar ve bitebilir. Buna, "Cinsellik bittiği için sevgi bitti," demek doğru olmaz.

Madem konu ilişki ve ilişki dinamiklerinden açıldı, şunu sormak isterim: Kıskançlık da duygulara ve ilişkiye dâhil midir?

Önce kendi adıma cevap vereceğim; kıskançlık aklıma bile gelmez. Ortada objektif bir sebep ve işaret yokken kıskançlık duymak normal bir davranış değildir. Eşimden bir gün bile şüphe duymadım. Kaldı ki girdiği her yerde hâlen fark edilen, kendisine baktıran ve ilgi merkezi olan bir kadındır. Eşim fark edildiği için her yaştan insandan iltifatlar alır. Ancak karşılıklı olarak kıskançlığa sebep olacak hiçbir davranışımız olmamıştır. İltifat ile sarkıntılık arasında ciddi bir fark olduğunu da vurgulamak isterim. Üçüncü bir kişinin fütursuzca eşiniz veya sevgilinize yakınlık kurmaya çalışmasını görmek ve buna verilecek tepki kıskançlık değil, reaksiyondur. Sahip olduğunuz değeri korumak için tepki gösterebilirsiniz. Ancak hiç şüphesiz bu tepki şiddet içermeyen, taşkınlığa varmayan bir şekilde olmalıdır.

Somut temele dayanmayan kıskançlığın en önemli sebebi taraflardan birinin ilişki içinde kendisini yetersiz hissetmesidir. Bu durumda, yetersiz hisseden taraf, hem eşinin davranışlarına hem de o kişiye olan davranışlara aşırı anlam yükler ve tepki vermeye başlar. Bu durum çoğunlukla bir kısır döngü doğurur. Kişi eşinin sevgisinden kuşku duydukça daha çok üzerine gitmeye, dış dünyayla ilişkilerini sınırlamaya ve güvensizlik göstermeye başlar. Bu da eşinin bunalmasına ve kendisinden uzaklaşmasına yol açar. Sonuç, kendini doğrulayan kehanete dönüşür. Bu durum bana ölümden korktuğu için intihar eden insanları düşündürür. Bunu bir şekilde basitleştirerek söylemem gerekirse, "isteye isteye istemediğine koşmak" diyebilirim.

Bu bölümde son olarak ayrılıkların, boşanmanın çiftler üzerinde yarattığı etkileri sizden dinlemek isterim.

Unutmamak gerekir ki insan kalabalık içinde olduğu gibi, bir evlilik içinde de kendini yalnız hissedebilir. İlişkinin kalitesini belirleyen, bağın derinliğidir. Çatışma içinde bir hayat sürdürmek sağlık açısından iyi değildir. İyi ve sıcak ilişkiler içinde yaşamak koruyucu özellik taşır. Nitekim araştırmalarda çatışmalı veya tatminsiz ilişki içinde olanların daha fazla ağrı şikâyetine sahip olduğu görülür. Dolayısıyla iyi bir ilişki sadece bedeni değil, beyni de korur. Güven ve bağlılık duygusunun güçlü olduğu bir ilişkide, ihtiyaç duyduğu zaman yardım edecek birinin varlığını hissetmek hafızayı daha parlak tutar ve seksen yaşlarında bile zihinsel performansı yükseltir. Böyle bir ilişki içinde olmamak ise hafızanın zayıflamasına ve giderek yıkıma neden olur.

Yapılan araştırmalarda kadınlar açısından boşanma ve bekârlık konusunda ilginç veriler mevcut... Düzenli evliliği olan kadınlar, boşanan veya tekrar evlenmiş hemcinslerine nazaran daha uzun yaşıyor. Boşanmış ancak tekrar evlenmemiş kadınlar da tekrar evlenenlere göre daha uzun yaşıyor. Bu durumda olanların yaşam süresi neredeyse düzenli evliliği olan kadınlar kadar uzun... İstatistiki olarak boşanma kadınları erkekler kadar olumsuz etkilemiyor. Evli erkekler boşanmadıkları ve uyumlu bir eşle yaşadıkları takdirde uzun yaşama şansına sahip oluyor. Ancak boşanmış erkekler, boşanmış kadınlara göre daha yüksek ölüm riski taşıyor. Araştırmalara göre boşanmış erkeklerin ancak üçte biri uzun yaşıyor.

Avrupa ve Anglosakson dünyaya baktığımızda boşanmaların yüzde yetmişini kadınların talep ettiğini görüyoruz. Erkekler ise boşandıktan sonra ikinci bir evlilik için kadınlara göre çok daha fazla girişimde bulunuyor. Öyle ki boşanan erkeklerin yeniden evlenme oranları kadınlardan neredeyse iki kat daha fazla... Türkiye'de ise hem evlilik oranları hem de boşanma oranları artıyor.

Bu noktada iyi ilişkinin tanımı önem kazanıyor. İyi ilişki hiç çatışma olmaması anlamına gelmez. Karşısındakine güveneceğini bilmek ve buna inanmak, bu çatışmalar ne kadar şiddetli olursa olsun, anılarda iz bırakmaz. İyi ilişki tarafların birbirlerinin ihtiyaçlarına duyarlı oldukları ve duygularını önemsedikleri çerçevede gelişir; kişinin, eşinin duygusuna hak vermese de bunu önemsemesi ve yardım etmeye hazır olduğunu göstermesiyle hayata yansır. Flört döneminde olduğu gibi fiziksel teması sürdürmek, el ele tutuşmak, birbirine değerek uyumak, dinlemek, yardım etmek ilişkiyi canlı tutar.

İlişkiyi başlatmak kadar, kimi zaman yeri geldiğinde aynı sevgi ve saygı çerçevesinde bitirebilmek de önem arz ediyor. Ülkemizde kadına gösterilen şiddetin yanı sıra sevgili veya eşlerinden ayrılamayan, ayrılsa da tacize uğrayıp şiddet gören ve kötü şeyler yaşayan kadınlarla ilgili haberleri her gün okuyoruz. Bu kadınlar için önerileriniz var mı?

Tacizci erkeklerin ilişkilerinin birbirine oldukça benzeyen bir kalıbı vardır. Genç kadınların bu profil konusunda bilgi sahibi olmaları çok önemlidir. Bu erkekler, özellikle evlerinde anne-babalarının baskısı altında yaşayan genç kızları çok kolay baştan çıkarır. İlişkide birinci adım, çok güçlü bir başlangıçtır. Birkaç günlük beraberlikte sanki yıllardır birbirini tanıyormuş duygusu yaşanır. İkinci adım; sürekli kontrol, hayatı sınırlama ve kıskançlıktır. Bu durum başlangıçta değer verildiği duygusunu yaşatarak kadının hoşuna gidebilir. Üçüncü adım, kıskançlık nöbetleriyle kadını ailesinden ve sosyal çevresinden soyutlamaktır. Burada, "herkes bize karşı, bizi çekemiyorlar duygusu" yaşanır. Dördüncü adım; değersiz hissettirme, küçük düşürme, suçlama, yaşanan çatışmalardan sorumlu tutma, sözlü şiddet ve kısa süre sonra artan dozda fiziksel şiddettir. Beşinci adım; kadının kopma noktasına geldiğini görünce ağlama, yalvarma, tekrarlanmayacağı konusunda sözler verme, barışma, ardından gözyaşlı güçlü bir cinsel beraberlik ve kısa süreli yatışma. Sonra ikinci adımdan başlayarak süreç tekrarlanır. Kadının kesin ayrılma kararından sonra da önce yalvarma, tehdit, sonuç alamayınca da fiziki zarar verme durumu ortaya çıkar. Narsist yapıdaki kişiler belki beşinci basamağa geçmezler ancak dördüncü basamağı çok etkili kullanırlar.

ONUNCU BÖLÜM

BEŞİNCİ BÜYÜK DEVRİMLE BİLDİĞİMİZ İNSANIN SONUNA MI GELDİK?

"Dijital dünyadaki gelişmeler fiziki dünyayı hızla değiştiriyor. Otuz yıl önce bir fotoğraf karesinin maliyeti neydi, kişilerin izlemek istedikleri bir film için katlandıkları zahmet ve bedel neydi, sevdikleri sanatçıların repertuarlarını bir araya getirmek için ne kadar harcama yaparlardı ve daha önemlisi sevdikleriyle haberleşmek için yaptıkları ödeme neydi? Bugün hepsinin maliyeti sıfıra yaklaştı ve 'çalmaya değmeyecek kadar ucuzladı.' Şüphesiz biz şu an insanlık tarihindeki beşinci büyük devrimi yaşıyoruz."

Türkiye'de günlük kısır siyasi çekişmeler, geçim derdi, rutin sorumluluklar gibi telaşlar arasında bence gözden kaçırdığımız çok önemli bir gelişme yapay genel zekâ, büyük dil modelleri ve blokzincir teknolojisi alanında yaşanıyor. Metaverse, yani "Öte Evren", bireylerin kendi sanal temsilleri, yani avatarları ile etkileşime girebildiği bir ağ olarak hayatımıza girdi. İnsanların birbiriyle dijital kimlikleri ve avatarlarıyla etkileşim içinde olmaları ve bir bakıma bilim kurgu hayallerinin gerçekleşmesi gibi görüldüğünden bu mesele ilgi çekici... Bir yandan da yapay genel zekâ alanında inanılmaz gelişmeler söz konusu. Çok değil, çeyrek asır sonra bugünkünden çok daha farklı, insansı robotların

yaşamımızda olduğu, sanal gerçekliğin en ileri boyutunda yeni bir dünya tecrübe edilecek. Bu boyutta, dış dünyaya ihtiyaç duymadan, duyu reseptörleri ile masa başından her şeyi deneyimlemenin mümkün olacağı da öngörülüyor. Tahayyül etmekte zorlandığımız yeni dünyanın bizlerde yaratacağı ruhsal ve fiziksel etkiler henüz belirsizliğini koruyor. Siz konuşmalarımız sırasında bu değişimin ana noktasını yapay genel zekâ, büyük dil modelleri ve blokzincir teknolojisinin oluşturduğunu söylediniz. Yakın gelecekte bizi nelerin beklediği konusunda düşüncelerinizi paylaşır mısınız?

Geleceğin meslekleri, geleceğin iş ve iş yapış şekilleri yapay genel zekâ çerçevesinde değişecek. Teknoloji ağırlıklı bir dünyada yaşayacağımız muhakkak... Ne iş yaparsak yapalım, teknoloji ve psikoloji hepsini yatay kesiyor. Teknolojinin getireceği yeniliklerin neler olacağını tam olarak kimse bilmiyor. Muhakkak ki işlerin bir bölümünü algoritmalar yürütecek. Böylelikle nispeten basit gibi görünen ve günümüzde de bir kısmı geçmiş olan çağrı merkezi veya birtakım bankacılık faaliyetleri tümüyle yapay genel zekâya devrolacak. Ancak daha da önemlisi geçmişte düşünülenin aksine; mühendislik, hukuk, tıp gibi disiplinlerde de işler önemli ölçüde yapay genel zekâ kullanılarak ilerleyecek. Bu durumda hekimin, hukukçunun yapmak zorunda olduğu işler daha rafine ve daha az olacak.

Bugün doğan çocukların yetişkinliklerinde hayal edemeyeceğimiz bir dünyada yaşayacakları muhakkak. Ancak biz hâlâ dünün dünyasına ait bilgileri, çok yakın gelecekte arkaik sayılacak şartlanmalarımızla, çocuklarımıza eğitim diye dayatıyoruz. Gelecekle ilgili öngörülerine en çok güvenilmeyi hak eden kişi Ray Kurzweil'dır. Birçoklarının nezdinde bu krediye sahip olmasının nedeni bugün kullandığımız ve doğal kabul ettiğimiz pek çok konuda katkısının olmasıdır. Önceki yıl Kurzweil, "Gelecek yüz yıl, geçmiş yirmi bin yıla eşdeğer gelişmeye sahne olacak," demişti. Ancak geçtiğimiz aylarda yüz yıl olan öngörüsünü bir yıla indirdi. Yanlış okumadınız, bir yıl içinde hayatımızı tümden değiştirecek gelişmeler hayata geçecek. Çünkü 2015 yılında "yapay genel zekâ" alanındaki gelişmelerin ancak elli yıl sonra insan zekâsını yakalayacağı öngörülüyordu. Ancak ChatGPT ve Gemini gibi büyük dil modelleriyle sağlanan gelişme dijital devrimin fiziksel dünyayı dönüştürmeye başladığının öncü işaretleri oldu. Bu dönüşüm ilk olarak enerji, üretim ve tıp olmak üzere üç alanda sıçrama yaratacak. Hepsi heyecan verici olmakla beraber enerji, stratejik önemi nedeniyle de oyun değiştirici nitelikte.

Güneş ışığının on binde birinin toplanması dünyaya bir yıl yetecek enerji sağlama potansiyeline sahip... Konuyu anlaşılır kılmak için kısa bir teknik bilgi verelim. Enerjiyi hapsedecek fotovoltaik malzemeler pahalı ve verimsiz... Ancak yapay zekâ milyarlarca kimyasalı hızlı şekilde eliyor ve bu alandaki yenilikleri büyük bir hızla yönlendiriyor.

Hiç şüphesiz bu satırları okuyan pek çok kişi bunun gerçekleşme şansı olmayan bir hayal veya kurgu bilim senaryosu olduğunu düşünecektir. Ancak onlara dört alandaki gelişmeyi hatırlatmak isterim. Otuz yıl önce bir fotoğraf karesinin maliyeti neydi, izlemek istedikleri bir film için katlandıkları zahmet ve bedel neydi, sevdikleri sanatçıların repertuarlarını bir araya getirmek için ne kadar harcama yaparlardı ve daha önemlisi sevdikleriyle haberleşmek için yaptıkları ödeme neydi? Bugün hepsinin maliyeti sıfıra yaklaştı ve "çalmaya değmeyecek kadar ucuzladı." Şüphesiz biz şu an insanlık tarihindeki beşinci büyük devrimi yaşıyoruz.

Peki, ilk dört devrim hangileriydi?

İlki, matbaanın icadıydı ve arkasından Rönesans ile Reformlar geldi. İkincisi, Endüstri Devrimi'ydi ve bu devrim aynı zamanda endüstriyel tarımı getirdi ki insanlar doğdukları yerin dışında yaşamaya başladılar. Üçüncüsü, atomun parçalanması ve nükleer enerjinin hayatımıza girmesiydi. Dördüncüsü, internetti ve dünya McLuhan'ın[35] dediği gibi bir "küresel köy" hâline geldi. Sonuncusu da Metaverse, blockchain [blok zincir], yapay genel zekâ ve ChatGPT ile başlayan dönem... Bu devrim şu anda tam olarak hayatımızın içinde yer almasa da önümüzdeki on yıl boyunca ChatGPT, blok zincir ve bütün yapay genel zekâ uygulamaları hayatımızın merkezinde olacak. Bir yandan da sürekli yeni üniversiteler açılıyor ve her yıl on binlerce kişi mezun oluyor. Bu kadar çok okumuş insan ne yapacak onu bilemiyorum. Yeni dünyada "üretenler" ile "gereksizler" diye iki sınıf olacağı öne sürülüyor. Tüm dünyada orta sınıfın erimesi riski söz konusu...

Dahası başka konular da var. Biliyoruz ki radyoloji gibi dallardan başlayarak bütün tıbbi inceleme yöntemlerinin yorumlanması yapay genel zekâ tarafından daha isabetli yapılıyor. Yapay genel zekânın çağrı merkezleri, muhasebe gibi daha sıradan gibi görünen işleri yapanların işlerini elinden alacağı düşünülüyordu. Oysa örneğin, az önce de belirttiğim üzere, bugün tıp, mühendislik, hukuk gibi son derece sistemli bilgileri içeren disiplinler için bile yeniden yapılanma söz konusu. Bu alanlardaki işlerin büyük bölümü yapay genel zekâ tarafından daha hızlı, daha isabetli, daha düşük maliyetli olarak gerçekleştirilecek. Mesela oğlum İngiltere'de bir danışmanlık şirketinde polislerin yapacakları ilk sorgunun yapay genel zekâ

35 Marshall McLuhan (1911-1980); iletişim kuramcısı. "Küresel köy" kavramı ilk kez kendisiyle birlikte gündeme geldi. McLuhan, elektronik iletişimin yaygınlaşmasıyla dünyanın küçük bir topluluk gibi olacağına inanmıştı.

tarafından yürütüleceği bir programın içinde çalışıp polisleri eğitmişti. Bunlar gelecekle ilgili bize çok büyük ve bugünden öngörülmesi zor belirsizlikler getiriyor.

Yakın geleceği sorsam?

Bugün Metaverse, ChatGPT ve daha önemlisi blok zincir teknolojisi gibi yenilikler turizm şirketlerini, bankaları, gayrimenkul aracılarını ortadan kaldıracak dönüşümler üretecek. On yıl içinde büyük bir dönüşüme tanıklık edeceğiz. Bundan yirmi beş yıl önce, "Müzik endüstrisi değişecek, CD kalmayacak, bunları çalan aletler ortadan kalkacak," dendiğinde birçok kişi buna alaycı bir tebessümle yaklaşıyordu. Şimdi Zuckerberg, "Metaverse, sosyal teknolojinin sınırlarını sonsuzluğa genişletmesidir," tanımını yapıyor. Yakın zamanda dünyanın en itibarlı olmasa da en değerli markalarından biri olan Facebook'un, büyük bir tanıtımla şirketini Meta markasının alt kuruluşuna dönüştürmesi, bu oluşum etrafındaki ilgiyi zirveye çıkarmış durumda. Bu tanıtımda Zuckerberg'ün ne dediği pek anlaşılmasa da tamamlamadığı cümlelerin içine defalarca "deneyim" kelimesini yerleştirmesi önemli bir değişimin yolda olduğu izlenimini yaratıyor.

Yatırım piyasasında ise geleceğe yatırım yapmayı düşünenlere önerilen sepet yeniden tanımlanmış durumda. Meta (Facebook), Alphabet (Google), Microsoft, Amazon, Tesla, Apple'ın dâhil olduğu ve MAMATA olarak adlandırılan yaklaşık 10.7 trilyon dolarlık yeni bir sepet söz konusu. Zuckerberg, Metaverse'ün tanıtımı sırasında önemli bir manevra daha yaparak, Avrupa'dan on bin mühendis istihdam edeceğini ve yılda on milyar dolar yatırım yapacağını açıkladı. Böylelikle birçok büyük şirket, Metaverse'e uyumlu kendi öte evren projesini hayata geçirmeye başladı. Bu çalışmalar göz önüne alındığında Metaverse'ün şu sıralarda dünyanın en büyük şantiyesi olduğunu söylemek abartılı olmaz. Ancak Metaverse'ü 3D veya yapay genel zekâyla karıştırmamak gerekiyor. Çünkü öte evrenin üç temel ayağı var. Bunlar; XR denilen burkulmuş ve genişletilmiş gerçeklik, 5G ve yakında 6G ile çok hızlı internet bağlantısı ve bağımsız işletme modeli olan blok zinciri teknolojisi. Bu oluşum bir anlamda fiziki uzayın soyutlanmış hâli... Bir başka ifadeyle, 3D oyunlarından *Fortnite* veya *Second Life*'ın daha gerçekçi olarak hayata geçmesinden bahsediyorum.

Alexa'nın ev hayatının, Zoom'un iş hayatının bir parçası olması gibi, Öte Evren uygulamalarının çok yakın gelecekte gündelik hayatın bir parçası olacağı muhakkak... Sonraki aşamada ise "Öte Evren"e dâhil olanlara gerçek zamanlı yaşantı sunulacak. İçerik ise katılanlar tarafından oluşturulacak. Metaverse son aşamada sanal gerçekliğin sunduğu karma gerçekliğin içinde yer almayı mümkün kılacak. Ancak tüm bunlar büyük bir kaos riskini de beraberinde getirecek. Çünkü dünya nüfusu artıyor. Yapay genel zekâyla ortaya çıkacak işsizlik toplumsal kargaşayı tetikleyecek. Bu durum yetersiz teknoloji ve düşük verimliliğe sahip toplumları ve ülkeleri alt liglere itmeye başlayacak. Üstelik yakın gelecekte bu kopuş hem daha hızlı hem de daha ağır sonuçlarla kendisini gösterecek. Yapay genel zekâ hem işçi sınıfının hem de beyaz yakalıların oluşturduğu orta sınıfın erimesi sorununu tetikleyecek. Üstelik sadece ülkemiz açısından değil, Türkiye ile sınırlı olmayan, global ölçekli krizlere neden olacak tablolar görebiliriz. "Öte Evren"in yaygınlaşmasıyla halk sağlığı krizinin yaşanmasını düşünmek bile abartı olmayacaktır.

Sanal gerçeklik dünyasında kendi yarattıkları "Öte Evren"de dolaşan kişiler istediği filmi izleyebilir, maçı stadyumun en iyi yerinden seyredebilir, dilediği kenti gezebilir, hatta taktığı başlığa bağlı sensörlerle dünyanın bir ucundaki bir restoranda avatarıyla boy gösterebilir. Bu sayede ünlü bir şefin hazırladığı menüleri tadabilir ve seçtiği arkadaşlarıyla bir araya gelebilir. Böyle bir yaşam tarzının insanları ne kadar mutlu edeceğini, lezzet reseptörlerinden geçmeyen sanal menülerin ne kadar haz vereceğini henüz bilmiyoruz. Ancak bir gün tat, koku, haz reseptörlerinin de devrede olduğu ikinci bir hayat, bir avatar yaşamı olacağı aşikâr... Ve şüphesiz yeni dijital devrimin içine doğanlar bunları yaşamın parçası olarak kanıksayacak, önceki kuşaklar yadırgayacak.

> Bir gün tat, koku, haz reseptörlerinin devrede olduğu ikinci bir hayat, bir avatar yaşamı olacağı aşikâr... Şüphesiz yeni dijital devrimin içine doğanlar bunları yaşamın parçası olarak kanıksayacak, önceki kuşaklar yadırgayacak.

İnsan canlılar âleminde Homo sapiens adı verilen zeki yaratık... Zekâmızın yarattığı yapay genel zekâ ve büyük dil modellerinin fiziki dünyayı değiştirmekte olduğunu söylemiştim. Bu değişimin insanlara yarar mı, yoksa zarar mı getireceği konusu şu sıralarda kuşkulu... Zeki canlılar olarak yarattığımız çözümlerin ve yaptığımız seçimlerin gezegenimiz üzerindeki etkilerini düşünürsek bu zekâyı yerinde kullandığımız düşünülemez. Çünkü yapay zekâya kötü bilgi (*information*) verdiğimiz zaman kötü çıktılar elde ediyor, dolayısıyla kötü seçimler yapıyoruz. Gereğinden fazla bilgi, gereğinden fazla yiyecek gibi. Bilgi, gerçek anlamına gelmiyor; çünkü sunulan bilginin çoğunluğu çöp veya zararlı...

Silikon Vadisi, çözümlerinin insanlar arasındaki bağı güçlendirdiğini iddia ediyor. Oysa artan sosyallik, insanların arasındaki bağları güçlendirmek yerine zayıflattı. Sosyal medya platformları insanların iyiliğine hizmet edecek mesajlar değil, ezici çoğunlukla nefret ve komplo mesajları yayıyor. Facebook, CEO'suna insanları birbirine düşman etmesi talimatını vermiyor. CEO'ya, "Katılımcı etkileşimini artır," talimatı veriliyor.

Algoritma da en çok etkileşimi nefret duygusunda ve komplo kuramlarında bulduğu için bu mesajlar yaygınlık kazanıyor.

Harari'ye göre, gelecek yıllarda yapacağımız seçimler yapay zekâyı yıkmak için mi, yoksa insanlık tarihinde yeni bir evrim dönemini başlatmak için mi kullanacağımızı belirleyecek. Çünkü insanlar bugüne kadar düşüncelerini hayata geçiren teknolojiler yarattılar. Ancak bugün düşünen teknolojiler konusunda ne yapacağını düşünmek zorundalar. Google'ın on altı yıl boyunca CEO'luğunu yapan Eric Schmidt'e göre, "Neyin gelmekte olduğundan haberiniz yok."

Peki, beşinci dönem olarak tanımladığınız bu yeni dünya düzeninde ekonomik dönüşüm nasıl yaşanacak?

Metaverse, aracı olarak blok zincire bağlı olduğu için, "token" adı verilen paralar veya NFT[36] denilen mal varlıkları kullanılıyor. NFT satışlarında yaşanan patlama söz konusu. Bunun kanıtı ise 2021 yılının üçüncü çeyreğinde on milyar dolarlık işlem hacmine ulaşması... Hiç şüphesiz bu evrendeki değişim aracı sadece tek bir blok zinciri projesinin çıkardığı çiplerle sınırlı kalmayacak. Bu evrende yer alan kurumlar kendi sanal varlıkları için bir değişim platformu oluşturacak; bir evrenden diğerine geçerken, bir ülkeden diğerine giderken yapıldığı gibi, geçerli kur üzerinden bu varlıkları değiştirmek ve gidilen evrendeki harcamaları karşılamak mümkün olacak. Dijital dünyada gezinenler Twitch yayıncısı Amouranth'ın NFT'sinin 125 bin dolara satıldığını, Miami Beach'te ilk etkileşimli NFT sergisi açıldığını, hatta Türkiye'de Yapı Kredi Bankası'nın ilk tanıtımından günümüze kadar gelen on dokuz Vadaa karakterinden

36 NFT (*Non-Fungible Token*), Türkçe karşılığı Nitelikli Fikrî Tapu'dur. Dijital işlerin internet üzerinden alım-satımının gerçekleştirilmesini sağlayan teknolojidir. Diğer kripto para türlerinden farklı olarak klasik tanımların haricinde değerli bir varlığı temsil eder.

oluşan bir koleksiyon hazırlayarak öncüler arasında yer aldığını görebilir. Bir başka ilginç örnek, Christie's müzayede evinin *Everyday* adlı NFT eserini 69 milyon dolara satarak bu âlemin dışında olanlar için anlaşılması imkânsız bir rekora imza atması... Yeni dijital devrimle paralel olarak yeni bir ekonomi de doğuyor. Bu gelişmeleri bazen anlaşılması zor, hatta çılgınca buluyorum. Ancak kendisini Metaverse'ün vatandaşları sayan, bu mecrayı sahiplenenler de mücevher veya markalı ürünlere yapılan ödemeleri aynı ölçüde anlaşılmaz buluyor. Her ne kadar NFT piyasasında ilk heves ve hızın ardından beklenen gelişme gerçekleşmemiş olsa da yakın gelecekte bir başka yeniliğin daha büyük bir patlamayı gerçekleştirmesi mümkündür.

Kripto ve NFT denilen sanal varlıklar yeni bir ekonomik düzeni hayatımıza sokmuş durumda. Bugün yasal olarak kabul edilmese veya toplumda tam anlamıyla yer bulamasa da, arada gerilemeler olsa da değişim kendine alan buluyor ve bu, sosyal dönüşümden daha hızlı... Sonuç olarak yüksek bedelle satın alınan hizmetlerin tümü statü sembolüdür. İnsanlar servetlerini ve zevklerini ait olmak istedikleri gruba bu yolla gösterir. Bana göre Metaverse'de ticari dünya gittikçe daha da renklenecek. Şirketler kendi ürünlerini pazarlamak, kullanıcıları kendi dünyalarına çekmek ve orada tutmak için etik sınırları en üst düzeyde zorlayacaktır. Ancak kamu otoritesinin sansürcü olmayan bir yaklaşımla bu ortamı düzenlemek sorumluluğu olduğu unutulmamalı. Aksi takdirde psikolojinin karanlık tarafını kullanacak olanlar insanları kolayca istismar edecek, bunun adına da özgürlük denilecektir.

Yüksek bedelle satın alınan hizmetlerin tümü statü sembolüdür. İnsanlar servetlerini ve zevklerini ait olmak istedikleri gruba bu yolla gösterir. Bana göre Metaverse'de ticari dünya gittikçe daha da renklenecek.

Peki, bilgiyle ilişkimiz değişecek mi?

Ben bilgiyle ilişkimiz açısından çeşitli dönemlerden geçtiğimizi düşünüyorum. İlki; Homeros dönemi, 1450'lerde Johannes Gutenberg'in matbaayı icat edişine kadarki dönem. Bu sayede sözlü dönemden yazılı döneme geçtik. 1990'lardan itibaren de Bill Gates dönemine, dijital döneme geçtik. Tipografik dönemden kitap dönemine, kitap döneminden ekran dönemine, diğer bir deyişle yazı döneminden yazılım dönemine bir geçiş oldu. Ve bizler bu dönüşümün içinde yaşıyoruz.

Öyle ki yakın gelecekte gözümüze takacağımız lenslerle Bulut'taki bilgiyi indirmeniz mümkün olacak. Böyle bir dünyada eğitimin neye dönüşeceğini düşünebiliyor musunuz? Böyle bir dünyada bir şeyler okumak ve araştırmak ancak o bilginin ne işe yarayacağını, nasıl kullanacağınızı öğretmek için geçerli olacak. Enformasyonu bilgiye çevirmek ve kullanılabilir hâle dönüştürmek önem kazanacak. Bilgi her yerde ulaşılabilir olacak. Nitekim ChatGPT eğitimi dönüştürmeye başladı. Üniversite ve okul yönetimleri başlangıçta bu sistemin yazdıklarını tarayan yazılımlarla, öğrencilerin kendilerine ait olmayan ödevleri ayırmaya çalıştılar. Ancak bu yaklaşımın sonuç vermeyeceği kısa sürede anlaşıldı. Şimdi ChatGPT'nin eğitimin içine etkin şekilde nasıl entegre edileceği üzerine çalışılıyor.

Buradaki sorun şu; biz bilginin değerli olduğu bir toplumda yetiştik. Bilmek önemlidir. Bilgi tek başına problem çözmez. Bilgi problem çözecek olsa, ancak daha önce de konuştuğumuz üzere dünyada bir tane sigara içen insan bulamazdınız. Sigarayı bırakan insanlara bakın. Sağlığı için bıraktığını söyleyenlerin sayısı yüzde 10'u geçmez; yüzde 90'ı çocuğu için, eşi için veya torunları için bırakır. Yani bilgiyi bir duyguyla eşleştirmediğiniz zaman bilgi bir işe yaramaz. Dolayısıyla insanların duygu dünyasına hâlâ ihtiyaç var. Bugün tek başına bilgi ve verinin değerini kaybettiği bir dönemde yaşıyoruz. Ancak algoritmalardan, robotlardan, cihazlardan, makinelerden akan bunca verinin anlamlı bir bütüne dönüştürülmesi gerekiyor ki buna da *black skill*, "kara beceri" deniyor.

Biz yazılım dünyasında yaşıyoruz ama beynimiz iki yüz bin yıllık... Hâlâ birinci versiyon... Zaten düşünürken pek çok hata yapabiliyoruz. Algoritmalar bu hataları azaltıyor ve doğruya daha yakın karar vermenizi sağlıyor. Buna ikinci basamak diyelim. Ancak üçüncü basamak da yakın... Bu da kendi kendine öğrenen ve kendini geliştiren yapay genel zekâlar... İşte bütün bunlar bizi farklı bir dünyaya hazırlıyor.

Distopik bir dünya, distopik bir hayat olacağı kesin... Ancak yirmi yıl sonra yaşanacaklar ile elli yıl sonrakiler arasında ciddi farklar olacağını öngörmemiz lazım. İnsanların başka bir dünyaya hazırlanmaları gerekir. Buna şu anda Türkiye de hazır değil, dünya da hazır değil.

Elbette bugünden elli yıl sonra tam olarak ne olacağını öngöremiyoruz. Yirmi yıl sonra hangi mesleklerin olacağını şu an kimse bilmiyor. Kimsenin elinde bahsi geçen büyük dönüşüm ve yeni yaşama dair yeterli veri henüz yok. Ancak bütün mesleklerin dönüşeceğini biliyoruz. Bahsedilen teori ve köklü değişimleri bugünden öngörmek zor olsa da yakın gelecekte, on yıllık süreçte az önce bahsettiğim gibi bazı mesleklerde yapay genel zekâ daha aktif kullanılacak. Bu yıl okula başlayan çocukların yüzde 65'i mezun olduklarında bugün var olmayan meslekleri icra edecekler. Bazı görüşler ise yakın gelecekte ne din, ne sınırlar, ne bayraklar, ne ülkelerin kalacağı yönünde. Muhakkak ki önümüzdeki elli yıl içinde gezegenler arasında

Yirmi yıl sonra hangi mesleklerin olacağını şu an kimse bilmiyor. Ancak şurası kesin; bu yıl okula başlayan çocukların yüzde 65'i mezun olduklarında bugün var olmayan meslekleri icra edecekler.

yolculuk yapılması mümkün görünmüyor. Ama bana kalırsa, ileride, filmlerde gördüğümüz distopik hayatların yaşanma ihtimali çok yüksek... Yeni dünyanın nasıl olacağı, algoritmaların nasıl kodlanacağına ve teknolojik gelişimin boyutuna bağlı...

Unutmayalım; okuma yazma bilmeyen insanlar, okuma yazmanın yaygınlaşmasını istemiyordu. Geçmişte at arabasına alışanlar da otomobillerden rahatsız oluyordu. Alışkanlıklardan vazgeçmek zordur.

Az önce beşinci büyük devrim ile orta sınıfın erimesi riskinden söz ettiniz. Orta sınıfın erimesiyle ne gibi sıkıntılar ortaya çıkabilir?

Orta sınıfın erimesi, orta sınıf çocuklarının da düşük eğitim görmesi demektir. Böyle bir toplumda demokrasi gerçek anlamda yaşayamaz. Eşitlik, hukuk, liyakat eğitimli toplumların ve orta sınıfın ihtiyaçlarıdır. Orta sınıfın eridiği toplumlarda eğitimin kalite ve seviyesinden söz edemeyiz. Düşük eğitim düzeyinde diplomalıların sayısı artsa da nitelik zayıflar. Sadece yoksul ve bir avuç zenginden ibaret toplumlarda demokrasiye, özgürlüklere, basın özgürlüğüne, bilime dayanan bir eğitime ihtiyaç olmaz. Böyle toplumlarda binalar kaçak yapılır, ihaleler ilişkiyle alınır, iltimaslı çocuklar kilit pozisyonlara yerleştirilir.

Tesla ve SpaceX'in kurucusu Elon Musk ve Apple kurucusu Steve Wozniak gibi alanın önde gelen isimlerini içeren bir grup, "Güçlü yapay genel zekâ sistemleri ancak etkilerinin olumlu ve risklerinin yönetilebilir olacağından emin olduğumuzda geliştirilmelidir," diyor. Ayrıca geleceğe dair, sizin de az önce belirttiğiniz türde, "Bir gün gelecek; sınırlar, para birimleri ortadan kalkacak," görüşleri ileri sürülmekte. Bizi bekleyen değişim hakkında olumlu, olumsuz ve ihtiyatlı okumalar

bunlar... Ancak bu değişimin zihinsel ve ruhsal boyutu pek konuşulmuyor. Sizce beşinci devrim bize mutluluk, huzur getirecek mi?

Bugüne kadar olan gelişim organik diye adlandırabileceğimiz bir nitelik taşıyordu. Biraz önce saydığım dört büyük değişimden üçü, matbaanın icadı, Endüstri Devrimi, atomun parçalanması kuşakları içine alan bir değişimdi. Oysa bugün bir hayat süresi içinde çok sayıda değişim yaşanıyor. Bir klişe var, "Değişim çok önemli, değişime ayak uyduramayan yok olur; güçlü olan değil, değişime uyum sağlayan hayatta kalır. Bakın işte dinozorlar yok oldu ancak hamam böcekleri yaşadı..." Buna çoğunlukla bir başka metafor eşlik eder; "Bir kurbağayı kaynayan suya atarsanız ölür ancak suyu yavaş ısıtırsanız yaşar." Bu doğru olmayan bir benzetmedir, çünkü suyun yavaş ısınması veya ısıtılması bir şeyi değiştirmez; su 50 dereceye vardığında hücreler dağılır ve canlı ölür. Bir psikolog olarak şunu söyleyebilirim; insanın hayatta uyum sağlayamayacağı hiçbir koşul yoktur. İnsan nefes alıyor ve nabzı atıyorsa her şeye uyum sağlar. Mesele uyum sağlamak değil, ait hissetmektir. Bu değişimlerin içine doğmamış olanlar buna ait hissetmekte zorlanıyor. Ayak uydurmaya çalışanların bir bölümü de yeni yolda eski ayakkabılarla yürüyor. Bir başka ifadeyle, ayak uydurmuş gibi yapıp bildiklerini okumaya devam ediyor.

İnsan nefes alıyor ve nabzı atıyorsa her şeye uyum sağlar. Mesele uyum sağlamak değil, ait hissetmektir. Bu değişimlerin içine doğmamış olanlar buna ait hissetmekte zorlanıyor. Ayak uydurmaya çalışanların bir bölümü de yeni yolda eski ayakkabılarla yürüyor. Bir başka ifadeyle, ayak uydurmuş gibi yapıp bildiklerini okumaya devam ediyor.

Diğer taraftan gelecekle ilgili bazı ipuçları var. Bir kere

ortalama hayat uzayacak. İnsanlar çok daha sağlıklı yaşayacaklar. Kök hücre ve genetik müdahaleler sebebiyle yaşam süresi ve kalitesi katlanacak. Bugünkü biyolojik ömrümüz seksen yıl dolayında ancak yakın gelecekte kök hücre teknolojisiyle doksan-yüz yaşlarına kadar çok sağlıklı bir yaşam sürmek mümkün olacak. Kök hücre teknolojisiyle insanların benzerlerini çoğaltmak da mümkün olacak. Diğer taraftan, örneğin yaşlanan nüfus içinde yaşlı bakımı önemli bir alan olacak. Yaşlanan nüfus ve onların artan ihtiyaçları, uzayan hayat süresi yaşlı bakımını çok önemli bir iş kolu hâline getirecek diye düşünüyorum.

Tıp ve farmakoloji alanlarında sağlanan büyük gelişmelere rağmen bugün hâlâ birçok noktada doktorların sezgisine güvenmek zorunda olduğumuzu biliyoruz. Bu da birçok kişiye iyi gelen bir ilacın sizi öldürebileceği anlamına geliyor ve ilaç kutusundan çıkan yönergede belirtildiği için bunu kabulleniyoruz. Şimdi yapay zekâ, moleküler biyosimülasyonla insan bedeninin belirli bir moleküle ne tepki vereceğini önceden belirlemeye hazırlanıyor. Böylece uygun molekülü bulmak için milyarlarca seçeneği saniyeler içinde elemek mümkün olacak.

2022 yılına kadar 190 bin protein şekli belirlenmişti. Geçen yıl DeepMind Alphafold 2.200 milyondan fazla protein keşfetti ve bunlar yeni tedaviler geliştirmeleri için araştırmacılara ücretsiz sunuldu. Bundan sonraki gelişmeler protein kompleksleri, organeller, hücreler, dokular, organlar ve tüm vücudu hedefleyecek. Bu gelişmelerin sonunda günümüzün klinik deneylerine pahalı ve yavaş olmaları nedeniyle "çağ öncesi" gözüyle bakılacak. Çünkü genetik, yaşam tarzı, kişinin sahip olduğu diğer hastalıklar, ilaç etkileşimleri ve hastalık varyasyonları gibi tüm faktörleri içine alan bir benzerliği örneklemek ve üzerinde çalışmak mümkün değildir.

Bugünkü bilimsel gelişmeler bir ABD ve Birleşik Krallık vatandaşına her yıl fazladan yedi-sekiz hafta yaşam fırsatı sunuyor. Yapay genel zekâ hücresel biyolojinin sırlarını tam olarak çözdüğünde ve beklenen yaşam süresi yıllık artışla on iki aya ulaştığı zaman "uzun ömür kaçış hızına ulaşmak" mümkün olacak. Bu imkânlara ulaşma potansiyeline sahip insanların, bu imkânlardan yararlanmaları için 2029-2035 yılına kadar beklemeleri ve bu arada sağlıklı yaşam tarzını sürdürmeleri gerekiyor. Bu noktaya varılınca yaşlanma yıllık ölüm riskini artıran bir neden olmayacak. Ray Kurzweil'a göre, "insanlığı başından beri sınırlayan kıtlık ve kırılganlıkla sınırlanmayan daha uzun ve sağlıklı hayat mümkün olacak." Hiç şüphesiz başlangıçta pahalı olacak bu uygulamalar, bütün teknolojik buluşlar gibi hızla ucuzlayarak geniş kitleler için erişilebilir olacak.

Ayrıca yakın gelecekte savaşın insanlar arasında değil, robotlar arasında olacağını öngörebiliriz. İkinci Dünya Savaşı'nda şaşırılan, hayranlık duyulan, varlığı kutsanan olgularından biri kamikazelerdi. Günümüzün kamikazeleri insansız hava ve deniz araçları ile robotlar... En önemli mesele robotları, yapay genel zekânın nasıl programlayacağı... Şayet Cenevre Konvansiyonu'na[37] göre sınırlar çizilirse kadınların, çocukların, yaralı ve yaşlıların öldürülmediği savaşlar yaşanır. Ancak Sırpların Bosna Hersek'te uyguladıkları anlayışa göre programlanma olursa farklı etnik kimlikteki herkesi, her yaştan ve cinsiyetten insanı öldüren robotlar ortaya çıkacaktır.

Dolayısıyla bütün bu olasılıkları insanların tercihleri belirleyecek. Sonunda tercihlerimiz bizi de içine alan sonuçlar doğuracak. Bugün nükleer silahlar tek bir ülkenin elinde olsaydı ne kadar güvensiz bir dünyada yaşayacağımızı düşünmenizi isterim. Dehşet dengesi savaşların belli bir boyutu aşmamasına yol açıyorsa aynı şekilde yapay genel zekâ konusunda getirilecek kontrol ve denge düzeni de insanlığın lehine olacaktır.

37 Hukukta insan hakları üzerine yapılmış önemli sözleşmelerden biri olan Cenevre Konvansiyonları, savaş zamanında sivillerin ve yaralıların korunmasına ilişkin hükümler içerir.

İnsanlar yetmiş-seksen yıl önce yaptıkları savaşlara bugün çok daha farklı gözle bakıyor. Örneğin birbirini yok etmeye kararlı Amerika ile Japonya; Almanya ile Fransa bugün dünyada ekonomik ve teknolojik olarak sözü geçen, ortak değerlere sahip dost ülkeler... Biliş düzeyi yüksek, gelişmiş toplumlar, geçmişi geride bırakıp daha önce neden savaştıklarını sorguluyor ve benzeri durumların yaşanmamasını sağlayacak örgütler kuruyor. Yetmiş-seksen yıl önce 100 metre yer için birbirini boğazlayan toplumlar, günümüzde bu kavgaların ne kadar anlamsız olduğunu biliyor. Geçenlerde bir haber okudum. Doksan sekiz yaşında bir Fransız, İkinci Dünya Savaşı'nda öldürülen kırk beş Nazi'nin toplu mezarının yerini göstererek bu kişilerin kemiklerinin Almanya'ya iade edilmesi gerektiğini söylüyordu. Savaş sırasında direnişçi olan Fransız, "Biz onları pusuya düşürüp öldürdük; artık cesetleri ülkelerine, ailelerine gönderilmeli," diyordu. Kemiklerin iade edileceği Nazilerin torunları onca yıl sonra ne hissedecek bilmiyoruz. Ancak dedelerinin dünyayı kana bulayan fikirlerine sahip çıkacaklarını ve bunlara neden olanları iyi duygularla anacaklarını hiç sanmıyorum.

Şimdi bir de sorduğunuz üzere duygu dünyamız açısından bakalım. Ama bunun için öncelikle buraya nasıl geldiğimizi de düşünelim. İnternetin başlangıçta sınırlı ölçüde sunduğu imkânların zamanla genişlemesi ve gündelik hayatın vazgeçilmez bir parçası olması insan ilişkilerinde ve sosyal hayatta birçok şeyi değiştirdi. Örneğin gerçek arkadaşlık, sanal platformlarda sanal arkadaşlıklara dönüştü. Bunun sonunda hastalandığında hatırını sorup ilacını verecek bir arkadaşı olmayan ancak sanal dünyada yüzlerce arkadaşa sahip yalnız insanlar grubu oluştu. Ancak insanların sosyal medyadaki arkadaşlıkları, arkadaş çevreleriyle kurdukları gerçek ilişkinin yaşattığı duyguyu vermiyor. E-spor, meraklı gençlerin aralarında oynadığı bir oyun olmaktan çıktı; büyük spor arenalarında on binlerce izleyici önünde oynanmaya başladı ve Olimpiyat Oyunları'nda yer alacak bir etkinliğe dönüştü. Başka şekilde karşılaşması mümkün olmayan çok sayıda insan, sanal ortamlarda başlayan ilişkilerini evliliğe veya hayat arkadaşlığına dönüştürdü.

Siyaset dünyasında da ilginç değişimler yaşandı, yaşanıyor. Sosyal medya bugünkü hâliyle kişisel mahremiyeti ölçüsüzce ihlal etmekle, sadece kullanıcılara belirli ticari ürünleri pazarlamakla kalmayıp aynı zamanda siyasetçileri pazarladığı gibi, seçimlerin sonuçlarını da değiştirebiliyor. ABD'de 2016 seçimlerinin sadece yüz bin oy farkla, benzer şekilde Brexit'in de hacker'ların katkısıyla belirlendiği düşünülürse demokrasiyi bekleyen tehlikenin büyüklüğü anlaşılabilir. Politikacılar artık bu gücü sınırlayacak etkiye sahip değil.

Toparlayacak olursak, yaşamı inanılmaz bir süratle değiştiren bu yeniliklerden psikolojik olarak etkilenmek kaçınılmaz olacaktır. Çünkü aşırı teknoloji kullanımının akıl ve ruh sağlığını nasıl etkileyeceği konusunda ipuçları veren çok sayıda araştırma var. Swansea Üniversitesi Psikoloji Profesörü Phil Reed'in *Psychology Today*'deki derlemesi bu konuda yaşanacaklar konusunda önemli fikirler veriyor. Sanal etkileşim içine girmenin en çarpıcı sonuçları olarak, şizoid eğilimli insanların yaşadığı algısal bir bozukluk olan halüsinasyonlar ve bilişsel bir bozukluk olan hezeyanlar, yani akıl dışı olana inanma öne çıkıyor. Aşırı kullanım, klinik bir sınırda olmayan "kafaya takma" sorunları olan kişileri kolayca hezeyana yöneltebiliyor. Bu açıdan Öte Evren psikotikler ve psikotik sorun potansiyeli olan kişiler için büyük bir tehdit... Şizoid eğilimi olan kişiler çabuk öfkelenir, otoriteyle çatışır, otoritenin koyduğu kurallardan şikâyet eder, bilerek insanları sinirlendirir, kin tutar ve kendi davranışının yol açtığı sonuçlardan başkalarını suçlar.

Doğacak olumsuz sonuçlar bunlarla sınırlı değil. Daha önce de belirtmiştim; Güney Koreli çocuklar üzerinde yapılan araştırmada, dijital teknolojinin aşırı kullanımının somatik semptomlarda yüzde 6, depresyon semptomlarında yüzde 4, paranoid fikirlerde ve ciddi akıl sağlığı sorunlarında ise binde 5 artışa neden olduğunu gösteriyor. Yakın dönemde sanal gerçeklik evrenini günlük yaklaşık 1.9 milyar kişinin kullanacağını düşünürsek, Metaverse'ün, sosyal medyanın ve sanal ilişkilerin toplumdaki psikotik nüfus üzerinde yıkıcı etkisi olacağını söylemek abartı olmaz.

Alışılmamış deneyimler, dürtüsel itaatsizlik ve mantıklı düşünememe ile dijital teknolojilerin aşırı kullanımı arasında sıkı bir bağ olduğuna ilişkin araştırmalar da mevcut... Problemli internet kullanımı olan yirmi-otuz yaşlarındaki yüz kişi incelendiğinde bu kişilerde depresyon, kaygı ve güçlü şizoid eğilimler saptanmış. Ayrıca problemli internet kullanımıyla depresyon ve kaygı arasında sıkı bir ilişki olduğu öteden beri biliniyor. Aşırı sosyal medya kullanımıyla şizoid semptomlar ve şizofreniye paralel diğer psikozlar arasında güçlü bir ilişki olduğu tartışma götürmeyecek kadar açık... Birçok araştırmada sosyal medyayı uzun süre kullananlarda stres, kaygı ve depresyon görüldüğü ve bunun uzun dönemli iyilik hâlini olumsuz etkilediği bildiriliyor. Ayrıca sosyal medya kullanımı ile düşük akademik performans arasındaki ilişki çok sayıda araştırmayla doğrulanmış durumda.

> Sosyal medya kullanımının olumsuz sonuçlarından biri özsaygıda azalmaya neden olması. Her ne kadar kişinin kendi profilini güncellemesi özsaygısını artırıyor gibi görünse de çevrimiçi temsilinin gerçekle uyuşmaması kişinin kendi gözündeki değerini düşürüyor.

Sosyal medya kullanımının olumsuz sonuçlarından biri de özsaygıda azalmaya neden olması. Her ne kadar kişinin kendi profilini gözden geçirmesi ve güncellemesi özsaygısını artırıyor gibi görünse de çevrimiçi temsilinin gerçekle uyuşmaması kişinin kendi gözündeki değerini düşürüyor. İnsanların profillerine koydukları mutlu anların bir taraftan gerçeği temsil etmemesi, diğer taraftan da başkalarının yaşadığı mutlu anlarla ilgili kıskançlığa ve mutsuzluğa neden olması özsaygıyı düşürüyor; bu da akademik performansı ve ruh sağlığını olumsuz etkiliyor.

Peki, yapay genel zekânın tümden egemen olduğu bir dünyada dinler, inançlar hayatımızda nasıl konumlanacak? Yakın gelecekte tüm inançlar ve değerler değişir mi?

Teknolojinin gelişmesiyle dinlerin tahtının sarsılmasına ilişkin teoriler yeni değil. Daha önce Nietzsche'den örnek vermiştim. Nietzsche, on dokuzuncu yüzyıl sonlarında, "Teknolojinin gelişmesi karşısında artık dinlerin işlevi kalmamıştır; insanların dinlerin arkasından gitmesi söz konusu olmayacak. Çünkü Tanrı öldü," demişti. Ancak süreç, Nietzsche'nin dediği gibi yaşanmadı. Kaldı ki o da dinlerin ortadan kalkması durumunda ortaya çıkacak değerler boşluğunun yerini neyin dolduracağının sorun olacağını ifade etmişti. Ancak bugün dinlere olan bağlılık Nietzsche'nin döneminden bile fazla... Teknolojik ilerlemeler ne denli gelişirse gelişsin; insanların çok temel bir inanç ihtiyacı var. Aynı zamanda ölümden sonra sonsuz bir hayat arzusu ve hiçlik anksiyetesi ile baş etme ihtiyacı dinin bütün dünyada etkisini artırmasına neden oluyor.

Ancak bir yandan da her inanç sisteminde birtakım belirsizlikler söz konusu. Dinî inanca göre bütün evreni, dahası bize daha ışığı gelmemiş yıldızları bile yöneten bir güç var. Ancak bu güç, kadınların eteğinin boyunun ne kadar olacağı, ne giyeceği, sosyal hayatta ilişkilerin nasıl yürüyeceği, insanların neleri yiyeceği ile ilgili kurallar koyuyor. Hâl böyle olunca zaman zaman kavramlar ve dinsel anlatılar yüzeysel kalıyor. Bu açıdan bakarsak zaman içinde dinlerin etkisini korumak için çağa uygun yorumlar yapmaya ihtiyaç olduğunu düşünüyorum.

Bu noktada inançla bilimin bazı noktalarda çeliştiğinin de altını çizmek isterim. Daha önce de söylemiştim. Şayet kuvvetle inanıyorsanız bilmenize gerek kalmaz. Ancak bilim veya teknoloji ne kadar ilerlerse ilerlesin, hatta siz bunu ne kadar sorgularsanız sorgulayın, korkularımız ve cevabını bulamadığımız sorularımız, sorunlarımız var. Bu yüzden insan canlısı onlarca, yüzlerce asırdır kendini aşan bir varlığa inanma ihtiyacı hissediyor. "Sallanan uçakta ateist kalmaz," diye bir söz vardır. İnsanların büyük çoğunluğu, çaresiz kaldığında veya çok zorlandıklarında sığınma ihtiyacı hisseder. Ancak bütün ibadet mekânlarının tepesinde de paratoner vardır. Bu nedenle inanç ile bilimi çatıştırmak değil, uzlaştırmanın yollarını bulmak gerekiyor; çünkü insanı aşan bir yüce güce sığınma hâlinin ortadan kalkması yakın gelecekte mümkün görünmüyor.

Diyelim ki robotlar ve yapay genel zekâ bir süre sonra kontrolden çıktı ve tamamen kendi düşüncesini üreten yeni bir türe dönüştü. Böyle bir dünya olasılığına karşı torunlarınızın geleceğinden endişe eder miydiniz?

Kontrol edemediğim gelişmeler için endişelenmem neyi değiştirecek ki? Ölümden korkmuyorum ama geleceği müthiş merak ediyorum. Mümkün olsa geleceğe ışınlanmayı, gelecekte neler olup bittiğini görmeyi isterdim ancak muhtemelen anlayamazdım. Bugün bütün öngörülerimiz sadece ve sadece problemleri yaratan zihnimizin ürünü. Zihnimizin çizdiği sınırların ötesini göremiyoruz. Pandemiden önce Londra'da fütüristik bir sergiye gitmiştim. Sergi 1870'ten başlayarak insanların geleceği nasıl hayal ettiklerini gözler önüne seriyordu.

Geçmişte insanlar hiç değişmez şekilde uçan otomobilleri hayal etmişler. 1920'den sonraki hayallerin neredeyse tamamında uçan arabalar var. Aradan yüz yıl geçmesine karşın uçan araba hâlen deneme aşamasında. Daha yakın sayılacak 2010 yılında bile ChatGPT'yi, Metaverse'ü, blok zincir teknolojisini düşünebilir miydik? Bugün de fütüristik hayallerin başında gezegenler arası yolculuklar var. Hayal etmek serbest ancak ben bunun gerçekleşeceğine inanmıyorum. İnananlara ışık yılı mesafesi konusunu biraz incelemelerini öneririm.

Metaverse, ChatGPT ve bugünkü yapay genel zekâ teknolojilerinin aslında başlangıç aşaması olduğuna, önümüzdeki yıllarda insanlara mikro çipler yerleştirilerek avatarları ile ikinci bir boyutta yaşam süreceklerine dair birçok fikir öne sürülüyor. Stephen Hawking, "Yapay zekânın geliştirilmesi insan ırkının sonunu getirebilir," demişti. Az önce siz de tat ve koku reseptörlerinden yola çıkarak örnekler vermiştiniz; beynimize takılacak çiplerle dokunmayı, tat almayı, kokuları, hatta cinselliği bile bire bir deneyimleyeceğimiz söyleniyor. Böyle bir yaşam, insanlığın sonu anlamına gelmez mi?

Bu olasılıklar dillendiriliyor ancak hissetmekle, yaşamak ayrı durumlar... Ben yüzdüğüm zaman sadece zevk almıyorum, kaslarımı da güçlendiriyorum. Diyelim ki avatarım deniz kenarında bir tatil beldesinde. Ben de oturduğum yerden sanki oradaymışım ve gerçeği yaşıyormuşum gibi hissediyorum. Rüyadaymış gibi bir gerçeklik söz konusu. Peki ama o duyguyu yaşadığım zaman aynı zamanda kaslarım da güçlenecek mi? Tabii ki hayır! Bütün istediklerimizi oturduğumuz yerden yapmak, bunu gerçek gibi hissetmek bir süre sonra ne kadar tatmin eder emin değilim. Bu durumda kim ne üretecek ve hayat nasıl devam edecek?

Unutmayın; varlık ve zenginlik üretimden doğar. Bir grup insan servetine servet katabilir ancak toplumda üretenlerin olması gerekir. Sonuçta yiyeceğiz, bineceğiz, giyeceğiz, kullanacağız. Avatarların olduğu ikinci bir yaşamda sürekli ve sadece hedonistik tarafımızı doyurmak bizi mutlak mutluluğa taşıyamaz. Bu saydıklarınızın dışında bir dünya mutlaka var olacak ve yine mutlaka organik sosyal ilişkilere, sosyal iletişime ihtiyaç duyacağız.

Bir de istediklerimizi çaba harcamadan, avatarlar üzerinden gerçekleştirmek bir süre sonra çok sıkıcı bir dünya yaratacaktır. Bir şeyi değerli kılan onun için verdiğimiz mücadele, anlamlı kılan ise o işin sonlu olmasıdır. Sonlu olmayanlar, mücadele etmeden elde ettiklerimiz değersizdir. Bu konuda yapılan ilginç araştırmalar var. Bir kumarhanede bir makineden hep ödül kazanıyorsanız bir süre sonra o makinede oynamak istemiyorsunuz, çünkü makine artık size heyecan vermiyor. İnsan kaybetme ihtimalinin olduğu, heyecanın olduğu etkileşimler içinde olmayı tercih ediyor.

Bugün vardığımız noktada teknoloji, insanlıktan insanın gücünü aldı. Yapay zekâyı tarif ediyoruz ancak henüz psikolojik ve sosyolojik sonuçlarını bilmiyoruz. Yapay genel zekâ henüz insan sezgisine ulaşmış değil. Bu nedenle bugün yaptığımız her iş teknoloji ve psikoloji ile kesişiyor.

Şimdiye kadar bütün buluşlar, yarattığımız dünya ve hayat tarzı insan zihninin ürünüydü. Müzik, spor, sanat aracılığı ile insanlar bir kültür oluşturdu. İnsanlık tarihindeki tüm gelişmeler birbirinin içine geçmiş olarak yaşanır nitelikteydi ve insanlar içine doğdukları dünyada yaşarlardı. Tek istisnası motorlu araçlar olmuştu. Aynı hayat süresi içinde insanlar attan inip otomobile bindiler. Ancak bugün içine doğduğumuzdan çok farklı bir dünyada yaşıyoruz ve alıştığımız organik gelişmelerin dışında çok hızlı değişen bir hayatın içinde sürükleniyoruz. Yapay genel zekâ kendi kendine öğreniyor ve icat çıkarıyor, üstelik şimdi geldiğimiz aşamada artık karar da veriyor. Bu tehlikeli bir durumdur. Çünkü bugüne kadar en tehlikeli buluş olan atom bombasının kontrolü bir düğmeye basmak için karar verecek insanın elindeydi, oysa şimdi durum değişti ve yapay genel zekâ artık kendi karar verme aşamasına geçti.

Güç kimin elinde olursa olsun denetlenmediği zaman tehlikeli olur. Yapay genel zekâ çok yakın bir gelecekte kontrolsüz güç olarak karşımıza çıkmak üzere. Bu konuda düzenleme yapması gerekenler arasında fikir birliği yok ve bu çok tehlikeli bir durum... Harari'ye göre bilim "Biliyorum," demek değil, sorgulamak ve reddetmek üzerine kuruludur. Ancak yapay zekânın ortaya koyduklarını sorgulamak insanı aşacak ve mutlak doğrular olarak kabul edilecek.

Yapay genel zekâ karşımıza; "hâkimi mutlak, kadiri mutlak, ölümsüz ve gözle görülmeyen ancak yaptıkları hissedilen" bir varlık olarak çıkıyor. Bu varlığı insanlığın refahı için kullanmak dünyadaki birçok sorunu çözebilir. Bunun için, COVID-19 pandemisinde olduğu gibi, uluslararası işbirliğine ihtiyaç vardır. Ancak bugün bulunduğumuz noktada gördüğümüz; yapay genel zekâyı geliştirenlerin yarışta geri kalmamak için, düzenlemenin olmadığı bir ortamda, gerekli güvenlik kontrollerini yapmadan ve doğuracağı sonuçları öngöremeden, hızla çalışmaya devam ettikleridir.

Günümüz dünyasındaki problemler gücün çok fazla tek elde toplanmasından kaynaklanıyor. Dünyadaki varlığın yüzde 50'si sadece yüzde 1'lik bir kesimin elinde. Sizin sorunuzdaki sistem oluşturulsa bile karşı çıkanlar, isyan edenler olacaktır. Mutlak mutluluğun olmayacağı gerçeğini göz önüne alırsak o sistem herkes tarafından talep görmeyecektir. Kişisel olarak, refahın ve gücün yaygınlaşması değil, tam tersine asıl tekelleşmesinin doğuracağı sonuçlarla karşılaşmak beni ürkütüyor.

Ayrıca sanal ilişkilerin insanlarda yaratacağı bağımlılık ve yol açacağı mahremiyet ihlalleri nedeniyle de çok büyük sorun oluşturacağını düşünüyorum. Gerçek hayatla bağ kurmakta zorluk çekenler için bu mecra bir kaçış yeri olacaktır. Ancak bağ kurmakta zorluk çeken bu insanlar söz konusu evrenin içinde daha fazla zaman harcadığında bu davranış bir süre sonra kısır döngüye evrilecektir. Önemli olan, mecranın zaman içinde tüm toplumu içine alacak bir salgına dönüşüp dönüşmeyeceği. Toplumsal bağımlılığa ihtimal vermiyorum ancak saatlerce sanal evrende vakit geçirenlerin ekranı kapattıkları anda gerçek dünyaya uyum sağlamakta zorluk çekmesi kaçınılmaz olacak.

> Önemli olan, dijital dünyanın zaman içinde tüm toplumu içine alacak bir salgına dönüşüp dönüşmeyeceği. Toplumsal bağımlılığa ihtimal vermiyorum ancak saatlerce sanal evrende vakit geçirenlerin ekranı kapattıkları anda gerçek dünyaya uyum sağlamakta zorluk çekmesi kaçınılmaz olacak.

Şurası muhakkak ki gerçeklikten uzaklaşma, gerçeklikten zaten uzak olanlar için büyük bir risk taşıyor. Sıkıntı yaratacak bir durum da bu risk ve sıkıntılara karşı çözüm önerilerinin mevcut olmaması. Sanal ilişkiler dünyasında gerçeklik algısı bozulmuş kişilere çözüm ve yaklaşımın nasıl olması gerektiğini henüz kimse bilmiyor.

Bence yapay genel zekâ konusunda en büyük sorun, bu alandaki gelişmenin boyutuna bağlı olarak, gerçek olmayan haber ve bilgi üretilmesi olacak. Nitekim yapay genel zekâ alanındaki gelişmelerin insanları çeşitli açılardan yönlendirebileceği yakın geçmişte ortaya çıktı. NewsGuard şirketi yapay genel zekâ aracılığı ile oluşturulan gerçek dışı haberleri ortaya çıkarma misyonunu üstlenmiş bir kuruluş... Bu kuruluş, 2023 yılının, yapay genel zekânın yanlış bilgiyi süper şarj ettiği bir yıl olduğunu belirten bir rapor yayımladı. Değerli akademisyen Cem Say'ın bildirdiğine göre 2023 itibariyle dünyanın en büyük dil modeli olan GPT4, analistlerin yaptığı deneylerde, yanlış bilgi üretiminde en başarılı yapay genel zekâ unvanını almış. Belki de bu nedenle kuruluş yapay genel zekânın yanlış bilgiyi yayma ve seçim sonuçlarına müdahalesini engellemek için çalışmalar yaptığını belirtti.

Dahası 2024 Davos Dünya Ekonomik Forumu'nun her yıl yayımladığı küresel riskler raporuna bu yıl ilk kez "yanıltıcı bilgiler" girdi. Bu durum büyük ümitler bağladığımız ve insanlığın bugüne kadar bilgi üretme ve bilgiye ulaşma konusunda en büyük icadının, gerçek ve gerçek olmayan konusunda güveni sarsacağı ve kitleleri çok daha kolay yönlendirebileceğini düşündürüyor.

Fiziki görünümü sizinle aynı olan, sizin düşüncelerinizin de kopyalandığı, hatta algoritmalarla daha üstün zihinsel becerileri oluşturulan bir robotun koltuğunuza oturduğunu görseniz neler hissederdiniz?

Otuz yıl önce böyle bir robotla karşılaşsaydım farklı düşünürdüm ancak bugün karşılaşsam memnun olurum.

Burada ilginç bir örnek vermek isterim. 1970'lerde Eurovision'u kazanmış ve müzik dünyasında önemli bir itibara sahip İsveçli Abba Grubu üyeleri şimdi yetmişli yaşlarındalar. Gençler için hatırlatayım, *Mamma Mia Müzikali* bu grubun şarkılarının arka arkaya dizilerek bir araya getirilmesiyle oluşturulmuş bir senaryodur. Grup, artık avatarlarıyla Londra'daki O2 Arena'da konser veriyor. Finalde ise kendileri bugünkü görünüşleriyle sahne alıp son bir şarkıyla konserlerini sonlandırıyorlar. Abba Grubu, avatarları aracılığıyla kendilerinin doğrudan katılımı olmadan, yapıtlarını dünyaya ve genç kuşaklara mükemmel bir sahne düzeni içinde duyurmaya devam ediyor ve maddi değer yaratıyorlar. Görüldüğü üzere bizim yerimize geçebilecek avatarlarımız bugün teknolojik olarak zaten mevcut... Yetmişli yaşlardaki müzisyenlerin işini yapay genel zekâ ve algoritma yürütüyor ve bu insanlar da bundan yararlanarak hayatlarını ünlerini, itibarlarını zedelemeden sürdürüyorsa böyle avatarı kim istemez…

Acar Baltaş'a Göre
KENDİMİZİ HAZIRLAMAMIZ GEREKEN ON YENİLİK

Geleceğe baktığımızda hayatımızı önemli ölçüde etkileyecek birçok yenilikle karşılaşıyoruz. Bu gelişmelere hazırlanmak, hızla değişen dünyaya uyum sağlamanın ve gelişmenin anahtarı. Bu açıdan on yenilik:

1. *Yapay Genel Zekâ ve Makine Öğrenimi:* Sağlık, finans ve ulaşım gibi çeşitli sektörlerde YZ'nin yaygınlaşması çalışma ve yaşam şeklimizi dönüştürecek.
2. *Otonom Araçlar:* Kendi kendine sürüş yeteneğine sahip araçlar ve dronlar, günlük seyahatlerden tedarik zinciri lojistiğine kadar ulaşımı devrim niteliğinde değiştirecek.
3. *Gelişmiş Robot Teknolojisi:* Daha fazla beceri ve zekâ ile donatılan robotlar üretimde, ev içi kullanımlarda ve hatta bakım rollerinde daha karmaşık görevleri üstlenecek.
4. *Sanal ve Artırılmış Gerçeklik (VR/AR):* Bu teknolojiler eğlence, eğitim, uzaktan çalışma ve hatta cerrahi işlemleri dönüştürecek ve yeni etkileşim yolları sunacak.
5. *Blok zincir Teknolojisi ve Merkezî Olmayan Finans (DeFi):* Kripto paraların ötesinde, block zincir teknolojisi finansal işlemleri, tedarık zıncırı yönetimini ve güvenli veri paylaşımını yeniden tanımlayacak.
6. *Yenilenebilir Enerji Teknolojileri:* Dünya fosil yakıtlardan uzaklaşırken güneş, rüzgâr ve diğer yenilenebilir enerji kaynaklarındaki yenilikler giderek daha önemli hâle gelecek.

7. *Biyoteknoloji ve Genetik Mühendisliği:* Gen düzenleme, kişiselleştirilmiş tıp ve biyofarmasötiklerdeki ilerlemeler sağlık hizmetlerinde devrim yapacak ve insan ömrünü önemli ölçüde uzatacak.
8. *Kuantum Hesaplama:* Eşi görülmemiş işlem gücü sunan kuantum hesaplama karmaşık problemleri saniyeler içinde çözecek ve kriptografi, malzeme bilimi ve ilaç keşfini etkileyecek.
9. *Nesnelerin İnterneti (IoT) ve Akıllı Şehirler:* Cihazlar arası artan bağlantı ve akıllı şehirlerin gelişimi daha verimli kentsel yönetime ve yaşam kalitesinde iyileştirmelere yol açacak.
10. *Uzayın Keşfi:* Kişisel görüşüm, uzay teknolojisindeki sürekli ilerlemeler evrenin derinlik ve sınırlarını keşfetmek ve uzay seyahatleri ile sınırlı kalacak. Fakat bunlar çoğunlukla düşünüldüğü gibi başka bir gezegende yaşamanın ve kolonizasyonun kapısını hiçbir zaman açmayacak. Diğer taraftan bu alandaki arayışlar günlük hayata uyarlanacak ve bugünden düşünemeyeceğimiz yeni ufukların önünü açacak.